TESTAMENS

REMARQUABLES.

VESOUL, IMPRIMERIE DE C.-F. BOBILLIER.

CHOIX

DE

TESTAMENS

ANCIENS ET MODERNES,

REMARQUABLES
PAR LEUR IMPORTANCE, LEUR SINGULARITÉ,
OU LEUR BIZARRERIE;

AVEC DES DÉTAILS HISTORIQUES ET DES NOTES.

PAR G. PEIGNOT.

*Testamenta hominum speculum esse morum
vulgò creditur.*
PLIN. JUN. VIII, EP. 18.

Tome premier.

PARIS.

RENOUARD, LIBRAIRE, RUE DE TOURNON, N.° 6.

DIJON.

VICTOR LAGIER, LIBRAIRE, RUE RAMEAU, N.os 1 ET 4.

—

1829.

DIVISIONS DE L'OUVRAGE.

—

TOME PREMIER.

TOME SECOND.

DISCOURS PRÉLIMINAIRE.

DEPUIS plusieurs années les investigations historiques sont singulièrement à la mode; une foule d'écrivains s'appliquent, non pas à traiter l'histoire en grand, travail qui serait peut-être au-dessus du goût et des forces du siècle, mais à la disséquer et à en présenter diverses parties sous des formes faciles, sous des titres séduisans, tels que mémoires, tableaux, résumés, beautés, romans historiques, mélanges, variétés, etc. etc. Il faut que la mine soit bien féconde, car ces sortes d'ouvrages offrent, sous le rapport typographique, des résultats vraiment effrayans par leur nombre (1). N'importe, nous avons remarqué que dans l'immense quantité de ces produc-

---

(1) **M.** le comte Daru à donné en 1827, des *Notions statistiques sur la librairie*, année par année, depuis 1811 jusques à 1825, *in-4.°* de 44 pag. On voit dans le résumé des tableaux intéressans qui composent cette brochure, que l'on a publié en France, dans l'espace de quinze années, 14,101 ouvrages d'histoire seulement; que ces ouvrages ont rempli 178,384 feuilles d'impression, et que le tirage de ces feuilles, pour tous les exemplaires de l'édition de chaque ouvrage, a produit 362,508,296 feuilles. Si pour former des volumes avec toutes ces feuilles, on prend le terme moyen de 8 à 10 feuilles par volume, ce sera plus de trois millions de volumes historiques, qui, sortis des

tions, ce qui tient à la peinture des mœurs, attirait davantage l'attention du public; et comme cette partie curieuse a été souvent l'objet de nos recherches, nous avons succombé à la tentation de payer aussi notre tribut au goût de l'époque : peut-être aurait-il été plus prudent de reculer devant le débordement des livres de ce genre dont Paris, la province et l'étranger sont inondés. Mais en ajoutant une goutte d'eau à ce déluge, nous avons tâché de lui donner une couleur et même une saveur toute particulière, c'est-à-dire que nous nous sommes occupé d'un sujet dont le fonds quoique très-commun, fût tout à fait nouveau par la forme, et ne parût pas indigne de l'attention du public. Quel est donc, demandera-t-on avec impatience, cet ouvrage qui sort de la ligne ordinaire? -- Cet ouvrage, mon cher lecteur, est tout simplement une collection de testamens... -- De testamens? Quelle idée singulière, bizarre, ridicule!... -- Singulière, oui; bizarre, un peu peut-être; mais ridicule, non. Pline n'a-t-il pas dit quelque part : *Testamenta hominum speculum esse morum vulgò creditur;* on regarde ordinairement les testamens comme

---

presses de France, auront été jetés dans le commerce pendant quinze ans. Ajoutez à cela les années 1826, 1827 et 1828, qui ont encore été plus fécondes dans cette partie que les précédentes.

Croirait-on que l'Allemagne l'emporte encore sur nous dans cette profusion typographique ? Sa population est de 40,000,000 d'habitans, sur quoi l'on compte 12,500 écrivains; et l'on évalue le nombre de feuilles imprimées par an à 187,000,000, non comprises les publications périodiques qui forment une masse très-considérable. Il faut dire aussi que l'Allemagne est le pays de l'Europe où on lit le plus. Il n'y a que les États-Unis d'Amérique qui puissent lui être comparés dans ce genre.

la peinture des mœurs. Donc on peut encore trouver
là quelques matériaux précieux pour l'histoire. Car
l'histoire ne se compose pas seulement de détails sur la
constitution des empires, sur les relations des peuples
entre eux, sur la succession des règnes, sur les guerres
nationales, sur les actions publiques des grands hommes;
souvent elle embrasse aussi des particularités qui, appartenant à la vie privée, deviennent des monumens
historiques qui attestent les mœurs du temps et reposent
agréablement l'esprit fatigué du tableau des grandes
secousses politiques. Or, nous pensons qne parmi ces
particularités, il en est peu qui puissent mieux tenir
leur rang que les testamens.

En effet, qu'est-ce qu'un testament? n'est-ce pas l'un
des actes les plus solennels de la vie privée, le dernier
de tous, celui qui par conséquent exige le plus de soin
et d'attention? *Quod actorum hominis,* dit Valère Maxime,
et præcipuæ curæ et ultimi est temporis, (VII. 7.) Son
importance n'est-elle pas attestée par les formalités scru-
puleuses dont les législateurs de tous les siècles ont pris
soin de l'environner? *Voluntas defuncti consignata jure
legibusque civitatis,* a dit Quintilien (déclam. 308). Qu'y
a-t-il au monde de plus solide? L'homme disparaît;
couché dans la tombe pour l'éternité, il n'est plus rien,
mais sa dernière volonté reste debout; elle parle, on
l'écoute; elle commande, on obéit, et aucune puisance
sur la terre n'a le droit ni le pouvoir d'altérer ses dispositions. Considéré sous un autre point de vue, quel
acte excite davantage la curiosité soit dans l'intérieur
des familles, soit sur la grande scène du monde? Dans
l'intérieur des familles, voyez ces avides collatéraux,
les yeux fixés sur le notaire prêt à briser le fatal cachet,

le visage pâle, la bouche béante, le cœur palpitant d'espoir et de crainte, n'oser respirer jusqu'à ce que la clause qui va décider de leur sort, ait frappé leurs oreilles. Sur la grande scène du monde, voyez avec quel empressement respectueux on se repaît d'un acte de cette nature auquel se rattache un nom célèbre, car les dernières paroles des grands hommes semblent toujours avoir quelque chose d'extraordinaire aux yeux du vulgaire. D'ailleurs, parmi ces actes il en est plusieurs qui, émanés des hautes régions, ont quelquefois influé sur la destinée des peuples. Ajoutons qu'un testament, pris indistinctement dans les différens siècles, peut par sa forme, par son style, par ses dispositions, être considéré comme un coup de pinceau produisant un heureux effet de lumière dans le tableau de la civilisation, des mœurs, des usages, et n'est pas moins utile pour juger de l'état de la langue au moment où il est rédigé. Les testamens sont donc un objet essentiel et fait pour piquer la curiosité, surtout si l'on s'en tient aux plus remarquables, à ceux qui peuvent prétendre au titre de monumens historiques ou de pièces singulières et vraiment originales.

Ces diverses considérations nous ont fait entreprendre le recueil que nous offrons au public. C'est une série d'un certain nombre de testamens (près de cent soixante), choisis depuis la haute antiquité jusqu'à nos jours, et rendus pour la plupart (nous parlons de ceux du moyen âge) textuellement et en entier, autant du moins que nos recherches et la nature de chaque objet l'ont permis. Nous avons d'abord puisé chez les Grecs, qui nous ont offert des testateurs assez notables, entre autres Platon, Aristote, Epicure, Théophraste , etc.;

-les testamens de ces illustres philosophes sont marqués au coin d'une grande simplicité (1). Chez les Romains, nous avons trouvé Jules-César, Auguste, Virgile et d'autres moins connus. Les premiers siècles de l'ère

---

(1) Nous ne parlons pas des Hébreux, parce que nous n'avons rien trouvé de positif sur leurs actes de dernière volonté. Comment pourrait-on citer sérieusement les testamens d'Adam et d'autres patriarches dont il est question dans Eusèbe, Origène et plusieurs anciens auteurs, qui sans doute ne croyaient pas plus que nous à leur authenticité? car la Bible ne fait nulle mention de ces actes, rêveries de quelques rabbins ou autres cerveaux creux.

Cependant pour donner une idée de ces pièces singulières, voyons comment Eusèbe dans sa *Chronique*, et, d'après lui, Cédrène dans son *Compendium historiarum*, parlent du testament de Noé. La chose est assez curieuse.

Ils disent que Noé, suivant l'ordre de Dieu, fit son testament. En effet il avait une assez jolie propriété territoriale à laisser à ses enfans; et pour éviter toute contestation après sa mort, il était bon de régler par un testament la portion qui reviendrait à chacun. En conséquence il donna tout l'Orient à Sem, l'Afrique entière à Cham, et à Japheth toute l'Europe avec les îles et les parties septentrionales de l'Asie, recommandant bien à chacun de se contenter de sa part, de ne point chercher à empiéter sur celle du voisin, de ne lui faire aucun tort, parce que ce serait une source de discordes et de guerres intestines. Ensuite il remet l'original du testament dûment lu et signé, à Sem, comme l'aîné et le plus pieux de ses trois fils. Mais Cédrène, entrant dans des détails plus positifs encore sur cet acte, sur l'âge du tes—tateur et des héritiers, sur l'indication des domaines légués à chacun, mérite d'être cité, sinon textuellement, du moins d'après la traduction latine de Xilander, qui rend parfaitement le grec.

Anno ab origine mundi bis millesimo quingentesimo septuagesimo secundo, Noa annum ætatis agens nongentesimum trigesimum, oraculo nimirùm divinitùs accepto, tribus suis filiis terram distribuit, hoc modo.

Semo primogenito suo filio, annum ætatis 431 agenti, dedit quid--quid terræ in longum à Perside et Bactris usque ad Indiam porrigitur,

vulgaire nous ont procuré des testamens de saints prélats, ainsi que d'autres pièces d'un genre différent et bien peu familier aux anciens (le genre burlesque). Dans le moyen âge, les testamens de quelques-uns de nos rois, de Dagobert, de Charlemagne, de S. Louis, etc., doivent tenir un rang distingué; beaucoup d'autres noms recommandables viennent à leur suite. Les xv.ᵉ, xvi.ᵉ,

---

in latum ab India usque ad Rinocorura Ægypti, sive quæ et Judæa dicitur (nam antiqui Syros vocabant Palæstinos), et Mediam; et Eufratem fluvium designavit qui limites Semi definiret.

Chamo autem secundo suo filio, annum agenti 427, terram addixit quæ Austro et Africo est exposita, et partem Occidentis à Rinocoruris Ægypti, Æthiopiam, Ægyptum, Lybiam, Africam, Mauritaniam, usque ad Columnas Herculis, seu usque ad Occiduum ac Africum Oceanum; fluvium qui ejus ditioni terminus esset, Nilum constituit, qui idem Geon et Chrysorrhoas, (quasi aurifluus), appellatur.

Japeto tertio filio, annum agenti 425, attribuit quidquid à Mediâ ad Septentrionem et solis occasum pertinet, usque ad Gades, insulasque britannicas, Armeniam, Iberiam, Pontum, Colchos, atque ulteriores regiones atque insulas usque ad Italiam, Gallias, Hispaniam, Celtiberiam et Lusitanos.

Cùm ad hunc modum divisisset scriptoque suam voluntatem testatus esset, (ut perhibent) id illis recitavit, atque post obsignatum penès se detinuit, usque ad annum 2592, quo vitam finivit. Moriturus, tribus suis filiis mandavit ne quis eorum fratris regionem invaderet, eumve injuriâ aliquâ afficeret; alioquin hoc eis discordiarum et bellorum intestinorum causam allaturum. Testamentum Semo quippe ætate ac pietate præstanti, tradidit. (Vid. Georg. Cedreni, *Compend. Histor., Parisiis*, 1647, 2 *vol. in-fol.*, tom. I, p. 12.)

Philastrius, évêque de Brescia au iv.ᵉ siècle, dit (dans son *Traité des Hérésies*, c. 70) qu'on regardait comme hérétiques tous ceux qui doutaient de ce partage. Ceux qui désireraient d'amples détails à ce sujet, les trouveront dans la savante *Dissertation sur le partage des enfans de Noé*, qui est insérée dans l'édition de la *Bible de Vence*, Paris, 1827 et ann. suiv, 25 *vol. in-8.*ᵉ et atlas, tom. I, pp. 450—527.

XVII.ᵉ et XVIII.ᵉ siècles ont produit une abondante ré-
colte, surtout en France et en Angleterre. La plupart
des testamens anglais se font remarquer par des singularités qui annoncent un caractère fort original. D'autres
peuples voisins, les Italiens, les Espagnols, les Hollandais, les Allemands, ont également été mis à contribution.
Les Juifs modernes n'ont pas été oubliés, pas même
les Turcs ; bien plus, continuant nos excursions, nous
avons pénétré jusqu'à la Chine, où, sans avoir l'honneur
d'être mandarin, nous avons pris la liberté grande de
nous emparer du testament de feu S. M. Kia-King.

On se tromperait fort si l'on pensait que cette galerie
nombreuse a une teinte uniforme, triste, rembrunie,
telle que le sujet semblerait le comporter ; nous pouvons
assurer qu'elle offre au contraire une très-grande variété,
et que les lecteurs, quelles que soient la tournure de
leur esprit, la nature de leur caractère, la diversité de
leurs opinions, y trouveront chacun de quoi satisfaire
son goût particulier. Comment en serait-il autrement,
lorsque ceux dont nous avons exhumé les dernières volontés, sont pris dans tous les temps, dans tous les lieux,
dans tous les états de la société ? Empereurs, rois, reines,
princes, ducs, chanceliers, ministres; saints, cardinaux,
prélats, docteurs, sectaires ; connétables, généraux,
capitaines; philosophes, savans, gens de lettres, artistes,
bourgeois; riches, pauvres, usuriers; Juifs, Turcs, Chi-
nois, etc. etc. Tels sont les personnages dont nous
avons réuni les actes suprêmes qui nous ont paru dignes
de figurer dans notre collection. N'y a-t-il pas là de
quoi composer une mosaïque aussi riche par le nombre
que par la vivacité des couleurs ?

Chaque testament est précédé d'un préambule historique et accompagné de notes renfermant des détails généalogiques, des particularités littéraires ou des anecdotes relatives au personnage dont il est question. Comme dans une matière aussi variée, et dans une aussi grande quantité d'actes, tout ne peut pas être d'un égal intérêt, il était naturel que nous donnassions plus de soin et des développemens plus étendus à ceux que le nom de leurs auteurs, les circonstances dans lesquelles ils ont été faits, et la nature du sujet, doivent recommander plus particulièrement à l'attention du lecteur. Quel est l'homme de bien qui ne recherchera pas de préférence ceux de ces actes précieux où éclatent les vifs sentimens d'une pieuse résignation et d'une sincère humilité; ceux où sont exposés les principes d'une morale sublime; ceux dont une bienfaisance admirable et une ardente charité ont réglé les dispositions; ceux où de tristes victimes du sort opposent aux plus affreux malheurs, une grandeur d'ame héroïque, une fermeté sans exemple; ceux enfin où de grands hommes tracent leur portrait avec une naïveté touchante, faisant quelquefois ressortir, par l'aveu de leurs faiblesses, ces hautes vertus, ces brillantes qualités qu'ils ne dissimulent pas davantage, et qui ont été à juste titre consacrées par l'histoire? Nous avons eu le bonheur de découvrir un assez grand nombre de testamens plus ou moins empreints du sceau de ces caractères honorables.

Quant aux actes singuliers, soit réels, soit fictifs, dont les expressions bizarres, les dispositions insolites, les legs faits à des animaux, ont si fort allumé la bile du P. Garasse, il a bien fallu en rapporter aussi quelques-uns, soit pour diversifier et égayer la matière, soit pour montrer jusqu'où l'esprit humain peut s'égarer. La plupart de ces facéties sont des jeux d'esprit, des folies, des plaisanteries, souvent remarquables par une originalité satyrique et piquante. Pardonnons à Momus la fantaisie de s'affubler quelquefois du costume testamentaire pour décocher plus malicieusement ses traits acérés. Au reste ces espiégleries lui arrivent rarement, et s'il n'observe pas toujours les bienséances, du moins il ne sort jamais des bornes de la décence.

Nous avons aussi mentionné quelques testamens faux ou supposés dont la justice s'est mêlée et qui ont eu des résultats très-fâcheux pour leurs auteurs. C'est une leçon de morale en exemple, donnée à ceux que la cupidité porterait à essayer sur le théâtre du monde, ce jeu de scène périlleux. On s'en tire rarement aussi heureusement que le Crispin du *Légataire*.

Il existe beaucoup d'écrits politiques et littéraires qui ont paru sous le titre de testamens, mais qui n'en ont que le nom. Les donner en détail, c'eût été sortir de notre plan, et multiplier inutilement les volumes; les passer sous silence, c'était nous exposer au reproche d'avoir laissé une lacune dans un livre consacré aux testamens. Pour éviter ces deux extrêmes, nous avons pris le parti de consigner ces sortes d'ouvrages dans une notice bibliographique, où chaque titre est accompagné de notes raisonnées. Cet article a trois divisions : la première renferme l'indication des écrits littéraires et satyriques publiés sous le titre de testamens; la seconde fait connaître les testamens politiques; et la troisième donne la liste des ouvrages et des recueils imprimés ou manuscrits qui contiennent un grand nombre de testamens, dont nous n'avons pu faire usage. Presque tous les manuscrits que nous citons sont à la bibliothèque du Roi.

Enfin dix-sept épitaphes assez singulières sont réunies à la fin de notre recueil, indépendamment de plusieurs autres disséminées parmi les testamens.

Nous avons dit précédemment que les pièces objet de nos recherches, remontaient à une haute antiquité et descendaient de siècle en siècle jusqu'à nos jours; comme l'ordre chronologique n'a pas été suivi dans notre ouvrage aussi exactement que nous l'eussions désiré, parce que plusieurs testamens anciens sont survenus quand l'impression était déjà très-avancée et qu'il a fallu les rejeter à la fin dans un supplément, nous croyons devoir rétablir cet ordre dans une liste particulière qui va suivre et où tous les testamens, soit réels, soit fictifs, seront scrupuleusement rangés suivant la date de la mort de leurs auteurs. La pagination marquée à chaque article, par *a* pour le premier volume et par *b* pour le second, indiquera la place de chaque testament dans le cours de l'ouvrage. Ainsi le lecteur, saisissant toute la série chronologique des testamens, pourra les parcourir de suite, ou choisir à son gré. La table alphabétique des matières qui est à la fin du second volume lui rendra aussi prompte que facile la recherche de la pièce qu'il désirerait consulter. On y verra combien d'objets différens se rattachent au sujet que nous avons traité.

LISTE CHRONOLOGIQUE

DE TOUS LES TESTAMENS DONT IL EST QUESTION DANS L'OUVRAGE.

Tels sont les testamens qui composent notre collection. Tous, comme nous l'avons dit, n'offrent pas le
même intérêt ; mais parmi ceux qui pourraient paraître
moins importans, aucun n'a été admis sans un motif
expliqué dans son préambule. Il y en a aussi quelques-
uns qui sont mentionnés simplement, ou dont on n'a cité
qu'une ou deux clauses ; nous les avons pour la plupart
annoncés comme tels dans la liste précédente, afin
que le lecteur, à vue de cette liste, eût une idée exacte
de chaque testament, et il verra dans le cours du livre
les raisons pour lesquelles nous nous sommes borné

pour ces pièces à une simple mention accompagnée quelquefois d'un faible extrait. Mais beaucoup d'actes sont rapportés en entier, soit parce qu'ils sont intéressans par eux-mêmes, soit parce qu'ils donnent l'état de notre langue dans les différens temps du moyen âge. Enfin nous n'avons rien négligé pour que cet ouvrage sur un sujet neuf présentât l'intérêt dont il est susceptible, sous le rapport de la curiosité et même sous celui de l'instruction.

Il nous reste à témoigner notre reconnaissance à ceux qui ont bien voulu nous aider de leurs conseils ou nous fournir des matériaux précieux que nous n'aurions pu nous procurer sans leur active obligeance. Nous adressons donc nos vifs et sincères remercîmens à M. le comte de Brosses et à MM. Breghot du Lut et Perricaud aîné, de Lyon; à M. Patris Debreuil, de Troyes; à MM. Durand de Lançon et Guillaume, membres de la société des bibliophiles; à M. Baulmont, maire de Vesoul, et à M. Suchaux, de la même ville; à M. Amanton, à M. Frantin aîné, et à M. Delmasse, de Dijon; à M. Van-Praet et à M. Renouard, de Paris; à M. Beuchot, rédacteur du journal de la librairie; à M. Duplessis, recteur de l'académie de Lyon, à M. Coignet, de la même ville; enfin à toutes les personnes qui, par la bienveillance et l'amitié dont ils nous honorent, ont contribué à rendre notre travail moins imparfait.

TESTAMENS

REMARQUABLES,

ANCIENS ET MODERNES.

⊳⊳⊳⊳⊳⊳⊳⊳⊳⊳⊳⊳⊳⊳⊳⊷⊶⊷⊲⊲⊲⊲⊲⊲⊲⊲⊲⊲⊲⊲⊲⊲⊲

Première Partie,

CONTENANT LES TESTAMENS RÉELS.

———

˙TESTAMENT D'EUDAMIDAS.

Nous nous trouvons heureux d'avoir à commencer ce recueil de testamens intéressans, par l'acte de ce genre le plus curieux, le plus singulier, le plus admirable; enfin, par un acte dont l'histoire n'offre pas deux exemples. C'est le testament d'Eudamidas (1), de cet homme pauvre, mais vertueux, dont la confiance dans l'amitié ne fut

———

(1) Nous plaçons ce testament le premier, quoiqu'il ne soit pas daté, parce qu'il est le seul que nous ayons des Grecs, et le seul à peu près qui, dans notre ouvrage, ne portera pas de date, soit certaine, soit approximative. D'ailleurs, il est digne des beaux temps de la Grèce. Mais nous n'avons pu découvrir s'il est antérieur à celui de Favónius qui suivra.

point trompée, quoiqu'il lui eût légué une charge pénible. Voici comment Lucien, dans son *Toxaris ou de l'Amitié,* raconte ce fait remarquable :

« Eudamidas de Corinthe, dit-il, avait pour amis Arétée de Corinthe et Charixène de Sycione ; il était pauvre, mais ses amis étaient à leur aise. En mourant, il fit un testament qui paraîtrait ridicule aux yeux de bien des gens, mais qu'admireront toujours ceux qui connaissent à fond le prix de l'amitié. Ce testament était conçu en ces termes :

« Je lègue à Arétée, ma mère à nourrir ; et je » le prie d'avoir soin de sa vieillesse. Je lègue » à Charixène, ma fille à marier et à doter le » mieux qu'il pourra. Si l'un des deux vient à » mourir, que l'autre prenne la part du défunt. »

» Lorsqu'on fit lecture de cet acte sur la place publique (cela se pratiquait ainsi juridiquement), tous ceux qui connaissaient la pauvreté d'Eudamidas, ignorant l'amitié qui le liait avec ses deux légataires, tournèrent ce testament en plaisanterie, et il n'y eut personne qui ne s'en allât en riant et en disant : « Arétée et Charixène seront fort » heureux s'ils acceptent leurs legs, et s'ils font » honneur au testament d'Eudamidas : celui-ci » a trouvé le moyen d'hériter d'eux, quoiqu'ils » soient encore en vie. » Mais ces honnêtes légataires, dès qu'ils eurent connaissance du legs qui leur était fait, accoururent sur-le-champ, et en demandèrent la délivrance.

» Charixène ne survécut que cinq jours à Eudamidas ; et Arétée, conformément à la dernière clause du testament, prit la part léguée à Charixène. Il nourrit la mère d'Eudamidas, et quelque temps après, il maria la fille de son ami. De cinq talens qu'il possédait (27,000 fr.), il lui en donna deux (10,800 fr.), deux autres à sa propre fille, et voulut que leur mariage fût célébré le même jour. »

Combien d'admirateurs de ce trait sublime, et combien peu d'imitateurs ! « Amitié, don du ciel, vertu des grandes ames, » jamais tu n'as reçu un plus bel hommage.

Les arts de la peinture et de la gravure ont rivalisé avec l'histoire pour immortaliser le testament en question. Le célèbre Poussin en a fait le sujet d'un très-beau tableau, dans lequel Eudamidas est représenté dictant ses dernières volontés à un scribe. Jean Pesne, graveur à l'eau forte et au burin (né à Rouen en 1623, mort à Paris en 1700), a fait une très-belle estampe d'après ce tableau du Poussin. Antoine de Marcenay de Ghuy (né a Arnay-sur-Arou en 1722, mort en 1811), peintre et graveur, a aussi une estampe représentant le même testament d'après le Poussin; et dans ce moment, M. P. Toschi, l'un des élèves les plus distingués de Bervic, et celui à qui l'on doit la superbe gravure de *l'Entrée de Henri IV à Paris*, termine une planche commencée par Bervic lui-même et sur son propre dessin : c'est encore le testament d'Eudamidas du même Poussin. Cette gravure surpassera sans doute celles qui l'ont précédée.

TESTAMENT DE FAVONIUS.

(Vers l'an 610 de R. — 144 av. J. C.)

L'ANTIQUITÉ de ce testament est l'un des principaux motifs qui nous l'ont fait insérer dans notre recueil, car il compte dans ce moment 1971 ans d'existence ; et un acte authentique aussi respectable serait bien fait pour piquer la curiosité, quand même il ne présenterait pas quelqu'intérêt soit par sa forme, soit par certains détails sur les mœurs civiles et religieuses de ce temps : par exemple, il prouve combien le Romain, expirant sur une terre étrangère, tenait à ce que sa dépouille mortelle reposât sur le sol de la patrie.

Ce testament est du nombre de ceux que l'on nommait militaires ; cela est démontré par la circonstance où il a été fait, et par l'absence de certaines formes exigées dans les testamens civils. On y voit que le testateur, ce Favonius, a succombé dans la guerre de Lusitanie (Portugal) contre le célèbre Viriatus, qui, échappé au massacre de ses concitoyens égorgés par la perfidie de Galba, devint, de simple berger, le plus redoutable général des Lusitaniens. Viriatus fit la guerre aux Romains toujours avec succès, battit plusieurs de leurs généraux, et fut onze ans le protecteur de la liberté dans la Péninsule. Enfin Cépion, que l'on envoya contre lui, désespérant de le vaincre, eut recours à la trahison et le fit assassiner par deux de ses propres officiers, l'an

612 de R. — 142 ans av. J. C. C'est le premier crime de cette nature qu'aient commis les Romains dans ces contrées, pour se débarrasser d'un ennemi redoutable qu'ils ne pouvaient vaincre par la force des armes. Le second exemple d'une pareille perfidie eut lieu 67 ans après dans le même pays : le brave Sertorius tomba également sous le fer assassin du lâche Perpenna, l'an 679 de R. — 75 av. J. C.

Revenons au testament de Favonius. Ce monument a été découvert dans un champ en Portugal ; Barthelemi Marliani l'a inséré dans sa *Topographie de l'ancienne Rome,* mais Georges Fabricius en a donné une meilleure édition d'après un exemplaire plus correct que lui a communiqué Alex.-Ferax Vicentius. Marliani avait augmenté le testament de Favonius de quelques détails qu'il avait découverts dans une épitaphe de L. Sylo Sabinus, qui a aussi succombé dans la guerre de Viriatus. Ces intercalations ont été supprimées par Fabricius et par Terrasson, qui, dans son *Histoire de la Jurisprudence romaine* (1), nous a aussi donné le testament de Favonius : c'est d'après ce dernier que nous allons le rappor-

---

(1) La note sur l'ouvrage de Terrasson étant d'une certaine étendue, nous la renvoyons à la fin de l'article du testament de Favonius, et nous marquons le renvoi par la lettre *(A)*. C'est ainsi que nous en agirons pour chaque testament, lorsque les notes exigeront du développement. Une lettre de l'alphabet indiquera toujours le renvoi à la fin de l'article ; tandis que les notes très-courtes, qui pourront se placer au bas des pages, seront simplement marquées par un chiffre.

ter. Il l'a fait imprimer en style lapidaire, c'est-à-dire que tous les mots, en lettres capitales, sont séparés par un point, comme dans les anciennes inscriptions gravées sur le marbre ou sur le bronze. Nous suivrons textuellement la même forme, et nous placerons la traduction française à la suite du texte.

« EGO. GALLUS. FAVONIUS. JOCUNDUS. *(B)* PUBLII. FAVONII. FILIUS. QUI. BELLO. CONTRA. VIRIATUM. OCCUBUI. JOCUNDUM. ET. PUDENTEM. FILIOS. È. ME. ET. QUINTIA. FABIA. CONJUGE. MEA. ORTOS. HÆREDES. RELINQUO. ET. BONORUM. JOCUNDI. PATRIS. MEI. ET. EORUM. QUÆ. MIHI. IPSE. ACQUISIVI. HAC. TAMEN. CONDITIONE. UT. AB. URBE. ROMA. HUC. VENIANT. ET. OSSA. HINC. MEA. INTRA. QUINQUENNIUM. EXPORTENT. ET. VIA. LATINA. CONDANT. IN. SEPULCRO. *(sic)* MARMOREO. JUSSU. MEO. CONDITO. ET. VOLUNTATE. MEA. ET. SI. SECUS. FECERINT. NISI. LEGITIMÆ. ORIANTUR. CAUSSÆ. VELIM. EA. OMNIA. QUÆ. FILIIS. MEIS. RELINQUO. PRO. REPARANDO. TEMPLO. DEI. SYLVANI. QUOD. SUB. VIMINALI. IN. URBE. MONTE. EST. ADTRIBUI. MANESQUE. MEI. A. PONTIFICE. MAXIMO. ET. A. FLAMINIBUS. DIALIBUS. QUI. IN. CAPITOLIO. SUNT. OPEM. IMPLORENT. AD. IMPIETATEM. LIBERUM. MEORUM. ULCISCENDAM. TENEANTURQUE. SACERDOTES. DEI. SYLVANI. ME. IN. URBE. REFERRE. ET. SEPULCRO. ME. MEO. CONDERE. VOLO. QUOQUE. VERNAS. QUI. DOMI. MEÆ. SUNT. OMNES. A. PRÆTORE. URBANO. LIBEROS. CUM. MATRIBUS. DIMITTI. SINGULISQUE. LIBRAM. ARGENTI. PURI. ET. VESTEM. UNAM. DARI.

» IN. LUSITANIA. IN. AGRO. VIII. KALEND. QUINTILES. BELLO. VIRIATINO. »

(Traduction.)

« **Moi**, Gallus Favonius Jucundus, fils de Pu-
» blius Favonius, qui ai succombé dans la guerre
» contre Viriatus, institue mes fils Jucundus et
» Pudens, nés de mon mariage avec Quintia Fabia,
» héritiers des biens que j'ai eus de Jucundus mon
» père, ainsi que de ceux que j'ai acquis moi-même;
» mais à condition qu'ils viendront de Rome ici,
» qu'ils en enlèveront ma dépouille mortelle avant
» cinq ans, et qu'ils la déposeront dans un tombeau
» en marbre, élevé par mon ordre et par mon
» expresse volonté sur les bords de la voie Latine;
» et s'ils ne remplissent pas cette condition, à
» moins toutefois que des causes légitimes s'y
» opposent, je veux et j'entends que tout ce que
» je laissais à mes enfans, soit employé à réparer
» le temple du dieu Sylvanus, qui est au pied du
» mont Viminal à Rome. Que mes mânes implo-
» rent le secours du grand pontife et des prêtres
» flamines résidant au Capitole, pour venger l'ou-
» trage qui me serait fait par mes enfans. Mais
» il faudra que les prêtres du dieu Sylvanus re-
» portent mon corps à Rome, et le mettent
» dans mon tombeau. Je veux aussi que tous les
» esclaves nés dans ma maison soient, ainsi que
» leurs mères, affranchis par le préteur de la
» ville, et que l'on donne à chacun d'eux une
» livre d'argent fin et un habillement.

» Fait en Lusitanie, sur le champ de bataille,
» dans la guerre contre Viriatus, le 8 des calendes
» de juillet (le 24 juin). »

La date de l'année manque : elle ne pouvait

être connue que par le nom des consuls; car les Romains employaient très-rarement, soit dans les actes, soit même dans l'histoire, la désignation des années à partir de la fondation de Rome. Leurs fastes consulaires, c'est-à-dire la série des consuls (qui changeaient tous les ans), formaient la base de leur chronologie, surtout sous la république.

NOTES.

(A) L'ouvrage d'Antoine Terrasson est estimé; il a pour titre : HISTOIRE DE LA JURISPRUDENCE ROMAINE, *contenant son origine et ses progrès depuis la fondation de Rome jusqu'à présent; le Code Papyrien et les lois des douze tables, avec des commentaires; l'histoire de chaque loi en particulier, avec les antiquités qui y ont rapport, etc. etc., avec un recueil de ce qui nous reste de contrats, testamens et autres actes judiciaires des anciens Romains.* Paris, 1750, in-fol. de xxiv — 484 pp., — plus 154 pp., dont 103 sont consacrées au recueil précieux des actes judiciaires annoncés dans le titre de l'ouvrage, et les 51 restantes sont pour la table générale des matières.

Nous allons dire un mot des monumens en actes anciens de la jurisprudence romaine qui terminent le travail de Terrasson, parce qu'il y est question de testamens. Ce recueil très-curieux renferme cent neuf monumens, et est divisé en quatre parties.

La première, comprenant XXX n.ᵒˢ, contient des lois, des sénatus-consultes et des plébiscites, qui ont été copiés fidèlement soit d'après le marbre, soit d'après l'airain, soit enfin d'après les auteurs qui nous les ont conservés textuellement. Tout est imprimé en style lapidaire. Le premier morceau est le fameux sénatus-consulte contre les bacchanales, qui date de l'an de R. 566 — 187 av. J. C., et qui a été trouvé gravé sur une planche d'airain; son existence date, jusqu'à ce jour, de 2014 ans. (V. l'histoire de ce sénatus-consulte et des bacchanales qui y ont

donné lieu, dans Rollin, *Hist. romaine*, édit. de 1747,
tom. VII, pp. 420—438.)

La seconde partie des monumens judiciaires, qui finit
au n.° LXX, contient des décrets, des interdits et des
formules de libelles. La pièce qui m'a paru la plus intéressante dans cette partie, est l'interdit du sénat et du
peuple romain, prononcé contre J. César, au fameux passage du Rubicon, l'an 703 de R. — 51 av. J. C.

La troisième partie, qui va jusqu'au n.° XC, renferme
des contrats et autres actes. Le premier morceau est une
pièce du procès qui a eu lieu entre les foulons et les
préposés aux fontaines, *inter fullones et aquarios seu fon-
tanos*, procès qui a duré 18 ans, depuis l'an de R. 977
jusqu'à l'an 995 — 224 à 242 de J. C.

Enfin la quatrième partie, qui finit le recueil au n.° CIX,
contient les testamens, dont nous croyons devoir donner
la liste entière, puisqu'elle a un rapport direct à notre
ouvrage. Voici donc tous les testamens anciens qui composent cette quatrième partie :

XCI. *Testamentum Galli Favonii Jucundi*. C'est celui
qui fait l'objet de cet article.

XCII. *Testamentum Sempronii Tucidani*.

XCIII. *Testamentum Q. Lælii Tiburtini*.

XCIV. *Testamentum mimi*.

XCV. *Testamentum vetus*.

XCVI. *Aliud testamentum*.

XCVII. *Caput testamenti*.

XCVIII. *Aliud caput testamenti*.

XCIX. *Caput ex testamento M. Megonii M. F. C. Leonis*.

C. *Testamenti veteris pars extrema*.

CI. *Testamentum ludicrum Sergii Polensis parasiti*.
Nous le donnerons tout entier dans la seconde
partie de cet ouvrage.

CII. *Testamentum ludicrum Grunnii Porcelli*. Nous le
donnerons également tout entier.

CIII. *Testamentum L. Cuspidii*.

CIV. *Testamentum Sancti Remigii, factum jure prætorio*.
Ce testament de S. Remi, évêque de Reims,
qui baptisa Clovis, en 496, est assez long,

puisqu'il occupe six pages *in-fol.* D. Rivet le
regarde comme apocryphe, mais Mabillon,
Ducange et Ceillier le tiennent pour authentique. Ce qu'il y a de certain, c'est que ce
monument curieux a été connu d'Hincmar
et de Flodoard, et que les églises de Reims
de Laon, d'Arras, etc., jouissaient encore
avant la révolution des terres qui leur furent
léguées par ce testament. Par l'une des clauses
de cet acte, le saint donne à l'église de Reims,
un calice d'argent, orné de figures, et sur
lequel il fit graver ces trois vers qui expriment
la doctrine catholique sur l'Eucharistie :

> Hauriat hinc populus vitam de sanguine sacro,
> Injecto æternus quem fudit vulnere Christus.
> Remigius reddit Domino sua vota sacerdos.

Ce calice fut vendu du temps d'Hincmar,
pour racheter les prisonniers faits par les Nor-
mands (au IX.ᵉ siècle).

CV. *Testamentum Hadoindi Cenomanicæ urbis episcopi*
(évêque du Mans).

CVI. *Testamentum Ermentrudis illustris matronæ.* Voyez
l'étymologie du mot *Ermentrude,* dans nos
*Mélanges littéraires, philologiques et bibliogra-
phiques,* Paris, 1818, in-8.ᵉ, p. 20. Nous donnons dans deux lettres l'étymologie, l'orthographe et la signification des noms propres
des rois et des reines de France de la première
et de la seconde race, pp. 1—22.

CVII. *Formula testamenti uno eodem instrumento inter
virum et uxorem conditi secundùm legem romanam.*

CVIII. *Alia formula testamenti condendi.*

CIX. *Gesta juxta consuetudinem Romanorum, qualiter
testamenta allegentur.*

A la suite de ce recueil, est un *arrêt de la cour de parlement de Paris,* du 2 avril 1576, assez curieux, *qui permet
à Jacques Cujas, docteur-régent en droit civil en l'université
de Bourges, de faire lecture en droit civil en l'université de*

Paris, et d'y donner les degrés avec les docteurs-régens en droit-canon; mais sans tirer à conséquence pour l'avenir, est-il dit, parce qu'il était défendu alors d'enseigner le droit civil à l'université de Paris.

(B) Le mot *Jocundus* est pour *Jucundus;* il ne faut pas en être surpris : les anciens Romains employaient souvent une lettre pour une autre. Nous trouvons encore dans un des monumens rapportés par Terrasson, *mandatuve* pour *mandatove.* M. Schoel, dans son *Histoire de la Littérature romaine,* Paris, 1815, 4 vol. in-8.°, tom. I, p. 104, a donné un exemple de transposition de presque toutes les lettres de l'alphabet latin, dans une liste de mots puisés chez les écrivains antérieurs au siècle d'Auguste. Que l'on consulte les inscriptions et certains actes du temps de la république, ainsi que les comédies de Plaute et même de Térence; on y verra une orthographe bien différente de celle de César, de Cicéron, etc. Parmi les contemporains de ceux-ci, nous ne trouvons guère que Salluste qui se soit piqué de conserver quelques mots de cette ancienne orthographe.

TESTAMENT D'AUGUSTE.

(L'an 766 de R. — 13 dep. J. C.)

Auguste, né le 23 septembre 691 de R. — 63 av. J. C., reconnu légalement empereur l'an 727 de R. — 27 av. J. C. ; fait son testament sous le consulat de C. Silius et L. Plancus, le 3 avril 766 — 13 de J. C., c'est-à-dire, un an et quatre mois et demi avant sa mort, arrivée le 19 août 767 de R. Nous avons à regretter que ce monument important pour l'histoire ne nous soit pas parvenu en entier, ainsi que les pièces qui l'accompagnaient, et qui devaient être fort curieuses. Tâ-

chons de nous dédommager de ce que nous avons
perdu, en réunissant tout ce que les principaux
auteurs anciens nous ont conservé sur cet objet
important. Le biographe Suétone nous fournira
à cet égard (*V. Aug.* 101) plus de détails que
Tacite (*Ann.* I. 8), qui n'y a consacré que quelques lignes; et nous trouverons dans Dion Cassius
(*Lib.* 56) quelques renseignemens qui ajoutent à
ceux de Suétone, et qui parfois en diffèrent.

Lorsqu'Auguste eut fait son testament, il le
déposa, selon la coutume, et à l'exemple de son
oncle Jules César (*A*), dans le temple sacré de
Vesta, et en confia la garde à la plus âgée des
prêtresses, c'est-à-dire, des vestales (*B*). L'acte,
partagé en deux cahiers, était écrit en partie de sa
main, et en partie de celle de deux de ses affranchis, Polybe et Hilarion. Il était accompagné de
quatre autres volumes ou cahiers, scellés du
même cachet (*C*).

Aussitôt qu'Auguste fut mort, Tibère exigea
que le premier jour d'assemblée du sénat fût
consacré au défunt. En conséquence, les vestales
y apportèrent solennellement le testament et les
quatre volumes qui y étaient joints. On procéda
premièrement à la vérification du testament, on
en fit l'ouverture; puis Polybe, l'affranchi cité
précédemment, fut chargé de le lire à haute voix.
Les premières lignes étaient ainsi conçues :

« Puisque le Ciel m'a ravi mes deux petits-fils,
» Caïus et Lucilius, à leur défaut, je déclare Tibère
» mon successeur, et je lui remets tous mes
» droits..... »

Ensuite, passant à la disposition de ses biens,

il institue ses héritiers le même Tibère et Livie
(D), l'un pour les deux tiers et l'autre pour un
tiers ; puis leur ordonne de porter son nom , ou
plutôt, comme dit Tacite, il assigne de plus à
Livie l'adoption dans la maison des Jules, et le
titre d'AUGUSTA.

En cas de mort ou d'empêchement de la part
de Tibère et de Livie, il appelle en leur place
Drusus fils de Tibère (E), pour un tiers, et Germanicus ainsi que ses trois fils , pour le reste.

Enfin, il substitue à ceux–ci, en troisième ordre,
ses proches, c'est-à-dire ses petits-fils et arrière-
petits-fils, et, à leur défaut, ses amis, *amicos
complures,* si l'on en croit Suétone, ou les grands
de Rome, la plupart haïs de lui, *primores civitatis
plerosque sibi invisos,* selon Tacite, qui ajoute, *sed
jactantiâ gloriâque ad posteros,* mais par vaine
gloire et pour se faire un mérite auprès de la
postérité.

Il lègue au peuple romain, *quadringenties sestertiûm,* quarante millions de sesterces [environ
8,000,000 fr. *(F)*];

Item, aux tribus latines, *tricies quinquies sestertiûm,* trois millions cinq cent mille sesterces
(700,000 fr.);

Item, aux soldats de sa garde, par tête, c'est-
à-dire à chaque soldat prétorien, *millia nummo-
rum,* mille sesterces (200 fr.);

Item, à ceux de la garde de la ville, les cohortes
urbaines, *quingenos-nummos,* cinq cents sesterces
(100 fr.);

Item, aux soldats légionnaires, *trecentos num-
mos,* trois cents sesterces (60 fr.).

Mais il ordonne que tous ces legs militaires *(G)*
soient acquittés sur-le-champ, ayant eu la précaution de mettre en réserve les sommes nécessaires pour cet objet.

Quant aux autres legs qu'il fait à différens
particuliers, et dont le montant de la plupart
excédait vingt grands sesterces (4,000 fr.), il
permet d'en différer le paiement jusqu'à un an
après sa mort. Ensuite il s'excuse en ces termes,
sur la modicité de sa fortune :

» « Je ne laisse en tout à mes héritiers que cent
» cinquante millions de sesterces (50,000,000 f.),
» quoique j'aie reçu par des donations testa-
» mentaires plus de cinq milliards de sesterces
» (800,000,000 fr.); mais j'ai tout employé au
» service de l'état, ainsi que mes deux patrimoi-
» nes paternels (celui de Caïus Octavius son
» propre père, et celui de J. César son père
» adoptif), et mes autres héritages de famille. »

Nous voyons par là qu'Auguste eût pu laisser
une fortune d'à peu près un milliard de nos
francs, mais que ce milliard peut être réduit, ainsi
qu'en convient Tacite, à 200,000,000 fr., dont
50,000,000 auront été laissés à ses héritiers, et
le reste employé en legs tant militaires que civils.

Par une autre clause de son testament, Auguste
laisse quelque chose à sa fille Julie, mais il ne la
rappelle point de son exil; il défend même qu'on
dépose ses cendres et celles de la seconde Julie,
sa petite-fille, aussi débauchée que sa mère,
dans le tombeau des Césars *(H)*. On sait à quel
degré de fureur le portèrent les dérèglemens de
ces deux femmes, dont la triste célébrité peut le

disputer à celle de Messaline, leur digne petite-
nièce.

Auguste ordonne en outre que l'on restitue aux
enfans de ceux qui l'avaient fait leur héritier, les
biens paternels dont on les avait frustrés ; mais
on ne devait les leur rendre, avec les revenus,
que lorsqu'ils auraient atteint l'âge de majorité.
C'est ainsi qu'il en a toujours usé dans le cours de
sa vie, et il avait coutume de dire qu'un père de
famille ne privait ses enfans de l'héritage qui leur
appartenait, que quand le prince était un tyran.

Voilà tout ce que nous avons pu découvrir des
dispositions testamentaires d'Auguste.

Lorsque le sénat eut vérifié et confirmé par un
sénatus-consulte ce testament, on produisit aux
pères conscrits les quatre volumes dont nous
avons parlé plus haut ; ils étaient en partie écrits
de la main d'Auguste. Ce fut Drusus qui en fit le
rapport au sénat.

Dans le premier, Auguste prescrivait l'ordre
qu'on devait observer à ses funérailles.

Le second était un journal de ses actions les
plus mémorables, destiné à être gravé sur le
bronze, et placé sur le frontispice de son mausolée. Un ancien marbre trouvé dans la ville
d'Ancyre, au XVI.ᵉ siècle, nous a conservé une
partie de ce journal. Ce monument, tout tronqué
qu'il est, devient précieux pour la certitude des
dates de certains événemens de l'histoire d'Auguste.

Le troisième volume comprenait un état des
forces de l'empire, des troupes qui étaient alors
sur pied, des sommes qui restaient dans le trésor

public et dans celui de l'empereur, des tributs et impôts qui étaient encore dus, et des dépenses qu'il fallait faire en temps de paix et en temps de guerre.

Enfin, le quatrième était un recueil d'instructions adressées également à Tibère et à la république pour maintenir la splendeur et la tranquillité de l'empire. Entre autres avis, il lui conseillait de ne choisir pour l'administration des affaires que des personnes sages et vertueuses; il ajoutait en même temps qu'il était dangereux de confier à un seul homme toute l'autorité, qu'alors il serait à craindre que la puissance du monarque dégénérât en tyrannie, et que sa ruine n'entraînât celle de l'état, et ne précipitât les Romains dans des malheurs inévitables; il recommandait surtout à ceux qui seraient après lui chargés du gouvernement, de ne pas songer désormais à étendre les limites de l'empire par de nouvelles conquêtes, mais plutôt de s'appliquer à conserver les anciennes. Le reste de ces avertissemens était le précis de la conduite qu'Auguste avait tenue lui-même pendant son règne.

Ces livres furent, ainsi que le testament, approuvés par le sénat.

On lui fit ensuite des funérailles d'une grande magnificence. Son corps, ou plutôt son image en cire fut déposée sur un lit d'ivoire, enrichi d'or massif, dont la garniture était d'un drap de pourpre tissu d'or. Le convoi, aussi nombreux que pour une marche triomphale, traversa les rues de Rome en grand appareil. Il y eut deux pauses : à la première, Drusus prononça une oraison funèbre du défunt; à la seconde, Tibère en prononça une autre, qui nous reste et qui peut passer pour un modèle en ce genre. Quand le convoi fut arrivé au champ de Mars, on déposa sur le bûcher le corps enfermé dans une bierre; puis les centurions y mirent le feu. Pendant que des tourbillons de flamme et de fumée s'élevaient dans les airs, un aigle en sortit tout-à-coup et s'élança jusqu'aux nues, au milieu des acclamations de l'armée et du peuple, qui criaient que l'oiseau de Jupiter emportait l'ame d'Auguste dans le sein du maître des dieux. Livie fit même donner dix mille sesterces à un certain Numérius Atticus, sénateur, qui affirma par serment avoir vu, mais bien vu de ses propres yeux, la dite ame monter au ciel. Voilà, certes, de l'argent bien gagné!

NOTES.

(A) J. César, le célèbre dictateur, fils de Caïus Julius César et d'Aurélia, né le 14 des ides de quintilis (12 juillet), l'an de Rome 654 (100 av. J. C.), mourut assassiné en plein sénat, le 15 mars jour des ides, l'an de R. 710 (44 av. J. C.); il était âgé de 56 ans.

Nous n'avons pas consacré un article particulier à son testament, parce qu'on a trop peu de détails à cet égard. Cependant on sait qu'il le fit au mois de septembre qui a précédé sa mort, l'an 709 de R. (45 av. J. C.); il en avait fait un précédemment, par lequel il nommait Cnéius Pompée son héritier. Mais par le dernier, il institue trois héritiers; ce sont ses trois arrière-neveux, savoir : C. Octavius (dans la suite Auguste), auquel il donne les trois quarts de sa succession; Lucius Penarius et Quintus Pedius, auxquels il donne le dernier quart. A la fin de son testament,

2

il adopte C. Octavius, et lui donne son nom. Il déclare plusieurs citoyens (ce sont ceux qui l'ont assassiné l'année suivante), tuteurs de ses fils, dans le cas où il en aurait. Il place Décimus Brutus dans la seconde classe de ses légataires, et laisse au peuple romain ses jardins sur le Tibre et 300 sesterces (60 fr.) par tête. Aussitôt après sa mort tragique, son épouse Calpurnie se retira chez Antoine, où elle fit déposer les papiers de César, et son trésor, montant à 4,000 talens (19,200,000 fr., ou, selon une autre estimation, 18,049,383 fr.). Antoine s'empara aussi du trésor public, déposé dans le temple d'Ops et qui se montait à *sestertiûm septies millies* (134,503,876 f.).

D'après le testament de César, son neveu, qui s'était jusqu'alors appelé Octave, prit le nom de C. Jul. César Octavien, auquel le sénat ajouta en l'an 727 le surnom d'Auguste. On voit qu'il existe une différence entre *Octavius*, Octave, et *Octavianus*, Octavien; la raison en est toute simple : Octavius était le nom du père d'Auguste, et par conséquent le nom de son fils avant qu'il fût adopté par J. César; mais cette adoption étant solennellement déclarée, Auguste prit le nom de son père adoptif, Caïus Julius César, et y ajouta le mot Octavianus, pour marquer qu'il était de la famille des Octaviens. C'est ainsi que l'on en agissait pour ne pas perdre la trace des familles d'où sortaient les enfans adoptifs. (V. notre *Traité des Noms propres des Romains*, encore mss.)

(B) Beaucoup d'auteurs se sont occupés de recherches sur les vestales, sur leur origine, sur leurs fonctions, sur leurs vœux, sur leur punition, etc. Parmi ces auteurs, on distingue Juste-Lipse, Nadal, Schlighting, Dubois-Fontanelle, Dupuy, etc; mais, chose assez singulière, on ne trouve dans aucun de leurs ouvrages, la liste des vestales qui ont été condamnées ou recherchées comme ayant violé leur serment de virginité. J'ai fait à ce sujet un travail dont voici le résultat : l'ordre chronologique a paru le plus convenable.

LISTE *des vestales condamnées ou recherchées,* etc.

De R.   Av. J. C.

172 — 581. Supplice de la vestale Pinaria, fille de Publius, sous Tarquin.

173 — 580. Supplice de la vestale Popilia.

270 — 483. Supplice de la vestale Oppia ou Opimia.

281 — 472. Supplice de la vestale Urbiniana.

333 — 420. Enquête du pontife contre la vestale Posthumia; elle fut déclarée innocente.

416 — 337. Supplice de la vestale Minucia.

477 — 276. Supplice de la vestale Sextia ou Sextilia.

488 — 265. Supplice de la vestale Capparonia.

519 — 234. Condamnation de la vestale Tutia; elle se tua.

536 — 217. Supplice de la vestale Floronia.

547 — 206. Arrêt du grand pontife qui condamne une vestale à être battue de verges pour avoir laissé éteindre le feu sacré.

575 — 178. Même arrêt contre une autre vestale, pour le même fait.

639 — 114. Supplice de la vestale Æmilia et de son complice. Les vestales Licinia et Marcia, avec leurs complices, eurent le même sort.

687 — 76. Catilina est accusé d'avoir séduit la vestale Fabia; il est absous.

De R.   De J. C.

827 — 84. Supplice des deux sœurs Ocellata et de Varronilla, toutes trois vestales, condamnées par ordre de Domitien.

844 — 91. Supplice de Cornélia, par ordre du même Domitien.

L'ordre des vestales a duré onze cents ans. Dans cet espace de temps, on compte vingt vestales qui furent convaincues d'inceste : treize seulement furent enterrées vives, et les sept autres périrent par diverss genres de supplice à leur choix. Nous renvoyons pour le surplus de leur histoire aux auteurs que nous avons indiqués ci-dessus, et à une notice bibliographique de tout ce qui a a paru sur les vestales, que nous avons rédigée, et qui est encore manuscrite.

(C) Les testamens chez les Romains étaient scellés avec le cachet du testateur, que l'on appliquait après avoir percé ces actes et passé trois fois par les trous le lin qui les enveloppait, et qui devait se trouver comprimé sous la matière qui portait l'empreinte du cachet.

Chacun avait son cachet, qui ordinairement tenait à un anneau, et qui portait une devise ou un emblème adopté par le propriétaire; car alors il n'y avait point d'armoiries.

Auguste eut d'abord sur son cachet un sphinx; mais comme on en fit des plaisanteries, parce que certains édits, scellés de cet anneau, n'étaient pas fort clairs, il le remplaça par la figure d'Alexandre, gravée par Dioscoride, puis enfin par la sienne; et ses successeurs continuèrent à se servir de son anneau.

On connaît les emblèmes des cachets de plusieurs hommes célèbres de l'antiquité : par exemple, Pyrrhus avait un Apollon avec sa lyre au milieu des neuf Muses. Sylla avait fait graver sur le sien le portrait de Jugurtha, roi de Numidie, qu'il avait vaincu. Sur celui de Pompée, étaient représentés ses trois triomphes (sur l'Europe, l'Asie et l'Afrique); il en avait aussi un autre portant un lion tenant une épée. La figure d'une Vénus armée ornait l'anneau de J. César. Pline le jeune avait sur le sien un quadrige; Commode, une amazone (Martia sa concubine). Nous en pourrions citer beaucoup d'autres; mais nous renvoyons aux chapitres XI, XII et XIII de l'ouvrage de Jean Kirchmann, *De Annulis liber singularis*. Slevigæ, 1657, p. in-8.°, pp. 93—120.

(D) Livie, fille de L. Livius Drusus Claudianus, est née l'an 696 de R. (58 av. J. C.); elle a d'abord, en 711 (43 av. J. C.), épousé Cl. Tibérius Néron, dont elle a eu Tibère, puis Drusus; et en 716 (38 av. J. C.), étant au sixième mois de grossesse, pendant qu'elle portait Drusus,

elle a divorcé avec son mari et de son consentement, pour épouser Auguste, dont elle n'a point eu d'enfant. Elle lui a survécu 16 ans, étant morte l'an 783 (30 ans dep. J. C.), à l'âge de 86 ans.

Tibère, né le 16 novembre 712 de R. (42 av. J. C.), perd en 719 (35 av. J. C.) son père, Tibérius Claudius Néron, qui, par son testament, nomma Octavien (depuis Auguste), qui avait épousé sa femme Livie, tuteur de ses deux fils Tibère et Drusus; de ce moment, l'un et l'autre sont élevés au palais sous les yeux d'Octavien.

Tibère épouse vers 732 (22 av. J. C.) Vipsania Agrippina, fille de Vipsanius Agrippa et d'Attica; il en a un fils nommé Drusus, et qui figure plus bas, mais hypothétiquement, dans le testament d'Auguste.

Tibère, après la mort d'Agrippa en 742 (12 ans av. J. C.), est obligé de répudier sa femme Vipsania, à laquelle il était très-attaché, pour épouser Julie, fille d'Auguste, et veuve d'Agrippa.

Le 28 août 764 (11 ans dep. J. C.), Auguste associe Tibère à l'empire et le déclare son collègue.

Le 19 août 767 (14 dep. J. C.), Tibère succède à Auguste, le jour même de la mort de celui-ci.

Le 15 mars 790 (37 dep. J. C.), Tibère meurt âgé de 77 ans et quatre mois.

(E) Drusus César, fils de Tibère et de Vipsania, est né l'an 739 (15 av. J. C.); il fut marié à Livie, fille de Drusus Germanicus et d'Antonia Minor, dont il eut trois enfans, savoir : un dont on ignore le nom, Tibère Néron Gémellus et Julie. Quant à Germanicus, désigné après Drusus dans ce testament, c'est le fils de Drusus Néron Germanicus, frère de Tibère, et oncle de Drusus César. Ce Germanicus avait épousé Agrippina Minor, fille d'Agrippa, et il en eut neuf enfans, dont trois morts très-jeunes, six filles et les trois princes mentionnés au testament, savoir : Néron César, Drusus et Caligula. Drusus est mort empoisonné par Séjan, d'accord avec sa femme Livie, en 776 (23 de J. C.)

(F) Nous avons exprimé en compte rond toutes ces sommes romaines, évaluées en monnaie actuelle : aussi ne sont-elles pas très-exactes ; mais il est facile de les rectifier, et pour cela il suffit de savoir que la valeur du sesterce a varié à différentes époques : par exemple, il a valu vingt centimes et demi de 536 à 720 de R., dix-neuf centimes trois quarts sous Auguste, dix-neuf centimes et demi sous Tibère et Claude, dix-huit centimes et quart sous Néron, et enfin dix-sept centimes et demi sous Galba et Domitien. Ainsi les mille sesterces donnés à chaque soldat prétorien par Auguste en 766, ne valent pas juste 200 fr. comme nous l'avons dit, mais seulement 198 fr. 70 cent. ; et s'ils avaient été donnés par J. César, en 709, ils eussent valu 204 fr. 58 cent., tandis que sous Domitien ils n'eussent plus valu que 177 fr. 90 cent.

(G) Il serait difficile, pour ne pas dire impossible, de dire à quelle somme peut aller la totalité des legs militaires dont il est ici question. Il faudrait pour cela savoir de combien de légions était composée l'armée romaine, et en outre combien il y avait de corps de différentes armes. Si le troisième volume joint au testament d'Auguste et dans lequel il donne le dénombrement des troupes, fût parvenu jusqu'à nous, on n'aurait rien à désirer à cet égard ; mais les anciens ne nous ont rien laissé de positif sur la force de leurs armées : il faut donc s'en tenir aux conjectures des savans modernes, et malheureusement ils ne sont pas d'accord entre eux, ou ils n'ont pas traité à fond le sujet.

Budé porte l'armée romaine à 176,000 hommes. Cette estimation nous paraît beaucoup trop faible, surtout d'après les deux derniers dénombremens du peuple romain faits par Auguste, dont l'un, en 745 de R., portait le nombre des citoyens en état de porter les armes (non compris les vieillards, les femmes et les enfans), à 4,163,000 citoyens ; et l'autre, exécuté en 767, portait le nombre des mêmes citoyens à 4,137,000. Si nous descendons encore un peu plus bas, nous trouverons sous Claude, en 801, un dénombrement encore plus fort, puisqu'il monte à 6,944,000 citoyens. C'est l'avant-dernier de tous les dénombremens connus, exprimant le nombre des citoyens; car le dernier, fait sous Vespasien l'an 827, n'a aucun résultat : il est le 75.e Nous pouvons donc conclure que, vu ce nombre de citoyens, l'armée romaine doit avoir été plus forte que ne le dit Budé, qui d'ailleurs ne donne aucun détail.

Le savant Le Beau, membre de l'académie des inscriptions, a consacré dans le recueil des Mémoires de cette compagnie, vingt-six dissertations sur tout ce qui tient à la légion romaine (V. du tom. XXV au XLII); mais il ne parle que de la légion elle-même, sans entrer dans le nombre de toutes celles qui composaient l'armée. Il dit seulement dans la septième dissertation (tom. XXIX, p. 392), qui a pour objet la cohorte de la légion romaine, que l'infanterie se divisait en dix cohortes, la cohorte en trois manipules, la manipule en deux centuries, la centurie en dix décuries ou chambrées. Dans la neuvième dissertation, l'auteur parle des diverses parties de la cavalerie légionnaire. Il dit que le corps entier de la cavalerie d'une légion se divisait en dix compagnies appelées turmes, et chaque turme en trois brigades de dix hommes. Mais cela ne nous instruit point de l'état numérique de la cavalerie romaine.

Le général Rogniat, dans ses *Considérations sur l'art de la guerre*, 1817, in-8.°, a véritablement abordé la question, et paraît avoir plus approché de la vérité que Budé, quoique nous ne puissions pas décider à quel degré. Voici comment il évalue les forces de l'empire, sous Auguste et Tibère :

150,000 légionnaires;
150,000 soldats de cohortes prétoriennes;
9,000 prétoriens;
4,000 gardes de la ville.

TOTAL, 313,000 hommes sous les armes.

Leur entretien, dit M. Rogniat, devait monter à 70,000,000 fr. (Les troupes romaines n'ont commencé à recevoir de solde qu'en 360 de R., au siége de Veïes.)

J'ai trouvé ailleurs le détail suivant :

25 Légions aux frontières, avec les troupes au-
    xiliaires payées des deniers de l'état.

17 Légions en Europe, dont 8 aux environs du
    Rhin, 4 le long du Danube, 3 en Espagne,
    et 2 en Dalmatie.

4 Légions en Asie, dans les provinces orientales,
    en suivant le cours de l'Euphrate.

4 Légions en Afrique, dont 2 en Egypte, et 2
    dans la province de Carthage.

Total, 50 légions.

Chaque légion était, dit-on, formée de 6,000 hommes d'infanterie, et de 726 de cavalerie : en multipliant chacune de ces quantités par 50, j'aurai pour l'infanterie 305,000 hommes, et pour la cavalerie 36,300, ce qui donnera pour la totalité de l'armée 341,300 hommes. Ce total n'est certainement pas disproportionné avec la vaste étendue de l'Empire, sous Auguste.

On sait que ce prince eut un soin extrême de contenter les soldats afin de les trouver toujours fidèles au besoin. Quand il commença à régner paisiblement, il en dispersa un grand nombre en Italie pour la défense du pays, pour la sûreté, et pour se procurer des ressources dans l'occasion. Outre les forces ordinaires de l'Empire, il entretenait toujours aux environs de Rome douze cohortes, qui composaient près de 10,000 hommes, dont neuf étaient appelées prétoriennes, *prætorianæ*, et les trois autres urbaines, *urbanæ*. Ces cohortes étaient tout à la fois les gardes de l'empereur et ceux de la ville. Il avait aussi deux grandes flottes à l'ancre : l'une près de Ravenne, qui couvrait la Dalmatie, la Grèce, Chypre, l'Asie et les provinces orientales; et l'autre à Mysène au royaume de Naples, destinée à défendre les Gaules, l'Espagne, l'Afrique et les parties occidentales de l'Empire.

(*H*) Julie, fille d'Auguste et de Scribonie, est née l'an de Rome 715 (39 av. J. C.); elle fut mariée trois fois : 1.° au jeune Marcellus, en 729 (25 av. J. C.); elle avait

14 ans, et son mari 17. Celui-ci est mort deux ans après, en 731, sans laisser d'enfans. 2.° Elle épouse Agrippa Vipsanius, en 733, et en a cinq enfans, savoir : Caïus César, L. César (ce sont les deux dont parle Auguste en tête de son testament et qui sont morts jeunes); Agrippine, épouse de Germanicus; Julie (qui a été aussi débauchée que sa mère), et M. Agrippa Postumus. 3.° Etant devenue veuve d'Agrippa, en 742, elle épouse Tibère, qu'Auguste force de divorcer avec son épouse Agrippine Vipsania. Il est résulté de ce dernier mariage un seul enfant qui est mort en 748 (6 av. J. C.).

Julie s'était livrée aux plus grands déréglemens. Auguste son père l'exile d'abord en 752 (2 ans av. J. C.), dans l'île Pandataire, aujourd'hui l'île Sainte-Marie dans le golfe de Pouzzol; et ensuite à Rhege, sur les bords du détroit de Sicile. Plusieurs complices de ses débauches sont exilés ou mis à mort. Sempronins Gracchus, T. Quinctius Crispinus, C. Claudius et L. Scipio, tous patriciens de distinction, sont bannis à perpétuité. Julius Antonius, fils de Marc-Antoine, et plusieurs autres, furent mis à mort.

En 768 (15 de J. C.), Tibère fait périr de faim et de misère Julie son épouse, dans la ville de Rhege, où elle était exilée.

Sa fille Julie vit le jour en 739; elle fut mariée à Lucius Æmilius Paulus, dont elle eut deux enfans, une fille et un garçon. Aussi débauchée que sa mère, elle est reléguée par Auguste en 761 (8 ans av. J.C.), dans l'île Timete, sur la côte de la Pouille; elle y accouche d'un enfant qu'Auguste ne veut pas reconnaître, et même défend qu'on le nourrisse. Elle meurt dans cette île en 781, c'est-à-dire après vingt ans d'exil.

TESTAMENT DE S. PERPET.

(Le 1.er mai 475.)

Ce testament est du cinquième siècle. Comme il nous est parvenu très-complet, nous allons le donner en entier, pour que l'on juge de la forme réelle de ces sortes d'actes dans un temps aussi reculé (1). Quoiqu'il n'offre rien d'extraordinaire dans ses dispositions, nous présumons qu'on le lira avec intérêt, comme un monument des hautes vertus qu'au sein des richesses, l'on pratiquait dans les premiers siècles du christianisme.

On assure que S. Perpet sortait d'une famille de sénateurs. Il fut le huitième évêque de Tours depuis S. Gatien, et il a gouverné ce diocèse pendant l'espace de trente ans. Son testament prouve qu'il possédait des biens considérables dans diverses provinces, et qu'il en employait les revenus à l'utilité de l'église et au soulagement des malheureux. C'est lui qui, voyant que l'église de S. Martin (mort vers 400), bâtie par S. Brice, à Tours, était trop petite pour contenir les fidèles

---

(1) Luc d'Achery, p. 10 de la préface de son *Spicilegium* dont nous parlerons bientôt, dit : « *Nobile antiquitatis monumentum huc usque ineditum S. Perpetui Turonensis episcopi testamentum, nullâ eget observatione, concordant universa in eo contenta cum jure Cæsario pontificioque, concordant cum fastis consularibus, concordant cum iis quæ narrat de eo Perpetuo Gregorius Florentius*, cap.6 : Perpetuus de genere et ipse, ut aiunt, senatorio, et propinquus decessoris sui : dives valdè et permultas civitates habens possessiones.... condiditque testamentum, etc. »

qui y venaient de toutes parts, en fit construire une nouvelle, plus vaste et plus magnifique. Il en fit solennellement la dédicace, et y transporta le corps de S. Martin, le 4 juillet 473.

Son testament est un modèle de piété, d'humanité, mais surtout de charité, et d'une charité brûlante envers les pauvres. Nous allons le donner tel que le savant d'Achery nous l'a conservé dans son *Veterum scriptorum qui in Galliæ bibliothecis latuerant Spicilegium.* Parisiis, Savreux, 1661, 13 vol. in-4.° (1), tom. V, p. 105—108. On verra que ce testament rédigé avec une grande simplicité, a été écrit *kalend. maias post consulatum Leonis Minoris :* or, Léon-le-Jeune, âgé de cinq ans, a été proclamé empereur d'Orient par Léon-l'Ancien son grand-père, peu avant la mort de celui-ci, en 474; puis il n'a régné que dix mois sous la régence de Zénon son père, qui lui succéda aussitôt après sa mort. Le testament de S. Perpet date donc de 475, et non de 474, comme il est dit dans d'Achery. Godescard (V. 8 avril) met bien l'année 475, mais il précise la date au 1.er mars : il devait mettre au 1.er mai; jamais *kalendas maias* n'a signifié les calendes de mars. Ce testament a été rédigé, écrit et signé de la main de S. Perpet, 15 à 16 ans avant sa mort, arrivée en 490 ou 491. Le voici textuellement en latin, avec le français en regard : jusqu'alors il n'avait point été traduit.

---

(1) La nouvelle édition donnée par L. F. J. de la Barre, *Parisiis,* 1723, 3 vol. in-fol., est bien préférable. Il faut y joindre les *Vetera Analecta* de Mabillon, *Parasiis,* 1723, in-fol.

« In nomine Jesu Christi, *amen.*

» Ego Perpetuus, peccator, turonicæ ecclesiæ
» sacerdos, abire nolui sine testamento, ne frau-
» dentur pauperes iis quæ superna gratia mihi
» non merito liberaliter et amanter contulit, et
» ne, quod absit, transeant ad alios quàm ad
» ecclesiam sacerdotis bona.

» Presbyteris, diaconibus et clericis ecclesiæ
» meæ pacem Domini Jesu Christi do, lego,
» amen. Confirma hoc, Domine, quod operatus es
» in nobis; nesciant schismata, stabiles in fide
» permaneant; quicumque regulam evangelii
» fuerit secutus, sit benedictus omni benedictione
» spirituali in supernis per Christum Jesum,
» amen. Et Dominus Jesus occidat impium vento
» oris sui, amen, amen. Pax ecclesiæ, pax po-
» pulo, in urbe, in agro, à Deo et patre Domini
» Jesu Christi, amen. Veni, Domine, et noli
» sustinere, amen. Vobis itaque presbyteris,
» diaconibus et clericis ecclesiæ meæ, cum consilio
» Agilonis comitis, sepeliendum cadaver mortis
» hujus ubicunque elegeritis, permitto; scio
» quòd redemptor meus non moritur, et in carne
» videbo liberatorem meum, amen. Tamen si
» indigno mihi feceritis misericordiam, quam
» supplex postulo, optarem ad domini Martini
» pedes in diem quiescere judicii : videritis,
» judicabitis, eligetis, volo, statuo. Ratum jubeo
» quod vobis dominis et fratribus meis placuerit.

« Au nom de Jésus-Christ, *ainsi soit-il.*

» Je, Perpet, pécheur, prêtre de l'église de
» Tours, n'ai pas voulu sortir de ce monde sans
» avoir fait mon testament, de peur que les pauvres
» ne fussent privés des biens que Dieu m'a répartis
» avec tant de bonté et de libéralité, quelqu'in-
» digne que j'en fusse; et de peur que, à Dieu ne
» plaise, les biens d'un ecclésiastique ne pas-
» sassent à d'autres qu'à l'église.

» Je donne et lègue aux prêtres, aux diacres
» et aux clercs de mon église, la paix de Jésus-
» Christ, ainsi soit-il. Affermissez, Seigneur,
» ce que vous avez fait en nous; qu'ils ignorent
» les schismes, qu'ils restent fermes dans la foi;
» que celui qui suit la règle de l'évangile soit
» comblé de toutes sortes de bénédictions dans
» le ciel par Jésus-Christ, ainsi soit-il; et que le
» Seigneur Jésus de son souffle divin détruise
» l'impie, ainsi soit-il, ainsi soit-il. Que Dieu,
» père de notre Seigneur Jésus-Christ donne la
» paix à l'église, au peuple, dans les villes, dans
» les campagnes, ainsi-soit-il. Venez, Seigneur,
» ne différez pas, ainsi-soit-il. Prêtres, diacres et
» clercs de mon église, vous pourrez ensevelir
» mon corps où bon vous semblera, et d'après
» l'avis du comte Agelon. Je sais que mon ré-
» dempteur ne meurt point, et je verrai en chair
» mon libérateur, ainsi-soit-il. Cependant si vous
» vouliez m'accorder la grâce que je vous demande
» avec instance, quelqu'indigne que j'en sois, je
» désirerais reposer aux pieds du seigneur Martin
» jusqu'au jour du jugement. Vous verrez, vous

3o   TESTAMENT

» Inprimis itaque ego PERPETUUS volo liberos
» esse liberasque homines et fœminas quotquot
» habeo in villâ Saponariâ, quos emi de meâ
» pecuniâ, ut et pueros quos in die discessûs mei
» non manumisero in ecclesiâ ; ita tamen ut liberè
» serviant, quandiù vixerint, ecclesiæ meæ,
» sed absque servitute ad-hæredes transmissibili
» et glebaticâ.

» Do etiam ecclesiæ meæ agrum quem Ali-
» garius mihi vendidit in dictâ villâ Saponariâ,
» cum stagno. Item molendina supra Carum
» propè dictam villam ; necnon pecuaria et
» prata ipsi ecclesiæ meæ do, lego.

» Villam de Bertiniaco cum sylvâ et omni
» reditu, eâ conditione, quâ mihi à Danièle dia-
» cono vendita est, ecclesiæ meæ pariter do, lego.
» Ita tamen ut de eorum proventibus oleum *(A)*
» paretur pro domini Martini sepulchro indefi-
» cienter illustrando : quod si fuerit neglectum,
» et voluntas mea, quod non spero, cassa, dicta
» villa de Bertiniaco cum adjunctis, hæredibus
» meis mox nominandis cedat, volo, statuo,
» jubeo.

» Quidquid et quoquo in loco et à quâcunque

» jugerez, vous choisirez; c'est ma volonté et ma
» résolution; et je ratifie tout ce que vous, mes
» maîtres, mes frères, aurez décidé à cet égard.

» Premièrement, moi Perpet, je veux que
» tous les esclaves, hommes et femmes, que j'ai
» achetés de mes deniers, et qui sont dans ma
» métairie de la Savonnerie, ainsi que les enfans
» que je n'aurai point affranchis dans l'église au
» jour de mon décès, reçoivent tous la liberté.
» Cependant j'y mets cette condition, qu'ils ser-
» viront librement à l'église, tant qu'ils vivront,
» mais sans esclavage transmissible à mes hé-
» ritiers, ni qui puisse les assujétir à la glèbe.

» Je donne aussi à mon église, le champ
» qu'Aligarius m'a vendu dans ma dite métairie
» de la Savonnerie, avec l'étang; ainsi que mes
» moulins sur le Cher, près de la dite métairie.
» Je donne également à mon église mes pâturages
» et mes prairies.

» Je donne et lègue pareillement à mon église,
» ma métairie de Bertiniac avec la forêt et tout
» le revenu, aux mêmes conditions qu'elle m'a
» été vendue par le diacre Daniel; mais à la charge
» que de son produit on fournira de l'huile
» pour entretenir continuellement une lampe
» sur le tombeau du seigneur Martin. Si l'on
» venait à négliger cette fondation et que ma
» volonté, ce que je ne pense pas, n'eût plus
» d'effet, la dite métairie de Bertiniac retournera
» à mes héritiers que je désignerai plus bas. Telle
» est ma volonté, ma résolution; tels sont mes
» ordres.

» Je donne et lègue à mes débiteurs, tout ce

» personâ fuerit mihi debitum, quo die absces-
» sero, debitoribus ipsis do, lego. Exigere quod
» dimitto nullus præsumat, volo, statuo.

» Tibi fratri et consacerdoti dilectissimo Eu-
» FRONIO thecam ex argento de reliquiis sanctorum
» do, lego. Illam intelligo quam deferre solebam;
» nam deauratam aliam quæ est in capsario meo,
» cum duobus calicibus aureis, et cruce similiter
» aureâ, quam Mabuinus fecit, ecclesiæ meæ
» do, lego. Simul et omnes libros meos, præter
» evangeliorum librum, quem scripsit HILARIUS,
» quondam pictaviensis sacerdos (B), quem tibi
» EUFRONIO fratri et consacerdoti dilectissimo,
» cum præfatâ thecâ, do, lego, volo, statuo.
» Memor esto meî, amen.

» Ecclesiæ S. Dionysii de Rambasiaco, cali-
» cem argenteum, et crucem similiter argenteam
» in cujus manubrio est reliquia de eodem S.
» Dionysio, do, lego.
» Ecclesiæ de Proillio similiter calicem argen-
» teum et urgeos (urceos) argenteos do, lego.
» Similiter et AMALARIO ibidem presbytero capsu-
» lam unam communem de serico, item peris-
» terium, et columbam argenteam ad reposito-
» rium, nisi maluerit ecclesia mea illam quâ
» utitur eidem Amalario transmittere, meam
» retinere: tibi ecclesiæ meæ eligendum permitto,
» volo, statuo.

» Sorori meæ FIDIÆ JULIÆ PERPETUÆ crucem

» qu'ils pourront me redevoir au moment de ma
» mort, quelle que soit la somme, partout où ils
» seront et quels qu'ils soient. Que personne ne
» s'avise de réclamer ce que je leur abandonne.

» Je donne et lègue à vous, mon très-cher
» Eufronius, mon frère et mon collègue, la boîte
» d'argent où sont les reliques des saints, mais
» j'entends celle que j'avais coutume de porter
» avec moi; car quant à l'autre dorée, et qui est
» dans mon armoire, avec deux calices d'or, et
» une croix également d'or, faite par Mabuin,
» je les donne et lègue à mon église. Je vous
» donne et lègue en même temps, mon très-cher
» frère et collègue Eufronius, avec la boîte sus-
» dite, tous mes livres, excepté le livre des
» évangiles transcrit par Hilaire, qui était jadis
» prêtre à Poitiers. Telle est ma volonté et ma
» résolution; souvenez-vous de moi, ainsi soit-il.

» Je donne et lègue à l'église de Saint-Denis
» de Rambasiac, un calice d'argent et une croix
» également d'argent, dans le pied de laquelle
» est une relique du même S. Denis.

» Je donne et lègue également à l'église de
» Proille un calice et des burettes aussi en argent.
» Je donne de même à Amalarius, prêtre de
» cette église, une petite boîte commune de
» soie, le péristère et la colombe d'argent pour
» y déposer le Saint-Sacrement, à moins que
» mon église n'aime mieux remettre à Amalarius
» celle dont elle se sert, et retenir la mienne. Je
» vous donne le choix, mon église; c'est ma vo-
» lonté et ma résolution.

» Je donne et lègue à ma sœur Fidia Julie

5

» parvam auream ex emblasmate, in quâ sunt
» de reliquiis Domini, do, lego. Quam tamen
» obnixè rogatam velim, ut si fortè, jubente Do-
» mino, eam contingat migrare ante DADOLENAM
» virginem ecclesiæ meæ, ei possidendam relin-
» quat. Te etiam rogo, soror DADOLENA, ut mo-
» riens eam ecclesiæ quæ libuerit addicas, ne
» veniat ad indignos. Quòd si transeat DADOLENA
» ante te, sit tibi liberum, carissima soror FIDIA
» JULIA PERPETUA, prædictam crucem cui volueris
» ecclesiæ relinquere, volo, statuo. Memor esto
» meî, dilectissima, amen.

» Tibi AGILONI comiti ob egregia tua in eccle-
» siam meam et pauperes filios meos merita, et
» ut pergas eorum defensionem robustè suscipere
» sicut cœpisti, equum meum parabilem, et
» mulum quem elegeris, do, lego. Memor esto
» meî, fili dilectissime, amen.

» Ecclesiæ S. Petri peristromata quæ ei ad
» utendum in natali ejusdem sæpè concessi,
» omninò et absolutè do, lego.
  » Tibi fratri et consacerdoti carissimo, de quo
» Dominus providebit regendæ post discessum
» meum ecclesiæ nunc meæ, tunc tuæ, aut potiùs
» nec meæ nec tuæ, sed Christi, do quidquid ad
» usum episcopalem de rebus meis volueris eligere
» in camerâ et sacrario vicino. Quod nolueris

» Perpète (ou Perpétue) ma petite croix d'or
» enrichie d'ornemens, et qui renferme des reli-
» ques du Seigneur; cependant je la prie avec
» instance, dans le cas où elle viendrait à mourir
» avant la vierge Dadolène, de laisser cette croix
» à mon église. Je vous prie aussi, ma très-
» chère sœur Dadolène, si vous venez à mourir, de
» la laisser à quelle église bon vous semblera, de
» peur qu'elle ne tombe en des mains profanes;
» et si Dadolène vient à mourir avant vous, ma
» très-chère sœur Fidia Julie Perpète, je vous
» laisse la liberté de donner cette croix à quelle
» église vous voudrez. Telle est ma volonté; sou-
» venez-vous de moi, ma très-chère sœur, ainsi
» soit-il.

» Quant à vous, mon cher comte Agelon, en
» reconnaissance des services signalés que vous
» avez rendus à mon église et aux pauvres mes
» enfans, et afin que vous continuiez à les dé-
» fendre avec activité comme vous l'avez fait
» jusqu'alors, je vous donne et lègue mon cheval
» de parade et un de mes mulets à choisir. Sou-
» venez-vous de moi, mon très-cher fils, ainsi
» soit-il.

» Je donne et lègue en toute propriété à l'église
» de Saint-Pierre, les tapisseries que je lui ai
» souvent prêtées pour le jour de sa fête.

» Mon très-cher frère et collègue que Dieu
» destine à gouverner cette église, qui est main-
» tenant la mienne et qui alors sera la vôtre, ou,
» pour mieux dire, qui n'est ni la vôtre ni la
» mienne, mais celle de Jésus-Christ; je vous
» donne à choisir parmi les différens objets qui

» hæredum meorum nominandorum esto. Pres-
» byterum de Malleio, cumque de Orbonâ, àd
» gradus unde meritò dejecti sunt, nunquam
» restitue. Sportulam tamen habeant quandiù
» vixerint super parte redituum meorum de
» Preslaio; quod supererit cum parte illâ quam
» utendam fruendam illis concessi, postquam
» obierint, et tibi utendum fruendum relinquo ;
» post discessum tuum ecclesiæ meæ do, lego.
» At tu, frater et consacerdos carissime, presby-
» teros, diaconos, clericos, virgines, meos, tuos
» ama, exemplo juva, benevolentiâ præveni; fac
» ut sciant se tibi filios non servos, te illis patrem
» non dominatorem, rogo, volo, statuo.

» At vos viscera mea, fratres dilectissimi, co-
» rona mea, gaudium meum, Domini mei, filii
» mei, pauperes Christi, egeni, mendici, ægri,
» viduæ, orphani; vos, inquam, hæredes meos
» scribo, dico, statuo. His quæ supra detractis,
» quidquid in bonis habeo, sive in agris, pascuis,
» pratis, nemoribus, vineis, mansis, hortis,
» aquis, molendinis, sive in auro, argento, et
» vestibus, cæterisque rebus, de quibus me
» disposuisse non constabit, hæredes esse vos
» jubeo. Et ut omnia per discretionem adminis-
» trentur, volo ut distrahantur quamprimùm

» tiennent aux fonctions épiscopales, soit dans
» ma chambre, soit dans la sacristie voisine. Ce
» que vous ne voudrez pas, appartiendra à mes
» héritiers, que je ne tarderai pas à nommer.
» Jamais ne rétablissez dans les grades d'où ils
» ont été rejetés, un prêtre de Mauléon et un autre
» d'Orbonne; que cependant, tant qu'ils vivront,
» ils aient leur nourriture sur une portion de
» mes revenus de Presle. Ce qui restera avec cette
» portion dont je leur accorde la jouissance, vous
» reviendra après leur mort pour en jouir à votre
» tour; mais je le donne et lègue à mon église
» après votre décès. Et vous, mon très-cher frère
» et collègue, aimez les prêtres, les diacres et les
» vierges qui sont mes amis comme les vôtres;
» édifiez-les par votre exemple, prévenez-les par
» votre bienveillance; qu'ils sachent qu'ils sont
» vos enfans et non vos esclaves, et qu'ils ont en
» vous un père et non un dominateur. C'est ce
» dont je vous prie, ce que je veux, ce que j'ai
» résolu.

» Et vous qui êtes mes entrailles, mes frères
» très-chéris, ma couronne, ma joie, mes maî-
» tres, mes enfans; pauvres de Jésus-Christ,
» indigens, mendians, malades, veuves et or-
» phelins, vous tous, je vous inscris, déclare et
» institue mes héritiers. A l'exception des dispo-
» sitions ci-dessus, je vous donne et lègue tout
» ce que je possède en terres, en pâturages, en
» prairies, en bois, en vignes, en maisons, en
» jardins, en rivières, en moulins, en or, en
» argent, en habits et en toutes autres choses
» dont je n'aurais pas disposé; et pour que tout

» obiero, et fieri poterit, et in pecuniam redi-
» gantur, cujus tres partes fiant. Duæ hominibus
» egenis distribuantur, ut placuerit AGRARIO pres-
» bytero, et comiti AGILONI. Tertia viduis et pau-
» peribus fœminis, uti placuerit virgini DADOLENÆ,
» distribuatur, volo, rogo, statuo.

» Testamentum hoc manu propriâ scriptum
» relegi et subscripsi ego PERPETUUS, calend. maias
» post consulatum Leonis Minoris A. Illud tu,
» DELMATI fili, apud te depositum serva; et cum
» alio simili meâ pariter manu scriptum et sub-
» scriptum, quod apud DEDOLENAM (sic) deposui,
» AGILONI comiti coràm fratribus meis presbyteris,
» diaconibus et clericis aperiendum et legendum
» trades, in nomine Domini volo, rogo, statuo,
» fixum ratumque sit.

　» Benedic, Domine : veni, Christe Jesu.

　» Ego PERPETUUS in nomine tuo, amen. »

NOTES.

(A) Page 3o. *Ita tamen ut de eorum proventibus oleum paretur.* Cela donnerait à entendre que l'huile était rare

» s'exécute le plus avantageusement possible, je
» veux qu'aussitôt après ma mort et le plus tôt
» que faire se pourra, tous ces biens soient ven-
» dus séparément, et que de l'argent provenant
» de la vente, on fasse trois portions, dont deux
» reviendront aux hommes pauvres : le prêtre
» Agrarius et le comte Agelon les leur distribue-
» ront comme ils le trouveront convenable; la
» troisième portion sera pour les veuves et pour
» les pauvres femmes : la vierge Dadolène la leur
» distribuera comme il lui plaira. Telle est mon
» intention, mon vœu et ma résolution.

     » J'ai lu et relu ce testament écrit de ma pro-
» pre main; et moi, Perpet, l'ai signé le jour des
» calendes de mai, après le consulat de Léon-le-
» Jeune (c'est-à-dire le 1.er mai 475. V. ci-dessus,
» p. 27). Je le dépose entre vos mains, mon
» fils Delmace, conservez-le. Quant à la copie
» également écrite et signée de ma main, que j'ai
» confiée à Dadolène avec une autre semblable,
» vous la remettrez au comte Agelon, afin qu'il
» fasse l'ouverture de mon testament, et qu'il
» le lise en présence de mes frères, les prêtres,
» diacres et clercs : telles sont mes volontés et
» résolutions prises au nom du Seigneur, fixées
» et ratifiées définitivement. Bénissez-moi, Sei-
» gneur; venez, Jésus-Christ !

     » *Signé* PERPET en votre nom. Ainsi soit-il. »

dans ce temps-là. Elle ne l'a pas moins été par la suite.
On connaît un concile d'Aix-la-Chapelle, qui, vu la

rareté de l'huile, permet aux moines d'user d'*huile* de lard. Guillaume de Joinville, 62.ᵉ évêque de Langres, en accordant le patronage de l'église de Sivery au chapitre de Montréal, en 1221, exige un cens annuel d'une mesure d'huile de noix pour sa table. Jeannin, maire de Chevigny en Bourgogne, fonde, en 1306, son anniversaire à Saint-Vivant, pour une pinte d'huile. On pourrait citer mille traits de la rareté et de la cherté de l'huile au moyen âge, et plus encore de la cire.

(B) Page 32. *Hilarius, quondam pictaviensis sacerdos.* Il est sans doute ici question du célèbre S. Hilaire, évêque de Poitiers, mort le 13 janvier 368. Mais pourquoi S. Perpet ne lui donne-t-il pas le titre d'évêque ?

Les quatre grands docteurs de l'église de France sont : S. Irénée, évêque de Lyon, martyrisé vers 202 ou 208; S. Hilaire, évêque de Poitiers; S. Césaire, évêque d'Arles, mort le 27 août 542; et S. Bernard, qui, né à Fontaine près Dijon, en 1091, mourut à Clairvaux, le 20 août 1153.

TESTAMENT DE S. JEAN,
DIT L'AUMÔNIER.

(L'an 619.)

Saint Jean dit l'Aumônier, dut ce glorieux surnom à l'une des qualités les plus précieuses qui puissent honorer le cœur humain, à la charité. Né à Limisso, qu'on appelait alors Amathonte, d'une famille noble et riche, vers 555, il embrassa l'état ecclésiastique, après que la mort lui eut enlevé sa femme et ses enfans; et bientôt ses hautes qualités le firent nommer patriarche d'Alexandrie. Personne n'a répandu dans le sein des pauvres des aumônes plus abondantes et plus multipliées. Lorsqu'en 608 il prit possession du siége d'Alexandrie, le premier de l'Orient, il fit faire une liste exacte de tous les indigens : il s'en trouva 7,500; il les prit tous sous sa protection et se chargea de pourvoir à leurs besoins. Dans une autre occasion, c'était lors de son sacre, il distribua aux monastères et hôpitaux huit mille pièces d'or qui se trouvèrent dans le trésor de son église. Sa tendresse compatissante pour les pauvres et les malheureux éclata surtout dans la famine qui désola son peuple en 615. Enfin retiré dans sa ville natale et sentant sa fin approcher, il fit le testament suivant, dont la brièveté n'exclut pas le sentiment, et qui peint bien son ardente charité :

« Je vous rends grâces, mon Dieu, de ce que
» vous avez exaucé ma prière, et de ce qu'il ne
» me reste qu'un tiers de sou (1), quoiqu'à mon
» ordination j'aie trouvé, dans la maison épisco-
» pale d'Alexandrie, environ quatre mille livres
» d'or, outre les sommes innombrables que j'ai
» reçues des amis de Jésus-Christ. C'est pourquoi
» j'ordonne que ce peu soit donné à vos servi-
» teurs. »

S. Jean l'Aumônier est mort à Limisso, le 11 novembre 619, à 64 ans.

_____

(1) C'était sans doute un sou d'or, de la nature de ceux dont les Romains taillaient 72 à la livre; mais la livre n'était que de 10 onces 2 tiers. (V. Le Blanc, édit. de 1690, p. 3.)

TESTAMENT DE S. ARBOGASTE.

(En 678.)

Saint Arbogaste, dix-neuvième évêque de Strasbourg, mourut le 21 juillet 678. Son testament
n'offre qu'une singularité qui prouve l'extrême
humilité du testateur. Par une clause spéciale,
il ordonne que son corps soit enterré hors de la
ville, sur une colline où l'on exécutait les crimi-
nels; et il veut qu'il soit placé précisément sous
la potence. Il motive cet acte de dernière volonté
sur ce que Notre-Seigneur Jésus-Christ avait été
aussi mis au rang des malfaiteurs. On assure que
plusieurs miracles ayant été opérés sur son tombeau, on y éleva une chapelle sous l'invocation
de S. Michel. Par la suite, ses reliques furent
transférées dans l'église abbatiale de Surbourg.
Au XII.ᵉ siècle, on les divisa en deux parties :
l'une resta à Surbourg jusqu'en 1632, qu'elle fut
perdue pendant la guerre des Suédois; on déposa
l'autre dans le monastère de Saint-Arbogaste
fondé près de Strasbourg, et elle y resta jusqu'en
1530, époque de la destruction de ce monastère
par les luthériens.

S. Arbogaste fut choisi par Dagobert II, nouvellement rétabli sur le trône d'Austrasie, pour
remplacer en 673 Rhotaire, évêque de Strasbourg. Il fut comblé des bienfaits de ce prince,
tant par la vénération qu'inspiraient ses vertus,
que parce qu'il avait contribué par ses prières à
la guérison du fils de Dagobert, Sigebert, qui
s'était blessé dangereusement en tombant de

cheval à la chasse, dans la forêt d'Ebersmunster. Deux ans après, Dagobert donna à la cathédrale de Strasbourg la terre de Rouffach, le palais d'Isenbourg qu'il habitait, avec le territoire qui en dépendait.

La clause du testament de S. Arbogaste donne à penser que dans le VII.ᵉ siècle, il n'y avait pas encore de cimetières publics, et qu'on choisissait le lieu de sa sépulture. Les Romains plaçaient leurs tombeaux le long des grands chemins, non loin de la ville. Il n'y avait guère que les familles célèbres qui eussent leur *columbarium,* ou tombeau général pour tous les membres de chaque famille.

TESTAMENT DE RICHARD-SANS-PEUR.

(En 996.)

RICHARD-sans-Peur, duc de Normandie, avait fait préparer son tombeau dans l'abbaye de Fécamp plusieurs années avant sa mort, arrivée le 20 novembre 996. Son testament respire la plus grande humilité. Il dit : « Je veux être *enseveli* » devant l'*huys* (la porte) de l'église, afin d'être » *conculqué* (foulé aux pieds) de tous les entrans » dans l'église. » C'est lui-même qui avait fait bâtir cette église. Ses dernières volontés furent exécutées. Mais peu d'années après, un abbé de Fécamp, voyant que « à si digne personnage » plus décente sépulture appartenoit, le fit dé-» couvrir et mettre devant l'autel. » Il paraît que c'est à peu près de ce temps que date l'usage d'enterrer dans les églises; car nous voyons par plusieurs exemples, particulièrement par celui de ce prince et par celui de son fils Richard II, dont nous allons parler, que les grands seigneurs étaient enterrés sous le parvis ou portail de l'église.

TESTAMENT DE RICHARD II.

(En 1027.)

RICHARD II, duc de Normandie, fils de Richard-sans-Peur, imita son père dans sa piété et dans son humilité, lorsqu'il fit ses dernières dispositions. Son testament porte qu'il demande à être enterré dans le cimetière, « et sous une gouttière » de l'église (*A*). » En effet après sa mort, arrivée le 22 ou le 23 août 1027, on l'enterra dans l'abbaye de Fécamp, au lieu qu'il avait désigné.

Ce prince était très-pieux, comme nous l'avons dit; on rapporte que lorsqu'il était à Fécamp, il se dérobait la nuit à ses courtisans pour assister aux matines de l'abbaye. Sur quoi l'historien Albéric de Trois-Fontaines raconte qu'une nuit, le duc ayant trouvé les portes de l'église fermées, et les ayant ouvertes de force, le sacristain que le bruit éveilla, vint sur lui, le prit par les cheveux, sans le connaître, et l'accabla de coups de poing, qu'il reçut sans mot dire. Le lendemain, ajoute l'historien, le duc ayant fait venir le sacristain, le loua de sa vigilance, et donna à la sacristie une terre produisant du bon vin pour les messes.

NOTE.

(A) Cette ancienne sépulture sous une gouttière, m'en rappelle une du même genre dans nos temps modernes; mais ici le trait est plaisant : la piété et l'humilité n'y sont pour rien.

Gallet, l'un de nos anciens et aimables chansonniers, bon buveur, et par conséquent aussi ennemi de l'eau que peu favorisé de Plutus, mourut au Temple en 1757; et on l'enterra près d'une église, sous une gouttière. A quelque temps de là, Panard, son intime ami, et non moins bon buveur, passa avec quelqu'un près de cette triste sépulture. Il s'arrête, pousse un profond soupir, et montrant le dernier gîte humide de Gallet : « Les barbares ! voyez donc, monsieur; ils l'ont mis sous une gouttière, lui, lui qui n'a jamais bu une goutte d'eau ! Sous une gouttière !! les cruels !... Ah, pauvre ami, pauvre ami ! sous une gouttière ! répétait-il en s'éloignant et s'essuyant les yeux. »

TESTAMENT DE LOUIS VIII,

ROI DE FRANCE.

(En 1225.)

Ce testament offre des particularités qui ne nous permettent pas de le passer sous silence. La disposition des biens du monarque et certains legs en font un objet curieux.

Louis VIII, dit Cœur-de-Lion, né de Philippe-Auguste et d'Isabelle de Hainaut, le 5 septembre 1187, roi de France le 14 juillet 1223, eut de Blanche de Castille son épouse, onze enfans, dont six seulement lui survécurent. Ce sont Louis, Robert, Jean, Alphonse, Charles et Isabelle qui fonda le monastère de Longchamp. Ce prince établit par son testament, fait en juin 1225, que son fils aîné (S. Louis) lui succédera à la couronne et sera maître de tout le pays, de la même manière qu'il le possède lui-même : *habeat totam terram, quam charissimus genitor noster Philippus piæ recordationis tenuit, et sicut eam tenuit et nos tenemus.* Il en exempte seulement les terres, fiefs et domaines qu'il asssigne à ses autres enfans : *exceptis illis terris, et feodis, et domaniis quæ per præsentem paginam excipimus.* Voici comme il en dispose : *Volumus siquidem et ordinamus quòd filius noster secundus natu habeat totam terram Attrebatesii in feodis et domaniis, et totam aliam terram quam ex parte matris nostræ Elizabeth possidemus, salvo dotalitio matris suæ si superviveret.* Il donne donc l'Artois, etc., à Robert son second fils. *Item, volumus et ordinamus quòd tertius filius noster habeat totum comitatum Andegaviæ et Cænomanniæ, in feodis,* etc; Jean, le troisième fils, aura le comté d'Anjou et le Maine. *Item, volumus et ordinamus quòd quartus filius noster habeat comitatum Pictaviæ, et totam Alverniam, in feodis,* etc.; le quatrième de ses fils, Alphonse, possédera le Poitou et l'Auvergne. (Ici est une clause concernant son frère Philippe, comte de Boulogne, dont le bien retournera à la couronne, s'il meurt sans enfans). Voici une autre clause assez singulière, relative à son cinquième fils et aux autres fils qu'il pourrait encore avoir : *Item, volumus et præcipimus quòd quintus filius noster sit clericus, et omnes alii qui post eum nascentur ;* « voulons et ordonnons que notre cin-

» quième fils (Charles) entre dans la cléricature
» ainsi que tous ceux qui pourraient naître après
» lui. » Cette disposition prouve bien la barbarie
de ce siècle; était-ce la crainte de multiplier les
apanages? mais il n'est point de ménagemens avec
le ciel; et la politique ne peut jamais prescrire
contre la religion. Au reste, cette clause n'eut
pas lieu. Jean, comte d'Anjou, étant mort en
1226, peu de jours après son père, Charles, né
en 1220, prit le titre de comte d'Anjou et de
Provence, et fut roi de Naples en 1265; il est la
tige des rois de Naples de la première maison
d'Anjou; il mourut en 1286. Revenons au testament de Louis VIII. Après avoir ainsi disposé de
la couronne et de ses domaines, il passe à ses
propriétés mobilières.

Il donne d'abord à son fils qui sera son successeur, tout l'or et l'argent, ainsi que l'argent monnayé qui est dans la tour vis-à-vis Saint-Thomas,
in turri nostrâ parisiensi juxta Sanctum Thomam;
c'était là qu'était le trésor de la couronne. Ensuite
il ordonne que l'on tire de son mobilier de quoi
payer ses dettes; puis il donne et lègue à sa très-
chère épouse, Blanche de Castille, *trigenta millia
librarum,* trente mille livres (qui peuvent valoir 340,000 fr. de notre monnaie actuelle); et à
sa fille Elisabeth, vingt mille livres.

Il donne à deux cents églises, *ducentis domibus
Dei,* vingt mille livres, c'est-à-dire à chacune
cent livres; à deux mille maisons de lépreux,
duobus millibus domorum leprosorum, dix mille
livres, c'est-à-dire cent sous à chacune (environ
80 à 90 francs de notre monnaie). Cette quantité

de léproseries annonce que la lèpre, ce mal contagieux arrivé depuis peu de l'Orient, s'était répandue très-promptement. Nous en parlerons dans une note à la suite de cet article *(A)*.

Le roi fait ensuite des dons et des legs considérables à un grand nombre d'abbayes du royaume, pour y fonder un anniversaire pour le repos de son ame, *pro anniversario nostro faciendo.* Il donne aussi trois mille livres pour les orphelins, les veuves et les pauvres filles à marier, *orphanis, et viduis, et pauperibus mulieribus maritandis.*

Il renouvelle les premières dispositions de son testament, relatives au partage de ses biens et à la succession à la couronne, pour éviter toutes difficultés entre ses fils, *ne posset inter eos discordia suboriri.*

Enfin, il ordonne que l'on vende toutes les pierres précieuses qui ornent ses couronnes, *lapides pretiosi qui sunt in coronis nostris,* ou qui existent ailleurs, ainsi que l'or qui les compose, et ses anneaux, et ses autres joyaux, voulant que le produit de cette vente soit employé à bâtir une nouvelle abbaye de Saint-Victor en l'honneur de la Vierge Marie. Il finit par nommer pour ses exécuteurs testamentaires ses amis et fidèles évêques de Chartres, de Paris et de Senlis, et l'abbé de Saint-Victor, *amicos et fideles nostros Carnotensem, Parisiensem ci Sylvanectensem episcopos, cum abbate Sancti Victoris.* Si l'un vient à manquer, les deux autres pourront agir avec l'abbé de Saint-Victor; et dans le cas où la succession mobilière ne suffirait pas pour acquitter tous les legs, ceux-ci seront diminués ou retirés comme le jugeront à propos les exécuteurs testamentaires.

Telles sont toutes les dispositions du testament de Louis VIII, qui a beaucoup de rapport avec celui de son père Philippe-Auguste, dont nous dirons un mot à la fin de la note suivante. On verra combien l'un et l'autre sont encore imprégnés de la rouille du temps. Duchesne les a insérés dans son *Historiæ Francorum Scriptores*, Paris, 1649, in-fol., tome V, p. 261 et pp. 324—325, et nous croyons qu'ils n'existent que là. Louis VIII est mort à Montpensier, par excès de continence, dit-on, le 8 novembre 1226; et son épouse Blanche, mère de S. Louis, est morte en 1252.

NOTE.

(A) Il y avait à peine 140 ans que la première croisade avait eu lieu sous Philippe I.er, lorsque Louis VIII mourut; et sous le règne de celui-ci deux mille léproseries couvraient la France comme le prouve son testament. Quel ravage avait donc déjà fait cette affreuse maladie, « seul fruit, dit Velly, que les chrétiens rapportèrent de leurs croisades! » Une chose fort singulière, c'est que des médecins et même des casuistes, dans ces temps d'ignorance, ont permis de se rendre eunuque, pour se préserver de cette peste. Cela avait d'abord fait croire que la lèpre avait quelque chose de commun avec cette autre maladie honteuse, suite du libertinage, tandis que la lèpre a disparu depuis longtemps; mais on est entièrement revenu de cette erreur.

Les malheureux frappés de cet horrible mal oriental, de lui-même contagieux, étaient séparés de toute société; c'est ce qu'on appelait les mettre *hors du siècle*. Voici les cérémonies qui, dans le temps, s'observaient à cet égard:

Le curé avec son clergé allait en procession à la maison du malade, qui l'attendait à la porte, couvert d'un voile noir ou d'une nappe. Après quelques prières, la procession retournait à l'église, et le lépreux suivait le célébrant à une certaine distance. Il allait se placer au milieu d'une chapelle ardente, préparée comme à un corps mort; on chantait une messe de *requiem*, et à l'issue de l'office, on faisait autour du lépreux des encensemens et des aspersions, et l'on entonnait des *libera*. Il sortait pour lors de la chapelle ardente, et on le conduisait jusqu'au cimetière, où le prêtre l'exhortait à la patience. Ensuite on lui défendait d'approcher de qui que ce fût, et de ne rien toucher de ce qu'il marchanderait, avant que cela lui appartînt; de se tenir toujours au-dessous du vent, quand quelqu'un lui parlerait; de sonner sa tartevelle quand il demanderait l'aumône; de ne point sortir de sa borde, sans être vêtu de la housse; de ne boire en aucune fontaine ou ruisseau que celui qui est devant sa borde; d'avoir une écuelle fichée sur un bâton droit; de ne passer ponts ni planches sans gants; de ne point sortir au loin sans congé ou licence du curé et de l'official. Puis le prêtre ajoutait : « Je te défends d'habiter avec autre femme qu'avec la tienne. » Enfin il prenait une pellée de terre du cimetière, et par trois fois la lui mettait sur la tête, disant : « C'est signe que tu es mort quant au monde, et pour ce aie patience en toi. »

Il restait encore une espèce de liberté à celui que l'on mettait ainsi *hors du siècle;* mais il y en avait d'autres que l'on enfermait dans des lieux écartés, loin de toute habitation, toujours cependant près des grands chemins. On les fuyait avec horreur, si par hasard on en rencontrait. On avait même porté la précaution jusqu'à leur défendre de contracter, sans spécifier le genre de maladie dont ils étaient atteints; cette clause non exprimée rendait l'acte nul.

Le nombre des lépreux augmenta enfin si considérablement, que dans toutes les villes et bourgades, on fut obligé de bâtir un hôpital pour les retirer. On a nommé ces maisons *ladreries,* parce qu'elles étaient sous l'invocation de S. Lazare, que le peuple par corruption appelait *S. Ladre*, comme on le fait encore à Autun.

Cependant ces malheureux inspirèrent tant de pitié que la charité publique s'empressa de venir à leur secours; les libéralités de nos rois, celles des grands, les aumônes multipliées des fidèles, ne tardèrent pas à enrichir ces retraites, objet tout ensemble d'horreur et de compassion. Bientôt les lépreux devinrent plus dignes d'envie que de pitié. Les richesses dont ils furent dotés excitèrent la cupidité; et pour s'en emparer, on n'hésita pas à les accuser des crimes les plus horribles, tels que d'avoir empoisonné les puits, les fontaines, les rivières; et sur cette accusation, Philippe-le-Long (mort en 1322) en fit brûler plusieurs et confisqua tous leurs biens. Il existe une ordonnance de ce prince, par laquelle il accorde main-levée des saisies qu'il avait fait faire des revenus de toutes les léproseries du royaume. (V. LAURIÈRE, *Ordonnances de nos Rois*, 16 vol. in-fol., tome I, p. 814.) Insensiblement, par suite d'une plus grande propreté et de l'usage du linge, le mal diminua et s'éteignit entièrement; du moins il n'en reste plus de vestiges dans nos climats, si ce n'est dans le charmant et mélancolique opuscule de M. de Maistre, intitulé *le Lépreux de la Cité d'Aoste*. Mais ici le mal n'est pas contagieux.

Nous avons dit qu'il y avait beaucoup d'analogie entre le testament de Philippe-Auguste (fait en 1222) et celui de son fils Louis VIII, que nous avons rapporté ci-dessus. En effet Philippe, dans une clause relative aux lépreux et aux orphelins, s'exprime ainsi : *Item donamus et legamus pauperibus, et orphanis, et viduis, et leprosis XXI millia librarum parisiensium distribuenda per manus testamentariorum nostrorum.* De plus, on voit par une des clauses suivantes du même acte (et comme le prouve également le testament de Louis VIII), que les rois disposaient des différens joyaux, pierres précieuses, etc., qu'ils possédaient : *Item donamus*, dit Philippe-Auguste, *et legamus abbatiæ Sancti Dionysii, in quâ sepulturam eligimus* (Saint-Denis n'était pas encore affecté de droit à la sépulture de nos rois), *omnia ludicra nostra cum lapidibus pretiosis, et cruces aureas et omnes lapides pretiosos, ita tamen quòd pro salute animæ nostræ, singulis diebus viginti monachi presbyteri celebrent divina,* etc. Il y a encore dans ce testament d'autres clauses remarquables, telles que celle d'une donation de 3000 marcs d'argent pour le roi de Jérusalem (Baudouin); 2000 pour les Hospitaliers; autant pour les Templiers, afin qu'ils retournent en Palestine. Le roi accorde en outre 150,000 marcs d'argent au même roi, *regi transmarino,* et aux mêmes chevaliers et Templiers, à condition qu'ils fourniront 300 soldats pendant trois ans, indépendamment de ceux qu'ils doivent fournir quand le temps de la trève sera écoulé, *postquam treuga rupta fuerit inter ipsos et Saracenos.*

Ce testament de Philippe-Auguste est dans le tome **V**, p. 261, de Duchesne, que nous avons cité ; mais avant ce testament est un fragment d'histoire, *Gesta alia Philippi Augusti ex codice* MS. (pp. 257—261), où l'on apprend que le roi Philippe donna à l'abbaye de Saint-Denis, différentes reliques que lui avait envoyées l'empereur Baudouin, entre autres un morceau de la vraie croix, long d'un pied et *in grossum vero quantum aliquis indice juncto cum pollice claudere manu potest* (environ deux à trois pouces de diamètre); des cheveux de l'enfant Jésus ; une épine de la couronne du Sauveur; une côte et une dent de S. Philippe, apôtre; un morceau de toile blanche provenant des langes de Jésus à sa naissance, etc. L'abbé de Saint-Denis alla, nu-pieds, et processionellement, *psallendo,* au-devant de ces reliques, les reçut de la propre main du Roi. *cum pleno gaudio lacrymarum,* et les transporta à l'abbaye au bruit des cloches, *pulsatis campanis universis,* au milieu du peuple assemblé, à qui il donna la bénédiction. Ces reliques furent enfermées *in vasis auro puro tectis et pretiosis lapidibus.*

Philippe-Auguste, fils de Louis VII et d'Alix de Champagne, est né le 21 août 1165; il a été roi de France le 18 septembre 1180, et est mort à Mantes, le 14 juillet 1223. Il a été marié trois fois, et n'a eu que trois enfans, Louis VIII, Philippe, comte de Clermont, et une princesse nommée Marie. Il a eu en outre un fils naturel, Pierre Charlot.

TESTAMENT D'UN SEIGNEUR
DE LA MAISON DU CHATELET.

(Vers 1280.)

Un seigneur de la maison du Châtelet, mort
vers 1280, n'annonça pas dans ses dispositions
testamentaires, l'esprit d'humilité que nous avons
remarqué dans celles de Richard-sans-Peur.
Ce seigneur, bien éloigné de désirer comme le
duc, d'être *conculqué* de tous les entrans dans
l'église, fit creuser son tombeau dans un des
piliers de l'église de Neufchâteau, et ordonna
par son testament que son corps y fût placé debout, « afin, porte la clause, que les vilains
» (les roturiers) ne lui marchassent point sur
» le ventre. »

TESTAMENT DE GUILLAUME
DE CHAMPLITTE.

(En 1282.)

Guillaume de Champlitte, sire de Pontailler
et de Talmai, ancien vicomte de Dijon, fils de
Guillaume II de Champlitte, vicomte de Dijon,
fondateur du prieuré de Sainte-Marie de Pontailler, de l'ordre du Val des Ecoliers, fit, en
1282, un testament bien différent de celui dont
nous venons de parler. Il y ordonne qu'on le
mette en terre en habit de cordelier, sur un peu

d'*estrain* (1), si pauvrement comme on pourra; il veut qu'il n'y ait au convoi funèbre que quatre *chandoilles* (c'est-à-dire quatre chandelles, cierges ou torches). De plus, il exige qu'on le mette à l'entrée de l'huys, dans le moustier (église) du prieuré de Pontailler, « à ce que les gens passent » par sur lui. » Son désir étant d'être enterré auprès de son père, il paraît que Guillaume II de Champlitte s'était aussi fait enterrer près l'entrée de l'huys, c'est-à-dire à la porte de l'église. Son testament renferme en outre deux fondations pour l'entretien de deux lampes qui *arderont* perpétuellement, l'une aux cordeliers de la ville de Dijon, l'autre aux frères de S. Jacques de la même ville.

TESTAMENT D'ÉDOUARD I.er,
ROI D'ANGLETERRE.
(En 1307.)

Nous croyons pouvoir mettre au nombre des testamens singuliers, l'acte de dernière volonté d'Edouard I.er, l'un des plus grands rois d'Angleterre, quoique cet acte ne soit que verbal. Ce prince était furieux contre les Ecossais qui venaient de chasser les Anglais de leur territoire, et il s'apprêtait à mettre tout à feu et à sang dans

---

(1) Paille fourragée que l'on étend sous le ventre des chevaux pour leur servir de litière. Ce mot *estrain* vient de *stramen*, paille, chaume; il est encore en usage en Bourgogne, en Franche-Comté, etc.

leur pays, lorsqu'il fut atteint d'une maladie mortelle qui l'enleva le 7 juillet 1307, à l'âge de 67 ans. Mais il faut laisser raconter à l'historien Froissard, dans son style naïf, ce qui se passa à la mort de ce prince, relativement à ses dernières intentions.

« Le bon roy Edouard, dit-il, trespassa en la cité
» de Warvich. Et quend il mourut, il fit appeler
» son aisné fils (Edouard II, qui après lui fut roy)
» pardeuant ses barons, et lui fit iurer, sur les
» saincts, qu'aussitost qu'il seroit trespassé, il le
» feroit bouillir en vne chaudiere, tant que la
» chair se departiroit des os ; et après feroit
» mettre la chair en terre, et garderoit les os :
» et toutes les fois que les Escoçois se rebelleroient
» contre luy, il semondroit ses gens et porteroit
» avec luy les os de son pere. Car il tenoit fer-
» mement que tant qu'il auroit ses os avec luy,
» les Escoçois n'auroient point de victoire contre
» luy (A). Lequel n'accomplit mie ce qu'il auoit
» iuré : ains fit rapporter son pere à Londres,
» et là enseuelir ; dont lui mescheut. »

En effet, Edouard II fut très-malheureux, et après 19 ans de règne, le parlement, en 1328, le déclara inhabile à régner et le déposa.

NOTE.

(A) Cette disposition rappelle celle du prétendu testament de Jean Ziska, chef des Bohémiens, mort en 1424, par lequel il exigea, dit-on, qu'aussitôt après sa mort, on l'écorchât, et qu'on fît un tambour de sa peau. « Le
» bruit seul, lui fait-on dire, suffira pour effrayer vos
» ennemis et vous faire conserver les avantages que

» mon courage vous a procurés. » Il est reconnu que ce testament est une fable, un conte fait à plaisir.

Il en est de même de la facétie attribuée à Rabelais, où l'on prétend qu'il commença ainsi son testament : « Je n'ai rien vaillant, je dois beaucoup, je donne le » reste aux pauvres. » Cela n'est pas plus réel que le mot qu'on lui prête à l'article de la mort : « Je vais chercher » un grand peut-être. » Rabelais est mort d'une manière édifiante, en 1553.

Le célèbre Jean de Launoy, surnommé le dénicheur de saints, était fort désintéressé ; il laissa peu de fortune et commença ainsi son testament : « Au nom du Père, et » du Fils, et du Saint-Esprit. J'aurai bientôt fait, car je » n'ai pas beaucoup de biens, etc. » Et, chose singulière ! cet illustre savant qui déterrait si bien les dates de l'antiquité, oublia celle de son testament. Il y mit bien l'année, mais non pas le jour. Il est mort en 1678.

~~~~~~~~~~~~~~~~~~~~~~~~~~~~~~~~~~~~~~~

TESTAMENT DE PÉTRARQUE.

(En 1374.)

QUOIQUE le testament de Pétrarque *(A)* puisse, en général, ne pas être considéré comme un morceau singulier et bizarre, il s'y trouve cependant quelques legs qui lui donnent des droits à figurer dans notre recueil ; ce sont ceux où il hasarde certaines saillies sur le goût de plusieurs de ses légataires, ceux où il dispose de petits meubles et effets, etc. etc. On aime à voir un homme aussi célèbre entrer dans des détails qui annoncent une simplicité de mœurs, une espèce de bonhomie qui frappe par son contraste avec ce génie sublime, profond, et avec ces rares talens, inconcevables pour le siècle où il a vécu, siècle de corruption, si l'on en juge par les tableaux que nous a laissés Boccace, contemporain de Pétrarque, et siècle par conséquent où la piété et la vertu de celui-ci devaient jeter un grand éclat. Nous ne rapporterons pas en entier son testament, qui, écrit en latin, renferme plusieurs pages in-fol. et des détails peu intéressans pour le temps présent. Nous nous contenterons de citer les articles qui, tenant aux mœurs du siècle, rentrent davantage dans le plan de notre travail.

Pétrarque, né à Arrezzo, le 20 juillet 1504, avait soixante-six ans lorsqu'il a fait à Padoue son testament, daté *pridiè nonas aprilis* (le 4 avril) 1370; c'était quatre ans avant sa mort. Il commence par des réflexions morales sur la certitude de la mort, sur l'incertitude de l'heure où elle arrive, et sur la nécessité de mettre ordre à ses affaires. Ensuite, il dit que ce qu'il possède est de si peu de valeur, qu'il est en quelque sorte honteux de faire un testament; *sed*, ajoute-t-il, *divitum atque inopium curæ de rebus licèt imparibus pares sunt.* Après avoir recommandé son ame à Jésus-Christ, et avoir imploré le secours de Marie, de S. Michel et de tous les saints, il ordonne très-expressément qu'on l'enterre sans aucune espèce de pompe, *absque omni pompâ, et cum summâ humilitate et abjectione, quanta esse potest....* Il rend responsables son héritier et ses amis de l'exécution de cette clause; il ne leur demande point de larmes, inutiles au défunt, mais des prières, dont il a besoin. (Nous verrons par la suite beaucoup de testateurs imiter cette pieuse et philosophique humilité.) Ignorant le lieu où il mourra, il désigne dans différentes villes où cela pourrait arriver, le lieu qu'il y choisit pour sa sépulture. Il nomme Padoue, Venise, Milan, Rome, Parme, etc.; puis il fait un legs de deux cents ducats d'or à l'église de Padoue, et de vingt à l'église où il sera enterré.

Arrivant aux legs particuliers, il donne au gouverneur de Padoue un très-beau tableau de la Vierge Marie, *opus Joctii pictoris egregii* (B), qui lui a été envoyé de Florence par son ami Michel Navis. En voyant ce tableau, ajoute-t-il, *pulchritudinem ignorantes non intelligunt, magistri autem artis stupent.* Il veut que ses chevaux, s'il en a à l'heure de sa mort, soient distribués entre deux de ses amis, Bonzanello et Lorbardo; il se reconnaît débiteur envers le dernier de 334 ducats d'or et de 16 sous, qu'il espère acquitter avant de mourir.

Il lègue au même Lorbardo son petit gobelet rond, d'argent doré, pour qu'il y boive, dit-il, de l'eau tout à son aise, car il aime beaucoup mieux l'eau que le vin; *cum quo bibat aquam quam libenter bibit, multò libentiùs quàm vinum.*

Il donne au sacristain Jean Bocheta son grand bréviaire, qui lui a coûté cent livres à Venise; mais il ajoute qu'après la mort du sacristain, le volume sera déposé dans la sacristie de l'église pour l'usage de tous les prêtres attachés à cette église, et qui prieront Dieu et la Vierge Marie pour lui.

Il lègue au seigneur Jean de Certaldo ou Boccace, (honteux, dit Pétrarque, de donner si peu à un si grand homme, *verecundi admodùm* tanto

viro *tam modicum*); il lègue, dis-je, à Boccace (1),
deux cents florins d'or de Florence, pour lui
acheter une robe d'hiver, convenable à ses études et à ses veilles. On voit par les mots *tanto viro*
quel cas Pétrarque faisait des talens de Boccace.

Il donne à Thomas Bambasia, de Ferrare, son
luth qui est bon *(leutum meum bonum)*, mais pour
chanter les louanges du Seigneur, et nullement
pro vanite sæculi fugacis.

Il lègue à maître Jean *de Horologio* (auquel il
donne le titre de *physicum*, qui sans doute signifie
médecin); il lui lègue, dis-je, cinquante ducats
d'or, pour qu'il en achète un petit anneau qu'il
portera au doigt en souvenir du testateur.

Quant à ses domestiques, il donne d'abord au
nommé Barthelemi de Sienne, dit Pancaldus,
une somme de vingt ducats, mais à condition
qu'il ne les jouera pas, *quos non ludat*.

Il en donne autant au nommé Litius, etc.

Enfin, il institue pour son héritier François de
Borsano, fils du seigneur de Borsano, demeurant
à Milan. Il lui parle aussi d'un petit bien qu'il a
près Vaucluse, et dont il désirerait faire un hôpital pour les pauvres; si cela ne pouvait s'exécuter, il donne cette propriété aux fils d'un Ray-
mond de Clermont, surnommé Monet, etc. etc.
Après avoir daté son testament et l'avoir fait

---

(1) Jean Boccace, étant né en 1313, avait neuf ans
de moins que Pétrarque; et au moment où celui-ci fit
son testament (en 1370), il avait 57 ans, et Pétrarque en
avait 66. Boccace ne survécut qu'un an à Pétrarque. Il
est mort en 1375, âgé seulement de 62 ans.

signer par les témoins, il ajoute qu'il prie son héritier d'écrire aussitôt après sa mort, à son frère qui est chartreux dans le couvent près Marseille (*in conventu de Materino*), et de lui proposer cent florins d'or une fois payés, ou de lui en donner cinq ou dix par an, comme il voudra, *sicut sibi placet*. Le tout est terminé par cette inscription : *Ego Franciscus Petrarcha scripsi, qui testamentum aliud fecissem, si essem dives, ut vulgus insanum putat.*

Tel est l'abrégé du testament de Pétrarque. On y reconnaît une ame pieuse, bienfaisante (1), une probité à toute épreuve, un caractère doux et qui n'est point ennemi d'une certaine gaîté. Cependant ce n'est qu'une faible esquisse du portrait de cet illustre restaurateur de la philosophie, de l'éloquence et de la poésie. Voyons si nous ne trouverions pas dans ses ouvrages quelque chose de plus substantiel sur sa personne, sur son caractère, sur sa conduite; tout ce qui tient à un homme aussi extraordinaire, à un tel phénomène dans le XIV.ᵉ siècle, doit nous intéresser.

---

(1) Une clause du testament, que nous avons omis de rapporter, confirme encore bien cette précieuse qualité dans Pétrarque. Il avait prêté de l'argent à un vieux grammairien, dont il avait peut-être reçu des leçons dans son jeune âge, et leçons sans doute bien payées. Mais quant à l'argent prêté, il feint que ses comptes ne sont point encore réglés avec cet homme, et s'oppose à toute réclamation envers ce malheureux, lorsque lui, testateur, sera mort. Il paraît que les grammairiens de ce temps-là comme ceux de ce temps-ci, ne roulaient pas carosse.

Cherchons donc le tableau qu'il a tracé de lui-même dans son *Epître à la postérité*. Quoiqu'il ait tenu le pinceau, le portrait ne sera point flatté; sa candeur et sa franchise nous répondent de la ressemblance.

« Je suis, dit Pétrarque, d'une naissance qui n'est ni basse, ni illustre. Ma famille est ancienne, comme Auguste dit de la sienne. J'avais un penchant naturel pour la justice et pour l'honneur. La vieillesse m'a corrigé des erreurs où mes premières années m'avaient entraîné, et m'a appris combien les plaisirs et la jeunesse sont peu de chose. Mon corps avait moins de force que de dextérité; sans être belle, ma figure pouvait plaire lorsque j'étais jeune; j'avais des couleurs vives entre le blanc et le noir; mes yeux étaient pleins de feu, et je jouissais d'une vue excellente, qui, contre toute attente, m'a abandonné à soixante ans; ce qui m'a forcé de recourir aux lunettes, *ocularium (C)*. La vieillesse a saisi un corps très-sain jusque là, et l'a environné de son cortége ordinaire de maladies. J'ai méprisé les richesses, non qu'elles ne me fissent plaisir, mais parce que je ne pouvais souffrir les travaux et les inquiétudes qui les accompagnent. Ennemi des festins, j'ai toujours trouvé aussi fatigant d'y inviter les autres que d'y être invité; mais rien ne me plaît tant que la présence d'un ami, et volontairement je n'ai jamais pris un repas seul. J'ai été en proie dès ma jeunesse à l'amour le plus ardent, mais pudique et honnête, et qui durerait encore, si une mort cruelle, mais utile, n'eût éteint un feu qui commençait à s'affaiblir, *ignem tepescentem*.

Je désirerais pouvoir dire que je ne me suis jamais livré au plaisir des sens; mais ce serait mentir. Quoiqu'emporté vers eux par l'effervescence de l'âge, je puis dire les avoir toujours détesté. Vers l'âge de quarante ans, j'en ai rejeté jusqu'au souvenir, et j'ai regardé comme un grand bonheur d'être délivré de cette servitude. J'ai senti dans les livres sacrés une douceur cachée que j'avais autrefois méprisée, et qui m'a éloigné de la poésie (1). J'ai joui de l'amitié des rois et des premiers hommes de mon siècle; j'ignore quelle raison m'en fit rechercher. J'ai joui avec quelques-uns d'entr'eux d'une heureuse réciprocité de sentimens; leur grandeur m'a été utile, jamais elle ne me fut incommode... »

Il est encore un morceau où la sensibilité de Pétrarque se peint tout entière, en parlant de sa chère Laure et du malheur qu'il a eu de la perdre. Il avait tracé ces lignes sur les marges d'un Virgile qui lui appartenait, et qu'il lisait sans cesse. Ce manuscrit est conservé précieusement dans la bibliothèque Ambrosienne de Milan (D). Voici la traduction de cette note :

« Laure, que ses vertus ont rendue célèbre et qui a été le sujet de mes vers pendant plusieurs années, s'offrit à mes regards pour la première fois, le 6 avril 1327, dans l'église de Sainte-Claire

(1) Il y avait déjà trois ans passés qu'il avait été couronné poëte lauréat, au Capitole à Rome. Cette cérémonie triomphale, dont nous avons donné la description dans notre *Dictionnaire de Bibliologie*, t. III, p. 255—56, a eu lieu le jour de Pâques 8 avril 1341.

à Avignon. Dans la même église, le même jour, à la même heure, en 1348, cette lumière s'est éteinte, ce soleil a quitté le monde où il brillait. J'étais à Véronne, et j'ignorais mon malheur. Ce fut le 19 du mois suivant que je reçus une lettre de mon ami Louis, qui m'apprenait cette fatale nouvelle. Le jour même de sa mort, son corps, si beau, si pur, fut déposé après vêpres dans l'église des Cordeliers. Je ne doute pas que son ame, pour m'exprimer comme Sénèque, ne soit retournée au ciel d'où elle était descendue. Pour ne point laisser échapper des souvenirs liés à celui d'une perte aussi douloureuse, j'ai écrit ces détails sur un livre que je lis sans cesse (Virgile); ainsi, je me suis préparé un plaisir mêlé de peines. Cette perte, toujours présente à ma mémoire, m'apprendra que rien ici-bas ne peut faire mon bonheur, et qu'il est temps que je renonce au monde, puisque le lien le plus cher qui m'y attachait est brisé. J'espère avec l'aide du ciel, que ce renoncement ne me sera pas difficile. Mon esprit, en se tournant vers le passé, verra que les soins auxquels il s'est livré étaient vains; que les espérances dont il s'est nourri étaient trompeuses; que les plans qu'il a conçus ont avorté, et n'ont abouti qu'à l'infortune. »

On voit par ce passage que Pétrarque a connu Laure à vingt-cinq ans *(E)*; elle en avait dix-neuf étant née en 1308. Il fut avec elle en relation d'amour platonique pendant vingt-un ans; et elle fut l'objet de ses regrets pendant vingt-six ans, c'est-à-dire au moment où on le trouva mort dans

sa bibliothèque, la tête appuyée sur un livre ouvert, le 18 juillet 1374; il avait soixante et dix ans
moins deux jours.

⋙⋘

NOTES.

(A) M. Dreux du Radier dit, dans ses *Récréations historiques*, tom. I, p. 231, que « le testament de Pétrarque
est imprimé à la fin des œuvres latines de cet auteur
in-fol., de la BELLE ET RARE édition publiée à Venise, en
1501;» et il ajoute que « c'est dans cette édition que se
trouve la vie de Pétrarque publiée par J. Squarzasicus *(sic)*
d'Alexandrie, morceau rare que Bayle ne connaissait
pas...» Je présume qu'il y a plusieurs fautes d'impression
dans cet énoncé. Je ne pense pas qu'il existe d'édition
de Venise de 1501, in-fol. Il y en a bien une de 1500 et
une de 1515 in-fol., avec les commentaires de Philelphe
et de Squaredafico; mais elles sont peu recherchées, et
d'ailleurs elles sont en italien. L'édition des œuvres latines, imprimée à Venise, est de 1503, 1 vol. in-fol., auquel on peut ajouter le *Bucolicum carmen in duodecim
eglogas distinctum...* Venetiis, 1516, in-fol. Ces deux volumes sont peu communs; cependant je doute qu'ils con-
stituent la *belle et rare* édition dont parle Dreux du Radier,
qui était plus fort en recherches d'anecdotes qu'en bibliographie. Au reste, n'ayant pas sous les yeux ces
volumes de 1503 et de 1516, je ne puis rien en dire. Je
n'ai que l'édition de Bâle, 1581, qui se relie en 2 vol. in-fol.
quoique composée de 4 tomes, car on trouve à la fin :
Fr. Petrarchæ tomi quarti et suorum operum finis. C'est là
que j'ai trouvé le testament de cet illustre Italien.

(B) Je ne sais qui peut avoir été ce Joctius, peintre,
dont Pétrarque fait un si bel éloge. La peinture à l'huile
n'existait pas encore : du moins la grande majorité des
érudits en placent la découverte à l'an 1410, et en font
honneur à Jean Van-Eick ou Jean de Bruges; ce qui est
plus présumable que l'opinion qui la fait remonter à

1297. (Voyez à ce sujet nos *Recherches sur les Danses des Morts*, Paris, 1826, in-8.° de lx—368 pages, p. 7.)

(C) Ducange prétend qu'on a connu les lunettes ou besicles dès l'an 1150, puisqu'un poëme grec manuscrit, qui est à la bibliothèque royale, en fait mention. François Redi croit que leur invention a dû avoir lieu entre 1280 et 1311, et qu'Alexandre Spina, religieux qui mourut en 1313, en communiqua l'invention qu'il trouva de lui-même; mais il n'était pas le premier : un autre avait fait la découverte et n'avait pas voulu la communiquer. En dernier lieu, M. de Nelli, dans sa *Vie littéraire de Galilée*, Florence, 1820, 2 vol. in-4.°, attribue l'invention des besicles à un noble florentin, nommé Salvino Degli Armati, qui a fait cette découverte vers 1285, et qui est mort en 1317. Quoi qu'il en soit, cette invention était assez nouvelle lorsque Pétrarque en a fait usage.

(D) Nous ignorons ce qu'est devenu un monument assez curieux, ou plutôt une espèce de relique graphico-littéraire du même Pétrarque. C'était une veste en cuir passé, que portait cet auteur et sur laquelle il écrivait à la hâte les pensées qu'il craignait de perdre. Cette veste a été conservée avec un respect religieux par Jacques Sadolet, Jean Gasa et Louis Bucatello. Elle se voyait encore pleine d'écriture et couverte de ratures en 1527. Qu'est-elle devenue depuis? il nous semble avoir ouï dire qu'elle était dans une bibliothèque d'Italie.

(E) Le nom de famille de cette femme célèbre était de Noves. Elle a vu le jour près d'Avignon. Son père se nommait Audiffret de Noves. Elle fut mariée à Hugues de Sade, seigneur de Saumane. Pétrarque composa pour elle, dit-on, 318 sonnets et 88 chansons : elle était belle et vertueuse, mais sans la muse de son amant, il est présumable que sa célébrité n'aurait dépassé ni son siècle ni les limites du comtat.

TESTAMENT DE GEOFFROY-TÊTE-NOIRE.

(Vers 1380.)

Il s'agit ici d'un testament militaire, rédigé assez cavalièrement par le capitaine Tête-Noire, dont il faut d'abord dire un mot. Ce Geoffroy-Tête-Noire était l'un de ces chefs de compagnies anglaises qui, pendant les guerres du XIV.ᵉ siècle, infestaient les provinces éloignées, s'y emparaient des châteaux pour leur propre compte, et les gardaient jusqu'à ce qu'on les en délogeât par la force : plus brigands que guerriers, ils ne vivaient que de pillage. Le capitaine Tête-Noire, avec trente de ses soldats, occupait le château de Ventadour dans le Limousin, qui lui avait été livré en 1378, moyennant 6000 liv., par la trahison d'un valet du vieux comte de Ventadour. Comme ce château-fort était bien approvisionné, le capitaine Tête-Noire s'y maintint et repoussa toujours courageusement les troupes qui venaient l'attaquer. C'était un homme vaillant et même ayant une certaine loyauté; car le perfide valet qui livra le château, ayant mis pour condition additionnelle qu'on sauverait la vie à son vieux maître, le capitaine le promit et tint parole. Il entendait parfaitement le métier de la guerre. Cependant un jour il s'avança un peu trop en repoussant une attaque, et « du trait d'une ar-
» baleste (dit Froissart, liv. III, ch. 136), tout
» outre le bacinet et la coeffe furent percez : et
» fut navré d'un cartel en la teste tant qu'il luy
» en conuint gesir au lict........ de ceste ble-

» ceure, s'il se fust bien gardé, il eust esté tost
» guery. Mais mal se garda, especialement de
» fornication de femme, dont cher l'achepta,
» car il en mourut; mais auant que la mort le pren-
» sist, il en eut bien la congnoissance : et lui fut
» dit qu'il estoit et gesoit en grand peril (car sa
» teste estoit apostumée), et qu'il voulsist penser
» a ses besongnes et a ses ordonnances.... »
C'est alors qu'il fit venir ses compagnons d'armes,
et « s'estant assiz emmy son lict, » il les pérora,
les engagea à prendre pour capitaine un de ses
parens, nommé Alain Roux, qui était de la
troupe, ainsi que Pierre son frère, pour capitaine en second; ce qu'ils firent tous avec plaisir,
parce qu'ils lui étaient affectionnés et dévoués.
Ensuite le moribond fit son testament. C'est ce
testament militaire qui est l'objet de cet article.
Nous allons conserver le style naïf de Froissart,
dans l'exposé de cette pièce. « Quand toutes ces
choses furent faites et passées, Geoffroy-Teste-
Noire parla encores, et dit : Or bien, seigneurs,
vous avez obéi a mon plaisir; si vous en say gré
et pour ce ie veuille que vous partissez (*que vous
ayiez part*) a ce que vous avez aidé a conquerir.
Je vous dy qu'en cest arche (*coffre-fort*) que vous
veez là (et lors la monstra a son doy, et dit :)
il y a jusqu'a la somme de trente mille francs.
Si en veuil ordonner, donner et laisser a ma
conscience; et vous accomplirez loyaument mon
testament. Dites ouy, et ils respondirent tous :
Sire, ouy.
        TESTAMENT : « Tout premierement (dit Geoffroy)
» ie laisse a la chapelle Sainct George (qui sied au

» clos de ceans) pour les reparations et reedifica-
» tions, mille et cinq cens francs.

» En apres, a m'amie qui loyaument m'a
» seruy, deux mille cinq cens francs.

» En apres, a Alain Roux, vostre capitaine,
» quatre mille francs.

» *Item*, a mes varlets de chambre, cinq cens
» francs.

» *Item*, a mes officiers, mille et cinq cens fr.

» *Item*, le surplus ie laisse et donne ainsi
» comme ie vous diray. Vous estes (comme il
» me semble) enuiron trente compaignons d'vn
» fait et d'vne emprise : et deuez estre freres, et
» d'vne alliance, sans débat et riotte *(rixe, que-*
» *relle)*, n'estrif *(ni bataille)* entre vous. Tout ce
» que ie vous ay dit, vous trouuerez en l'arche :
» si departez entre vous trente le surplus belle-
» ment, et si vous ne pouuez estre d'accord et
» que le diable se mette entre vous, veez là une
» hache, bonne et forte, et bien trenchant,
» rompez l'arche : et puis en ayt qui auoir en
» pourra *(A).* »

» A ces mots, ils respondirent tous, et dirent :
» Sire et maistre, nous serons bien d'accord.
» Nous vous auons tant douté *(redouté)* et aimé,
» que nous ne romprons mic l'arche : ný ne
» briserons ja chose que vous ayez ordonnee et
» commandee. »

» Ainsi que ie vous compte, continue Froissart, fut du testament, Geoffroy-Teste-Noire : et
ne vesquit depuis que deux jours, et fust enseuely en la chapelle de Sainct Georges de Ventadour. Tout son laiz fut accomply, et les trente

mille francs departis a chacun, ainsi que dit et ordonné l'auoit; et demourerent capitaines de Ventadour Alain Roux et Pierre Roux, frères. »

J. Tronçon, jurisconsulte, a rapporté le testament de Geoffroy-Tête-Noire, dans son ouvrage intitulé : *Le Droit françois et Coutume de la prévôté et vicomté de Paris, où il est fait rapport du Droit romain.* Paris, 1664 (5.e édition), in-fol. Dans son commentaire sur l'art. 289 de la coutume en question, il le donne comme exemple d'un ancien testament militaire.

Pour nous, nous l'avons pris et copié littéralement dans l'*Histoire et chronique mémorable de Messire Jehan Froissart, reveu et corrigé sus divers exemplaires et suivant les bons auteurs, par Denis Sauvage de Fontenailles en Brie, historiographe de Henri II.* Lyon, chez J. de Tournes, 1574, 4 vol. in-fol. Voyez le tiers vol., ch. 136, pp. 326—326.

NOTE.

(A) Ces expressions cavalières caractérisent bien l'homme et le siècle. On voit que ce testateur était de ces gens du caractère d'Achille, sans comparaison d'ailleurs, celui dont parle Horace, *Art. poét.*, v. 122 :

> Jura negat sibi nata, nihil non arrogat armis.

« Il se croit au-dessus des lois et s'arroge tout par les armes. »

Mais une chose qui paraîtra fort singulière, c'est que dans le *Dictionnaire historique* de MM. Chaudon et Landine, on ait attribué à notre roi Charles VI, ce testament de Geoffroy-Tête-Noire, dont les expressions ne peuvent guère convenir qu'à un spadassin ou à un soldat sans éducation. L'erreur, qui sans doute n'a été commise que par abstraction, est un peu forte. Il y a un autre article du même dictionnaire, je ne m'en rappelle pas le titre, mais qui est assez plaisant par une autre erreur qu'une précipitation typographique a fait commettre. Cet article commence l'histoire d'un *Sultan*, elle se continue jusque vers la moitié de l'article; puis tout à coup, sans aucune espèce de transition, le lecteur se trouve vis-à-vis un capucin dont la moitié de la vie termine l'article musulman; de sorte qu'on n'a fait qu'un seul article de la partie supérieure d'un grand turc et de la partie inférieure d'un bon religieux de S. François.

TESTAMENT DE P. D'ALIGNY.

(En 1410.)

Nous ne mentionnons ce testament que pour faire voir les expressions singulières dont on se servait alors. Pierre d'Aligny, seigneur de Gresigny, en Bourgogne, fait, en 1410, son testament, dans lequel « il recommande son ame a Dieu, » laisse la *charoigne* et la *charenasse* de son corps » aux vers et a la terre, » élit sa sépulture en l'église de Saint-Pierre de Gresigny, et donne au curé douze écus d'or et vingt bichots de froment pour son anniversaire.

TESTAMENT DE L. CORTUSIO,
JURISCONSULTE A PADOUE.
(En 1418.)

LE testament de Louis Cortusio, jurisconsulte à Padoue dans le XV.e siècle, est l'un des plus singuliers que l'on connaisse. Aussi plusieurs auteurs en ont parlé, entre autres le célèbre Paul de Castro, et plus en détail Scardeon, dans les *Vies des jurisconsultes de Padoue*, liv. II, class. 8. On le trouve encore dans l'*Æternitatis prodromus mortis nuntius*, de Jérémie Drexelius, jésuite, in-16 de 1630, p. 22; et dans la traduction française du même ouvrage, qui a paru sous le titre de l'*Avant-coureur de l'éternité, messager de la mort, adressé aux sains, aux malades et aux mourans*, Cologne, in-16 de 1633, p. 25. Le P. Garasse l'a aussi rapporté dans sa *Doctrine curieuse*, p. 912, et l'a honoré de ses injures bouffonnes; enfin, M. Dreux du Radier, dans ses *Récréations historiques*, tom. I, p. 232, l'a également rapporté. Profitant de ce que chacun de ces auteurs en a dit, nous allons tâcher de le donner plus complet et plus exact qu'il ne l'a été jusqu'à ce moment.

Messer Lodovico Cortusio défend, par acte de dernière volonté, à tous ses parens et amis de pleurer à son convoi. Celui d'entre eux qui pleurera sera exhérédé, et au contraire celui qui y rira de meilleur cœur, sera son principal héritier ou son légataire universel. Il défend de tendre en noir la maison où il mourra ainsi que l'église où il sera enterré, voulant au contraire qu'on les jonche de fleurs et de rameaux verts *(A)* le jour de ses funérailles. Lorsqu'on portera son corps à l'église, il veut que la musique remplace le son des cloches. Tous les menestriers de la ville seront invités à son enterrement; cependant il en fixe le nombre à cinquante, qui marcheront avec le clergé, les uns devant le corps, les autres derrière, et qui feront retentir l'air du bruit des instrumens, tels que luths, violes, flûtes, hautbois, trompettes, tambourins, etc.; et ils chanteront alléluia comme le jour de Pâques. Chacun d'eux recevra pour salaire un demi-écu. Son corps, enfermé dans une bierre couverte d'un drap de diverses couleurs joviales et éclatantes, sera porté par douze filles à marier, vêtues de vert et qui chanteront des airs gais et récréatifs. Le testateur leur assigne une certaine somme d'argent pour leur dot. Les jeunes garçons et les jeunes filles qui accompagneront le convoi porteront, au lieu de flambeaux, des rameaux ou des palmes, et auront des couronnes de fleurs sur la tête, faisant chorus avec les douzes porteuses. Tout le clergé, accompagné de cent flambeaux, marchera devant le convoi, avec tous les religieux, excepté ceux dont le costume est en noir, la volonté expresse du testateur étant, ou qu'ils ne paraissent pas à son enterrement, ou qu'ils changent de costume, pour ne point troubler la fête et la réjouissance publique par leur capuchon noir dont la couleur est une marque de tristesse. L'exécuteur testamentaire sera chargé de faire exécuter toutes ces dispositions dans leur plus grand détail, sous peine de nullité, etc.

Louis Cortusio mourut l'an 1418, le 17.ᵉ jour de juillet, dédié à S. Alexis, dit Drexelius. Ses funérailles furent exécutées comme il l'avait prescrit. Il fut enterré à l'église de Sainte-Sophie à Padoue, avec un appareil qui ressemblait plutôt à une noce qu'à un convoi funèbre.

Son testament a été attaqué de nullité à raison

de la bizarrerie de ses dispositions, et on voulait faire passer le testateur pour un fou ou pour un imbécille. Cependant cet acte singulier fut confirmé. Mais les motifs du jugement sont assez singuliers; ils consistent dans le syllogisme suivant : « Le testament en question ne peut être
» valablement regardé comme l'ouvrage d'un
» homme en démence ou d'un esprit faible, parce
» que c'est le testament d'un DOCTEUR très-célèbre;
» or, un docteur très-célèbre ne saurait être en
» démence, ni faire une action folle; donc le
» testament de L. Cortusio est valable. » La *mineure* de cet argument passait alors pour un point certain et hors de contestation, tant le titre de DOCTEUR était révéré. Ce serait peut-être un peu différent aujourd'hui.

Le P. Garasse, qui conférait si facilement les épithètes d'athée et de matérialiste à ceux qui lui déplaisaient, ne manqua pas d'en gratifier le testateur en question. Suivant lui, ce testament respire un air d'athéisme et une insensibilité particulière qui fait voir que le docteur Cortusio croyait que son ame devait mourir avec son corps (1). Dreux du Radier fait à ce sujet des réflexions assez justes : « La décision de Garasse, dit-il, n'est

(1) Le P. Garasse se plaint beaucoup, *Doctr. cur.*, p. 914, de ce que Cortusio a eu des imitateurs en Italie :
« Depuis ce maudit homme, dit-il, il s'est veu en Italie
» des athéistes qui par leur derniere volonté, mourant
» sans hoirs, et estant chargez de richesses, ont légué, 1.
» cent sols à l'hospital une fois payés; 2. mille francs à
» chasque prostituée de la ville de Rome, qui se diroit

pas sans appel. La mort peut être regardée sous deux points de vue tout différens : ou comme un jour de triomphe pour une ame chrétienne qui sort des misères de ce monde pour jouir d'un bonheur éternel, ou comme un moment terrible pour le juste même ; mais dans l'un et l'autre cas, le deuil et les marques de douleur sont très-inutiles au mort et ne peuvent regarder que les vivans ; et conclure qu'un homme est athée et rejette l'immortalité de l'ame de ce qu'il ne veut point qu'il paraisse aucune marque de tristesse à sa mort, c'est raisonner à la Garasse. »
Dreux du Radier cite ensuite les peuples qui ont exclu les marques de douleur et de tristesse de leurs funérailles, comme étant les plus convaincus de l'immortalité de l'ame, entre autres les Gaulois, les Bracmanes, etc. ; il cite aussi les inhumations des religieuses et des moines de certains ordres, des jeunes filles, des enfans morts au berceau, qui toutes avaient ou ont lieu sans démonstration de tristesse, puisqu'on emploie des couronnes de fleurs et des habillemens blancs à ces inhumations. Il cite encore les Juifs, qui, du temps de Jésus-Christ, admettaient le son des instrumens à leurs obsèques, comme à celles

---

» telle ; 3. une rente annuelle aux basteleurs ; 4. une » pension de deux cents escus à deux ou trois chiens qui » leur auroient donné du plaisir durant leur vie, avec » charge expresse à leurs exécuteurs testamentaires de » garder ponctuellement toutes les conditions et circon- » stances de leur derniere volonté. » Je ne m'étendrai pas sur les épithètes et les reproches que le père Garasse prodigue à ces hommes peu excusables d'ailleurs.

du Lazare. Mais l'auteur ajoute que « c'est peut-être de là que les Romains avaient des flûtes aux cérémonies des funérailles ; » et il rapporte le vers d'Ovide,

Cantabat mœstis tibiâ funeribus.

Je ne suis nullement de l'avis de Dreux du Radier, et je crois plutôt que les Juifs ont emprunté cette coutume des Romains, ainsi que celle de manger couché au lieu d'être assis, de boire le meilleur vin au commencement du repas, d'essuyer les mains et les pieds avec les cheveux, etc. etc. etc.

NOTE.

(A) Dans ce temps-là et même dans les siècles précédens, il n'y avait ni bancs ni chaises dans les églises ; elles n'étaient pas même pavées, mais on les jonchait de paille le samedi soir pour le dimanche ; et dans la belle saison on y mettait des fleurs, de l'herbe verte, des joncs, etc. Cela se pratiquait en Italie comme en France. Un réglement de l'hôpital Saint-Jacques de Paris, de l'an 1494, porte que le crieur de la confrairie doit may et herbes vertes pour la jonchée dans l'église.

Le savant Bullet, dans une note de sa dissertation sur les cartes à jouer, p. 71, nous apprend que l'on jonchait de paille les écoles de philosophie et de médecine à Paris. Les écoliers se mettaient sur cette paille, lorsqu'on faisait des actes publics du temps du poëte Dant. Ramus, dans sa préface pour la réformation de l'université de Paris, dit, en parlant des écoles de Paris : *Pro tapetis et stramine quod libetariæ triginta solidi. In cardinali pro tapetis st stramine triginta solidi.* C'est pourquoi Rabelais, liv. II, c. 17, appelle les écoles de Paris, des écoles de feurre et de paille. Loys d'Orléans dit, ch. 12, qu'on souloit *(avait coutume)* anciennement couvrir de feurre, c'est-à-dire de paille et de foin, les salles où les grammairiens disputoient, et que cela se pratique encore en quelques églises de France durant certaines solemnités, pour empêcher le froid des pieds.

La coutume de couvrir le parterre des salles de joncs et de fleurs aux jours solennels est fort ancienne. Le roman de Guillaume au Court-Nez, décrivant la magnificence de la cour que tenait Charlemague à Saint-Denis, dit :

> El mostier fu , et li glais, et li jons
> Roses et lis et mentastre partout.

Et Vanhier de Dodan, au roman de Perceval le Galloys :

> Lors jen jonchier le pavillon
> De fraiches herbes environ.

On lit dans la chartulaire de Vendôme, que le comte Gui de Poitou se baissa et prit un jonc vert, car la maison avait été récemment couverte de joncs, comme on a coutume de faire lorsqu'on reçoit une personne de considération, un seigneur ou un ami. *Tunc inclinavit se comes et accepit viridem scirpum; nam domus recenter erat juncata, sicut solemus facere quando aliquem personæ potentis, vel dominum suscepimus, vel amicum.* »

TESTAMENT D'ISABELLE DE BAVIERE,

REINE DE FRANCE.

(En 1435.)

Si jamais hymen royal fut fatal à un état, et y causa le plus funeste de tous les bouleversemens, ce fut bien celui de Charles VI avec Isabelle de Bavière, qui se célébra le 17 juillet 1385. On ne connaît point de règne aussi malheureux : d'un côté un bon roi, tombé en démence, et dont la triste position ouvre la porte à tous les abus, à tous les fléaux politiques; de l'autre une reine, marâtre ambitieuse et vindicative, qui pousse la barbarie jusqu'à chasser du trône son propre fils (Charles VII), et à y faire monter un prince étranger (Henri VI).

C'est le testament de cette reine, très-peu connu, que nous nous proposons de donner ici. On doit bien s'attendre qu'il n'y est nullement question de son fils; vers la fin seulement, elle y parle du duc de Bedfort et du duc de Bourgogne, qui alors poursuivaient à toute outrance le fugitif Charles VII. Ce testament est un monument d'une dévotion sèche, au moyen de laquelle la testatrice s'imaginait sans doute racheter ses crimes. C'est aussi un tableau des usages du temps pour des dispositions religieuses et funéraires. Il a été fait le 2 septembre 1431, trois mois et demi avant le couronnement de Henri VI à Notre-Dame de Paris, quatre ans et onze mois avant la mort de la testatrice, et six ans avant la rentrée solennelle de Charles VII à Paris. La paix de Philippe, duc de Bourgogne, avec Charles VII, signée à Arras le 21 septembre 1435, et qui était le premier échelon qui devait faire remonter Charles VII sur le trône, fit une telle impression sur la barbare Isabelle (*A*) qu'elle en mourut de dépit dix ans après, couverte de l'indignation et du mépris publics, même de la part des Anglais à qui elle avait sacrifié la France. Passons à son acte de dernière volonté.

« Au nom de la tres saincte et glorieuse Trinité, le Pere, le Filz et le Sainct Esprit, *amen*.

» Nous, Isabeth de Baviere, par la grace de Dieu, royne de France ; scavoir faisons et certiffions a tous presens et advenir, qui les lettres verront, que nous considerans les grands et divers perils de ce siecle, tant de la mort de laquelle n'est rien plus certain ni plus incertain que l'heure d'icelle, comme griefves malladies et autres anpeschemens qui moult souvent et aucunes fois soudainement adviennent a plusieurs personnes en cette mortelle vie, et pour ce, desirans, tandis que la mercy de nostre créateur sommes saine de corps et de pensees, et que raison gouverne nostre entendement, pourveoir au salut de nostre ame, et ordonner ce qu'il appartient, et non voulans de ce siecle trespasser intestate, faisons et ordonnons nostre testament, ordonnance de derniere volonté en la forme et maniere que cy apprcs ensuict.

» Premierement nous creans, recongnoissans et confessans la vérité de la saincte foy catholique ainsy que notre mere saincte eglise la tient et enseigne, et que tous bons chrestiens la doivent croire et tenir, recommandons tres humblement l'ame de nous a nostre Createur Dieu tout puissant, et a la glorieuse Vierge Marie, a monseigneur Saint Michel, ange, archange, et a toute la benoiste compagnie des saincts et sainctes de paradis, afin que quand elle departira de nostre corps et de cette nostre mortelle vie, nostre Seigneur Jesus Christ, qui de son precieux sang, la racheptée, la veuille, par sa tres grande grace et misericorde, recepvoir a sa bienheureuse compagnie et perdurable gloire, *amen.*

» Et pour ce que nous voulons et est toujours nostre intention vivre, et quand il plaira a Dieu mourir comme vraye chrestienne et en la foy de nostre tres saincte eglise, nous requerons des maintenant pour lorsque les saincts sacremens de nostre mere saincte eglise a nous convenables, nous soient administrez et baillez chascun en son lieu et en temps, si comme en saincte eglise sont ordonnez, se par force de malladie ou autre accident advenoient que nous ne les peussions requerir, ne demander comme il appartient.

» Et semblablement requerons que nostre indulgence et remission de peine et de coulpe nous soit levé et admonestee en la faveur et maniere accoustumee.

» *Item.* Nous elisons la sepulture de nostre corps au lieu le plus prochain de celuy de feu mon tres redoubté seigneur le roy auquel Dieu fasse vray pardon, en l'eglise monseigneur Sainct Denys en France, et voulons et ordonnons que apres notre deceds, le plustost que faire se pourra, bonnement soit nostre dict corps ensevely et mis en terre au dict lieu de Sainct Denys, tout entier sans iceluy divisé ny y faire aucune ouverture ou incision en ensuivant par toutes manieres humblement et devotement le commun usage d'ensevelir corps humain.

» *Item.* Voulons et ordonnons que se nous trespassons a Paris, nostre corps soit porté en l'eglise Nostre Dame de Paris, ou illec faict un service solemnel, selon le bon advis et ordonnance de nos executeurs.

» *Item.* Et s'il advenoit que nous trespassions

hors de la ville de Paris en quelque lieu que ce soit, nous voulons que d'illec notre corps soit porté tout droict en la dicte eglise de Sainct Denys sans passer ne apporter en la dicte eglise Nostre Dame de Paris.

» *Item.* Et au regard de nos obseques et de l'atour de nostre corps, de draps d'or, comme en tel cas appartient, du luminaire, enterrement et sepulture, il nous plaist, voulons et ordonnons qu'ils soient faicts sans orgueil et vanité, selon bon advis, regard et deliberation de nos executeurs.

» *Item.* Voulons et ordonnons que nos debtes soient payées purement et a plain, et nos forfaicts entierement amendez et adressez, en chargeant nos dicts executeurs que de ce qu'il appert clairement en leurs consciences, que nous pourrons estre tenue pour debtes pour lors faictes ou pour autres justes causes, ils ne facent ou facent faire paiement et satisfactions à ceux à qui il appartiendra, selon leur bonne discretion et advis.

» *Item.* Nous voulons et ordonnons que le jour de nostre obseque et enterrement de nostre corps en la dicte eglise, soit faicte une donnée jusques a la somme de cent francs.

» *C'est a scavoir :* a chacun qui voudra venir a la dicte donnée, huit deniers parisis, tant comme la dicte somme pourra fournir.

» *Item.* Voulons et ordonnons que le jour de nostre obseque de Sainct Denis soit fait pitence au couvent d'iceluy de la somme de vingt cinq florins.

» *Item.* Voulons et ordonnons tant pour dire

messes que psaultiers en la presence de nostre corps avant l'enterrement d'iceluy, que pour dire messe le jour de nostre obseque et apres, se mestier est, soit employé la somme de cent francs.

» *A scavoir :* a chacun qui dira un psaultier, quatre sols parisis, et a chacun qui dira messe, deux sols huict deniers parisis, tant que la dicte somme pourra fournir.

» *Item.* Donnons et delaissons a la dicte eglise de Nostre Dame de Paris, au cas que pour la condiction dessus dicte, nostre corps seroit porté en icelle apres nostre trespassement et non autrement, la somme de cent livres tournois, pour le rachat de nostre couronne et draps d'or, que nous aurons sur et autour de nous ; et avec ce, donnons et laissons, au cas dessus dict, et non autrement, au college de la dicte eglise, la somme de cent francs, pour distribuer aux chanoines, chapelains, eleves, vicaires et autres du dict college, qui seront au dict service faict en la personne de nostre corps, et y demeureront des le commencement jusques a la fin ; et aussi donnons et laissons la somme de quinze francs aux marguilliers de la dicte eglise et sonneurs d'icelle qui fairont la sonnerie bien et deuement.

» *Item.* Voulons et ordonnons que nos gens et officiers soient aux despens et gages de nostre hostel, en la maniere accoustumee, jusques a tant que nostre corps soit enterré et les obseques d'iceluy faictes.

» *Item.* Voulons et ordonnons que tous nos vrays officiers et serviteurs commenceaux qui, au jour de nostre trespassement, seront trouvez en

6

nostre service, tant hommes que femmes, seront vestus de draps noirs de laine, chascun selon son estat, aux despens de nostre execution.

» *Item.* Voulons et ordonnons que six annuels soient celebrez :

» *A scavoir :* quatre d'iceux es quatre religions des mendians, et les deux autres par pauvres prestres a Paris, aussy nostre vie durant, si bonnement se peut faire, et laissons par chascun d'iceux annuels, quarante cinq francs et douze sols parisis.

» *Item.* Donnons et laissons aux dicts quatre ordres mendians, a chascun la somme de vingt cinq francs; pourveu qu'ils seront tenus d'accompagner nostre corps, apres nostre deceds, jusques a la dicte eglise de Sainct Denis, et aussy que dedans huict jours apres, ils seront tenus de faire chacun, en leur eglise, un service solemnel.

» *Item.* Pareillement nous donnons et delaissons aux dessus dicts quatre ordres, vingt cinq francs pour dire cent psaultiers.

» *Item.* Nous donnons aux cordeliers de Sainct Marcel six francs quatre sols parisis, pour dire cent vigilles a neuf psalmes et a neuf leçons.

» *Item.* Nous donnons aux religieux de Longchamps, quatre francs deux sols huict deniers, pour dire cent sept psalmes.

» *Item.* Nous donnons et laissons au grand Hostel Dieu de Paris, la somme de cinquante francs; a l'hospital Saincte Catherine, en la grande rue Sainct Denis, cinq francs; a l'hospital des Filles Dieu, en la dicte rue, cinq francs.

» A l'hospital du Sainct Esprit en Greve, quarante sols.

» A l'hospital de Sainct Julien le pauvre, en la rue Sainct Martin, deux francs.

» A l'hospital Sainct Mathurin, en la rue Sainct Jacques, quarante et un sols quatre deniers parisis.

» A l'hospital de Crecy en Brye, cinq francs.

» A l'hospital de Bray contre *(sic)* Robert, cinq francs.

» Aux pauvres enfans trouvez en l'eglise Nostre Dame de Paris, huict francs; et pour remettre sus et reparer les ediffices et maisons de l'hospital Sainct Germain a Paris, qui sont de present en grande ruyne, et aussy pour estre accompagnee es bienfaicts du dict hostel, nous donnons et laissons au dict hospital, quarante francs; donnons aussy et laissons aux Quinze Vingts de Paris, cinq francs.

» *Item.* Et pareillement nous donnons et laissons pour donner pour Dieu et en aumosnes, aux pauvres honteux, honnestes, menagiers, aux pauvres prisonniers, aux pauvres prestres, aux pauvres filles de bonne renommee, et aux pauvres vefves, la somme de traize vingt francs.

» *Item.* Et pareillement donnons et laissons à nostre tres chere et tres amee fille Marie de France, religieuse a Poissy *(B)*, nos deptes payees et nostre testament accomply, nos tableaux d'or et d'argent et autres quelconques, avec les livres et heures qui seront trouvez en nostre chapelle au jour de nostre deceds, et nos chambres de tapisseryes; et avec ce toutes nos robes, quelles quelles soient, et generalement tous les biens meubles qui nous demeurerons *(sic)* après nostre deceds, quelque part qu'ils soient; et au cas que nous survivions nostre dicte fille, nous, en contemplation de la dicte eglise de Poissy, ou elle a usé et use ses jours, donnons et laissons à la dicte eglise, au dict cas, toutes les choses dessus dictes, parmi ce qu'ils seront tenus de faire dire et celebrer une messe solemnelle en la dicte eglise, pour tout le couvent d'icelle, par chascun mois a toujours mais doresnavant, laquelle nous voulons estre dicte de Nostre Dame nostrevie durant, et apres nostre trespas de *Requiem,* pour le salut et remede de l'ame de feu monseigneur a qui Dieu pardoine, et de nous.

» *Item,* un service pour l'ame de feu mon dict seigneur, par chascun an a toujours mais au jour de son trespas.

» *Item.* Semblablement un service pour le salut et remede de nostre ame, et un pour nostre dicte fille Marie, a toujours mais par chascun an aux jours qu'il plaira à nostre Seigneur nous prendre, et avec ce seront tenus les dictes religieuses de faire dire par chascune des religieuses de la dicte eglise, recommandances, psaultiers, vigilles et sept psalmes, par la maniere qu'il est accoustumé de faire en la dicte eglise en tel cas. Desquelles choses elles ont promis de nous en bailler lettres scellees des sceaux des dicts prieurés et couvent de Poissy.

» *Item.* Pareillement donnons a nostre dicte fille, nos deptes payees et nostre dict testament accomply, tous les joyaux que le seigneur de Sainct Georges a de nous en garder, et desquels nous avons baillé a nostre dicte fille lettres es quelles ils sont bien au long declarez, se ce n'estoit que nostre vie durant, nous les eussions recouvrez et allouez.

» *Item.* Voulons et ordonnons que le plustost que faire se pourra, apres le jour de nostre enterrement, qu'un service soit faict en l'eglise Sainct Paul a Paris, selon l'ordonnance et bon advis de nos executeurs tant de luminaires, messes que toutes choses quelconques, qui a tel cas appartient.

» *Item.* Donnons et laissons à la fabriques *(sic)* du dict lieu, vingt livres.

» *Item.* Nous voulons et ordonnons que le plustost que faire se pourra toutes nos terres, maisons et seigneuries, cens, rentes et possessions que notre seigneur par sa grace nous a donnez et que avons acquis, et dont aujourd'huy usons, jouissons et possedons, estant en ce royaume, soient baillez et delivrez purement et a plain aux eglises et lieux et par la maniere cy apres declaree:

» Premierement, nous donnons et laissons, voulons et ordonnons estre baillé et delivré a l'eglise Nostre Dame de Paris, tous les hostels, cens, rentes, revenus, possessions et appartenances quelconques, que souloit *(solebat)* avoir et tenir Hemonet Regnier et Jean le Blanc, dela et deça la Seyne, et generallement tout ce qu'ils souloient avoir outre la riviere de Seyne, du costé de devers la Bausse hors l'enclos des murs de la ville de Paris *(C)*; d'iceluy costé, nous donnons aussy a la dicte eglise de Nostre Dame de Paris, nostre hostel du Val la Royne avec toutes ses

appartenances, pourveu que l'hospital et Hostel
Dieu Sainct Gervais assiz a Paris, duquel nostre
confesseur a le gouvernement, prendra sur la
dicte eglise a perpetuité vingt livres parisis, pour
chascun an, tant que ceux de la dicte eglise de
Nostre Dame de Paris, auront assigné au dict
hospital vingt livres parisis bien assiz et dont le
gouvernement et ceux du dict hospital seront
tenus de celebrer a perpetuité, par chascun mois
de l'an le premier jour du dict mois, une messe
a nottes et vigilles, a neuf psalmes et leçons;
et ceux de la dicte eglise Nostre Dame de Paris,
seront tenus a perpetuité de faire dire en leur
dicte eglise, un obit solemnel par chascun an,
ainsi et en la maniere accoustumee en la dicte
eglise, avec ce, seront accompagnez aux bienfaicts et prieres de la dicte eglise.

» *Item.* Pareillement, nous donnons a l'eglise
et abbaye de Sainct Denis en France, nostre
hostel de Sainct Oyn, appellé l'*Hostel des Ber-*
geries, avec toutes ses appartenances, pourveu
toutes fois que frere Anceau Happart, nostre
confesseur, pour les agreables services qu'il nous
a faicts, et esperons qu'il face au temps advenir
et aussy qu'il puisse vivre apres nous honnestement sans mandier *(D),* prendra sur la dicte
abbaye franchement sa vie durant solemnellement
cinquante livres parisis par chascun an; et semblablement Catherine le Foucques, fille de Guillaume Foucques, escuyer, de laquelle nous desirons son bien et advancement, et pour ce que
aussy nous avons promis a sa mere de luy querre
sa vie, prendra aussy franchement sur la dicte

abbaye cinquante livres parisis sa vie durant seulement, comme plus a plain est contenu en nos dicts (sic) lettres que leur avons baillees. Pour ce seront toutes fois tenus ceux de la dicte eglise abbaye de Sainct Denis, de dire et celebrer par chascun an en leur dicte eglise un obit solemnel, et avec ce, seront mises en toutes leurs prieres qui se feront en la dicte eglise.

» *Item*. Nous donnons a l'Hostel Dieu et hospital de Gonnesse nostre hostel ascis au dict lieu de Sainct Ouyn, qui fut a maistre Guillaume Fleureau, avec toutes ses appartenances, pourveu que ceux du dict hospital celebrent a perpetuité par chascun mois, le dernier jour du dict mois, une messe a nottes et vigilles, a neuf leçons de *requiem*.

» *Item*. Donnons au grand Hostel Dieu de Paris, tous les rentes, maisons et revenus a nous de present appartenant, qui furent et appartindrent au dict Hemonnet Ragnier (sic) et Jean le Blanc, estant dans l'enclos des murs de Paris.

» *Item*. Nous donnons au grand Hostel Dieu de Provins tous les terres, cens, rentes et revenus que souloit avoir et tenir au pays de Champagne le dict Hemonet Ragnier, pourveu que les dicts Hostels Dieu de Paris et de Provins seront tenus de payer pour le salut et remede des ames de feu mon tres redoubté seigneur, a qui Dieu pardoine et de nous.

» *Item*. Voulons que nostre dicte vie durant, si bonnement se peut faire; les dessus dictes maisons, cens, rentes, possessions et revenus soient delivrez aux eglises et hospitaux, et par la maniere dessus dicté, affin de plus grande seureté, et que jamais ne puissions revocquer, rappeller ne aller au contraire de ce que dict est reservé et retenu a nous l'usufruict des dictes terres, maisons, revenus, possessions, et dont nous jouirons nostre vie durant.

» *Item.* Nous voulons et ordonnons que chascun de nos executeurs qui cy apres seront nommez ou en nos codicilles, s'il advient que aucuns en facions, ayent chascun telle somme qu'ils adviseront ensemble de et sur les biens de nostre dicte execution, de laquelle chose nous nous rapporterons sur les consciences, et leur prions et requerrons par les presentes et pensons a prier et a requerir qu'ils se veuillent charger d'executer et accomplir nostre dict testament et nos codicilles, se aucuns en faisons, sur l'ordonnance de nostre derniere volonté, et pour ce que nous pensons bien et convenablement que continuellement ils ne pourroient pas bonnement tous vacquer et entendre, nous avons volonté au plaisir de nostre créateur d'accomplir ou faire accomplir par tels de nos serviteurs que bon nous semblera, nostre vie durant, grande partie d'iceluy nostre testament.

» *Item.* Nous voulons et ordonnons que nos dicts executeurs puissent contraindre tous nos depteurs à payer toutes deptes qui par eux nous seront deubs au jour de nostre trespassement, jouir et clorre leurs comptes, et composer et accorder, se mestier est, et que iceux executeurs baillent ou puissent bailler aux dicts depteurs telles lettres de quittance comme bon leur sem-

blera, lesquelles lettres de quittance nous voulons estre baillee *(sic)* pour vallables.

» *Item.* Il nous plaist et voulons que nos deptes
qui nous serons *(sic)* deues au temps de nostre
trespassement nos dicts executeurs puissent faire
grace et remission a nos dicts depteurs en tout ou
en partie, selon qu'ils verront estre a faire par
bonne equitté, au proffict et salut de l'ame de
nous.

» *Item.* Nous voulons et ordonnons que tout
ce que nous ajousterons, soubstrerons, minerons
et changerons en nostre present testament par
codicilles en iceluy annexez, tiennent *(sic)*, vaille
et soit mis a execution et accomply tout ainsy
comme il est contenu en ce present testament,
demourant en sa force et vertu entierement et a
plain.

» *Item.* Pour mettre a execution, entheriner
et accomplir le contenu en ce present testament
et derniere volonté, et en nos codicilles se aucuns
en faisons, des maintenant pour lors qu'il plaira
a nostre Seigneur que nous trespassions de ce
siecle, nous dessaisissons et devestons de tous nos
biens meubles et autres choses quelconques et
quels qu'ils soient, et voulons que nos dicts executeurs en soient et demeurent saisis et devestus
sans moy en incontinent apres nostre deceds ;
auxquels executeurs, nous, des maintenant pour
lors transportons par le testament, tout le droict
et possession que nous y avons, afin que d'iceux
biens et autres meubles quelconques, ils puissent
apres nostre deceds jouir, user et exploicter
paisiblement, iceux prendre et les tenir en leurs

mains, en faire bon et loyal inventaire, et les
vendre, et employer au mieux et plus proffita-
blement qu'ils pourront, sans aucune faveur,
tant au proffict de nostre execution, et leur transportons pour les causes dessus dictes, tous droicts,
raisons et actions que nous y avons et pourrions
avoir contre quelconque personne que ce soit au
jour de nostre trespassement; voulons et ordonnons que tout le demeurant de nos dicts biens
meubles, quels ne en quelque valleur qu'ils
soient, demeurent en la main de nos dicts executeurs, pour estre par eux distribuez et au
moyen en trois parties, selon leurs bonnes discretions et advis et par la forme et maniere con-
tenus et declarez ci dessus en nostre present testament.

» *Item.* Voulons et ordonnons que de nos
present testament et codicilles, s'il advient que
aucuns en facions sur l'ordonnance de derniere
volonté, les gens de la cour de parlement ayent à
prevention et congnoissance seuls et pour le tout
et non autres, et en soubsmettons a eux et a
ladicte cour la congnoissance, voulans et ordon-
nans que, apres nostre deceds nostre testament
ou codicilles soient mis en leurs mains, pour
avoir la congnoissance de tous les debats, proces
qui a cause de ce pourroient mouvoir, et pour
estre par eux commis telles personnes qu'ils verront qu'il sera bon a faire pour voir l'estat et
ouir le compte de nostre execution, et estre par
eux pourveu, comme au cas appartiendra et
requerrons au roy nostre tres cher et tres amé
fils le roy *(E)* tant que nous pouvons, que nos-

dicts executeurs et le faict de l'execution de nostre
testament et de nos codicilles, se aucuns en faisons., et veuille de sa grace avoir pour specialle-
ment recommandé et prendre en sauve garde et
protection speciale, et si a nos dicts executeurs
estoit faict ou donné par quelque personne que
ce fust, aucun empeschement ou destour au faict
de nostre dicte execution, la veuille faire oster
et mettre au neant, et en telle maniere que nos
dicts executeurs puissent iceux nostre testament
et codicilles entierement accomplir selon nostre
intention, et aussy prions tres acortes et de cœur
a nostre tres cher et tres amé fils Jean duc de
Bedfort *(F)* et Philippes duc de Bourgogne *(G)*,
que semblablement veuillent avoir le faict de
nostre dicte execution pour recommandee et
estre procureur et deffendeurs d'icelluy, et faire
cesser a leur pouvoir tous qui en ce seroient ou
pourroient estre donnez a nos dicts executeurs,
lesquels nous prions semblablement qu'ils veuillent ouir et les ayder et conforter toutes fois que
pour ce ils se trairont par devers eux pour lesquels laiz et autres choses dessus dictes, escripte
et divisee en ce present testament et ordonnance
de nostre derniere volonté et en nos codicilles,
s'il advient que aucuns en facions, mettre a execution deue et loyallement et briefvement, si
comme nous desirons de tout nostre cœur, nous
elisons, et nommons, et faisons, et ordonnons
et establissons par vraye confiance nos executeurs
les personnes qui suivent :

» *A scavoir,* nostre fille Marie. — Reverend
pere en Dieu, nostre tres cher et tres amé cousin,

l'evesque de Therouenne, chancelier de France.
— Nos tres chers et bien amez les evesques de
Noyon, de Paris, de Meaux, qui a present sont.
— *Item.* Nos amez et feaux, messires Jean Chaussart, nostre chancelier; frere Anceau Happart,
nostre confesseur; Hector de Laon, nostre maistre d'hostel; Estienne Bruneau, nostre secretaire;
messire Jean Rhuillier, advocat en parlement;
et Denisot de Gastinet, nostre controsleur; et
pour ce que si nous pensons que tous les dessus
nommez ne pourront pas estre presens, ne vacquer au faict de nostre dicte execution pour plusieurs empeschemens qu'ils pourroient avoir, il
nous plaist, voulons et ordonnons que les quatre
ou cinq d'iceux puissent entreprendre, poursuir
et demener le faict de nostre dicte execution en
iceluy, et toutes les choses contenues en nos dicts
testament et codicilles, et de toutes les despenses
d'iceux entheriner et accomplir, et de ce faire,
leur donnons pouvoir et authorité, pourveu
toutes fois que, entre les autres que ainsy vac-
queront au faict de nostre dicte execution, soient
toujours les dicts Chaussart, Happart, Bruneau
et de Gastinet, pour proceder au faict de nostre
dicte execution, par le bon conseil et ayde de
nostre dicte fille Marie, ainsy qu'il appartiendra
par raison, et selon leurs bonnes discretions.
Toutes fois nous voulons que ce que nous avons
accomply ou faict accomplir nostre vie durant,
par ceux que nous y ordonnerons, ait lieu et soit
de valleur; et prions et requerrons si affectueusement et de cœur, que plus ne pouvons a tous
nos dicts executeurs ensemble et a chascun par soy

que charitablement veuillent prendre et accepter
en eux la charge de nostre dicte execution selon
la forme et maniere dessus dicte, et pour l'amour
de nous icelle execution accomplir et mener a
fin, ainsy qu'ils voudroient pour eux estre faict,
pour le salut de leurs ames en telle maniere qu'ils
en doivent et puissent de Dieu recepvoir pardon, et que l'ame de nous puisse plus briefvement aller a la benoiste gloire de paradis, laquelle
nostre Seigneur Jesus Christ nous veuille oc-
troyer par sa douce misericorde.

» En temoing desquelles choses nous avons
faict mettre nostre propre scel a ces present testament et derniere volonté, auquel, pour plus
grande confirmation, nous y avons mis et aposé
nostre nom.

» Donné a Paris, en nostre hostel de Sainct
Paul, le deuxieme septembre l'an de grace mil
quatre cens trente un. »

Ainsi signé ISABETH.

Item par la Reyne, ET. BRUNEAU.

NOTES.

(A) Nous ne pouvons pas entrer ici dans les détails de
l'administration criminelle de cette marâtre, mais nous
allons donner une juste idée de l'impression qu'elle a
faite dans le temps et qui ne s'est point effacée. Le passage suivant de Villaret la peint d'après nature.

« La paix, dit-il, avait été publiée dans Arras avec toutes
les cérémonies usitées, par les rois, hérauts et poursui-
vans d'armes, qui de là se répandirent dans les différentes provinces dépendantes du roi et du duc de Bourgogne, pour l'annoncer avec les mêmes formalités. Cette
nouvelle consterna les Anglais et le duc de Bedfort, quoi-

qu'ils dussent s'y attendre : mais personne ne la porta plus
patiemment que la malheureuse et trop coupable Isabelle.
Depuis le fatal instant qu'elle avait outragé la nature,
proscrit, déshérité son fils, sa punition avait commencé.
Il n'est peut-être point d'exemple plus frappant de la
justice divine. A peine le traité de Troyes fut-il signé (le
21 mai 1420 : c'est celui par lequel elle déshérite son
fils et fait passer la couronne au roi d'Angleterre Henri V),
qu'elle vit disparaître toute la considération que l'on
avait conservée pour elle jusqu'alors. Les ennemis à qui
elle venait de livrer le royaume, n'espérant plus rien
d'elle, la méprisèrent. Devenue pour les Français un objet
d'horreur, négligée, détestée, poursuivie par l'inimitié
des sujets et par l'ingratitude des étrangers, abandonnée
de tout le monde, elle resta seule avec ses forfaits, sa
honte et ses remords. L'ignominie et la douleur ne lui
laissèrent pas un moment de relâche. Les Anglais, qui
lui devaient tout, l'insultaient journellement : ils pous-
sèrent la lâcheté jusqu'à lui reprocher que Charles VII
n'était pas fils du roi son époux. Chaque jour de
nouveaux affronts ajoutaient à l'opprobre dont elle était
flétrie. N'ayant que ses larmes pour soulagement de son
désespoir, la providence, pour la punir, prolongeait sa
vie. Trop méprisable pour mourir de tristesse, elle traî-
nait dans la misère et dans les ténèbres une vieillesse
languissante et déshonorée. Au milieu de la France dont
elle avait été l'idole, elle manquait de tout, et n'excitait
la compassion de personne. La réconciliation du roi et
du duc de Bourgogne mit le comble à tant d'infortune.
La crainte d'être témoin du rétablissement d'un fils était
le plus insupportable des malheurs pour cette mère barbare : elle y succomba, et mourut le 30 septembre, dix
jours après la signature du traité d'Arras. Chargée du
mépris et de la haine de son siècle, le tombeau même ne
fut pas un asile pour elle contre l'indignation de la postérité. Après la révolution de 330 années (maintenant 492)
qui se sont écoulées depuis son trépas, il n'est point
encore de Français qui puisse entendre prononcer sans
frémissement l'odieux, le funeste nom d'Isabelle de
Bavière.

» Le corps de cette princesse demeura quatorze jours
exposé dans l'hôtel de Saint-Paul, où elle avait rendu
les derniers soupirs (le 30 septembre 1435). Le 13 octobre,
on fit son service funèbre à Notre-Dame (ainsi que le
prescrit son testament); le parlement accompagna le
convoi. L'abbé de Sainte-Geneviève officia. Le lendemain
le cercueil fut conduit jusqu'au port de Saint-Landry,
et mis en un petit bateau, escorté seulement de quatre
personnes, pour être porté à Saint-Denis, où il fut inhumé sans pompe, près du tombeau de Charles VI. On
lui a dans la suite érigé un mausolée de marbre. Il est
incertain si la figure d'une louve qu'on voit au pied de
cette reine, est un emblème injurieux à sa mémoire,
ou l'effet de l'imagination bizarre du sculpteur. »

(B) La princesse Marie, née le 22 août 1392, est le
dixième enfant de Charles VI et d'Isabelle, qui en ont eu
douze, six princes et six princesses. Marie avait refusé
d'épouser le duc de Bar. Elle est morte de la peste à Paris
le 19 août 1438, trois ans après la mort de sa mère.

(C) Sous le règne de Charles VI, le sol de la ville de
Paris n'avait que 1284 arpens 54 perches 3 toises, ou
439 hectares 18 cent. Maintenant il a plus de 10,060
arpens 77 perches, ou 3,459 hectares 68 cent.

(D) Il paraît que la place de confesseur des rois et des
reines ne conduisait point alors à la fortune, et ne mettait pas à l'abri des besoins futurs, puisqu'Isabelle laisse
au sien 50 liv. de rente viagère, pour qu'il puisse vivre
honnestement et ne pas mandier lorsqu'elle ne sera plus.
Il est vrai que 50 livres étaient alors une somme assez
forte.

(E) Qu'on ne croie pas qu'il soit ici question de Charles
VII son propre fils : elle parle du petit Henri VI, roi
d'Angleterre, né le 6 décembre 1421, de Henri V, roi
d'Angleterre, et de Catherine de France, dernière fille
de Charles VI et d'Isabelle. Ce mariage de Henri V avec

Catherine se célébra en juin 1420, par suite de l'infâme traité de Troyes du 21 mai précédent, où la coupable Isabelle déclare qu'elle déshérite son fils (Charles VII le Dauphin) et que la couronne passera à Henri V, qui épousera incessamment Catherine, ce qui en effet eut lieu un mois après. Depuis ce traité, tout s'exécutait à la chancellerie avec cette formule : *Par le roi, à la relation du roi d'Angleterre, héritier et régent de France.* Mais Henri V mourut, avec ce seul titre, le 31 août 1422. Charles VI ne tarda pas à le suivre, étant mort le 21 octobre de la même année. Alors le petit Henri VI, âgé de dix mois, succédant à la couronne d'Angleterre, fut en outre proclamé, à Saint-Denis, roi de France le 9 novembre 1422, et dès lors on mit en tête des actes publics : *Henri, par la grâce de Dieu roi de France et d'Angleterre.* Ce fut Jean duc de Bedfort, oncle et tuteur de Henri VI, qui observa toutes les formalités pour le faire reconnaître roi de France. Lui-même fut nommé par les Anglais régent du royaume aussitôt après la mort de Charles VI. Lorsque le petit Henri eut huit ans, on le couronna à Londres roi d'Angleterre le 6 novembre 1429, et deux ans après, on l'amena en France, et il fut sacré et couronné à Paris, dans l'église Notre-Dame, le 17 décembre 1431, par le cardinal de Beaufort, évêque de Winchester, son oncle (dont nous aurons occasion de parler sous la date de 1447, année de sa mort).

Mais toutes ces usurpations anglaises, nulles par le fait puisque le roi de France légitime existait dans la personne de Charles VII, ne subsistèrent que jusque vers 1436. Le traité de paix d'Arras du 21 septembre 1435, entre Philippe-le-Bon et Charles VII, acheva de ruiner les affaires des Anglais, qui baissaient depuis quelques années en France. Ce traité fit périr de chagrin Isabelle de Bavière le 30 septembre de la même année, et le duc de Bedfort le 14 décembre suivant. Paris fut pris au nom de Charles VII le 27 février 1436, par le connétable Artus de Bretagne; et Charles VII lui-même y fit son entrée le 8 novembre 1437. Ce malheureux prince avait quitté la capitale depuis le 30 mai 1418. Suivi d'un petit nombre de fidèles sujets, il n'avait cessé de combattre pour ses droits avec des chances bien variées. Jeanne d'Arc l'avait fait couronner à Reims, le 17 juillet 1429. Après un règne bien orageux et dont son fils a rendu la fin bien pénible, il est mort à Melun-sur-Yèvre, le 22 juillet 1461.

Quant à Henri VII, roi de France d'un moment et sans aucun droit, il est mort en Angleterre, assassiné en prison le 21 mai 1471, après avoir été deux fois détrôné dans son propre pays.

(F) Jean, duc de Bedfort, troisième fils de Henri IV, roi d'Angleterre, et d'Anne de Bohun, est né le 20 juin 1389. C'est lui qui seconda si bien la fureur d'Isabelle de Bavière contre son fils Charles VII, et qui combattit si longtemps contre ce prince fugitif. Honteux de voir ses troupes repoussées et battues par Jeanne d'Arc, jeune fille de la campagne, qui fit sacrer son roi à Reims, mais qui après eut le malheur de tomber dans les mains de ses féroces ennemis, il eut la lâcheté de poursuivre avec acharnement le procès ridicule et barbare de cette infortunée, et la fit brûler vive à Rouen le 30 mai 1431.

Il paraît que ce prince avait le goût des lettres, car en 1429, il fit passer en Angleterre la belle bibliothèque que Charles V avait formée au Louvre; et de 1424 à 1434, il fit exécuter le magnifique *Breviarium ad usum Sarum,* in-4.° de 713 feuillets, orné de 4500 petites miniatures et de 45 grandes. Il faudrait encore plus de 2000 petites miniatures pour terminer les peintures de ce beau livre, qui a été vendu 5000 fr. chez M. de la Vallière en 1784. V. son catalogue n.° 273. V. aussi nos *Recherches sur les Danses des Morts,* Dijon et Paris, 1826, un vol. in 8.° fig. p. 175.

Le duc de Bedfort est mort à Rouen, le 14 décembre 1435, et non le 14 septembre comme le dit Thoyras.

(G) Philippe-le-Bon, né à Dijon, le 30 juin 1396, de Jean-sans-Peur et de Marguerite de Bavière, succéda le 10 septembre 1419 à son père, assassiné le même jour sur le pont de Montereau, par les gens du Dauphin

7

(depuis Charles VII) et en présence de ce prince. Le désir de venger la mort de son père fit entrer Philippe dans le parti des Anglais, « ce qui causa, dit un historien, une étrange révolution dans le royaume, où ces ennemis du nom français ne trouvèrent plus de résistance. » Son union avec le duc de Bedfort fut encore cimentée par le mariage de sa sœur Anne avec ce prince anglais, célébré le 13 avril 1423. Ce ne fut qu'en 1433 que Philippe se décida à faire la paix avec Charles VII, par le traité d'Arras du 21 septembre : dès lors les Anglais furent bientôt obligés à la retraite, et Charles VII rentra dans tous ses droits.

Comme le testament d'Isabelle a eu lieu en 1431, il n'est pas surprenant de la voir implorer l'appui du duc de Bedfort son gendre et du duc de Bourgogne, ses deux soutiens.

Philippe-le-Bon est mort à Bruges le 15 juin 1467, avec la réputation d'un bon prince, très-généreux et aimé de ses peuples.

Charles-le-Téméraire son fils, ne lui ressemblant en rien, a été le dernier duc de Bourgogne. C'était un prince extravagant, qui a été tué dans un combat devant Nancy, le 5 janvier 1477.

TESTAMENT DE H. DE BEAUFORT,

CARDINAL.

(1447.)

Le fameux cardinal de Beaufort, frère de l'usurpateur Henri IV roi d'Angleterre, évêque de Winchester, chancelier, etc., était né avec un caractère violent, orgueilleux, turbulent; sa carrière fut extrêmement agitée; il s'immisça dans toutes les affaires, semant la division, les haines, ne cherchant qu'à satisfaire son ambition et à réaliser ses audacieux projets, au milieu des

troubles qui fermentaient en France, en Angleterre, en Allemagne. C'est lui qui prit part au
procès atroce de l'infortunée Jeanne d'Arc, brûlée
à Rouen le 30 mai 1431; c'est lui qui amena à
Paris le 2 décembre de la même année 1431, son
neveu Henri VI, roi d'Angleterre, âgé de dix ans,
le couronna roi de France, le 17 du même mois,
dans l'église Notre-Dame, et le remena en Angleterre neuf jours après, c'est-à-dire le lendemain
de Noël; enfin c'est lui qui mourut à Winchester
en 1447, six semaines après avoir fait assassiner
son autre neveu le duc de Glocester. Shakespeare,
dans la seconde partie de sa tragédie de *Henri VI*
(act. III, sc. 3), peint ce cardinal livré aux remords,
ayant perdu la raison et voulant s'empoisonner.
Le roi et un autre personnage en ont pitié, mais
ils augurent mal de la vie d'un homme qui termine ainsi sa carrière. Ceci n'est qu'une fiction
poétique, et nous sommes d'autant plus fondé à
le croire que le testament de ce prélat n'annonce
rien qui tienne à l'aliénation mentale. Nous n'en
extrairons que l'article concernant la quotité de
messes que le testateur a cru devoir fonder pour
le soulagement de son ame, et un legs relatif à
un habillement brodé, qui donnerait à entendre
que l'orgueil le dominait encore *in extremis*. Voici
comment il s'exprime dans son testament sur les
deux objets en question :

   « Je veux que chaque jour, trois messes soient
» célébrées pour le repos de mon ame par trois
» moines de cette église (à Winchester, où il est
» mort le 11 avril 1447), dans la chapelle de ma
» sépulture.

» Je veux que dix mille messes soient célébrées
» pour le repos de mon ame, aussitôt que possi-
» ble après mon décès, savoir : trois mille messes
» de *requiem*, trois mille de *rorate cœli desuper*,
» trois mille du Saint-Esprit, et mille de la Tri-
» nité.

» Je lègue au prieur de l'église de Winchester,
» et à son couvent, 200 livres, mon meilleur
» calice et ma meilleure patène, ainsi que mon
» habillement brodé, que j'ai acheté de Hugues
» Dyke, à la condition que l'évêque de Winches-
» ter s'en servira seul, si ce n'est ceux ayant le
» droit d'officier en présence du roi, de la reine
» et du fils aîné du roi, etc. »

Ce testament renferme d'autres dispositions,
mais qui n'ont rien de remarquable.

TESTAMENT DE F. DE LA PALU-VAREMBON.

(1456.)

Voici encore un testateur qui, marchant sur
les traces du docteur de Padoue cité plus haut,
veut éliminer de son convoi funèbre la triste et
lugubre couleur affectée au deuil.

François de la Palu-Varembon, seigneur de
Beaumont-sur-Vingeanne, en Bourgogne, fait en
1456 un testament dont les dispositions, opposées
à ce qui est en usage dans les cérémonies funéraires, portent qu'à son enterrement assisteront
quinze filles pucelles, des plus pauvres de ses
terres, vêtues de drap blanc, aux frais de ses
héritiers, portant chacune une torche de trois

livres, et ayant sur la tête un chaperon rouge; que ses héritiers seront également habillés de drap blanc à ses funérailles, et tous les ans, le jour de son anniversaire. Enfin il ordonne que quatre cierges, du poids chacun de 25 livres, seront mis aux coins du cercueil.

La cire était encore fort rare et fort chère aux XIV.ᵉ et XV.ᵉ siècles. Philippe-le-Hardi, duc de Bourgogne, crut, en 1398, faire un vœu d'importance, en promettant, pour un de ses fils malades, son pesant de cire à Saint-Antoine de Vienne, et un cierge de vingt-deux livres à Saint-Thomas en Auxois. Le village de Varoye-en-Montagne fut affranchi en 1425 moyennant une demi-livre de cire par habitant, et un quart par veuve, etc.

TESTAMENT DE PHILIPPE-LE-BON,
DUC DE BOURGOGNE.

(Né à Dijon le 30 juin 1395, mort à Bruges le 15 juin 1467.)

PHILIPPE-LE-BON est un des meilleurs princes que la Bourgogne ait eus; et quoique, par suite de l'assassinat de son père Jean-sans-Peur *(A)*, il ait fait beaucoup de mal à la France, s'étant allié avec les Anglais, dans les guerres que Charles VII a eu à soutenir pour reconquérir son royaume, on ne peut s'empêcher de rendre justice à ses bonnes qualités. Dans un siècle corrompu et encore à demi barbare, il était pieux, humain, juste, bon et très-généreux. Son testament en fait foi; et quoiqu'il ne présente rien de bien extraordinaire, il est toujours curieux comme

monument du temps. Nous y remarquons que
dans ce siècle comme dans les précédens, et
encore longtemps après·, les enfans naturels figu-
raient dans les testamens sous le nom de bâtards;
et même des gens très-marquans s'honoraient
de ce surnom. Nous verrons que Philippe-le-Bon
n'oublie pas les siens ; mais il ne leur donne que
des legs. Comme ce testament est assez étendu,
et que plusieurs articles ou parties d'articles sont
d'un intérêt· assez médiocre aujourd'hui, nous
nous restreindrons, tout en respectant le texte,
à ce qui nous paraîtra plus essentiel; et cela
formera encore la grande majorité du coutenu
de cet acte. Nous le ferons suivre d'une pièce
assez curieuse renfermant des détails sur la maladie et la mort de Philippe-le-Bon.

Occupons-nous d'abord du testament. Il commence ainsi :

« PHILIPPE, par la grace de Dieu, duc de
Bourgongne, de Lothier, de Brabant et de Limbourg ; comte de Flandres, d'Arthois, de Bourgongne; palatin de Haynnau, d'Holande, de
Zelande et de Namur; marquis du sainct empire,
seigneur de Frise, de Salins et de Malines.

» A tous ceux qui ces présentes lettres verront
salut : sçavoir faisons que n'estant chose si certaine que la mort, ny plus incertaine que l'heure
d'icelle, ne voulant pas demeurer intestat, mais
comme bon catholique, avons fait et faisons
nostre testament et ordonnance de derniere volonté par la forme et en la maniere qui s'ensuit,
en revocant expressement tous autres testamens
que avons faits par cy devant; fors en tant qu'ils

seroient conformes et semblables au contenu de ces presentes.

» Et premierement quand il plaira a Dieu que aillions de vie a trespas, nous lui recommandons nostre ame, a la benoiste glorieuse Vierge Marie, a monsieur Sainct André apostre, et a tous les saincts et sainctes de paradis.

» *Item.* Eslisons nostre sepulture, voulons et ordonnons nostre corps, quelque part que nous aillions de vie a trespas, estre porté et inhumé et sepulturé en nostre eglise des Chartreux de Dijon, aupres et a l'endroit de feu mon tres cher seigneur et pere qui Dieu pardoint, en tirant droict vers le grand autel, et s'il arrivoit que pour aucune cause ou necessité fussions mis ailleurs, nous entendons que' ce ne soit que par maniere de depost, et que le plustost que faire se pourra, soyons porté et inhumé en nostre dicte eglise des Chartreux par la maniere que dict est, et voulons que les tombes et representations de feu nostre dict seigneur et pere et de nous estre faictes, accomplies et assises le plus brief que faire se pourra par nos executeurs ci-dessous nommés; selon que les avons ordonnees et divisees les avons au cas que en nostre vivant ne les ferions mesme faire et asseoir *(B)*.

» *Item.* Voulons et ordonnons que toutes et chacunes les deptes que nous devrons au temps de nostre deceds, et dont il aperra deüement a nos executeurs paient et fassent payer de et sur le plus clair de nos biens, et le plustost qu'ils pourront bonnement a la decharge de nostre ame.

» *Item.* Donnons et laissons aux religieux,

prieur et double convent des Chartreux lez Dijon 100 livres tournois de rente...... » (Ce legs est très-détaillé et augmenté d'une autre somme de 100 livres, pour des messes « que les Chartreux seront tenus de dire et de faire les services et menus suffrages de devotion, pour le remede des ames du duc et de feu son dict tres cher seigneur et pere, de feue sa tres chere dame et mere, et de feue sa tres chere amée et compaigne la duchesse Bonne d'Arthois qui Dieu pardoint. » Il donne de plus 2,000 livres monnoye royale aux dicts Chartreux, outre 2,000 livres deja données, pour reedifier et entretenir leurs batimens.

» *Item.* Donnons et laissons aux prieur et convent des Chartreux lez Beaune 100 livres tournois de rente......

» *Item.* Donnons et laissons aux religieux, prieur et convent des Chartreux de Lugny lez Barberans, la somme de 60 livres de rente......

» *Item.* Donnons et laissons aux religieux, convent et abbé de l'ordre de Cisteaux, 100 livres tournois de rente......

» *Item.* Semblablement et a toutes telles char-
» ges, donnons et laissons aux religieux, abbé et
» convent de Clerevaux, 100 liv. de rente......

» *Item.* Et aussi semblablement donnons et laissons aux religieux, abbé et convent de Sainct Antoine de Viennois, 100 livres tournois de rente......

» *Item.* Donnons et laissons aux religieux, abbé et convent de Sainct Oyant de Joux appelé communement Sainct Claude, 100 livres tournois de rente......

» *Item.* Voulons et ordonnons que ez eglises et cathedrales de Besançon, Ostun (Autun), Chaalons, Macon, Auxerre, Amiens, Arras, Cambray et Therroüenne, et en chacune d'icelles, soit dict et celebré un obit et anniversaire solemnel chacun an perpetuellement a tel jour que irons de vie a trespas......

» *Item.* Donnons et laissons a tous les convens des quatre ordres mendians de nos pays, de nos duchez et comtez de Bourgongne, Charolois, Masconois, Auxerrois, Brabant, Limbourg, Flandres, Arthois, Haynnau, Holande, Zelande et Namur, a chacun d'iceux convens vingt livres pour une fois......

» *Item.* Et en oultre aux convens des freres prescheurs, des freres mineurs et des carmes lez nostre ville d'Arras donnons et laissons la somme de 1000 livres pour une fois......

» *Item.* Voulons et ordonnons que de nos biens et de nostre execution soit prise la somme de 10,000 livres monnoye royale, laquelle voulons estre donnée, baillée et distribuée le plustost que faire se pourra bonnement apres nostre deceds, aux pauvres eglises, hospitaux et maisons Dieu de nos païs, des duchez et comtez de Bourgongne, comtez de Charolois, Masconois et Auxerrois.

» *Item.* Mesme somme de 10,000 livres aux pauvres eglises, hospitaux et maisons Dieu de nos païs de Brabant, Limbourg, Flandres, Artois, Haynnau, Holande, Zelande et Namur.

» *Item.* Donnons et laissons a nos familiers et serviteurs de nostre hostel la somme de 20,000 livres pour une fois pour les recompenser aucunement de leurs services, et affin qu'ils soyent plus tenus de prier pour nous et les distribuer entre iceux familiers et serviteurs par nos dicts executeurs et par leur ordonnance. C'est a sçavoir 10,000 liv. aux chevaliers, escuyers, conseillers, secretaires et chapelains qui nous serviront au temps de nostre trespas, a chacun selon son estat et selon qu'ils nous auront plus longuement servi, et ou il sera mieux employé, et qui plus grand besoin en auront et de nous auront eu moins de proffict ; et les autres 10,000 liv. de rente a gens de moindre estat, comme queux (cuisiniers), faulconniers, veneurs, varlets, servans et autres gens au dessoubs, a chacun selon son estat......

» *Item.* Voulons que les dons et transports que avons faicts a nostre tres chere et tres amée compagne la duchesse de plusieurs terres et seigneuries et aussi l'assignation de son doüaire, avec les octrois de pouvoir tester des biens que donné lui avons ou d'une partie d'iceux, lui soyent et demeurent bons et valables et les confermons et chacun d'iceux par celuy nostre present testament au proffict d'icelle nostre compagne.

» *Item.* Voulons et ordonnons que les dons, recompensations, offices et pensions que avons donné a vie a nos chambellans et autres serviteurs de quel estat qu'ils soyent, leur demeurent leur vie durant, selon la teneur des lettres qu'ils en ont de nous.

» *Item.* Nous faisons, nommons, et instituons nostre heritier et successeur universel, en tous

nos biens, terres et seigneuries, nostre tres cher
et tres amé fils Charles, comte de Charolois et
seigneur de Chasteau Belin, et s'il advenoit (que
Dieu ne veuille) qu'il allast de vie a trespas devant
nous, et que au temps de nostre deceds, nous
n'ayons autre enfant ou hoir legitime masle ou
femelle descendant de nostre corps ou de nostre
dict fils : en ce cas, nous voulons et consentons
que nos biens, terres, et seigneuries escheent et
succedent a ceux et celles de nos sœurs, nepveux,
et parents plus prouchains, auxquels selon raison
elles devront escheoir et succeder a la charge de
l'accomplissement de cestuy testament par la
main et par l'ordonnance de nos executeurs cy
apres nommés.

» *Item*. Voulons que nostre dict fils le comte
de Charolois s'il nous survit, et consequemment
tous nos autres heritiers et successeurs en la
comté de Flandres, soyent tenus de donner et
envoyer chacun an perpetuellement a leurs frais
la somme de 500 ducats d'or aux religieux cordeliers du mont de Syon.

» *Item*. A Cornille nostre fils bastard nonobstant quelque chevance qu'il ait d'autre part
donnons et laissons 6000 liv. monnoye royale de
rente et heritage pour luy et les hoirs de son corps
descendans en droicte ligne et en loyal mariage,
laquelle rente lui voulons estre baillée et assignée
bien et seurement en nos païs de par deça de
Brabant, Flandres, etc......

» *Item*. A Anthoine nostre fils bastard donnons
et laissons semblablement 2500 liv. monnoye
royale de rente a heritage pour luy, et les hoirs
descendans de son corps en droicte ligne......

» *Item.* A Marion nostre fille bastarde, don-
et laissons la somme de 15,000 livres monnoye
royale pour son mariage et pour estre employez le tout ou au moins la plus grande partie
en rentes et héritages au proffict d'elle et des
siens.

» *Item.* A nostre autre fille bastarde qui est
demeurante a present en l'hostel de Pierre Duchesne nostre rentmaistre de Brabant, donnons
et laissons pareillement la somme de 12,000 livres,
monnoye royale pour son mariage......

» *Item.* A nostre autre fille bastarde, a present
demeurante en Flandres, donnons et laissons
pareillement la somme de 10,000 livres pour une
fois pour son mariage......

» *Item.* Et au regard de nostre *Ordre de la
Toison d'Or* que avons ordonnée et mise sus depuis
certain temps en ça *(C)*, ce dont ne sont encore
gueres accomplies ne assouvies du tout les fondations, edifices et autres ordonnances et mesmement l'ordonnance par nous faicte d'acquerir
dans nostre ville de Dijon lieux et places et y
faire edifices, et aussy acquerir rentes pour le
vivre et estat de douze pauvres anciens chevaliers
de bonne renommée ; et pour ce que ne sçavons
s'il plaira à Dieu nous faire cette grace que avant
nostre deceds puissions accomplir toutes les dictes
fondations et ordonnances, nous voulons et ordonnons que ce qui en restera a faire et accomplir au temps de nostre deceds soit parfaict et
accompli des biens de nostre execution ainsy et
par la maniere que nos dicts executeurs trouverons
estre ordonné par nous au chapitre de nostre dict
ordre.

» *Item.* Voulons en outre que en nostre ville de Dole pour le bien et augmentation de nostre fille de l'université du dict Dole (1) soit a nos despens ou des biens de nostre execution fondé

---

(1) M. de Persan dit dans ses *Recherches sur Dole,* p. 331 : « On croit que c'est vers 1400 que fut établi à Dole » le premier collége que l'on appelait alors collége de » grammaire : l'instruction y était confiée à des laï- » ques, et l'on y tenait quelques pensionnaires. » La conjecture de M. de Persan sur la date de l'établissement d'un collége à Dole, me paraît détruite par cette clause du testament de Philippe-le-Bon, qui, s'il eût existé, en aurait fait mention; et sans doute ce collége n'a été établi que postérieurement à la date du testament de ce prince, rédigé en 1441, ou même après sa mort arrivée en 1467. Quoi qu'il en soit, ce collége céda la place aux Jésuites, et M. de Persan s'étend beaucoup sur l'historique de l'établissement des RR. PP. à Dole. C'est en 1579 que le P. Edmond Auger, disciple de S. Ignace, vint dans cette ville; et comme il avait déjà établi les collèges de Tournon, de Toulouse, de Lyon et de Bordeaux, le parlement, l'université et le magistrat de Dole, qui désiraient vivement un collége dirigé par la société nouvellement formée par S. Ignace, s'adressèrent à lui. Le P. Edmond ayant répondu avec empressement au désir qu'on lui témoignait, on sollicita le consentement du gouverneur de la province, de l'archevêque de Besançon, l'agrément du roi d'Espagne et du général des Jésuites. L'agrément du roi se fit attendre deux ans. Ce ne fut qu'en 1582 que l'ouverture des classes se fit (le 22 juin). Il n'y eut d'abord que trois régens, un pour la rhétorique, un pour les humanités et un pour la grammaire. Mais en 1584, le collége prit un tel accroissement qu'on y comptait 23 Jésuites et 500 écoliers; puis peu d'années après, il y eut 50 pères et 800 écoliers.

Ce célèbre collége était connu sous le nom de l'Arc. Il

un college pour un maistre et douze pauvres escoliers, de la nation de nos dicts païs, de nos dicts duché et comté de Bourgongne, pour le vivre desquels soyent acheptées rentes et revenues a toujours, et aussy pour leurs demeures, maisons et edifices a la distribution et par l'advis de nos executeurs jusques a la somme de 10,000 livres pour une fois, et au dessoubs *(D)*.

» *Item*. Et pour ce que par nostre testament autrefois faict (en 1426) et aussy par autre lettre par nous passées et accordées entrevifs a nostre tres chier et feal cheualier et chancelier messire Nicolas Rolin, seigneur d'Anthune, et mesmement pour consideration que luy baillames l'ordre de chevalerie, luy avons donné et transporté pour en jouir tantost apres nostre deceds par luy et ses hoirs a toujours nostre chastel, bourg et chastellenie de Moneuvrey en nostre comté de Bourgongne avec les appartenances quelconques en l'estimation de 500 livres estevenons *(E)*

---

devait cette dénomination à une arcade construite de la maison au bâtiment des classes, sans être obligé de traverser la rue. Cette arcade était peinte des deux côtés. L'un représentait S. Ignace, avec cette inscription : *Societatis Jesu fundatori, formatori juventutis.* L'autre offrait S. François-Xavier, quelques autres Jésuites et deux Indiens, avec cette inscription : *Successori Sancti Thomæ ;* puis *ite, prædicate,* etc. On connaît ce distique malin sur les deux plus célèbres colléges anciens des Jésuites, l'Arc et la Flèche :

Arcum Dola dedit patribus : dedit alma sagittam
Gallia : quis fumem quem meruére dabit ?

L'auteur, dit-on, s'appelait *Dabo*, et signa.

de rente en toute justice, et seigneurie haute
moyenne et basse, par condition que les hoirs
legitimes de nostre corps, soit masles ou femeles,
le pourront rachepter toutes et quantes fois qu'il
leur plaira d'iceluy nostre chancelier ou des siens
en lui baillant reaulment et de faict a une fois la
somme de 10,000 salus d'or ou de 15,000 liv.
Nous de nostre certaine science, et pour consideration des bons services que iceluy nostre
chancelier nous faict journellement, louons,
ratifions et confermons par cet nostre present
testament les dicts don, transport, etc......

» *Item*. Et affin de pourvoir au gouvernement
de nos païs, terres et seigneuries, s'il advient
que aillions de vie a trespas, survivant nostre fils
Charles comte de Charolois et lui estant soubs
aigié (sous-âgé, c'est-à-dire mineur), voulons et
ordonnons premierement au regard de la personne de nostre dict fils qu'il soit nourri et ali-
menté durant le temps de sa minorité et jusques
il soit un aige souffisant avec nostre tres chere et
tres amée compagne la duchesse sa mere en nos
païs, terres et seigneuries et non ailleurs. Et au
regard du gouvernement d'iceux nos païs, terres
et seigneuries durant sa dicte minorité, voulons
et ordonnons que nostre dicte compagne comme
premiere et principale, et apres nos amez et
feaux l'evesque de Tournay, l'archevesque de
Besançon, et l'evesque de Cambray qui a present
sont, le seigneur d'Anthune nostre chancelier,
messire Anthoine seigneur de Croy et de Renty,
nostre cousin et premier chambellan, nostre
cousin et mareschal de Bourgongne, messire Jean

comte de Fribourg et de Neufchastel, le seigneur
de Charny et de Molinet, messire Jean de Croy
nostre cousin, et bailly de Haynnau, les sieurs
de Roubais et de Santes, messire Jean Bont nostre
chancelier de Brabant, messire Colard de Comines (le père de Philippe de Comines) nostre
souverain, bailly de Flandres, et maistre Estienne
Armenier, president de nos parlemens de Bourgongne, avec autres tel ou tels que nostre dicte
compagne et les autres dessus nommez aviseront
en ayent le gouvernemnt et administration en
tous cas tant en faict de justice, de finance, de
police et gouvernement de païs que autrement,
et d'y commettre officiers en tous estats durant la
minorité de nostre dict fils.

» *Item.* Et pour l'accomplissement de cestuy
nostre present testament, nous eslisons et nommons nos executeurs nostre dicte tres chere et
tres amée compagne la duchesse, reverend pere
en Dieu l'evesque d'Auxerre, nostre confesseur,
et en son absence quand il n'y pourra vacquer,
reverend pere en Dieu l'evesque de Salumbrie,
confesseur de nostre dicte compagne, l'evesque
de Tournay, l'archevesque de Besançon, nostre
dict chancelier messire Nicolas Rolin, seigneur
d'Anthune, nostre dict cousin conseiller et premier chambellan, messire Anthoine, seigneur de
Croy et de Renty, nostre dict cousin et mareschal
de Bourgongne, messire Jean comte de Fribourg
et de Neufchastel, et le dict messire Hugues de
Lannoy, seigneur de Santes, ausquels dessus
nommez nous donnons plain pouvoir, authorité
et mandement especial de mettre a execution

deüe cestuy nostre present testament et ordonnance de derniere volonté....., ausquels nos executeurs dessus nommez, c'est a sçavoir au dict
evesque d'Auxerre nostre confesseur, donnons et
laissons la somme de 1000 livres, monnoye
royale pour une fois, et au dict evesque de Salumbrie confesseur de nostre dicte compagne la
somme de 500 liv. monnoye royale pour une fois;
et a tous les autres apres nommez a chacun
d'eux un joyau jusques a la somme de cent salus
d'or pour avoir memoire de nous......

» *Item*. Et que c'est nostre present testament,
et la publication et execution d'iceluy nous soubsmettons aux jurisdictions de l'eglise et temporelle. C'est a sçavoir a nostre Sainct Pere le pape
et a l'audience de la Roc (Rote) en cour de Rome,
et aussy a monseigneur le roy et a sa court de
parlement a Paris; voulans et consentans apres
nostre deceds nos executeurs dessus nommez
puissent faire la dicte submission en la dicte cour
de Rome et aussy en la dicte court de parlement
en tous les deux ou en l'une d'icelle selon que
bon leur semblera.......... Et nonobstant que
une grande partie de nos biens, païs, terres et
seigneuries soyent hors de ce royaume, et hors
de la subjection de mon dict seigneur le roy, laquelle chose nonobstant voulons qu'ils sortissent
jurisdiction en la court de parlement au regard et
en tant qu'il touche cestuy nostre present testament pour l'execution d'iceluy et les dependances
d'icelle execution et non autrement ne plus avant.
Et aussy voulons que sy aucuns de nos executeurs dessus nommez ne pouvoyent ou vouloyent

8

entendre et vacquer au faict de la dicte execution ou allassent de vie a trespas avant que fust accomplie, que en ce cas soyent en leur lieu mis et subroguez autres idonnes et suffisans par la dicte court de parlement de monseigneur le roy, a laquelle especialement submettons l'execution de nostre present testament. »

L'article suivant a rapport au sort de la succession dans le cas où Charles son fils et ses neveux et nièces viendraient à mourir avant lui. « Alors, dit-il, voulons que nos dicts executeurs puissent choisir et eslire un ou plusieurs de nos autres parens et cousins puissans et suffisans pour tenir nos païs, terres et seigneuries, et qui veuillent entendre par effect comme dict est a l'accomplissement de cestuy nostre present testament, lesquels en ce cas voulons et ordonnons estre nos heritiers et successurs...... »

Le dernier article du testament en recommande la plus stricte exécution, pour sûreté de laquelle le testateur soumet, oblige et hypothèque tous et chacun de ses biens meubles et immeubles présens et à venir..... « En tesmoin de ce, dit-il, avons faict mettre nostre scel a ces presentes, et icelles subscriptes de nostre main. Donné en la ville de Rethel le 8.ᵉ jour de decembre, l'an de grace 1441, signé PHILIPPE; et sur le reply est escript, de par monseigneur le duc, signé BONESSEAU, et sur le dict reply est encore escript : et avec ce a plus grande approbation de mon dict seigneur le duc, signé TRONSON avec paraphe, et scellé d'un grand sceau en cire rouge pendant a double bande de parchemin. » (*Collationné sur l'original.*)

Philippe-le-Bon est mort vingt-six ans après avoir fait ce testament; il était à Bruges lorsqu'une esquinancie l'enleva au bout de trois jours de souffrances, le 15 juin 1467. Une lettre écrite le lendemain 16 juin par un nommé Poly Bulland, qui rend compte aux municipaux de Lille de la maladie et de la mort du duc, nous a paru assez curieuse par ses détails naïfs. On y verra combien la médecine était avancée dans l'art de connaître et de traiter les esquinancies.

Lettre escritte aux mayeur et echevins de la ville de Lille, contenant la relation de la maladie et de la mort de Philippe duc de Bourgogne.

« A Bruges, ce 16 juin 1467.

» Mes tres honorez S.ʳˢ, je me recommande a vous tant et si chierement que je puis, et vous plaise sçavoir mes tres honorez S.ʳˢ que aujourd'huy datte de cestes, j'ay receües les lettres que m'avez escriptes de mesme datte, par lesquelles m'escripvés que estes desirans sçavoir nouvelles de mon tres redoubté prince duquel Dieu par sa grace veuille avoir l'ame, je ne vous rescrips point de sa convalescence, ains vous rescrips nostre douloureuse perte et la maniere de sa maladie, c'est assavoir que toute la sepmaine passée il avoit faict bonne chiere, et aussy joyeux que l'on l'avoit veu pieça *(précédemment)* et soy souvent deviser et esbattre avec autres nous lez *(près de)* luy; vendredy dernier passé, pour ce que de coustume il ne mangeoit chose qui print mort *(il faisait maigre)*, ne mangea comment riens a disner, et apres son disner passa longue-

ment le temps a regarder ses ouvriers; apres sur
le point de quatre heures, il ala dormir jusques
a six heures, apres se leva en bon point et joye,
et environ sept heures, monsieur le chancelier
vint parler a luy par l'espace d'une heure, et apres
le parlement de mon dict sieur le chancelier,
monsieur but une tasse de let *(sic)* d'amendes
et manga ung loppin de votte *(d'omelette)*, et ne
but que deux fois; apres son couchier il devisa
a ceux qui estoient autour de luy, et faisoit bonne
chiere, il se coucha en bon point a l'advis d'un
chacun, et quant vint a deux heures apres minuit,
luy survindrent une grant quantité de flemmes
environ la gorge, par lesquelles il fut si oppressé
que l'on cuidoit que a celle heure il deust morir,
et luy en fist t'on saillir hors beaucop par luy
mettre la main en la gorge, souvent par quoy
il fut fort traveillié, et tantost apres entra en
une fievre chaude continue que luy a duré puis
le samedy six heures du matin jusques au lundy
neuf heures du vespre *(soir)* où il rendit a Dieu
l'ame, et vous certifie que le bon prince est mort
tout vifz a l'occasion d'un fluz de flemmes, qui
luy descendirent du cervel en la gorge et luy op-
pilerent les conduitz et ne pouvoit avelité *(avaler)*
que par grant violence, en laquelle paine il fut
douze heures laborant a l'extremité de la mort,
et n'est point a dire que le grand deuïl que
monsieur son filz mena, quant il entra en la
chambre, et qui le vit labourer, et en la paine
inestimable où il estoit; monsieur de Tournay
survint incontinent apres son trespas, et renou-
vella nostre deuïl a tous par les grans regretz et

lamentations qu'il fit aujourdhuy date de cestes
(la présente lettre). Mon dict seigneur, que Dieu
pardoint, a esté mis sur ung lict couchié entre
deux draps comment s'il eust esté en bon point,
et apres a t'on faict ouverture a tout le peuple qui
l'est venu veoir et sembloit qui dormit et avoit le
visage a demy riant, mais il estoit fort apali, et n'estoit cuer qui peut tenir contenance, quant le
peuple passoit pardeuant luy des grandes lamentations et regretz que le povre peuple faisoit grans et
petis, et a toujours esté chault *(pleuré)* de l'eure
de son trespas, jusques au lendemain datte de
cestes trois heures apres midy, a laquelle heure
fust anathomisé et faict separation du cuer a part,
les boyaux, foye, poulmons et rate d'autre part
et le corps embausmé et bien ordonné pour le
mener ou il plaira a mon tres redoubté monsieur
son filz : et pour vous advertir a la verité de la
disposition de son corps, son foye estoit beau et
net, la rate estoit toute pourrie et en pieces, et
une partie du poulmon ce qui touchoit a la rate,
et le cuer estoit le plus beau que l'on vit oncques
et petit et gent, et a esté trouvé mon dict seigneur
a l'ouvrir fort gras sur les costes deux dois de
graisse, et se luy ont mis la teste en deux pieches
pour veoir sa cervelle, pour ce que aucuns des
medecins tenoient qu'il avoit apostume environ
le cervel, ce que n'a point esté, ains a esté trouvé
net et le mieux parfaict que l'on ait veu pieça.
Or, messieurs, je vous advertis de ces choses
pour ce que je sçais bien que vous n'en estes
point si au long advertiz que je vous rescrips, et
aux choses dessus dictes j'ay toujours esté pre-

sent, mes tres honorez seigneurs, j'avoye grant
desir de vous toujours faire service de tout mon
povoir envers mons. nostre bon prince que Dieu
pardoint, ce que plus ne puis faire, dont il me
desplait que aultrement je ne vous ay servy
comment j'en avois la vraye et bonne voulonté,
or pour fin j'ay perdu mon maistre et vous avés
perdu vostre bon prince, dont vous et nous tous
sommes tenus de prier Dieu et sa glorieuse mere,
etc., et plus ne vous sçay que rescripre, fors
que je suis toujours prest a faire vos bons plaisirs,
et prie nostre Seigneur que vous doint l'accomplissement de tous vos bons desirs et paradis a
la fin; escript a Bruges le XVI jour de juing l'an
1467 de la main d'ung entierement desolé et
desconforté et vostre tres humble serviteur.

» *Signé* Poly BULLAND. »

Trois jours après cette lettre, Charles, fils et
héritier de Philippe-le-Bon, donne avis à Louis
XI de la mort de son père. La lettre qu'il lui
écrit à ce sujet mérite aussi d'être rapportée.

« De Bruges, le 19 juin 1467.

» Mon tres redoubté seigneur, je me recommande a vostre bonne grace si tres humblement
que faire puis, et vous plaise savoir mon tres
redoubté seigneur, qu'il a pleu a Dieu souverain
de toutes choses, disposer et prendre a sa part
mon tres redoubté seigneur et pere, lequel en
rendant le deu de nature trespassa de ce mortel
monde lundy dernier passé entre neuf et dix
heures apres midy, et pour ce, mon tres redoubté

seigneur, que de vostre grace vous avez eu singulier amour et affection a feu mon dict seigneur
et a sa maison, j'envoye presentement par devers
vous mon amé et feal chevalier, conseiller et
chambellan, messire Emart Bouton, seigneur
du Fay, porteur de cestes, pour vous signifier
le dict cas douloreux, a moy tant desplaisant
que plus ne pourroit estre; vous suppliant tres
humblement qu'il vous plaise avoir en nostre
bonne grace moy et les païs subjets qui me sont
par le dict trespas escheus, tant en vostre royaume comme en l'empire desquels je vous desire
faire tout service et plaisir, en moy mandant et
commandant vos bons vouloirs pour les accomplir a mon pouvoir, comme raison est et ainsy
que tenu y suis, a l'ayde de nostre Seigneur Jesus
Christ, auquel mon tres redoubté seigneur, je
supplie qu'il vous ait en sa digne et benoiste garde,
et vous donne bonne vie et longue, avec l'accomplissement de vos hauts et nobles desirs. Escrit
en ma ville de Bruges, le XIX jour de juing 1467.

» Vostre tres humble et tres obeissant subject,

Signé CHARLES, duc de Bourgogne et de
Brabant. *Plus bas,* N. GROS.

» *Et dessus est escrit :*

« A mon tres redoubté seigneur monseigneur
le roy. »

NOTES.

(A) Jean-sans-Peur a été assassiné sur le pont de
Montereau le 10 septembre 1419, en présence de Charles
Dauphin, en représailles du meurtre du duc d'Orléans
qui avait eu lieu douze ans plus tôt, le 29 novembre 1407.

Ces tristes catastrophes furent le fruit des dissensions survenues entre la maison d'Orléans et celle de Bourgogne par suite de la confiance que Charles VI accordait au duc Philippe-le-Hardi, et parce que les états généraux avaient en 1392 choisi le duc de Bourgogne au lieu du duc d'Orléans pour gouverner le royaume. *Indè iræ* et les meurtres en question.

Après la mort de Jean-sans-Peur, son fils Philippe-le-Bon se réunit aux Anglais que soutenait la marâtre Isabelle de Bavière contre son fils Charles VII, qui était en fuite, mais qui cependant combattait pour sa couronne. C'est pendant ces longues et malheureuses guerres que Jeanne d'Arc rendit de si importans services à Charles VII; et malgré cela ce prince eût eu beaucoup de peine à remonter sur le trône, si, par le traité d'Arras de 1435, Philippe-le-Bon n'eût quitté les Anglais pour se réunir à lui, et assurer par là le salut de la France.

(B) La Chartreuse de Dijon, fondée en 1383 par Philippe-le-Hardi, ne renfermait que les mausolées de ce prince et de son fils Jean-sans-Peur. Philippe-le-Bon fit faire celui-ci avant sa mort; mais Charles son fils, malgré la clause expresse ici mentionnée, ne fit point faire celui de son père : ce n'était cependant pas les fonds qui manquaient à la mort de Philippe-le-Bon, car il laissa dans ses coffres 400,000 écus d'or, et 72,000 marcs d'argent (à peu près 9,000,000 fr. d'aujourd'hui), sans parler de deux millions d'autres effets. Mais Charles eut bientôt dissipé ce trésor. Pressé d'argent pour les guerres qu'il entreprit si inconsidérément et si malheureusement, il enleva la somme que son père avait déposée aux Chartreux pour le mausolée en question. On ajoute que le prieur lui ayant fait quelques représentations à ce sujet, Charles le maltraita, et même lui donna un soufflet et s'empara de vive force des fonds. On peut dire que cet argent ne lui profita guère, quand on voit l'issue de ses combats de Grandson, de Morat, et surtout de celui devant Nancy, où il périt de la manière la plus cruelle et la plus obscure, le dimanche 5 janvier 1477.

Les deux mausolées de Philippe-le-Hardi et de Jean-sans-Peur, que l'on admirait à la Chartreuse de Dijon, furent détruits en 1793; mais on les a magnifiquement restaurés en 1825, et ils sont placés dans une des salles du Musée de Dijon, la Chartreuse n'existant plus.

(C) C'est en 1429 que Philippe-le-Bon étant à Bruges institua l'ordre de la Toison-d'Or, à l'occasion de son mariage avec Isabelle, fille de Jean I.er, roi de Portugal. « Lequel ordre a esté (dit Charles-le-Téméraire dans ses » lettres de nomination d'Edouard, roi d'Angleterre), » fondé et establi a la gloire et louenge du Tout puissant » nostre createur et redempteur en reverence de sa glo- » rieuse Vierge et mere, et a l'onneur de mon seigneur » Sainct Andrien (André) glorieux apostre et martir, en » nostre ville de Dijon, en nostre duché de Bourgongne, » en l'eglise de nostre chapelle des ducs au dict lieu de » Dijon. »

Cet ordre acquit beaucoup de célébrité. Les chevaliers furent gratifiés de grands priviléges par Charles-le-Témé- raire, Maximilien I.er et Philippe II. Charles-Quint fixa leur nombre à cinquante-un. Léon X donna aux chan- celiers de l'ordre le pouvoir d'absoudre les chevaliers et de les dispenser de leurs vœux, excepté des vœux ordi- naires, d'être participans, en cas de mort, de l'absolution apostolique; leur permit de manger des œufs et du lait en carême, de faire dire la messe dans leurs chapelles, et enfin à leurs femmes et enfans d'entrer dans toutes sortes de couvens. La suite des temps a amené bien du changement dans le prix et la valeur de la plupart de ces priviléges.

(D) Gollut prétend que l'université de Dole a remplacé celle qui, en 1291, avait été établie à Gray, avec autorisa- tion du pape, par le comte Othon IV; « mais, dit-il, les » esteudes n'ayant pu s'accomoder a Gray, il fallut rejeter » les ieux sur la ville de Dole. » Il ne donne point la date de la fondation de cette nouvelle université qui est de 1421, et qui fut établie pour les deux Bourgognes. Il

ajoute seulement : « Le bon duc Philippe (le Bon) en
l'an 1423 desirant doner a ceste université une vie nouvelle, impetrat encore des nouveaux privileges de la
saincteté du pape Martin V. » Puis il dit après : « Donc-
ques nostre duc Philippe impetrat la confirmation et
l'amplification des dicts privileges et la declaration de
l'etat permanent a Dole. Puis en l'an 1435, il declarat
qu'icelle n'en scroit jamais retirée, hayant recogneü a
l'effect que la plus commodement elle seroit qu'en autre
lieu de ses païs, a cause de la comodité que recevront les
escholiers par la presence de la cour (de parlement). »
Cette université a été transférée à Besançon, en 1691.
Quant au parlement, rendu sédentaire à Dole par Philippe-le-Bon, il fut supprimé par le roi d'Espagne en
1668, rétabli par Louis XIV en 1674, enfin transféré définitivement à Besançon en 1676.

(E) Le nom de cette monnaie provenait de celui de
saint Etienne *(Stephanus)*, parce qu'elle portait d'un
côté le bras de ce saint en pal. Cette monnaie était frappée jadis par les évêques de Besançon; elle ne fut dans
l'origine qu'un denier de Charles-le-Chauve, pesant 32
grains, sur lequel on voyait le nom de l'empereur, et,
par une distinction particulière, celui du chapitre de St.-
Etienne. Le coin de cette monnaie fut changé dans le
siècle suivant, lorsque Othon I.ᵉʳ donna le titre et l'autorité
de souverain à quelques prélats de Bourgogne, parmi
lesquels celui de Besançon tenait le premier rang. Dès
lors les archevêques de Besançon firent battre monnaie
au seul coin de leur église; et cette monnaie eut le nom
d'*Estevenante*. Le Blanc, dans ses *Monnoyes de France*, p.
130, a parlé d'un denier d'argent de cette monnaie qu'il
présume appartenir au chapitre de St.-Etienne de Dijon;
c'est une erreur qui a été relevée par don Grappin dans
ses *Recherches sur les anciennes monnaies du comté de Bourgogne*. V. p. 17. Mille livres estevenantes équivalaient a
740 liv. 14 s. monnaie de France.

TESTAMENT DE CHARLES DE FRANCE,
DUC DE GUIENNE.
(1472.)

On sait que ce jeune prince, frère de Louis XI, mourut à vingt-six ans, par suite du poison qui lui fut donné à Saint-Sever, dans une pêche, dit-on, qu'il partagea avec sa maîtresse, madame Colette de Chambes-Mont-Soreau, veuve de Louis I.er d'Amboise, vicomte de Thouars : l'un et l'autre périrent dans l'espace de douze jours. On attribue ce crime à Jean Favre Versoris, abbé de S. Jean d'Angély, aumônier du prince (1). Il paraît que c'est de lui qu'il est question dans la lettre suivante, écrite par Louis XI au comte de Dammartin, grand-maître de France, pour lui annoncer qu'il vient d'être averti de la maladie mortelle de son frère par *le moine qui dit ses heures avec monsieur de Guienne*. Cette lettre, datée de Montils-les-Tours, le 18 mai (1472), est ainsi conçue :

« M. le grand maistre, j'ai eu nouvelles que
» monsieur de Guienne se meurt et qu'il n'y a point
» de remede en son faict, et me l'a fait sçavoir un
» des plus privez qu'il ait avec luy, par homme
» expres, et ne croit pas ainsy qu'il dit, qu'il

---

(1) Gabriel Naudé, dans l'*Addition à l'histoire de Louis XI* par Comines, dit que « le moyne estoit soubçonné
» qu'il avoit joué la fourbe a M. de Guienne, et baillé la
» corme verte, et qu'iceluy moyne fut cause de le mettre
» hors la terre des vivans. »

» soit vif a quinze jours d'icy au plus qu'on le
» puisse mener..... Et afin que soyons asseuré
» de celuy qui m'a fait sçavoir les nouvelles, c'est
» le moyne qui dit ses heures avec monsieur de
» Guienne, dont je me suis fort ebahy et m'en
» suis signé depuis la teste jusques aux pieds (1),
» et adieu. *Signé* LOYS. »

Le poison avait été, dit-on, donné le 12 mai,
et le 28 le crime fut entièrement consommé. Le
duc de Guienne, pendant ces seize jours, souffrit
horriblement. Lorsqu'il se vit à l'extrémité, il fit
son testament, qui offre peu de développement,
et qui ne roule que sur ses sentimens religieux,
exprimés à la manière du temps. On n'y trouve
aucun legs, aucune disposition de propriété; le
testateur ne possédait que la Guienne en apanage
(au lieu de la Champagne et de la Brie qu'il avait
demandées), et ses dettes excédaient son actif.
Aussi charge-t-il de les acquitter le roi son frère,
qu'il nomme son héritier. Il ne paraît point par
son testament qu'il ait eu le moindre soupçon
d'avoir été empoisonné. Cependant il ne nomme
point parmi ses exécuteurs testamentaires son
aumônier l'abbé de S. Jean d'Angely, tandis que
Roland Coiffier, son confesseur, y figure. Nous
allons donner textuellement cette pièce, telle
que nous la fournit Gabriel Naudé dans son addition aux *Mémoires* de Comines, tome III de

---

(1) Il en est qui pensent qu'il n'y avait pas de quoi être
si surpris, ni de quoi faire tant et de si grands signes de
croix. Ce trait serait l'un des plus caractéristiques de
Louis XI.

l'édition de *Bruxelles, Foppens*, 1723, 5 vol. in-8.°

« Au nom du Pere et du Fils et du Sainct Es-
» prit, *amen*.

» Charles fils et frere du roi de France, duc
» de Guienne, comte de Xaintonge et seigneur
» de la Rochelle : bien souvenans de nostre salut,
» et sain de pensée, jaçoit que de corps soyons
» fort malade, pensant toujours a la parole de
» nostre seigneur disant au roy Ezechiel : dispose
» ta maison, car demain tu mourras ; comme si
» ceste parole nous fust singulierement transmise.
» Non refusant iceluy mandement, mais iceluy
» humblement recevant ; puisqu'il plaist a Dieu,
» a l'ordonnance de qui toutes choses sont sujetes
» et a qui rien ne se peut tapir de nostre maison,
» prise en trois sentences.

» C'est a sçavoir de nostre ame, qui d'iceluy
» Dieu est dicte le siege mais qu'elle soit juste, et
» de nostre corps, puis apres de nostre famille ;
» tout par ordre et successivement par ce present
» testament, avons voulu disposer et ordonner
» en la maniere qui s'ensuit.

» Premierement donc considerans nulle chose
» estre parfaicte, si finalement elle ne retourne
» dont elle a pris son estre et sa naissance ; con-
» siderans aussy et croyans fermement nostre
» dicte ame, comme de nostre pere Adam et de
» tous autres mortels, estre créée de Dieu Tout
» Puissant, qui de neant a créé toutes choses,
» icelle a son createur rendons finalement, luy
» tres humblement suppliant, comme arrivée
» sera a port d'humain salut, la reçoive en ses

» eternelles maisons toujours perpetuellement
» vivre avec les benoists saints. D'humble courage
» aussi et devoste requeste, la commettons a la
» Vierge glorieuse, qui des pecheurs, jusques
» icy, nous confessons estre advocate, et qui non
» sans cause est dicte du redempteur de l'humain
» genre, et roy de gloire, mere tres debonnaire,
» a monsieur S. Michel et a toute la cour de
» paradis celeste, afin que par leurs prieres elle
» monte ez saincts lieux, pour perdurablement
» regner avec eux. Si leur prions et requerons et
» tres devotement les supplions qu'ils me soient
» en aide : et apres puisque toutes choses doit
» justement du sien estre rendu, et que ce corps
» mortel que nous portons n'est que terre, il est
» bien raison et expedient que luy livrions et
» rendions a la terre et aux vers, engendrez pour
» estre d'iceux rongé et consummé, iceluy dont
» a l'exemplaire des bons chrestiens instituons
» estre baillé a l'ecclesiastique sepulture, laquelle
» nous elisons en l'eglise de Sainct André de
» Bourdeaux, devant le grand autel, auquel
» lieu par nostre heritier, nostre tres redoubté
» seigneur monsieur le roy, lequel s'il lui plaist
» nous instituons nostre principal executeur, et
» par nos autres executeurs de cettuy nostre tes-
» tament et derniere volonté cy apres declarez,
» soit procuré nostre corps estre honnestement
» enseuely, a la louange de Dieu, non pas a la
» pompe et orgueil mondain, et fasse faire les
» obseques, si qu'au jour de nostre trespas, et
» un service fassent faire celebrer pour nostre ame
» et les ames de nos parens tous ceux qui vou-

» dront celebrer en les payant deuëment : final-
» lement faut venir en nostre famille, que vul-
» gairement on dit nostre maison; laquelle com-
» bien que mal ou bien nous l'avons gouvernée;
» celuy seul le sait qui tout connoist. Toutefois,
» des bienfaicts, louange a Dieu, et des fautes
» nous luy supplions et requerrons vray pardon
» et mercy.

» Et quant au surplus, comme nous devons a
» plusieurs plus que nous ne possedons, a celuy
» qui quand et de ce pourra souvenir, faut re-
» courir par quoy a iceluy que par droict d'he-
» ritier nous doit succeder, nostre tres redoubté
» seigneur, monsieur le roy, comme avons dict
» devant en l'onneur de la passion de nostre
» Seigneur Jesus Christ, supplions tant comme
» nous pouvons, et ce nonobstant autant que
» nous pouvons charger sa conscience, qu'a tous
» ceux a qui nous devons fasse payer nos debtes,
» et nous descharger d'icelles, comme en luy
» nous avons parfaicte fiance, et ainsy qu'il eust
» voulu pour luy estre fait, si premier que nous
» fust decedé. Outre plus benignement luy re-
» querons qu'il luy plaise tous nos serviteurs
» traicter humainement et iceux pourvoir d'offices
» et benefices selon leur vacation, et les justement
» et raisonnablement recompenser des bons ser-
» vices qu'ils nous ont faicts. Et apres si aucune-
» ment avons jamais offensé nostre dict tres re-
» doubté seigneur et tres amé frere (1), nous

_____

(1) Il l'avait assez grièvement offensé, en 1465, en se
réunissant à Charles de Bourgogne, comte de Charolais,

» luy requerons qu'il luy plaise nous pardonner,
» car de nostre part, si oncques en quelques
» manieres il nous offensa, de tres debonnaire
» affection prions la divine majesté (1) qu'elle
» luy pardonne, et de si bon courage et bonne
» volonté luy pardonnons; et au surplus pour
» nostre ame, fasse faire monseigneur le roy,
» nostre dict heritier, tant de services qu'il verra
» estre a faire ; et voulons qu'a ce faire procurent
» ceux que apres monseigneur le roy nous or-
» donnons, et par ce present escrit nous decla-
» rons et nommons executeurs de cetuy nostre
» testament derniere volonté :

    » C'est a sçavoir, reverend pere en Dieu, nostre
» bien amé et feal conseiller, Arthus de Montau-
» ban, archevesque de Bourdeaux, Roland Coif-

---

fils de Philippe-le-Bon duc de Bourgogne, à tous les
autres princes et seigneurs qui se liguèrent et poursui-
virent avec chaleur la guerre dite *du bien public.* Ces
princes et seigneurs furent les ducs de Calabre, de
Bourbon, de Bretagne, de Nemours, de Dunois, d'Ar-
magnac, de Dammartin et le maréchal de Lohéac, avec
d'autres seigneurs que Louis avait dépouillés de leurs
emplois.

    (1) Une remarque à faire sur le mot *majesté,* qui n'était
pas encore usité *à la cour* lors de la rédaction de ce testament, c'est que Louis XI est le premier roi de France
auquel on ait donné ce titre, et certes, nous n'avons pas
eu de rois dont la tournure, les manières et le costume
aient été moins majestueux. Il était d'une telle simplicité
dans son costume que cela allait jusqu'à la malpropreté.
Il est aussi le premier roi de France qui, dans les lettres
apostoliques, ait eu le titre de *très-chrétien,* titre qui lui
convenait à peu près autant que le précédent.

» fier, nostre confesseur, Jean Meschineau, pre-
» mier chapelain de nostre chapelle, et docteur en
» theologie, Odet Daydie, seigneur de Lescun,
» Jean Aubin, seigneur de Malicorne, nostre
» premier chambellan, le seigneur de Grammont,
» et Thierry de Lenoncourt, gouverneur de la
» Rochelle, aussy nos chambellans. Desquels
» nous instituons les principaux a tous poursuits,
» les susdicts seigneurs de Grammont et de Ma-
» licorne.

   » Nous voulons aussy et ordonnons finablement
» que ce present escrit signé de nostre sein ma-
» nuel soit faict et reputé autentique, comme s'il
» estoit scellé de nostre grand scel, et signé du
» notaire public, lequel nous avons signé, pre-
» sent a ce tesmoins nobles hommes Jean de
» Rochechouart, vicomte de Brulais, Guillaume
» de Pouville, Marc Clairet, maistre Robert
» du Lyon, et Robert Foucques, docteur en
» médecine, le vingt quatrieme jour de may 1472.

          » *Signé* CAROLUS. »

Gabriel Naudé, qui nous a fourni le texte de
ce testament, dit aussitôt après : « M. de Com-
minges soutenoit a toute puissance que le duc
avoit esté empoisonné et maleficié par l'exprès
commandement de celuy qui naturellement estoit
tenu a l'aymer; et M. de Lescun prist l'abbé de
Sainct Jean d'Angely et Jean de la Roche, escuyer
de cuisine, auteurs de la mort du dict duc, l'un
desquels se pendit en prison chez le duc de Bourgogne. »

  Voilà un passage qui annoncerait que le crime

a été commis par deux scélérats à l'instigation du roi. Ce qu'il y a de certain, c'est que l'abbé fut arrêté comme coupable de la mort du prince, qu'il fut mis dans les prisons de Nantes, qu'on instruisit son procès, et que la veille de son jugement, il fut trouvé mort. Cela confirma les soupçons du public, et contre le monarque, et contre lui.

Mais il y a une autre pièce qui serait infiniment plus terrible contre Louis XI, puisqu'on aurait un aveu de sa propre bouche, si celui qui l'a rapporté était toujours digne de foi. Cet auteur est connu pour grand explorateur d'anecdotes, et l'on sait que les écrivains de cette espèce, jaloux de piquer la curiosité et d'amuser le lecteur, ne sont pas toujours difficiles sur le choix, et mêlent souvent le faux avec le vrai. L'auteur dont nous voulons parler est Brantôme. (Voyez ses *œuvres,* édition de 1666, tome I, pp. 30 et 31.) Parlant de la mort du duc de Guienne, il dit que cela s'opéra si secrètement que personne ne *s'aperçut qu'il* (Louis XI) *eût fait faire le coup,* sinon par le moyen de son fou *(A)* qui avait été au duc son frère, et qu'il avait retiré avec lui, après la mort de ce prince. Mais laissons lui raconter cette anecdote dans son style naïf, et ensuite nous verrons si l'on ne peut pas en contester la véracité.

« Louis estant un jour (dit Brantôme) dans ses bonnes prieres et oraisons a Clery devant Nostre Dame, qu'il appeloit sa *bonne patronne,* et n'ayant personne aupres de luy que son fou, qui estoit un peu eloigné et duquel il ne se doutoit qu'il fust si fou, fat, sot, qu'il ne pust rien rapporter, il l'entendit comme il disoit : Ah ! ma bonne dame, ma petite maistresse, ma grande amie, en qui j'ai eu toujours mon reconfort, je te prie de supplier Dieu pour moi, et estre mon advocate envers luy, qu'il me pardonne la mort de mon frere que j'ay fait empoisonner par ce mechant abbé de Sainct Jean d'Angely, (notés encore qu'il l'eust bien servy en cela, il l'appeloit *méchant,* ainsi faut-il appeler toujours telles gens de ce nom;) je m'en confesse a toy comme a ma bonne patronne et maistresse; mais aussy qu'eussé-je sçu faire? il ne me faisoit que troubler mon royaume; fais moi donc pardonner, ma bonne dame, et je sçais ce que je te donnerai. (Je pense qu'il vouloit entendre quelques beaux presens, ainsy qu'il estoit coustumier d'en faire tous les ans force grands et beaux a l'eglise.) Le fou n'estoit pas si reculé, ni depourvu de sens, ni de mauvaises oreilles, qu'il n'entendit et retint fort bien le tout, en sorte qu'il le rendit a luy en presence de tout le monde a son diner et a autres, luy reprochant la dicte affaire, et luy repetant souvent qu'il avoit faict mourir son frère. Qui fust estonné ce fust le roy..... Mais le fou ne le garda gueres, car il y passa comme les autres, de peur qu'en reiterant, il fust scandalisé davantage. »

Voilà une accusation bien positive, mais si l'on en examine les détails avec un peu d'attention, on voit qu'ils offrent deux invraisemblances. La première est dans l'aveu du roi, fait à haute voix et en présence d'un témoin, et surtout se

servant de termes qui spécifient bien le crime :
avoir fait empoisonner mon frère par ce méchant,
etc; cela n'est nullement présumable. D'un autre
côté, il faudrait supposer que le fou du roi fut le
plus imbécille et le plus sot des hommes, pour
aller révéler publiquement et en présence du roi
lui-même un fait de cette importance. Une telle
indiscrétion eût été plus que de la stupidité, et
l'on sait que les fous de nos rois n'étaient pas des
stupides; quand ils disaient quelques bonnes
vérités, même au roi, ils étaient assez adroits
pour ne point compromettre leur sort futur et à
plus forte raison leur vie.

Ce n'est pas que je prétende que l'empoison-
nement n'a pas eu lieu, ni même que les soupçons qu'il a fait naître aient été dépourvus de
fondement ; mais la narration de Brantôme me
paraît un conte brodé à sa manière. On pourrait
bien aussi attaquer l'instrument de l'empoison-
nement, que l'on dit être une pêche. Il fallait
qu'elle fût confite, car on ne voyait sans doute
pas de pêche crue au 12 mai. Ce fruit, qui nous
vient de la Perse, était-il déjà connu en France
en 1472 ? La poire de bon-chrétien ne l'était pas
encore, car c'est S. François de Paule qui, le
premier, en apporta d'Italie à Louis XI, et ce
roi, par allusion aux vertus du saint personnage,
nomma ce fruit *bon-chrétien*. Revenant à la mort
du duc de Guienne, je persiste à penser qu'elle
a pu être tragique; mais que le récit des circonstances dont on l'a environnée depuis, est très-
problématique, et n'a peut-être trouvé sa source
que dans la réputation des gens qui y figurent.

NOTE.

(A) Nos rois et nos princes avaient jadis un fou en titre d'office; on choisissait ordinairement pour remplir cette place un homme du peuple, jovial, spirituel, ayant la répartie vive, disant des vérités satyriques sous l'air de la naïveté et d'une fausse bonhomie qui les rendait plus piquantes. Son privilége était de tout dire, sans acception de rang, de dignité, ni de faveur, à l'égard de ceux sur qui tombaient les bons mots. Il y a plus de cent cinquante ans que cette place ne subsiste plus à la cour de France. Mais on ne sait pas au juste à quel temps remonte l'usage de ces fous. Dreux du Radier, qui a donné un précis de l'histoire des fous en titre d'office, dans ses *Récréations historiques,* tome I, pp. 1—50, ne remonte pas plus haut que Charles V, qui a régné de 1364 à 1380. Il commence par citer, sans la rapporter, une lettre de ce prince, qui mande aux maire et échevins de Troyes la mort de son fou, et leur ordonne de lui en envoyer un autre *suivant la coustume.* La Champagne aurait donc eu le droit exclusif de fournir des fous à nos rois depuis des temps très-reculés; mais Grosley a fait insérer dans le *Journal encyclopédique* du 15 juillet 1767, une lettre fort plaisante, dans laquelle il assure avoir fait toutes les recherches imaginables dans les archives de Troyes, et qu'il n'y a rien trouvé de relatif à cette prétendue lettre de Charles V, citée dans le *Traité de l'opinion* de Le Gendre, dans l'*Encyclopédie,* et dans les *Récréations* de du Radier.

La lettre de Grosley a été réimprimée à la fin des mémoires de l'académie de Troyes, 1768, in-12, pp. 308—326. Elle renferme l'indication de divers ouvrages qu'aurait dû consulter Dreux du Radier, tels que le 36.ᵉ chapitre du 3.ᵉ livre du *Pantagruel* de Rabelais; — les recueils fort nombreux des *Facetie, Motti, Burle,* etc., que fournit la littérature italienne; — la *Floresta espanola* de Melchior de Santa-Cruz, 1605; — le recueil intitulé *Centuriæ jocorum et seriorum,* publié par Othon et Denis Malander, 2 vol. in-8.ᵒ de chacun 800 p.; — etc. etc.

Donnons une petite liste chronologique des fous en titre d'office qui sont venus à notre connaissance :

Charles V en eut deux, auxquels il fit élever deux tombeaux, l'un à Paris, dans l'église Saint-Germain-l'Auxerrois, et l'autre à Senlis, dans l'église Saint-Maurice. On lit sur la tombe du dernier :

« *Cy gist Thevenin de Sainct Legier, fou du roi nostre* » *sire, qui trespassa le onzieme jour de juillet MCCCLXXIV.* » *Priez Dieu pour l'ame de li.* »

Le fou de Louis XI, c'est celui du duc de Guienne, cité dans notre article, et que le roi fit périr en 1472.

Triboulet, mort vers 1537, fut le fou de Louis XII et de François I.er, à qui il dit ce mot si connu sur le passage de Charles-Quint en France. « Triboulet fut un fol, de » la teste escorné, aussy saige a trente ans, que le jour » qu'il fust né; petit front et gros yeus, nez grand, taillé » a vote (voûte), estomac plat et long, haut dos à porter » hote, chascun contrefaisoit, chanta, dansa, prescha, » et de tout si plaisant, qu'onc homme ne fascha. » Il y avait en même temps à la cour deux autres fous : l'un nommé Caillette, qui était de ces imbécilles dont la naïveté est telle que leurs actions ou leurs réponses ont quelque chose d'aussi amusant que la vivacité et l'esprit des autres. L'autre, nommé Polite, était à l'abbé de Bourgueil.

Brusquet, qui mourut en 1563, fut fou en titre sous les règnes de Henri II, François II et Charles IX; il plut beaucoup à ces trois rois, ainsi qu'à Philippe II, roi d'Espagne.

Thoni, contemporain de Brusquet, est mort sous Charles IX.

Sibilot fut le fou de Henri III.

Sous Henri IV, il y eut plusieurs fous : le premier est Chicot, qui mourut en 1591 ; ensuite vint maître Guillaume, mort vers 1617; Angoulevent, prince des sots, parut aussi en qualité de fou, sous le même règne, ainsi qu'une nommée Mathurine, folle qui n'est morte qu'en 1623.

Louis XIII avait un fou nommé Desmarais, que le

cardinal de Richelieu fit déguerpir de la cour, voici à quel sujet : Un jour le roi voulut faire la barbe à son fou, et le fit beaucoup souffrir; quand il eut fini, Desmarais donna à S. M. quelque petite monnaie : le roi dit que ce n'était pas assez. — « Je vous donnerai 30 sols, répliqua Desmarais, quand vous serez MAITRE. » Ce mot répandu à la cour, revenant aux oreilles du cardinal, fit bientôt expulser le fou.

Langeli, dont Boileau a cité le nom, fut le fou de Louis XIV. C'est à-peu-près le dernier dont on ait parlé. Cependant Grosley dit avoir vu, en 1738, le fou du cardinal de Fleury, lequel s'habillait, dit-il, en cardinal.

Je me rappelle moi-même que, peu avant la révolution, lorsque S. A. S. le vertueux duc de Penthièvre venait, tous les ans, passer un ou deux mois dans son duché de Chateauvillain, j'ai vu parmi les gens de sa suite une folle qui m'a paru jouir des prérogatives attachées aux anciens fous en titre d'office. Elle entrait sans façon, à toute heure, dans l'appartement du prince, et parlait en toute liberté aux seigneurs qui faisaient la cour à son altesse.

TESTAMENT D'UN ANONYME

DU SEIZIÈME SIÈCLE.

LE testament suivant, quoique d'un anonyme, est assez remarquable par son ancienneté, par son orthographe et même par ses dispositions; il a été trouvé à Troyes dans les papiers du père de Grosley: il est en caractères gothiques. M. Patris de Breuil, dont l'obligeance et le zèle pour les recherches curieuses sont sans bornes, a bien voulu m'en adresser une copie très-littérale, que je vais transcrire avec la même exactitude. Cet acte, à en juger par le style et l'orthographe, doit être au plus tard du XV.e siècle.

Le testateur commence par déclarer « estre nay
» et havoir esté eslevé dans la religion catholique,
» apostolique et romaine, toujours havoir vescu
» en icelle, et y vouloir mourir comme estant
» la seule vraye entre toutes religions et qui
» doibve estre suyvie soubs peine de gehenne et
» dampnation éternelle. »

Ensuite il fait plusieurs legs, dont voici le
principal :

» Je legue et laisse au demourant a miennes
» trez honorées sœurs consanguines, suivant loy
» non civile, ains de nature, laquelle en diffère
» par bonnes raisons : trois mil trente six livres
» tournois, que je recongnois havoir par le menu
» en mienne education et establissement de ma-
» riage, recues de leur trez chier pere, comme
» aussi mien, de sa gracieuse volenté sans comp-
» ter en icelle somme, ce que ha promis me
» lairrer en sienne subcession advenir, sans elles
» prejudicier, et dont ne veulx aulcunement
» prouffiter, recongnoissant n'y havoir aulcun
» droict, suyvant le civil, adversaire du naturel,
» comme l'eaue avecques le feu,

» Sy touttes fois, ce que je ne soupçonne pas, ces
» vertueuses damoiselles esmeües par ung senti-
» mant de générosité peu coustumieres au temps
» qui court, refusoyent ce legs, je veulx et en-
» tends (ainsin ont coustume de parler ceux qui
» disposent a authruy sienne fortune) que de la
» dicte somme de trois mil trente six livres soit
» faict l'employ suyvant.

» Je veulx que par mien executeur du present
» testament il soit choisy, apres mon deceds, ung

» brave artisan, auquel et a sa femme, il sera
» compté cent livres par chascun an, a l'effect de
» nourrir et eslever aussi honnestement que
» poorront, ung de ces bastards delairez par
» pechié de nature, jusqu'a quatorze ans accom-
» ply, cestuy aasge estant souffisant pour gaigner
» sa poovre vie. Il sera vestu ez festes de nativité
» nostre seignor Jesus Christ, non de drap neuf,
» s'y n'ha poovoir de ce faire, comme ainsy sont
» en Normandie par hault seignor justicier,
» enfans trouvez de fief, ausquels il baille cestuy
» jour sienne benediction, ains de vieilles hardes
» proprement accoustrées, de linge blanc, avec
» bonnes chausses; enfin finale, soit iceluy con-
» duict aus escholes publicques où l'on enseigne
» gratis la lecture, l'escripture et ung petit de
» latin. Je pose mil quatre cent livres pour nour-
» riture, six cens pour vestemens, ainsy qu'est
» dict dessus; trente et six pour estrennes bon
» an mal an, et mil pour le marier a gente hon-
» neste et vertueuse pucelle non bastarde. Voila
» de compte faict ce que pour moi a despensé
» mon pere Charnel, qu'a Dieu playse et mon-
» seigneur sainct Loys, mon patron, le mettre
» ainsy que moy au rang des bienheureux. »

On voit que ce testateur est un homme plein
de candeur et d'humanité. La somme léguée est
considérable pour le temps. Une éducation et un
établissement de nos jours qui ne coûteraient
que pareille somme à un homme aisé, ressem-
bleraient beaucoup à l'établissement et à l'éducation que le gouvernement donne aux enfans
trouvés. (Voyez à ce sujet les *Considérations* de

M. Benoiston de Château-Neuf, *sur les enfans
trouvés dans les principaux États de l'Europe.* Paris,
1824, in 8.° de 128 p.)

TESTAMENT DE RÉNÉ,

ROI DE SICILE, COMTE DE PROVENCE.

(1480.)

CE testament portant la date du 22 juillet 1474,
est dans le 5.° volume des *Mémoires de Comines,*
édition de Godefroy, *Brusselle* (sic), 1723, in-8.°,
pp. 27—43. Toutes les vertus du bon roi Réné,
la piété, la justice, la bonté, la candeur, s'y
dévoilent avec une simplicité qui en relève encore
l'éclat. Cette pièce n'offre rien d'extraordinaire ;
cependant en la considérant comme monument
des mœurs du temps, il y a quelques articles qui
les peignent plus spécialement, et qui, par ce
motif, ont attiré notre attention. Nous allons
donc les extraire littéralement de cet acte intéressant, dont voici le début :

« Ce sont en bref les clauses du testament de
» tres excellent et tres puissant prince René, par
» la grace de Dieu, roy de Jerusalem, d'Arragon,
» des deux Siciles, de Valence, Majorque, Sar-
» daigne et Corse, d'Anjou et de Bar, comte de
» Barcelone, Provence, Forcalquier et Piedmont.

» Premierement, recommande son ame, au
» jour de son trespas de ce monde, a Dieu le
» createur, a la glorieuse vierge Marie et a toute
» la Cour céleste.

» *Item.* Le dict roy testateur veut que en quel-

» conque lieu qu'il trespassera selon la volonté
» de Dieu, son corps soit porté en l'eglise d'An-
» gers pour estre en icelle sevely et inhumé ou
» lieu qu'il a deja esleu et preparé pour sa
» sepulture (1), et ou quel est ja sevely le corps
» de la feue reyne Isabel (Isabelle héritière de
» Lorraine) de tres noble memoire, en son vivant
» son épouse......

   » *Item*. Le dict sieur donne et laisse a la dicte
» eglise la belle croix d'or dont le pied est d'ar-
» gent doré, qui a accoustumé de servir au grand
» autel de sa chapelle aux bonnes festes, en la-
» quelle a une grande piece de la vraye croix (2).

   » *Item.* Donne et laisse a icelle eglise sa belle
» tapisserie en laquelle sont contenues toutes

---

(1) Cette clause n'a pas été exécutée d'abord. Réné est
mort à Aix : les habitans de cette ville étaient tellement
attachés à ce roi, que jamais ils ne consentirent à ce
qu'on enlevât le corps pour le conduire à Angers; la province se serait plutôt soulevée. Mais Jeanne de Laval,
dernière épouse du roi, ayant à cœur d'exécuter les
dernières intentions du prince, après avoir patienté pendant un an, et malgré sa parole donnée, fit enlever le
corps pendant la nuit le plus secrètement possible ; on
l'enferma dans un tonneau et on le transporta ainsi à
Angers.

(2) Il paraît que le bon roi Réné possédait plusieurs
fragmens du bois sacré. Car, dès 1470, « il avait donné
à l'église de Sainte-Croix (chapelle de St.-Etienne à Angers), un morceau de la vraie croix, enchâssé dans un
reliquaire de vermeil du poids de quatorze marcs. Il tenait cette relique du pape Paul II ; et le 15 avril 1470,
il assista avec la reine Jeanne de Laval à la translation
qui en fut faite de la chapelle de son château d'Angers,

» les figures et visions de l'Apocalypse. » (La hauteur de cette tapisserie, dit M. de Villeneuve, était de dix-neuf pieds six pouces, et sa longueur de plus de cent pieds. Le roi y ajouta encore, dit un autre auteur, une infinité de chapes, draps, paremens d'or et de velours, armoriés à ses armes, et d'autres ornemens destinés aux cérémonies du culte.)

« *Item*. Le dict sieur veut et ordonne que son
» cœur soit porté le lendemain de son obit en
» l'eglise des freres mineurs du dict lieu d'Angers
» pour estre inhumé et sepulturé en la chapelle
» de Sainct Bernadin qu'il a faict eriger......

» *Item*. Veut et ordonne le dict sieur que le
» jour de l'inhumation de son corps, cinquante
» pauvres soient vestus de noir a ses despens,
» lesquels porteront chascun une torche du poids
» de trois livres et veut en oultre que les lumi-
» naires de cierges, torches et flambeaux, soient
» mis par dedans l'eglise tout a l'environ, comme
» est accoustumé de faire pour les roys tant le
» jour de l'inhumation du corps comme le jour
» du service, et que la chapelle ardante qui sera
» dessus le corps soit fournie de luminaires et

---

dans l'église qui devait la posséder. Jean Perrot, confesseur de Réné et son ambassadeur à Rome, prêcha le jour de cette cérémonie, et dans le cours de son sermon, il assura que le Saint-Père avait tenu ce morceau sacré de « bois d'olivier plus d'un quart d'heure à la flamme d'un » cierge sans qu'il eût été endommagé. » V. *Histoire de Réné d'Anjou*, par M. de Villeneuve-Bargemont, *Paris*, 1825, 3 vol. in-8.°, tom. III, p. 97.

» de paremens, comme en tel cas pour les rois
» est accoustumé, et aussi que par dedans l'église
» tout a l'entour soit un lite *(litre)* de bougran,
» ornee et semee des armes du dict sieur avec les
» paremens semblables a ceux qui furent mis en
» la dicte eglise a la sepulture ou inhumation
» de la dicte feue reyne Isabelle, et que le grand
» pulpite de l'église soit aussi couvert de sembla-
» ble bougran noir......

» *Item.* Veut et ordonne le dict sieur roy tes-
» tateur, que les services de procession, station,
» luminaire, chapeaux, administration de pain
» et de vin par luy instituez, et ja accoustumez
» de faire a l'eglise d'Angers a cause de l'une des
» hydries (1) ou hydrieres *(cruches)* esquelles
» nostre Seigneur fit miracle en conversion d'eaue
» en vin es nopces d'architriclin (2), et laquelle

---

(1) Cette hydrie ou hydrière (qui, d'après son étymologie, signifierait espèce de pot-à-eau) était une belle
urne antique d'une forme élégante et ornée de deux
masques de Jupiter ; sa hauteur est de 18 pouces , son
diamètre de 13 et demi à la base, et de 15 au sommet.
Ce vase n'a pas plus d'épaisseur que ceux de porcelaine
ou de faïence (4 lignes). On l'avait mal à propos transporté au jardin des plantes d'Angers, où il a été considérablement endommagé par la gelée ; il est maintenant
déposé au Musée. (V. l'*Histoire de Réné d'Anjou* , tom.
III, p. 374.)

(2) Il est assez singulier qu'on prenne le nom d'architriclin pour un nom propre , tandis que c'est un nom
de charge, par lequel on désignait l'esclave ou domestique
qui devait présider aux préparatifs et au service d'un
festin, ainsi qu'à la disposition de la salle à manger, qui
se nommait *triclinium*.

» hydrie il a donné a la dicte eglise, et fait icelle
» colloquer en lieu honorable pres du grand
» autel d'icelle eglise, soient entretenus et conti-
» nués a toujoursmais perpetuellement, en la
» forme par luy instituée et composée......

   » *Item.* Le dict seigneur laisse et donne a la
» dicte eglise la somme de cent livres tournois de
» rente annuelle et perpetuelle, pour dire et
» celebrer a jamais perpetuellement une messe
» basse a l'autel de monsieur Sainct Maurice,
» dernierement construit et edifié en la croisée
» de la dicte eglise a main dextre, et pour fournir
» le luminaire, vestement et sonnerie a l'heure
» qu'elle a accoustumé estre sonnée, et dicte et
» appelée la messe de l'*ordre du croissant* (institué
» par lui à Angers, en 1438).

   » *Item.* Veut et ordonne le dict sieur, qu'en
» lieu de la charité ou aumosne accoustumée de
» donner aux pauvres ès jours des funerailles et
» services des roys, princes et grands seigneurs,
» afin qu'oppression, blessure ou mort de gens
» ne s'ensuive, comme autrefois on a veu advenir,
» aumosnes soient distribuées a l'equipolent, et
» divisées en quatre parties. C'est a sçavoir a
» pauvres filles a marier, pauvres malades ou
» indigens demeurans aux champs, a pauvres
» ladres, et hospitaux mal garnis de licts et de
» linceuls, et autres choses necessaires; pourveu
» que les pecunes ne soient point baillées ès
» maistres des dicts hospitaux, mais seront ache-
» tées les dictes choses plus necessaires par les
» mains des executeurs testamentaires......

   » *Item.* Le dict sieur donne et laisse a sa tres

» chere et tres amee fille Margueritte reyne
» d'Angleterre (veuve alors d'Henri VI qu'elle
» avait epousé en 1445) pour son droict d'insti-
» tution la somme de mille escus d'or, a payer
» pour une fois......

» *Item.* Donne et laisse le dict sieur a sa tres
» chere et tres amee fille madame Yoland , a pre-
» sent duchesse de Lorraine (elle était alors
» veuve de Frédéric comte de Guise et de Vau-
» demont), pour son droict d'institution la somme
» de mille escus d'or......

» *Item.* Le dict sieur roy testateur par son
» present testament, de sa certaine science et
» propos deliberé, confirme, loue, ratifie et
» approuve les dons et toutes et chascunes les
» donations par luy autrefois faictes et qu'il fera
» au temps advenir avant son decez a tres excel-
» lente dame Jeanne (de Laval sa 2.ᶜ femme) la
» reyne son epouse, pour toute sa vie durant..... »
(Suit la longue liste de toutes les terres qu'il
lui donne. Elle lui a survécu dix-huit ans, étant
morte en 1498)..... « Et pour ce que le dict sieur
» a toujours aimé et aimera parfaitement la dicte
» dame jusques a la mort, tant en faveur de
» mariage comme pour les grandes vertus et
» bontés d'elle, comme aussi pour les agreables
» services et bons termes qu'elle lui a toujours
» tenus, il veut, ordonne et commande a ses he-
» ritiers cy apres escrits, qu'ils honorent et reve-
» rent la dicte dame , et la laissent aller, venir,
» résider et demeurer par toutes et chacunes les
» places, seigneuries et domaines que le dict
» seigneur tient a present, et qu'il pourra tenir
» au jour de son decez.

» *Item.* Plus le dict seigneur laisse a la dicte
» dame son espouse et donne les joyaux qui s'en-
» suivent, c'est a sçavoir le grand balay, le dia-
» mant a la cesse (ou à la lesse (1), comme on le
» trouve écrit ailleurs), le grand collier, un
» autre moyen balay, le petit collier a diamant,
» les tasses et drageoüer d'or, les grandes tasses
» d'argent, les bassins d'or, la coupe et esguiere
» d'or garnie de pierres, une croix de diamant.

» *Item.* Le dict testateur donne et laisse apres
» son decez et de sa dicte espouse, a Jean son fils
» naturel les villes de Sainct Remy et de Sainct
» Canat, avec toutes et chascunes leurs appar-
» tenances et dependances pour en jouir luy et
» les siens descendans de son corps en leal ma-
» riage a toujoursmais.....

» *Item.* Le dict seigneur donne et laisse a
» l'eglise de Nostre Dame de Lience (ou Liesse)
» un marc d'or.....

» *Item.* Veut et ordonne le dict seigneur que
» en cas que le vœu du voyage par luy promis au
» sainct sepulchre, ne soit accompli avant son
» deceds, ses heritiers et executeurs soient tenus
» incontinent apres son dict deceds, envoyer
» homme propre et expres au dict saint sepulchre,
» pour le dict vœu bien et deuement accomplir;

_____

(1) Que signifie l'un ou l'autre de ces deux mots? ils
ne peuvent point avoir rapport à la forme du diamant
déterminée par la taille, puisqu'on assure que le diamant
n'a commencé à être taillé qu'en 1476, et que ce testament est écrit en 1474. Cela n'aurait-il pas plutôt rapport
à sa forme naturelle ou à sa grosseur?

» et pour ce faire le dict sieur laisse et donne la
» somme de 3,000 ducats...... »

Il y a encore beaucoup d'autres dispositions dans ce testament; mais elles ne tiennent qu'à des intérêts particuliers, soit pour les fondations dans les églises, soit pour les biens à partager entre les héritiers ou légataires. Elles seraient donc peu intéressantes pour le lecteur.

Il y a peu de rois dont la mort ait excité des regrets aussi vifs et aussi universels que celle du roi René. C'est un si beau tableau que celui de la douleur publique à la perte d'un bon roi, que l'on ne nous saura pas mauvais gré d'emprunter à l'*Histoire de Réné d'Anjou*, tome III, p. 165, les détails de ce qui s'est passé à la mort de ce prince, arrivée le lundi 10 juillet 1480, à deux heures après midi (1); il avait 72 ans et 6 mois, (étant né le 10 janvier 1408); il avait régné 40 ans.

« Les cris de douleur, dit M. de Villeneuve, qui retentissent dans le palais en deuil, ayant annoncé au dehors la perte que l'on venait de faire, chacun abandonna sa maison, suspendit

---

(1) Bourdigné, chanoine d'Angers, auteur d'une *Histoire d'Anjou et du Maine*, 1529, *in-fol.*, dit dans son vieux langage : « Ce tres illustre et magnanime roy, d'un haul-
» tain et invaincu couraige, mesprisant toutes les ter-
» rienes choses, et aspirant de tout son pouvoir aux
» celestes, comme devoit chrestien et vray catholique,
» tres curieusement examina sa conscience, et disposa
» d'icelle, receut les sacrements et a Dieu son createur
» rendit son vertueux esprit. »

10

ses travaux, et oublia ses affections personnelles pour accourir sur les places publiques. Là, sans se connaître, on s'aborde les larmes aux yeux, on répète avec attendrissement l'éloge du vénérable monarque, et chacun ajoute quelques détails touchans à ceux d'une mort si sainte et si digne d'envie, *qu'elle pouvait servir de consolation et d'exemple*, comme a dit Bossuet de celle du grand Condé.

» Les manufactures, les ateliers, les boutiques s'étaient fermés spontanément ; des drapeaux funèbres flottaient à toutes les portes, et la consternation gagnant de proche en proche jusque dans les chaumières les plus isolées, on vit une foule de laboureurs quitter leurs champs et arriver dans la ville en s'écriant : Le père de la patrie, le père des pauvres n'existe plus !

» Réunis par leur commune affliction, les habitans d'Aix et des campagnes obtiennent qu'on les laisse pénétrer dans la chambre où le prince qu'ils pleurent est déposé. Ils se précipitent autour de son lit, veulent revoir, avant que la terre les leur dérobe, ces traits où la bonté réside encore. On baise les mains et les pieds glacés du monarque, on les mouille de larmes. L'indigent pleure son bienfaiteur, l'orphelin son appui, les serviteurs de Réné le meilleur des maîtres, et un concert de louanges, triste et dernier hommage rendu aux vertus du bon roi, retentit pendant des heures entieres autour de ses restes inanimés.

» La foule, toujours plus nombreuse, plus empressée, se renouvela constamment auprès de son corps et ne consentit à s'en éloigner que sur la promesse de le voir exposé solennellement à la vénération publique (1).

» Réné ayant été embaumé, fut donc placé à découvert dans un cercueil de plomb, durant les trois jours et les trois nuits qui précédèrent l'inhumation. Là furent prodigués de nouveaux éloges, à la bienfaisance et à la piété de ce tendre père; là coulèrent de nouvelles larmes, et plus on approchait du moment où ce douloureux objet allait disparaître à tous les yeux, plus on y attachait ses regards, comme on cherche à saisir une dernière lueur d'espérance.

» Enfin, le 14 juillet, les obsèques du meilleur des princes furent célébrées en présence de toutes les communautés de la Provence, des députés des villes qui purent arriver à temps, des cours souveraines de justice, du clergé entier et de tous les habitans d'Aix, sans distinction, portant des flambeaux à la main. Les officiers du palais et les nombreux domestiques de René y assistèrent en fondant en larmes. Les rues étaient tendues de noir, et l'on eût dit que la mort venait de frapper chaque maison d'un coup particulier; le plus morne silence régnait partout et n'était interrompu que par le son lugubre des cloches

---

(1) Parmi les autres principales villes qui signalèrent en même temps leurs regrets, on doit particulièrement citer Marseille, « dont les habitans, dit un historien, je-
» tèrent tant de larmes pendant un si long temps, qu'elles
» eurent peine à sécher, et l'on fit célébrer au bon roi
» des funérailles magnifiques en l'église des frères mi-
» neurs. »

ou les chants des prêtres, dont la voix était souvent même étouffée par de douloureux sanglots.

» Fouquet d'Agoult, honoré depuis tant d'années de la confiance intime de son souverain, présida à cette triste cérémonie, qui dura jusqu'au soir.

» Le convoi étant arrivé à la métropole de Saint-Sauveur, à travers toute une population éplorée, le service funèbre « s'acheva, dit Galaup de » Chasteuil, avec des cris et des larmes incon- » solables, pour ce que la maison de René estoit la » table des pauvres, le refuge des innocens, le » temple de Dieu....; et depuis, l'odeur de son » excellente renommée a toujours bien souëfve- » ment flairé. »

» Le cercueil fut ensuite déposé dans une des chapelles, en attendant qu'un tombeau digne du prince qu'on pleurait pût le renfermer..... »

Jeanne de Laval, veuve du roi Réné, est morte en 1498. Par son testament fait le 27 août de la même année, elle laisse en garde « son psautier, ses heures, ses autres livres (et un psautier qui fut à son frère Pierre de Laval, archevêque de Rheims), au chapitre de Saint Lugal de Laval, pour servir aux filles du comte de Laval, tant qu'elles seront à marier et demeurantes en icelle ville.

» *Item.* Voulons et ordonnons, dit-elle, que deux petits anneaux d'or (dont l'ung feu mon très redoublé seigneur et espoux que Dieu absolve, nous espousa, et l'aultre nous donna à icelui jour), estre donnez à monseigneur saint Nicolas près Angiers, et iceulx estre mis ez doigts du bras ou est enchassée la relique ; en l'ung desquelz anneaux, y a ung diamant taillé en fleur de lys tout d'une piece, et est esmaillé aux armes d'Anjou, et en l'aultre, il y a un petit cœur, my party de diamant et de rubis, et est esmaillé de gris en petites roses de rouge cler.... Et semblablement voulons estre données et mis au dict reliquaire et bras de mon dict seigneur saint Nicolas, ung petit filet d'argent que portons à nostre doigt (et duquel feu mon dit seigneur nous espousa), incontinent après nostre dict trespas. »

Elle laisse à sa sœur de Dorval, « ses patenostres d'or, faictes à jour, desquelles aux deux bouts y en a deux plus grosses que les autres, et à icelles y a tortis d'or brenlans. »

Jeanne de Laval nomme pour son héritier et exécuteur testamentaire, le comte de Laval son frère; «touttefoys, ajoute-t-elle, pour la foiblesse et débilité de sa personne ou il est de present, et a l'occasion de la maladie et pernicion qui lui est advenue elle lui enjoint Jehan de la Jaille. »

TESTAMENT DE JEANNE DE FRANCE,

FILLE DE LOUIS XI.

(1505.)

Ce testament nous a paru curieux pour le style et surtout pour l'orthographe du temps, que nous rendrons avec une fidélité scrupuleuse, sans y changer un seul mot ni une seule lettre. Le nom de la testatrice et quelques-unes des dispositions le rendent également recommandable.

Jeanne, fille de France, est née de Louis XI et de sa seconde femme Charlotte de Savoie, en 1464. C'était une princesse spirituelle et vertueuse, mais dépourvue des agrémens du corps et même un peu contrefaite. Elle a été mariée en 1476, par ordre de Louis XI, à Louis duc d'Orléans, qui ensuite a été roi de France, sous le nom de Louis XII, succédant à Charles VIII le 7 avril 1498. Ce mariage fut déclaré nul par Alexandre VI le 2 décembre 1498, et Louis XII épousa le 8 janvier 1499 (N. S.), Anne de Bretagne, qu'il avait aimée autrefois et qui était veuve de Charles VIII. La malheureuse Jeanne, qui avait aimé si tendrement son ingrat époux, fut nommée duchesse de Berry, et se retira à Bourges, où elle fonda l'ordre de l'Annonciade ; elle fonda aussi un collége dans la même ville. Le roi lui avait donné pour son entretien le duché de Berry, avec plusieurs domaines et 12,000 écus de pension. Cette princesse mourut en odeur de sainteté le 5 février 1505, après avoir fait et écrit de sa main, le 10 janvier précédent, son testament, qui, je crois, n'existe que dans le *Spicilegium* de d'Achery, tom. V, p. 619 ; et nous pouvons dire avec ce savant Bénédictin : *Nihil in hoc testamento ne apicem quidem immutarimus, detraximusve, sed verba prorsùs omnia, syllabasque religiosè servavimus.*

« Au nom de Dieu et de la Vierge Marie. Je » Jehanne de France duchesse de Berry, en ma » santé de cors et d'antandement fais mon tes- » tament et ordonnance de derniere volenté an » la forme qui sansuyt. Pourtant qu'il est plus

» plcaisant a Dieu, et salutere a mon ame, que
» de differer et atandre jusques a la mort ; et
» pour la dite cause de plere a Dieu et du salut
» de mon ame, ay antancyon moy mesmes l'acom-
» plir an ma vie an ce qui se pourra acomplir.

» Premierement je donne mon ame a Dieu et
» a la Vierge MARIE, et ma sepulture eslis an
» mon eglise de ma religion de la Vierge MARIE,
» que je fondée an ma ville de Bourges, et veulx
» qu'elle soit dedans leurs ceur, afin qu'elles prient
» plus souvent pour moy. Et veulx et ordonne
» que avant toutes chosses an cas que ne l'aroïe
» fet et acomply avant ma mort, que ma seur,
» laquelle je institue et fès mon heritiere, et
» apres elle ma niepce sa fille, acomplissent ma
» dite religion : et veulx qu'elles soient rantées de
» cinq ou six cent livres. Et ad ce je oblige tous
» mes biens queconques il soient ; car cet la chose
» de quoy plus je prie ma dite seur, et ma niepce
» apres ma seur, que j'antans estre la prisipalle,
» et aussi mes executeurs, lesquelx je eslis mon-
» sieur Dalby qui est a present, et monsieur
» Daulmont ; et prie mon dit sieur Dalby qui
» veulle acomplir la devocion de feu monsieur
» Dalby son oncle, qui m'avoit promys et s'etoyt
» obligé de fere un convent de la religion de la
» Vierge MARIE.

» *Item*, je veulx et ordonne que tous mes
» serviteurs hommes et femmes qui ont gaiges
» en ma maison soient poiés tant pour le quartier
» dans lequel je mourray que aussi pour l'autre
» quartier qui escherra apres ma mort. Lesquels
» quartiers je donne a mes dits serviteurs et

» servantes, pour prier Dieu pour mon ame et
» pour satisfere aux services qui mon feiz, outre
» leurs gaiges.

   » *Item*, je veulx que toutes mes debtes qu'on
» pourra raisonablement montrer estres dues,
» soient poyées.

   » *Item*, je veulx que mon corps soit porté le
» jour de ma sepulture a ma sainte chapelle,
» et que la soit fait tout mon service requis en
» tel cas, a la discretion de mes executeurs, et
» que a la fin du dit service, je prie tous les cha-
» noines, et autres de ma dite sainte chapelle,
» qu'ilz acompaignent mon dit corps pour estre
» ensevely au lieu de ma religion, ainsy que des-
» sus ay dit.

   » *Item*, ausi quant au colliege lequel noutre
» seneur de sa grase m'a donné puisance de fonder
» an notre dite ville de Bourges, qui est le pru-
» myercolliege de fondation pour estudeetscience
» qui jamès fut fondé en yselle; je veulx et or-
» donne, et de prumyere fondacion y donne et
» fonde a l'onneur des dix vertus et plaisirs de
» la Vierge MARIE, dix pouvres escoliers, aux quelz
» je donne cent livres de rente : et veulx et or-
» donne quant a leur vie et estude qu'elle soit en
» la forme et maniere qui s'ensuyt. Premierement
» quant a leur abit, veu que c'est ma devocion
» et intencion, que ils soient toujours pouvres,
» et qui autrement ne peuvent s'entretenir en
» l'estude, et afin qui eussent volenté d'estre
» religieux en une des religions approuvées de
» noutre mere sainte eglise, laquelle mieulx ils
» aymeront. Je veulx et ordonne qu'il porte l'abit

» tel comme les freres convers de ma religion
» desudite, que j'ay ausi fondée la prumyere.
» Et veulx qui dient les heures telles qui sont
» ordonnées pour lesdits freres lays en leur regle :
» c'est assavoir.... *Ave Maria* et *Patenotes* : et
» que tous les jours ilz oyent une messe selon
» l'ordinere des freres clers de la dite religion, et
» que le prebtre tenu a dire la dite messe soit un
» des dix; auquel je donne et ordonne qu'il soit
» toujours le principal de mon dit colliege; ayant
» en iceluy tout droit a la forme des principals
» des collieges de Navarre ou de Montageu de
» Paris. Et veulx aussi que ces dits escoliers vivent
» et mangenssent toujours ensemble : et quand
» ils seront licenciés en theologie soit tenuz tant
» ledit principal, que tous aussi en leurs lieu en
» mettre d'autres pour semblement estudier et
» profiter jusques a avoir ledit degré et licence.
» *Item,* je donne aux ladres, qui sont ès terres
» ou sont mes seigneuries, selon la discretion de
» mes executeurs, pour tous ensemble la somme
» de vingt livres.
» *Item,* je donne aux pouvres fammes vefves,
» et autres pouvres tant orphelins que autres,
» la somme de LXX livres. Et entendons des
» pauvres qui sont ès terres de nos seigneuries.
» *Item,* aux maisons Dieu qui sont en nos dites
» terres C livres, lesquelles seront appliquées a
» la necessité des dits pouvres, ou pour leurs
» maisons, ou pour leurs lis, couvertures, et
» autres chousses, sans les bailler ès mains des
» hospitaliés.
» *Item,* je donne aux pouvres des terres ou

» sont mes seigneuries et jurisdicion a noutre
» duché de Berry C livres ; et a Pontoise XXV
» livres ; et a ceux de Chastillon XXV livres aussi :
» et ce pour particuliere satisfacion des officies
» et benefices qu'avons donné, et des extorsions
» qui avoient esté faites a mes sugès par mes dits
» officiés. Et entendons par les pouvres en cet
» article, pouvres gens de labeur ou mechani-
» ques, qui sont en necessité ou pouvreté sans
» mandier leur vie.

» *Item*, je donne au convent des freres mineurs
» de Chateauroux XX livres.

» *Item*, aux freres mineurs d'Argenton XX liv.

» *Item*, au convent des freres mineurs de Mun
» sus Loire XX livres.

» *Item*, aux freres du convent dans Amboise
» de l'observance L livres. »

(Nota. Nous passons les articles des « seurs de
sainte Clere » de Bourges et des autres couvens
d'hommes de la même ville, dont les legs vont
à X livres chacun.)

« *Item*, pour la conduite de mes filles d'on-
» neur a une chacune X livres.

» *Item*, a Isabeau de Cullan VII.C. livres, et
» a ma fillole, fille de mon secretere Crestofle
» Chardon, C livres : en cas que ne les aroyes
» mariées avant ma mort.

» *Item*, a mes fames qui sont a ma maison et
» ont gaiges, pour les conduire apres ma mort
» en leurs maisons : je prie mes executeurs avoir
» regard de leur aider et plus la ou plus il y aroit
» necessité : et le tout je laisse a la discretion de
» mes dits executeurs.

» *Item,* je veulx et ordonne au jour de ma
» sepulture estre dites ès lieux par mes executeurs
» advisés en l'onneur des douze apostres et des
» LXXII disciples, LXXXIV messes.

» *Item,* je veulx et ordonne ung annuel de
» messes en ma sainte chapelle de Bourges estre
» dit au premier jour et au dernier, la messe
» sera a note, et toutes les autres messes seront
» sans note, et seront toutes les deux gran messe
» de la vierge MARIE : quant aux petites messes
» seront dites a la devocion du celebrant, exepté
» qu'il en y aye une toutes les semaines du saint
» Esprit, l'autre du sacre, et l'autre de la vierge
» MARIE de son anunciade. Et pour le susdit
» annuel leur donne C escuz.

» *Item,* pour ung annuel de salut, qui sera
» dit des coriaulx avec leur mastre : ung des
» jours ce dit, *O gloriosa :* l'autre jour, *Ave*
» *maris stella,* avec le verset *Dinare* (pour *di-*
» *gnare) :* l'autre jour *Ynviolat* (pour *inviolata);*
» l'oraison *Famuloron* (pour *famulorum);* en la
» fin de la dite oraison sera dit, *De profundis,*
» avec l'oraison *Annue nobis.* Pour ce dit annuel
» leur donne L livres.

» *Item,* je veulx et ordonne ung annuel de
» vigiles a neuf lecsons, estre dit a Saint Sulpice
» sans note; et pour ce leur donne L livres.

» *Item,* je veulx estre dit un trentenier de
» messes a Sainte Clere de sete ville; dont la pru-
» myere et derniere seron de l'anonsiacion, avec-
» ques *De profundis,* et l'oraison *Annue nobis,*
» et pour ce leur donne XV livres. »

   (Nota. Il se trouve ici plusieurs articles de fon-

dations de messes à dire à Saint-Sulpice, chez les
Carmes, chez les frères mineurs, etc. Le taux
est fixé « pour ungne chacune des grandes messes
» demy escu, et pour les autres messes basses
» III solz. » Il y en a « IX en l'onneur des nef
» ordres des anges, et X en l'onneur des dix plai-
» sirs de la vierge MARIE : pour celles ci X livres. »)

« *Item*, je veulx et prie la mere Anselle, et les
» seurs, que je fondées en ceste ville, que pour
» mon ame apres ma mort, et aussi pour les
» ames du feu roy Loys mon pere et de la royne
» Charlotte ma mere, et du roy Charles mon
» frere (1), et generallement tous mes ansestres,
» soyent celebrés a jamès dix obiz et soyent ce-
» lebrés dans les octaves des dix festes de la vierge
» MARIE, qu'elle solemnicent par leur regle. Et
» seront lesdits obiz selebrés tellement que elle
» diront une grant messe de *requiem*, avec vigiles
» de neuf lecsons le jour precedant : et ce en

---

(1) Louis XI, né à Bourges le 3 juillet 1423, est mort le
30 août 1483. Charlotte de Savoie, née en 1445, de Louis
II duc de Savoie et d'Anne de Chypre, avait été accordée
à Louis XI le 14 février 1451 (N. S.), mais le mariage
ne fut consommé que le 13 février 1459 (N. S.); elle est
morte le 1.er décembre 1483. On dit qu'elle ne fut pas
plus heureuse que Marguerite d'Ecosse, première femme
de Louis XI, morte sans enfans le 16 août 1444.
Charles VIII, né de Louis XI et de Charlotte de Savoie,
au château d'Amboise, le 30 juin 1470, est mort le
7 avril 1498, ne laissant point de postérité, puisqu'il a
survécu aux quatre enfans qu'il a eus d'Anne de Bretagne,
qui n'est morte que le 9 janvier 1514, à l'âge de 37 ans.
Louis XII (des Valois-Orléans) a succédé à Charles VIII.

» signe et pour raison que suys leur fondateresse,
» et en recognoissance de la dite fondacion; et
» ausi pour raison des biens que leur ay donnés,
» et l'amour qu'ay euë a elles : et en lieu de avant
» ma mort je prie mes dites seurs que au jours
» que dessus elles dient une grant messe du
» St. Esprit, ou de la Trinité : et prie les susdits
» escoliers, que j'ay fondé en nostre dit colliege,
» qu'il celebrent sanblement ung annuel tous les
» ans a perpetuité; et ce le jour que aray rendu
» l'esprit.

» Cestuy mon testament ay de ma main tout
» escript, et signé, et ausi sellé de mon petit
» sighet, et fait seller du petit seau duquel j'ay
» accoustumé d'user : ausi l'ay fait signer par
» mon secretere ordinere nommé Crestofle Char-
» don, afin qu'il fust autentique, et que chacun
» seut et congnust que c'est ma volenté et der-
» niere ordonnance en y adjoutant foy. Lequel
» ay aujourdhui dixhieme de janvier mil cinq
» cent et quatre achevé d'escrire. Et digne mere
» de Dieu Marie pour l'amour et onneur de la-
» quelle mon intencion est de tout fere pour
» plere par elle a son enfant, me veulle donner
» grasse de l'acomplir avant ma mort en tout ce
» qui se peut par moy acomplir.

» *Signé* Jehanne de France.

» Plus bas, C. Chardon. »

Cette princesse n'a survécu qu'un an et vingt-six jours à son testament, étant morte le 5 février 1505.

Voici deux vers qui étaient écrits avant le testament, mais à part :

Filia Francorum regis, soror, unaque conjux,
Et non pulsa thoro, Johanna ego mater eram.

Cela n'est pas très-sûr; car, comme nous l'avons dit, Louis XII, duc d'Orléans, avait épousé Jeanne malgré lui, par ordre de Louis XI, et jamais il ne l'a aimée quoiqu'elle eût eu pour lui le plus tendre attachement.

TESTAMENT D'ÉDOUARD HOWARD.

(1512.)

LE testament de sir Edouard Howard, fait en 1512, prouve qu'il était encore dans les mœurs de ce temps-là, comme dans le XIV.ᵉ et le XV.ᵉ siècle (V. ci-dessus le testament de Philippe-le-Bon), qu'un père parlât de ses enfans naturels et les admît à sa succession, comme l'on agit aujourd'hui pour des enfans légitimes; bien plus, comme nous l'avons déjà dit, on trouve dans l'histoire une infinité de gens marquans qui s'honorent du nom de bâtard. Voici ce que sir Edouard Howard fait en faveur des siens dans son testament.

« Comme j'ai deux bâtards, je remets à la bonne
» grâce du roi de choisir entre eux, le conjurant
» de leur être bon maître, quand ils seront en âge
» d'entrer au service. Je lègue à celui que le roi
» choisira, mon vaisseau appelé *Genett*, avec tous
» ses agrès et son artillerie, ainsi que 50 livres
» pour commencer ses affaires.

» Je lègue mon autre bâtard à mon spécial et
» fidèle ami Charles Brandon, le priant de lui
» être bon maître ; et parce qu'il n'a point de
» vaisseau, je lui lègue cent marcs pour le pous-
» ser dans le monde. »

Cet extrait du testament d'Howard est tiré des
Testamenta vetusta anglais dont nous parlons à
l'article Thomas Wyndham, année 1522. On y
trouve plusieurs autres testamens relatifs à des
bâtards.

Jean lord Fanhope, qui épousa la sœur de
Henri IV, roi d'Angleterre, dit dans le sien : « Je
» laisse à mon bâtard, maintenant à Ampthill,
» 300 marcs ; dans le cas où il mourrait avant
» l'âge de 21 ans, je veux que Thomas, mon autre
» bâtard, ait ces dits 300 marcs. »

Sir Thomas Bryan lègue différentes sommes
aux prisonniers et à des bâtards.

Sir Edouard Poynings lègue un usufruit pour
douze ans à Edouard Thwaits, son domestique ;
ses biens passeront ensuite à ses bâtards Thomas,
Adrien et Edouard.

TESTAMENT DE PHILIPPE BOUTON.
(1515.)

ENCORE une dérogation à l'usage d'exiger que
l'on soit vêtu de noir dans les convois funèbres :
Philippe Bouton, bailli de Dijon, mort en 1515,
ordonna par son testament que l'on choisît quatorze filles, qui seraient vêtues de drap vert à
son enterrement et aux services qui auraient lieu
à ce sujet. Il fut inhumé dans l'église de Corberon.

Il avait sans doute choisi le vert comme étant la couleur de l'espérance.

~~~~~~

TESTAMENT DE MAXIMILIEN Ier,

EMPEREUR D'ALLEMAGNE.

(1519.)

On peut certainement mettre au rang des testamens singuliers celui que l'empereur Maximilien Ier fit en 1519. « Il ordonna, dans cette
» bizarre pièce, qu'aussitôt après son décès, ses
» cheveux seraient coupés, ses dents broyées et
» réduites en cendres, publiquement dans la
» chapelle de sa cour. Il désira encore, pour
» montrer le néant des grandeurs humaines, que
» son corps, après avoir été exposé toute la jour-
» née, fût renfermé dans un sac rempli de chaux
» vive, recouvert de taffetas et de damas blanc ;
» qu'il fût ainsi exposé dans le cercueil préparé
» pour le recevoir ; qu'on l'inhumât dans l'église
» du palais de Neustadt, sous l'autel St.-Georges;
» surtout qu'il fût placé de manière que la tête
» et le cœur se trouvassent sous les pieds du
» célébrant. Ses intentions furent strictement
» exécutées. » (*Petites-Affiches de Dijon*, 1824,
p. 614.) Ce prince fut en effet inhumé à Neustadt, d'où il fut ensuite transporté à Inspruck, dans l'église des Cordeliers, où l'empereur Ferdinand Ier lui fit ériger un superbe mausolée.

On sait que cet empereur eut vivement le désir d'être pape ; c'est lui-même qui en fait l'aveu dans une de ses lettres à Marguerite sa fille, où il lui prédit qu'il va devenir prêtre, pape, saint, et qu'après sa mort, elle se verra dans l'heureuse nécessité de lui rendre un culte, chose dont il sera bien glorieux. Mais son projet échoua. S'il fût parvenu à l'honneur de la canonisation, on eût pu le placer à côté du S. Christophe de Notre-Dame de Paris, car il avait, dit-on, une taille colossale, près de huit pieds. On eût pu aussi le surnommer le silentiaire, n'ayant commencé à parler qu'à l'âge de dix ans, et ayant été fort taciturne le reste de sa vie. Ce prince prenait, dans ses diplômes, le titre de *Pontifex maximus*, comme les empereurs païens. Les postes furent établies en Allemagne sous son règne, par les soins de François de la Tour-Taxis. Elles l'étaient déjà en France dès le 19 juin 1464, sous Louis XI. Maximilien est mort le 12 janvier 1519, âgé de 60 ans, et en ayant régné 25 et 5 mois. Il eut de Marie de Bourgogne son épouse, Philippe, roi d'Espagne et père de Charles-Quint.

TESTAMENT

DE MARGUERITE DE LORRAINE,

FEMME DE RÉNÉ DUC D'ALENÇON.

(1521.)

Nous avons découvert ce testament dans le 5.ᵉ volume du *Spicilége* de d'Achery, à la suite de celui de Jeanne de France, que nous avons rapporté ci-dessus, V. p. 149. Mais celui de Marguerite est mieux écrit, c'est-à-dire que le style et l'orthographe y sont plus corrects. Il est vrai que celui de Jeanne a été rédigé par elle et écrit de sa propre main; tandis que celui de Marguerite ne fait pas mention de cette particularité, quoiqu'elle y donne des détails sur sa vie, depuis la mort de son époux. Au reste l'un et l'autre sont curieux, et montrent bien l'esprit du temps, qui portait les femmes de la plus haute distinction à se réfugier dans le sein de la religion, lorsqu'elles avaient éprouvé des malheurs. Disons un mot de Marguerite de Lorraine : elle était fille de Ferri II, comte de Vaudemont ; elle a épousé le 14 mai 1488, Réné duc d'Alençon, si connu par l'affreux traitement que lui fit éprouver Louis XI (1). Cette princesse, après la mort de son époux, arrivée en 1492, se fit religieuse au monastère de Sainte-

(1) Ce duc avait combattu sous les enseignes de Louis XI dans la guerre du *bien public;* aussi le roi le combla de faveurs. Mais la vie dissolue que mena ce Réné, offrit bientôt des prétextes pour le dénoncer au roi, dont la bienveillance se convertit en haine. On conseilla à Réné de fuir et d'aller se réfugier chez le duc de Bretagne. C'était un conseil perfide : il fut arrêté en route en 1481, près de la Roche-Talbot, par Jean Daillon, seigneur de Lude, qui le conduisit à la Flèche, puis à Chinon, où il fut enfermé dans une cage de fer d'un pas et demi de long; c'était là qu'on lui donnait à manger à travers les barreaux, au bout d'une fourche, sans l'en tirer qu'une fois en huit jours, pour donner de l'air à la cage. Après y être resté trois mois, il fut transféré à Vincennes pour être jugé par une commission que le roi nomma. L'arrêt de cette compagnie rendu le 22 mars 1482, le condamna, par politique, à implorer la clémence du monarque et à recevoir garnison royale dans ses châteaux. Charles VIII, ayant reconnu son innocence, l'admit parmi les princes

Claire d'Argentan, où elle mourut le 1.ᵉʳ novembre 1521, ayant survécu 29 ans à son époux. Voici son testament copié aussi littéralement que celui de Jeanne de France, rapporté ci-dessus:

« Ou nom de la tres glorieuse trinité, du pere,
» du fils, et du saint esprit, de la très digne mere
» de Dieu, la benoiste vierge MARIE, de monsieur
» saint Michel ange, de mon bon ange, de mon-
» sieur saint François, et de madame sainte Clere,
» et de tous les saints et saintes de Paradis :

» Je MARGUERITE de Lorraine, vefve de defunt
» monsieur René, en son vivant duc d'Alençon,
» que Dieu absolve, considerant qu'en ce present
» siecle nous n'avons point de cité permanente,
» et que a chacune personne escouvient mourir
» sans avoir certitude de l'heure ne du temps ;
» je me submets tres humblement a la tres sacrée
» disposition et bon plaisir de mon createur et
» redempteur, et comme sa tres subjette crea-
» ture ne veil point mourir intestate, mais selon
» l'ordonnance de nostre mere sainte eglise fais
» mon testament et derniere volonté en la maniere
» qui en suit.

» Et premierement, je recommande mon ame
» a Dieu, mon createur et redempteur, et a sa
» mere, et a monsieur saint Michel, a monsieur
» saint François, et madame sainte Clere, a mon-

---

du sang à son sacre, où il représenta le duc de Normandie; ensuite il le rétablit dans tous ses droits par lettres-patentes de mai 1487. Réné se maria l'année suivante, et vécut paisiblement jusqu'à sa mort, arrivée le 1.ᵉʳ novembre 1492.

» sieur saint Jean Baptiste, a monsieur saint Jean
» l'evangeliste, a monsieur saint Nicolas, sainte
» Elizabeth de Hongrie, sainte Marie Magdelaine,
» sainte Marguerite et a tous les saints et saintes
» de Paradis, afin que par le merite de la tres
» doloreuse passion de mon createur, et la priere
» de la benoiste vierge MARIE, et de tous les be-
» noists saints et saintes, je puisse vivre et mourir
» en la sainte foy catholique, et en l'amour et
» charité de Dieu mon sauveur et redempteur
» JESUS, ou quel est ma totale et finalle esperancé,
» et duquel depend le commencement et la per-
» fection de toute reguliere observance.

» Secondement, quand il plaira a mon Dieu
» faire son commandement de moy apres la se-
» paration de mon ame, j'eslis et ordonne la
» sepulture de mon corps en mon convent de
» sainte Claire d'Argenten, en une voute qui sera
» entre cueur et la chapistre du dit convent ; en
» ordonnant service, luminaire, distribution aux
» povres et autres droits funeraux a la disposi-
» tion de mes executeurs cy apres nommés.

» Tiercement, des biens dont jé l'administration
» et disposition soubs mon Dieu, j'en ordonne et
» fais testament en la maniere qui ensuit. Pre-
» mierement, veuil et ordonne que les services
» de mes serviteurs et toutes mes autres debtes
» loyalles soient payées et satisfaites entierement.

» *Item*, je donne a la fabrice de Nostre Dame
» d'Alençon vingt livres tournois ; a la fabrice de
» saint Lienard vingt livres tournois ; a la maison
» Dieu quinze livres ; aux trois confrairies gene-
» rales a chacune ung escu ; aux trois églises aus-

» quelles on porte les croix ès rogations, a chacune
» cent sols tournois , le tout une fois poyez.

   » *Item,* pour ce que feu mon dit sieur et moy
» assemblement vouasmes pour une griefve ma-
» ladie que lors avait nostre fils, faire dire a
» toujoursmais six messes par chacune sepmaine :
» c'est assavoir de la nativité nostre Seigneur, de
» la nativité Nostre Dame, de saint Joseph, de
» Nostre Dame, de saint Gregoire et de saint
» Antoine de Pade ; desquelles six messes j'ai
» fondé les trois premieres et pour fondation y
» ay donné la mestairie de Goupille que j'ay
» acheptée de mes deniers; pour estre les dites
» trois messes dites et celebrées chacune sep-
» maine en la chapelle du parc d'Alençon , si
» par moi ou mes hoirs apres ma mort n'y est
» autrement pourvu de bonne cause : laquelle
» chapelle j'ay fait edifier et dedier, et fait decreter
» la dite fondation ; et afin que toujours soient
» continuées et celebrées les dites messes en la
» dite chapelle, comme dit est, j'ay ordonné ung
» calice d'argent, une chasuble, aulbe, amict,
» fanon, estolle, nappes, corporalier et corpo-
» raulx, avec choppines a mettre vin et eauë,
» estre baillez une fois seulement au chapellain
» de la dite chapelle, lequel et ses successeurs
» seront tenus pour l'advenir d'entretenir tels
» et de semblables ornemens, et fournir de lu-
» minaire a leur depens. Pareillement pour ac-
» complir le dit veu , et faire dire les autres trois
» messes que nous vouasme estre dites en l'eglise
» de saint Lienard a Alençon , a l'autel de Nostre
» Dame de pitié, aussi pour satisfaire a l'interest

» et recompense que pretendoit le curé d'Alençon
» a cause de l'erection du convent de sainte Clere,
» que j'ay fait edifier en sa paroisse, j'ay fait
» appoinctement avecque le dit curé, que en lui
» baillant vingt cinq livres tournois de rente
» jouxte la teneur de l'appoinctement, il se tient
» content de la dite recompense, et demeure
» subject a dire ou faire dire les dites trois messes
» par chacune sepmaine, c'est assavoir ; de Nostre
» Dame, de saint Gregoire et de saint Antoine de
» Pade, en la dite eglise saint Lienard, si par
» nous ou nos hoirs n'est autrement pourvue
» comme dit est ; le quel appoint ay promis faire
» ratifier et avoir agreable a mon dit fils, au quel
» je prie ainsi le faire................

   » *Item*, pour l'ame de feu mon dit sieur et la
» mienne, et de nos parens et amys, je ordonne
» fondation estre faite de deux messes de *requiem*
» haulte par chacune sepmaine avec *libera* a la
» fin et vigiles a neuf leçons le jour precedent,
» desquels l'une sera dite en l'eglise Nostre Dame
» d'Alençon au jeudy, pour ce que a semblable
» jour deceda feu mon dit sieur, l'autre sera dite
» au convent de sainte Claire d'Argenten, a tel
» jour que je decederé, fort que se je decede au
» jeudi, elle sera postposée au vendredi, ... et
» sera celebrée la messe du jour de notre deces
» par les beaux peres du dit convent de sainte
» Claire d'Argenten, lesquels fourniront d'or-
» nements et autres choses requises a dire les
» dites messes.

   » *Item*, je veuilz et ordonne que avant ma
» mort, ou incontinent apres, on advertisse les

» convents des Cordeliers de Seez, de la Flesche,
» de Laval, les Jacobins d'Argenten et de Laval,
» aussi les religieux et religieuses d'Alençon et de
» Mortaigne, et de Chasteaugontier, de prier
» Dieu pour mon salut. Et que a chacun des dits
» conventz soit distribué et incontinent envoyé
» la somme de vingt livres tournois.

» *Item*, je veux et ordonne que pour la par-
» paye de la fondation que j'ay commancé au
» monastere de Mortagne de deux messes, vigiles
» a neuf leçons, soit baillez quatorze cent livres
» une fois payez.

» *Item*, au monastere de Chasteaugontier, tant
» pour subvenir a ce qui reste plus a la perfection
» d'iceluy que autres necessitez de leans, une fois
» payez cinq centz livres.

» *Item*, et pour ce que en accomplissant et
» executant la volunté qu'il a pleu a nostre Sei-
» gneur me donner de longtemps de me sequestrer
» des troubles et encombrement de ce mortel
» monde, et du tout me dedier et donner a Dieu
» pour m'eprouver et experimenter ; j'ai premie-
» rement prins l'habit de religion du pur tiers
» ordre monsieur saint François, deliberée avec-
» ques la grace de Dieu, apres avoir esprouvé
» les austeritez des constitutions de l'ordre, faire
» et parfaire tous les veuz essentielz de religion,
» et faire profession solemnelle ainsi que en tel
» cas est accoustumé : considerant que pour du
» tout me retirer et segreger avecque mes seurs,
» et servir Dieu en consolation et repos d'esprit,
» le lieu d'Argenten estoit propre et convenable,
» de l'accord et consentement et par l'advis de

» mes enfans, j'ay choisi et esleu le dit lieu
» d'Argenten pour y faire bastir et edifier eglise
» et convent de religieuses de l'ordre de saint
» François, selon les statuts et observance de
» madame sainte Claire, constitutions et modi-
» fications de nostre saint Pere ; lequel edifice
» est deja commancé et fort avancé, et par la
» grace de nostre Seigneur ay proposé et deliberé
» de le parfaire.

» Et cognoissant que je suis vieille et ancienne,
» et que a cause des ennuys et travaux d'esprit
» que j'ay souffert depuis le trespas de feu mon-
» sieur, que Dieu absolle, je suis fort extenuée et
» debilitée de mon corps, craignant estre preve-
» nue de mort, de laquelle l'heure est toujours
» incertaine ; par ce present mon testament et
» ordonnance de derniere volunté, ay moulu et
» ordonné, veulx et ordonne que les dites eglise
» et convent de sainte Claire d'Argentan, encom-
» mancez a faire, soient parfaitz et aagreez de
» toutes choses tant en bastiments et edifices
» que en ornemens , paremens et accoustremens
» d'eglise, et en meubles et mesnagemens, us-
» tanciles et autres choses necessaires pour le dit
» convent, et les seurs servans, et que cy apres
» serviront Dieu perpetuellement en iceluy.

» *Item*, je prie mon fils et madame Marguerite
» de France (1), ma tres chere et tres aimée fille

(1) Ce fils de la duchesse d'Alençon, Marguerite de
Lorraine, la testatrice, était Charles IV, duc d'Alençon,
né le 2 septembre 1489, qui succéda à son père à l'âge
de trois ans, en 1492; lorsqu'il eut atteint l'âge de puberté,

» sa compagne, estre peres, protecteurs et bien-
» facteurs eux et leurs successeurs, des dites
» religieuses et convent de sainte Claire d'Argen-
» ten, comme leurs patrons et fondateurs a tou-
» joursmay. Semblablement qu'ilz soient peres,
» protecteurs et bienfacteurs des monasteres de
» sainte Elisabeth de Hongrie de Mortaigne, de

---

il fut fiancé avec Suzanne, fille unique et héritière de
Pierre II de Bourbon; mais la duchesse de Bourbon,
Anne de France, mère de la princesse, rompit cette alliance pour faire épouser à sa fille, Charles III, comte
de Montpensier, plus connu sous le nom de connétable
de Bourbon. Il lui en coûta cent mille livres pour raison
du dédit, qu'elle paya volontiers au duc d'Alençon. Celui-
ci épousa ensuite (le 3 octobre 1509), Marguerite de
Valois, princesse accomplie, que l'on surnommait la
dixième Muse. C'était la célèbre Marguerite, sœur de
François I.ᵉʳ. Il s'en fallait beaucoup que la figure et les
talens du duc Charles répondissent au mérite de son
épouse; aussi n'eut-elle pour lui que du mépris. Cependant il montra du courage à la bataille de Marignan, les
13 et 14 septembre 1515. En 1521, il commanda l'avant-
garde de l'armée que le roi menait dans les Pays-Bas pour
livrer bataille à l'empereur, campé sous Valenciennes.
Cette bataille n'eut pas lieu par la retraite précipitée de
l'empereur. Mais à la funeste bataille de Pavie, le 24
février 1525, voyant la défaite de l'aile droite, le désordre
du corps de bataille, et le roi prisonnier, le duc d'Alençon
perdit la tête, s'enfuit et courut bride abattue jusqu'en
France. Il se rendit à Lyon, où, sentant l'énormité de sa
faute, il mourut de regret le mardi saint 11 avril 1525.
Son épouse Marguerite alla traiter en Espagne de la délivrance du roi : étant de retour sans avoir réussi, elle épousa
en janvier 1527 (N. S.), Henri II, roi de Navarre. Elle
mourut le 21 décembre 1549, après avoir eu de Henri II,
Jeanne d'Albret, mère de Henri IV.

» sainte Claire d'Alençon, de Chasteau Gontier,
» que j'ay fait construire et edifier durant ma
» vuidité ; aussi du convent de saint François de
» la Flesche, encommancé par feu monsieur et
» jouxte sa devote intention par moi parachevé ;
» et par cettuy mon testament tant comme je suis
» et de tout mon cœur les leur recommande, en
» les exortant et requerant que de cette presente
» recommandation faite par leur mere en sa der-
» niere volunté, ils ayent pour l'advenir memoire
» et bonne souvenance.

    » *Item,* je fays et eslys mes executeurs, mon
» fils et ma belle fille, mon fils et ma fille de
» Vendosme (1), maistre Jehan Brignon, con-
» seiller du roi et premier president en la cour
» de parlement de Normandie, chancelier d'Alen-
» çon, mon confesseur maistre Jehan le Maignen,
» maistre Jehan Gouevrot, docteur en medecine,
» les maistres d'hostelz Jehan de Laubrier, et
» Jehan de Sefoye, maistre Guillaume Caignon
» et René Iambry mes secretaires ; ausquelz et
» a chacun d'eux je prie affectueusement en
» prendre la charge et accomplir mon testament
» en diligence, et donne puissance aus dits exe-
» cuteurs, et a chacun d'eux en l'absence des
» autres, de proceder à l'execution d'icelluy, et
» ad se faire et accomplir, je oblige tous et
» chacuns mes biens, meubles et immeubles

---

(1) Cette fille, nommée Françoise, avait d'abord été
mariée en 1505, à François II, duc de Longueville ; elle
épousa en secondes noces, le 18 mai 1513, Charles de
Bourbon duc de Vendôme.

» presens et advenir : et ordonne la somme de
» 20 escus a chacun des dits executeurs autres
» que mes dits enfans, qui vaqueront a l'execution
» de mon dit testament.

» *Item,* je submets mon present testament et
» l'execution d'icelluy a la souveraine court de
» parlement de Paris, en luy suppliant que son
» plaisir, soit le faire accomplir, et exccuter de
» point selon sa forme et teneur ; et voir et
» examiner le compte de l'execution d'icelluy.

» *Item,* je supplie le roy mon souverain sei-
» gneur, qu'il lui plaise de sa benigne grace avoir
» ce present testament pour agreable, et le re-
» mercie tres humblement, des biens qu'il lui a
» pleû faire a mon fils, a mes filles, et a moy,
» en luy suppliant de tout mon cœur avoir en
» bonne recommandation mon dit fils et mes
» dites filles.

» *Item,* je veux ce present testament estre
» vallable par forme de testament et codicille, et
» de tout droit par quoy peut et doibt valoir la
» derniere volonté de chescune bonne personne
» catholique. En revocant et mettant a neant tous
» autres testamens par moi faits, ou precedent
» le jourd'huy. Et pour approbation de ce tes-
» tament, je l'ay signé de ma main, et fait sceller
» de mon seel, et d'abondant fait signer des seings
» de maistres Guillaume Caignon et Jehan Ferré
» mes secretaires ordinaires. Fait a Argenten, le
» neuvieme jour d'octobre mil cinq cent vingt.

» *Signé* MARGUERITE ; *plus loin,* Je l'approuve,
CHARLES ; *et plus bas,* MARGUERITE DE FRANCE. » Ce
sont les signatures de la mere, du fils et de la
belle-fille,

TESTAMENT DE T. WINDHAM,
AMIRAL ANGLAIS.
(1522.)

Voici le testament d'un chevalier et amiral anglais, nommé Thomas Wyndham; cet acte est probablement l'un des derniers rédigés en Angleterre avec cette ferveur catholique et même cette dévotion mystique qui ne se rencontre guère chez les marins. Nous disons que cet acte est l'un des derniers de ce genre, parce qu'il a été fait sous Henri VlII, le Néron et le Julien de l'Angleterre *(A)*, qui, fervent catholique dans les premières années de son règne, a fini par établir vers 1534 et 35 le fameux schisme qui a séparé pour toujours l'Angleterre du saint siége, et qui pèse encore aujourd'hui d'une manière si injuste et si vexatoire sur les catholiques d'Irlande. Il est vrai que le testament de Wyndham a été fait en 1522, lorsque Henri VIII, assez bon théologien, était encore dans toute la ferveur du catholicisme le plus pur. Wyndham avait, en 1520, accompagné ce roi à la fameuse entrevue qu'il eut en France avec François Ier, entre Ardres et Guines; et comme les courtisans sont toujours de la religion du prince, et cherchent à l'imiter en tout, il n'y aurait peut-être rien d'impossible à ce que la dévotion de Wyndham eût été un peu calquée sur celle du roi. Au reste, nous pouvons nous tromper, et il vaut mieux juger favorablement des intentions pieuses du testateur, en les prenant à la lettre, telles qu'il les a exprimées dans son acte de dernière volonté ; bien persuadé d'ailleurs que dans les trois cents ans qui se sont écoulés depuis Wyndham, on ne trouvera pas un second amiral anglais qui ait commencé son testament comme lui, c'est-à-dire dans les termes suivans :

« Mon miséricordieux racheteur, créateur et
» sauveur, j'espère que, par la grâce spéciale et
» la merci de votre bienheureuse mère, toujours
» vierge, notre dame Marie, en qui, après vous,
» durant cette vie mortelle, j'ai placé ma très-
» singulière confiance et espérance, à qui dans
» toutes mes nécessités j'ai eu recours comme à
» mon continuel refuge et de qui j'ai toujours
» obtenu jusqu'ici un secours et une assistance
» favorable, j'espère que dans sa pitié infinie, et
» dans mon extrême besoin, elle prendra mon
» ame dans ses mains, et la présentera à son très-
» cher fils ; je me confie aussi aux singulières mé-
» diations et prières de toute la sainte compagnie
» du ciel, anges, archanges, patriarches, pro-
» phètes, apôtres, évangélistes, martyrs, confes-
» seurs et vierges ; et spécialement à vous, mes
» chers patrons tutélaires ; je crie et je réclame
» saint Jean évangéliste, S. Georges et Thomas
» de Canterbury ; sainte Marguerite, sainte Ca-
» therine et sainte Barbara. Je vous conjure
» humblement, afin que non-seulement à l'heure
» de ma mort, vous veniez à mon aide, à mon
» secours et à ma défense, de peur que l'ancien
» ennemi spirituel, ou quelqu'autre damnable
» ou mauvais esprit ne puisse exercer son pouvoir
» sur moi, et me molester par un agent effrayant ;
» mais encore pour que vos saintes prières servent

» d'intercession et de médiation près de mon
» créateur et rédempteur pour la rémission
» de mes péchés et le salut de mon ame.... Je
» veux qu'immédiatement après ma mort, et
» aussitôt que possible, mille messes soient dites
» à Norwick et autres villes du comté de Norfolk,
» dont je veux que cent soient dites en l'honneur
» de la sainte Trinité; cent, en l'honneur des
» cinq plaies de notre Sauveur; cent, en l'hon-
» neur des cinq joies de Notre-Dame; cent, en
» l'honneur des neuf ordres d'anges; cent, en
» l'honneur des patriarches; cent, en l'honneur
» des douze apôtres; cent, en l'honneur de tous
» les saints; cent de *requiem*; trente en l'honneur
» de S. Jean l'évangéliste; quarante, en l'honneur
» de saint Georges; trente, en l'honneur de S.
» Thomas de Canterbury; quarante en l'honneur
» de sainte Marguerite; trente, en l'honneur de
» sainte Catherine; et trente, en l'honneur de
» sainte Barbara; ce qui fait le nombre de mille
» messes. »

On voit par ces différentes quantités de messes le degré de dévotion et de confiance que Wyndham avait en ses patrons et protecteurs.

Cet extrait de son testament est tiré du compte que la gazette littéraire de Londres, *the London literary Gazette*, n.° 480, 1.ᵉʳ avril 1826, pp. 200-201, a rendu d'un ouvrage intitulé : *Testamenta vetusta; being illustrations, from. Wills, of the Manners, Costums, etc., from the Reign of Henry II, to the Accession of Queen Elisabeth. By Nicolas Harris Nicolas, Esq.* London, Nichols and Son 1820, 2 vol in-8.° Dans le n.° 475, de la même gazette littéraire du 23 février 1826, pp. 118-120, il y a encore des extraits de divers anciens testamens, dont nous avons pris ce qui avait le plus de rapport à notre objet.

>=--=<

NOTE.

(A) Henri VIII, fils de Henri VII, et d'Elisabeth d'Angleterre, est né en juin 1492, réunissant en sa personne les droits des deux maisons de Lancastre et d'Yorck; il est monté sur le trône le 22 avril 1509. Il a été couronné le 22 juin suivant avec son épouse Catherine d'Arragon. Jamais la religion catholique, qui dominait en Angleterre depuis tant de siècles, n'a eu de défensseur plus ardent que ce prince, pendant les premières années de son règne. On connaît son traité *des sept Sacremens,* dirigé contre Luther, et qu'il fit présenter à Léon X, ce qui lui valut, de la part de ce pontife, le titre de *défenseur de la foi,* titre que, selon Mansi, ce roi sollicitait depuis cinq ans, mais qu'il démentit bien dans la suite. Son divorce avec Catherine d'Arragon, pour épouser Anne Boleyn, n'ayant point été sanctionné par le saint-siége, il entra en fureur et jeta le plan de ce schisme qu'il établit bientôt au milieu des flots de sang et des rapines en tout genre; sa cruauté ne s'assouvit pas seulement sur les nombreux fidèles qu'il soupçonnait de blâmer ses innovations, il lui trouva encore un aliment dans ses unions conjugales, qu'il multiplia au gré de ses passions on plutôt de son libertinage; des cinq femmes qu'il prit successivement après son premier divorce, deux furent décapitées par ses ordres, une autre mourut, une autre fut répudiée, et peu s'en est fallu que la cinquième ne payât aussi de sa tête le dangereux honneur de partager la couche de ce tyran, et de discuter quelquefois avec lui des sujets théologiques; mais il la précéda dans la tombe. On compte parmi les personnes qu'il a fait périr pour cause de religion, deux cardinaux, trois archevê-

ques, dix-huit évêques, treize abbés, cinq cents prieurs, moines et prêtres; quatorze archidiacres, soixante chanoines, plus de cinquante docteurs; douze ducs, marquis et comtes, avec leurs fils; vingt-neuf barons et chevaliers, trois cent trente-cinq nobles moins distingués, cent vingt-quatre citoyens et cent dix femmes de condition. Tant de crimes révoltans ne l'empêchèrent pas de mourir tranquillement dans son lit, le 28 janvier 1547, ce qui sauva la vie au duc de Norfolk, dont le fils, le comte de Surrey, avait déjà péri sur l'échafaud, le 19 du même mois, et qui lui-même devait être exécuté le 29. (M. Crapelet a publié un ouvrage curieux intitulé *Lettres de Henri VIII à Anne Boleyn*, avec la traduction, précédée d'une notice historique sur Anne Boleyn. Paris, Crapelet (1826), gr. *in*-8.°, pap. vélin, fig.)

TESTAMENT DE J. CONAXA,
D'ANVERS.

(Vers l'an 1530.)

JEAN Conaxa a-t-il existé ? ou bien son histoire est-elle un conte du P. Garasse, comme on le dit dans la *Biographie des hommes vivans*, Paris, Michaud, 1816—1819, 5 *vol. in*-8.°, tom. II, p. 541 ? La première question nous paraît assez difficile à décider ; quant à la seconde, il est bien certain que le P. Garasse n'est point l'auteur de cette histoire ou de ce conte, puisque lui-même, *Doctrine curieuse*, p. 926, dit que le testament de J. Conaxa, est d'un peu plus vieille date que les testamens de G. Budé, mort en 1540, et de N. Rapin, mort en 1608, dont il a parlé précédemment, pp. 920 et 922 ; puis il ajoute qu'il est rapporté dans les Dialogues de Cæsarius ; or,

Jean Cæsarius, philosophe et médecin, né à Ju-
liers en 1460, est mort à Cologne en 1551, âgé
de 91 ans ; donc l'histoire du testament de Conaxa
n'est point un conte du P. Garasse, qui a écrit sa
Doctrine curieuse en 1624, et qui est mort en 1631 ;
et soit histoire, soit conte, ce morceau ingénieux
appartiendrait à J. Cæsarius. Depuis Garasse,
le P. Ange Gazée, jésuite, l'a publié dans ses *Pia
hilaria*, Antverp., B. Moret, 1629, et Insulis,
de Larche, 1638, 2 vol. pet. in-12. L'histoire de
Conaxa est dans le premier volume, qui a été
traduit en français sous le titre de *Pieuses Récréations* du P. Angelin Gazée, par le sieur Remy,
Rouen, 1637, pet. in-12. Le P. Jacques Rinald
a encore donné, en 1673, cette histoire de Conaxa.
Enfin, vraie ou fictive, comme il y est question
d'un testament assez plaisant, quoique très-court,
nous ne pouvons nous dispenser de l'insérer dans
ce recueil, et nous le faisons d'autant plus volontiers que le nom de Conaxa a paru avec éclat sur
la scène française, le 2 janvier 1812, et a retenti
par toute la France, à l'occasion de la comédie
des *Deux Gendres* de M. Etienne, dont nous parle-
lerons à la suite de l'histoire de J. Conaxa, que
nous allons donner le plus sommairement possible.

Le sieur Jean Conaxa était un riche marchand
ou bourgeois d'Anvers, qui, n'ayant que deux
filles, les maria aux deux plus riches seigneurs
de cette ville. Malgré la dot considérable portée
aux contrats de mariage, et soldée, les deux
gendres ne voyaient pas sans un œil d'envie le
beau-père jouir du reste de sa fortune, qui était

encore fort belle. En conséquence, ils s'entendi-
rent avec leurs épouses pour amener insensiblement le bon vieillard à leur faire abandon
du reste de ses biens ; accueils, prévenances,
caresses, invitations quotidiennes, rien ne fut
épargné pour parvenir au but ; en effet, le cher
beau-père pensant que le reste de sa vie se pas-
serait aussi agréablement, et que ses filles et ses
gendres le traiteraient toujours de même, fit la
cession de biens tant désirée. Dans les premiers
jours tout allait à merveilles, mêmes soins, mêmes
égards ; mais imperceptiblement la tendresse
filiale se refroidit, les prévenances se ralentirent,
les invitations devinrent plus rares, les caresses
disparurent, et enfin on regarda le bon Conaxa
comme un être importun, à charge aux deux
maisons, et on cessa de le voir. C'est ici le chapitre des regrets; mais il n'était plus temps de
réparer sa faute. Cependant le vieillard, qui n'était
pas un sot, imagine, tout en dévorant son chagrin,
un moyen de recouvrer, sinon la tendresse de ses
enfans, du moins l'apparence, et de les ramener
aux anciennes prévenances, aux petits soins et
aux caresses qu'ils lui prodiguaient jadis. Voici
comment il s'y prend.

Il va trouver un banquier de ses amis, et lui
dit : « Faites-moi le plaisir, mon cher, de me
prêter cinq cents écus, pour trois heures seulement. Vous me les enverrez demain matin ; et
pendant que je serai à dîner avec ma famille, un
de vos commis viendra de votre part me demander l'argent en question, et insistera pour que je
le lui remette. Mais je vous demande le secret sur

ce prêt. » Le banquier consent. Tout aussitôt
Conaxa se rend chez ses gendres, et les invite à
dîner pour le lendemain ; ils acceptent, quoique
avec un peu répugnance, d'aller chez un beau-
père dont il n'espéraient plus rien. Les gendres et
les deux filles se trouvent donc au rendez-vous,
on se met à table, le dîner était assez bien servi.
A peine est-on au milieu du repas, que l'on frappe
à la porte. Le domestique va ouvrir, et revient dire
à son maître que c'est pour ces mille écus qu'il
a promis de prêter à M. un tel, banquier ; et
il dit cela de manière à être entendu par les gendres. Conaxa répond qu'il est en compagnie et
à dîner, qu'il ne veut pas se déranger, et qu'on
repassera. Le messager insiste, et dit que le
banquier son maître a besoin de cette somme
sur-le-champ. Alors Conaxa demande la permission à ses gendres de passer dans son cabinet
pour une minute et qu'il aura bientôt fait d'ex-
pédier cet homme. Les gendres tout surpris de ce
que leur beau-père a encore de telles sommes à
sa disposition, s'empressent de lui dire de ne point
se gêner, et d'aller sur-le-champ compter la somme. Conaxa passe au cabinet qui était tout voisin,
et faisant tomber avec fracas sur la table, les écus
qu'on lui avait prêtés, les compte, les recompte-
te, et les fait sonner très-haut, comme s'il eût eu
un million ; puis remet au messager les écus
supposés, et vient reprendre sa place à table. Quel
changement dans la mine, le ton et les manières
des gendres ! Auparavant ils étaient sérieux, froids
et réservés : maintenant leur mine s'épanouit,
ils sourient au cher beau-père, l'accablent d'a-

mitiés, le prient à dîner pour le lendemain. Conaxa, sans aucune affectation, et n'ayant pas l'air de s'être aperçu du refroidissment ni de ce retour de ses gendres, accepte l'invitation, qui fut suivie de beaucoup d'autres ; enfin, pendant plusieurs années encore, les gendres et les filles, persuadés que leur père travaillait sur des monts d'or qu'il s'était réservés secrètement, le traitèrent avec plus d'égards et de prévenances qu'avant la cession de biens.

Cependant Conaxa tombe malade. Aussitôt les gendres accourent au chevet de son lit, et ses filles au pied ; jamais vieillard ne fut mieux servi. Il leur donna à entendre que celui qui aurait le plus de soins de lui, serait le mieux partagé dans son testament. C'était à qui redoublerait d'attentions. Enfin on le prie, à quelques jours de là, de déclarer sa dernière volonté et de faire un codicille. Il répond que cela est déjà fait; et il ordonne qu'on apporte son coffre-fort à trois serrures, qui était dans son cabinet. C'était un coffre de fer très-pesant, comme s'il eût été plein d'or et d'argent. Ensuite il appelle le prieur des Jacobins d'Anvers, et l'instituant son exécuteur testamentaire, lui donne une des clés de ce coffre, et à chacun de ses gendres la sienne; mais il ordonne que ledit coffre ne sera ouvert que quarante jours après ses obsèques ; puis adressant la parole à ses gendres : « Mes enfans, leur dit-il, je désire pour le salut de mon ame, faire quelques bonnes œuvres avant ma mort. C'est pourquoi je vous prie de payer une fois et présentement cent livres à chacune des églises d'Anvers, et deux cents livres à l'église des Jacobins, où je choisis ma sépulture, et faites en sorte que mes obsèques soient honorables et qu'elles répondent à votre rang et au mien ; je vous assure que vous n'y perdrez rien. » Les gendres promettent que tout sera exécuté selon ses intentions; même ils acquittent à l'instant par moitié les legs faits aux églises ; et fondant en larmes, ils demandent au moribond sa bénédiction. Il la leur accorde de bon cœur ; puis quelque temps après il meurt, et ses gendres lui font faire de superbes funérailles.

On n'a pas besoin de dire avec quelle impatience on attendait que les quarante jours fussent expirés pour procéder à l'ouverture du coffre-fort. Enfin l'heureux instant arrive. Le prieur des Jacobins est sommé de se rendre au cabinet du testateur pour ouvrir le coffre en présence de témoins. On met solennellement les trois clés dans les trois serrures ; on les tourne, on lève le couvercle. O surprise ! ô désappointement épouvantable ! le coffre est plein de vieilles ferrailles, de morceaux de plomb, de cailloux, et le tout surmonté d'un gros gourdin en forme de massue, autour duquel était roulé un parchemin contenant ces mots : Ego Joannes Conaxa TALE CONDO TESTAMENTUM, UT QUI, SUI CURA RELICTA, ALTERIUS CURAM SUSCEPERIT, MACTETUR HAC CLAVA.

Que l'on juge de la honte, de l'indignation et de la fureur des deux gendres et de leurs épouses. Le bruit de cette aventure plaisante se répandit de tous côtés, et il n'y eut pas une ville des Pays-Bas où l'on n'applaudît à l'ingénieux moyen du vieillard rusé, qui avait si bien réparé la faute qu'il avait faite, de se dépouiller de tout son bien en faveur de deux filles ingrates et de deux gendres avides et dénaturés.

Cæsarius avait taxé le testament de Conaxa d'impiété, parce que cet homme avait usé de fourberie; mais il nous semble que cette fourberie était très-innocente, puisqu'elle ne tendait qu'à faire rentrer dans le devoir, du moins en apparence, des enfans ingrats; et quant aux legs faits aux églises et aux frais des funérailles, n'y verrait-on que la punition de l'avarice de ces mêmes enfans, ce ne serait point un si grand mal; pour le coffre-fort, c'est une plaisanterie qui a fait rire tout le monde excepté les héritiers, car je suis sûr que le prieur des Jacobins lui-même a été le premier à en rire.

Le P. Garasse, tout chatouilleux qu'il était sut tout ce qui approchait de l'impiété, a combattu l'opinion de Cæsarius, et absous Conaxa du reproche de s'être moqué de la religion dans cette affaire. Il ajoute que « cette histoire suffiroit » pour donner subiect à une très belle comédie. »

En effet, un jésuite de Rennes, en a fait une pièce, qui, sous le titre de *Conaxa, ou les Gendres dupés*, a été jouée dans le collége de la compagnie de Jésus, pour la distribution des prix fondés par MM. les nobles bourgeois de la ville de Rennes, le 22 août 1710, à une heure après midi. Elle a encore été représentée dans le collége de Vendôme en 1725, et le 2 janvier 1812, on l'a donnée, à Paris, au théâtre de l'Odéon; mais cette dernière représentation n'a eu lieu que par esprit de cabale, à l'occasion de l'ouvrage dont nous allons parler.

M. Etienne, l'un de nos féconds et ingénieux auteurs dramatiques, a composé une pièce intitulée *les deux Gendres*, comédie en 5 actes, jouée en 1810. Cette pièce, dont le fond est le même que celui de *Conaxa*, a excité en 1812, une petite guerre littéraire assez vive entre M. Etienne, qui a soutenu, dans une lettre du 3 décembre 1811, n'avoir eu aucune connaissance du manuscrit de la pièce du jésuite, qui était depuis longtemps à la bibliothèque royale, et les ennemis de M. Etienne qui l'ont accusé d'avoir pillé ce manuscrit, d'y avoir pris ses principaux caractères, et même des vers de situation. M. Lebrun-Tossa tient le premier rang parmi les accusateurs de M. Etienne. Il a publié une brochure intitulée: *Mes Révélations sur M. Etienne, les deux Gendres et Conaxa*, in-8.° de 40 pages, qui a eu deux éditions en peu de temps ; puis un *Supplément à mes Révélations, en réponse à MM. Etienne et Hoffmann*, in-8.° de 56 pages. C'est au sujet de cette brochure que la *Biographie des hommes vivans*, dit : « M. Lebrun-
» Tossa, qui avait été le confident de ce petit lar-
» cin (du plagiat), croyant alors avoir à se
» plaindre de M. Etienne, divulgua et exagéra
» beaucoup un plagiat fort ordinaire en littéra-
» ture, et dans lequel l'auteur des *deux Gendres*
» n'avait évidemment d'autre tort que de nier
» assez maladroitement qu'il eût eu connaissance
» du manuscrit. Des brochures sans nombre et
» même des caricatures furent publiées contre
» lui à cette occasion, et l'on fit jouer sur le théâ-
» tre de l'Odéon, la pièce du jésuite, qui fut fort

» applaudie par la cabale, mais qui depuis n'a
» pas eu une seule représentation. »

Il serait trop long de donner la liste de toutes les
brochures et pamphlets qui ont paru à ce sujet,
tels que *le Fauteuil de M. Etienne* (par Cholet de
Jetphort); *Bataille perdue et gagnée* (par de la
Vigne); *l'Étiennéide, poëme*, par Ruthiger;
Lettre de Boileau à Etienne (par le Fèvre); *Lettre de Piron à Etienne* (par Lambert); *la Sté-
phanéide*, par Bouvet; *les Gouttes d'Hoffmann*, par
le même; *le Martyre de S. Etienne*, etc., etc.
Toutes ces pièces, brochures et pamphlets, sont
au nombre de 34, sans compter les réimpressions,
et le tout a paru dans l'espace de six mois (depuis
décembre 1811 jusqu'au mois de juin 1812).
L'histoire de Conaxa est du nombre de ces pièces;
on l'a réimprimée sous le titre suivant : *Histoire
de Jean Conaxa, riche marchand d'Anvers, publiée
en 1673 par le R. P. Jacq. Rinard, Jés.; suivie
du testament mémorable de J. Conaxa, publié bien
antérieurement* (en 1624) *par le R. P. Fr. Garasse; et du parallèle de Conaxa, des deux Gendres,
des Fils ingrats et du roi Léar, par l'éditeur.*
Paris, G. Mathiot, 1812, *brochure in-8.° de 32
pages.*

TESTAMENT DE C. BOUTON.

(1532.)

ENCORE un témoignage d'humilité accompagné
de quelqu'originalité.

Charles Bouton, seigneur du Fay, ordonne
par son testament, qui est de l'an 1532, qu'après

sa mort, les chapelains de Louhans mettront sur
son cercueil uu *linceu* blanc, qu'ils réciteront le
pseautier avant de le porter à l'église, que l'on
fera porter son corps dans l'église Saint-Pierre
de Louhans, pour le *reposer* la nuit; que, le
lendemain au matin, l'on fera mener son corps
sur un char *à quoi l'on mene le fumier*, en sa
chapelle du Fay, dedans son charnier, sans y
faire d'autre luminaire que quatre petits cierges,
pesant chacun une demi-livre.

TESTAMENT D'ÉRASME.

(1536.)

ERASME, né à Rotterdam le 28 octobre 1467,
et mort à Bâle le 12 juillet 1536, est tellement
connu par l'universalité de ses connaissances,
par son érudition, par la justesse et la délicatesse
de son goût, enfin, par ses nombreux ouvrages
en tous genres, qu'il serait presque ridicule d'essayer de joindre un nouvel éloge à tous ceux que
l'on a faits de cet homme célèbre. Il suffit de dire
qu'il a reçu des témoignages constans d'une extrême bienveillance de la part des souverains pontifes,
des empereurs, des rois, des grands; et que les
savans et les deux villes de Rotterdam et de Bâle
en ont conservé le plus précieux souvenir. Rotterdam a fait placer sur le frontispice de la maison
où l'on croit qu'il vit le jour, l'inscription suivante:

> Ædibus his ortus, mundum decoravit Erasmus
> Artibus, ingenio, relligione, fide.

En outre elle lui a fait ériger une statue. Bâle

montre encore avec vénération, dans un cabinet
qui excite la curiosité des étrangers, son anneau,
son cachet, son épée, son couteau, son poinçon,
son portrait par le célèbre Holbein, et son testament écrit de sa propre main. Nous avons reçu de
l'extrême obligeance de notre ami M. Baulmont,
maire de Vesoul, une copie de ce testament.

Testamentum Desiderii Erasmi *Roterodami*, *ex*
autographo ejus bibliothecâ basiliensi servato
transcriptum.

« In nomine sanctæ trinitatis.

» Desiderius Erasmus Roterodamus fretus di-
» plomatibus Cæsaris, summi pontificis, ac ma-
» gnifici magistratûs inclytæ civitatis Basiliensis,
» hoc meo chirographo renovo supremam vo-
» luntatem meam, quam quocumque titulo
» firmam ac ratam haberi volo, irritum verò si
» quid aliàs testatus sum.

» Principio certus me nullum habere legitimum
» hæredem ; præstantissimum virum D. Boni-
» facium Amerbachium, omnium facultatum
» mearum hæredem instituo, exequutores verò
» Hieronymum Frobenium et Nicolaum Epis-
» copium.

» Bibliothecam meam jampridem vendidi D.
» Johanni à Lasko, polono, juxta synagrapham
» super hoc contractu inter nos confectam, non

Nous croyons que le lecteur verra avec plaisir ce monument rare, curieux, et qui ne dément en rien l'aimable caractère d'Erasme. Il a été rédigé en latin cinq mois juste avant sa mort, le 12 février 1536. Nous le donnons mot pour mot, et nous plaçons la traduction vis-à-vis le texte.

TESTAMENT DE DIDIER ERASME, DE ROTTERDAM, *tel qu'il a été transcrit sur l'autographe conservé à la bibliothèque de Bâle.*

« AU NOM DE LA SAINTE TRINITÉ.

» Moi Didier Erasme de Rotterdam, honoré » des diplômes flatteurs de l'empereur, du » souverain pontife et du magnifique magistrat » de la célèbre ville de Bâle, déclare que cet acte » écrit de ma main renferme mes dernières vo- » lontés; j'entends qu'on les regarde comme ra- » tifiées et confirmées à quel titre que ce soit, » annulant toutes dispositions que j'aurais pu » rédiger précédemment.

» D'abord, certain que je n'ai aucun héritier » légitime (il était enfant naturel et n'a jamais » été marié), j'institue mon héritier universel, » le très-honorable Boniface Amerbach, et je » nomme pour mes exécuteurs testamentaires » Jérôme Froben et Nicolas Bischop (beau-frère » de Froben).

» J'ai déjà vendu ma bibliothèque à Jean de » Lasco, polonais (il est mort en 1560), ainsi » que le prouve un acte passé entre nous et signé

» tradentur libri nisi hæredi numeret ducentos
» florenos. Quòd si ille pactum remiserit, aut
» me prior è vitâ excesserit, liberum esto hæredi
» de libris statuere quod velit.

» D. Ludovico Bero lego horologium aureum.
» Beato Rhenano cochleare aureum cum fusci-
» nulâ aureâ. M. Petro Veterio centum quinqua-
» genta coronatos aureos. Tantumdem Philippo
» Montano. Lamberto famulo, si mihi morienti
» adfuerit, ducentos florenos aureos, nisi ego
» vivus ei hanc summam numerâro. D. Johanni
» Brisgoo lagenam argenteam. D. Paulo Voltzio
» florenos aureos centum. Sigismundo Gelenio
» ducatos centum et quinquagenta. Johanni Eras-
» mio Frobenio duos annulos, quorum alter non
» habet gemmam, alter gemmam subviridem,
» Gallis dictam *turquoise.* Hieronymo Frobenio
» lego omnes vestes meas, omnemque supellec-
» tilem Ianeam, lineam et ligneam, præterea
» poculum quod habet insignia cardinalis Mo-
» guntini. Uxori ejus annulum qui habet imagi-
» nem mulieris in tergum respicientis. Nicolao
» Episcopio poculum cum operculo, quod in
» pede habet versiculos inscalptos. Justinæ uxori
» ejus duos annulos, quorum alter habet ada-
» mantem, alter *turquoise* minorem. M. Conrado
» Goclenio poculum argenteum quod in summo
» habet imaginem Fortunæ. Si quis legatoriorum
» interciderit, quod legatum erat in hæredis
» arbitrio esto.

» double; mais on ne lui livrera mes livres que
» lorsqu'il aura compté deux cents florins à mon
» héritier; et dans le cas où il viendrait à détruire
» l'acte ci-dessus mentionné, ou à mourir avant
» moi, mon héritier pourra disposer de mes
» livres comme bon lui semblera.

» Je lègue et donne à Louis Ber ma montre d'or
» (les montres étaient déjà en usage); à Beatus
» Rhenanus (il est mort en 1547), une cuillère
» d'or et une fourchette de même métal; à Pierre
» Veteri cent cinquante écus d'or à la couronne;
» à Philippe Montanus, la même somme; à Lam-
» bert mon domestique, s'il est encore à mon
» service lors de ma mort, deux cents florins
» d'or, à moins que je ne les lui compte de mon
» vivant; à Jean de Brisgaw, mon flacon en argent;
» à Paul Voltzius, cent florins d'or; à Sigismond
» Gelenius, cent cinquante ducats; à Jean Erasme
» Froben, deux anneaux, dont l'un est sans pierre,
» et l'autre en a une verte que les Français appel-
» lent *turquoise*. Je lègue et donne à Jérôme Fro-
» ben tous mes habits et tout mon mobilier, c'est-
» à-dire tous les effets qui le composent, soit en
» laine, soit en linge, soit en meubles en bois; je
» lui donne en outre mon gobelet marqué aux
» armes du cardinal de Mayence. Je donne à son
» épouse mon anneau où l'on voit l'effigie d'une
» femme regardant par derrière. Je donne à Ni-
» colas Bischop, ma tasse avec son couvercle,
» sur le pied de laquelle on a gravé des vers; et à
» Justine son épouse deux anneaux, dont l'un a
» un diamant, et l'autre une petite *turquoise*. Je
» donne à Conrad Goclenius ma tasse d'argent

» Hæres præterea quæ ipsi designavi, sibi
» accipiet quicquid superfluerit poculorum, aut
» annulorum, aut rerum similium, ad hæc no-
» mismata insignia, ut Lusitanos cruciatos, regis
» Poloniæ ac Severini Boneri faciem exprimantia,
» aliaque his similia. Præterea ducatos omnes
» duplices ac quadruplices. Pecuniam apud Con-
» radum Goclenium depositam, illi in Brabantiâ
» dispensandam relinquet, quemadmodum ei
» mandavi. Si quid apud Erasmum Schetum erit
» reliquum, ab eo repetet. Eamque pecuniam
» ac reliquam omnem quæ superfuerit, suo
» arbitrio et ex consilio exequutorum distribuet
» in usus pauperum ætate aut valetudine infir-
» morum. Item in puellas nupturas, in adoles-
» centes bonæ spei, breviter quoscumque subsidio
» dignos judicârint.

» Hanc extremam voluntatem meam, quo
» plenior sit fides, propriâ manu descripsi, ac
» peculiare annuli mei sigillum Terminum effixi
» Basileæ in ædibus Hieronimi Frobenii, duo-
» decimo die februarii anno à natali dominico
» millesimo quingentesimo tricesimo sexto.

(L. S.)

» surmontée d'une figure de la Fortune. Si l'un
» de mes légataires vient à mourir, je laisse le
» legs que je lui destinais à la disposition de mon
» héritier.

» Ledit héritier aura, outre les objets que je
» lui ai désignés, tout ce qui restera de mes tasses,
» de mes anneaux et autres choses semblables,
» jusqu'à ces médailles à l'effigie du roi de Polo-
» gne et de Severin Boner, etc., ainsi que
» d'autres pièces qui leur ressemblent ; puis tous
» les ducats doubles et quadruples.

» Il laissera l'argent que j'ai déposé chez Conrad
» Goclenius, pour en disposer dans le Brabant,
» comme je le lui ai recommandé. S'il reste en-
» core quelque chose chez Erasme Schet, il le
» lui redemandera. Il emploiera à son gré, et
» d'après l'avis des exécuteurs testamentaires, cet
» argent, et celui qui pourra rester, en distri-
» bution d'aumônes à des pauvres que l'âge ou
» les infirmités ont rendus impotens, ainsi qu'à
» marier de jeunes filles, et à aider des jeunes
» gens ayant d'heureuses dispositions, et qui,
» en un mot, seront jugés dignes de ce secours.

» Tel est l'acte de ma dernière volonté, écrit
» de ma propre main et scellé du cachet parti-
» culier de mon anneau représentant le dieu
» Terme. Qu'on y ajoute foi entière ! Fait à Bâle
» dans la maison de Jérôme Froben, le 12
» février 1536. »

TESTAMENT DE G. BUDÉ.

(1540.)

LE docte Budé, né en 1447, qui a flori sous les rois Charles VIII, Louis XII, François I.er, et qui a occupé des places importantes, telles que celles de secrétaire du roi, maître des requêtes, maître de la librairie, ambassadeur et prévôt des marchands de la ville de Paris, joignait, comme on le voit, le goût des affaires à la passion des lettres. Il s'est surtout distingué par son zèle pour la littérature grecque, dont la France lui doit la restauration. Son traité *De Asse* lui a fait beaucoup d'honneur, quoiqu'il soit difficile à entendre. C'est à sa sollicitation (et à celle de Dubellay) que François I.er fonda le collége de France (1). Ce roi l'avait admis dans sa familiarité; et Budé profita de son crédit pour procurer aux hommes de lettres des places analogues à leur

---

(1) C'est à ce sujet que Jean Sleidan, contemporain de Budé, qu'il regarde comme un des principaux restaurateurs des belles-lettres et le Mécène de la France, dit : « Cet homme de grande érudition, et digne d'être » loué au temps à venir, fut cause que le roi François » fit un acte singulier; c'est qu'il ordonna honnestes » gages à Paris pour les professeurs des sciences et arts. » On ne sauroit croire les grosses rivières qui sont issues » de cette fontaine, et se sont répandues tant par la » France que par les autres pays. Budé voulut être in- » humé sans pompe. »

(V. *OEuvres* de Sleidan, liv. XIII, p. 214.)

goût. Il était aussi modeste et aussi obligeant qu'érudit.

Son testament, quoique mal écrit, est un modèle d'humilité et des vaines pompes de ce monde. On va voir qu'il y inséra la clause expresse d'être enterré de nuit, et sans appareil, autant par modestie sans doute que pour dérober ce triste spectacle à sa nombreuse famille. (Il a laissé une veuve, sept fils et quatre filles.) Ce testament en entier est fort rare ; le P. Niceron n'en a donné qu'une partie. Nous allons le rétablir ici dans son intégrité, et nous suivrons scrupuleusement l'orthographe de l'auteur ; elle se ressent du siècle où il vivait.

« GLORIA PATRI, ET FILIO, ET SPIRITUI SANCTO, AMEN.

» Je, Guillaume Budé, etc., ordonne mon
» corps estre inhumé en l'eglise monseigneur
» Saint-Nicolas-des-Champs, a Paris, pour ce
» que mon domicile et maison par moy bastie,
» *in spem perpetuæ memoriæ*, y est assise (1), et que
» je m'atten y mourir, a la fabrique de laquelle
» eglise je laisse douze livres dix sols pour l'ou-
» verture de la terre et son des cloches, durant

---

(1) On lisait encore au XVIIe siècle, sur la porte de sa maison, rue Saint-Martin, les deux vers suivans :

Summum crede nefas animam præferre pudori,
Et propter vitam vivendi perdere causas.
JUVEN. Sat. VIII, *V.* 82.

« Regarde comme un grand crime de préférer l'exis-
» tence à l'honneur, et de perdre, pour conserver ta vie,
» les plus beaux moyens que nous ayons de vivre. »

» mon obit et le temps d'iceluy. Je laisse au curé
» ou celuy qui tiendra son lieu pendant le dit
» obit quarante sols, et dix sols au clerc de l'eglise.
» Je veux estre porté en terre de nuict et sans
» semonce, a une torche ou a deux seulement,
» et ne veulx estre proclamé a l'eglise, ne a la
» ville, ne alors que je seray inhumé, ne le len-
» demain; car je n'approuve jamais la coustume
» des ceremonies lugubres et pompes funebres.
» Quoy qu'il soit, je defend qu'on en face tant
» pour ce, que pour autres choses qui ne se
» peuvent faire sans scandale, et si je ne veus qu'il
» y ait ceincture funebre (*litre*) a l'entour du
» lieu où je seray enterré le long de l'année de
» mon trespas : pour ce qu'il me semble estre
» imitation des cenotaphes, dont les gentils an-
» ciennement ont usé, combien que j'estime la
» coustume de ce faire a l'entour des sepultures
» des princes et prelats et au tres grands person-
» nages, dont la memoire se doibt celebrer ès
» lieux esquels ils ont eu domination ou prelature
» ou magistrat eminent. Escrit et signé le 12
» juin 1536. *Signé* G. BUDÉ. »

Il mourut quatre ans après, le 20 août 1540,
et fut inhumé trois jours après sa mort, de nuit
et sans pompe, comme il l'avait ordonné par son
testament.

Croirait-on que l'on fit un crime à Budé de
ses dispositions testamentaires?

« Les prédicateurs de ce temps la, dit le P. Ga-
» rasse, prindrent l'affaire au criminel, a l'occasion
» du temps qui commençoit a ressentir le fagot,

» et s'estoit deja abreuvé de certaines opinions
» soupçonneuses, car ce fut l'an 1539 que Luther
» avoit ambrasé quasi toutes les Allemagnes. »
(C'était depuis 1517 que Luther avait jeté les
premières étincelles de la réforme.) Mais Garasse
lui-même défend la cause de Budé, et dit que
c'était bien à tort qu'on l'accusait d'avoir agi ainsi
par un secret penchant vers la réforme. Cette
accusation avait sans doute pris sa source dans
la démarche de sa veuve et d'une partie de ses
enfans qui, en 1549, allèrent faire profession de
la nouvelle religion à Genève. Cela ne prouvait
rien contre la croyance de Budé, mort longtemps
auparavant; au contraire, on aurait pu l'accuser
d'un zèle outré en sens opposé, puisqu'il fut, en
1529, un des juges qui condamnèrent Berquin
au supplice pour cause de religion.

Louis Leroy et Melin de Saint-Gelais, contemporains et amis de Budé, rendirent hommage à
la pureté de son catholicisme. Voici une espèce
d'épitaphe que Saint-Gelais lui fit :

> Qui est celuy que tout le monde suyt?
> Las! c'est Budé au cercueil estendu.
> Pourquoy n'ont faict les cloches plus grand bruit?
> Son nom sans cloche est assès espandu.
> Que n'a-t-on plus en torches despendu (*dépensé*),
> Suyvant la mode accoustumée et saincte?
> Afin qu'il fust par l'obcur entendu,
> Que des François la lumiere est esteincte.

Un poëte latin a rendu la même pensée dans
ces quatre vers :

> Budæus voluit mediâ de nocte sepulchro
>   Inferri et nullas prorsus adesse faces.
> Non factum ratione caret; clarissima quando
>   Ipse sibi lampas luxque corusca fuit.

TESTAMENT DE M. LUTHER.

(1542.)

Un fragment assez curieux du testament de
Luther, cité en note, dans l'*Histoire de Charles-
Quint* (trad. de l'anglais de Robertson, par Suard,
l'abbé Roger et Le Tourneur, édition de 1771,
6 vol. in-12, tom. V, p. 124), nous avait donné
un vif désir de connaître le testament en entier
et de le rapporter dans notre recueil; mais les
démarches que nous avons faites pour nous le
procurer, n'ont pas eu tout le succès que nous
en espérions.

Le fragment en question est tiré du *Commentarius historicus et apologeticus de Lutheranismo,
etc.,* de Vite-Louis Seckendorff, *Lipsiæ,* 1692, in-f.°,
lib. III, p. 651. N'ayant pas cet ouvrage sous les
yeux, nous nous sommes adressé à une personne
très-obligeante, qui nous a procuré de Bâle un
extrait de Seckendorff, mais cet extrait ne renferme malheureusement que le fragment avec
quelques détails sur le testament, sans le texte
entier. Désappointé de ce côté, nous avons eu
recours au savant M. Van-Praet, qui nous a donné
déjà tant de preuves de son extrême obligeance;
il nous a fait l'amitié de nous répondre :

« Seckendorff parle du testament de Luther
» sans le rapporter;... mais j'apprends, par une
» note dans la traduction hollandaise de l'histoire
» de la réformation, que le testament se trouve en
» entier dans le VIII.ᵉ volume des œuvres de

» Luther, édition d'Altenbourg; que l'original,
» en parchemin, était autrefois entre les mains
» de Carpzovius, et que cet original signé par
» Melanchton, Crucigerus et Bugenhagenius (*seu*
» *Pomeranus*), différait en quelques endroits de
» la copie imprimée. Nous n'avons pas l'édition
» d'Altenbourg, ni aucune autre où le testament
» ait été imprimé. »

Désespérant de trouver l'édition de Luther
d'Altenbourg (elle n'est point indiquée dans le
catalogue de Bunaw, si fécond en ouvrages sur la
réformation), nous sommes réduit à rapporter
l'extrait de Seckendorff, qu'on a bien voulu nous
envoyer de Bâle; cet extrait qui contient, comme
nous l'avons dit, quelques détails sur le testament, en rapporte textuellement la fin, qui, nous
n'en faisons aucun doute, en est bien certainement la partie la plus curieuse; on verra que le
testateur n'y pèche pas par excès de modestie.

Voici comment s'exprime Seckendorff dans son
commentaire, lib. III, sect. 36, § 135, p. 651:

« DE TESTAMENTO LUTHERI. Testatus est, ut
exemplar, *tom. VIII, Altend., fol.* 846, relatum
ostendit, anno 1542, die Euphemiæ (16 sep-
tembris) uxoris potissimùm gratiâ, cui testamentum perhibet probitatis, fidelitatis et hones-
tatis, et quòd ab eâ semper amatus et omnibus
officiis cultus sit; nec fœcunditatem tacet, quòd
quinque liberos tum viventes ediderit. (Obser-
vatum est ex litteris Pontani, post mortem Lutheri ad electorem scriptis, quòd uxor Lutheri
animum paulò elatiorem et imperiosum habuisse

visa sit, et quòd tenax in victu domestico, sumptuosa tamen fuerit in ædificia, imprimis in prædium illud Zeüsldorff quod ei in hâc dispositione suâ dotali nomine Lutherus assignaverat. Sed tolerabiles illi nævi fuerunt, nec ab omnibus immunem eam judicavit ipse Lutherus, licèt eam tenerè amaret......) Non tam condition em adjecit iis quæ uxori destinaverat, quàm fiduciam testatus est : quòd uxor, si ad secunda vota transiret (id quod ipsius voluntati et divinæ providentiæ prorsus committit), omnia cum liberis divisura sit. Liberos verò mavult à matre quàm hanc ab illis dependere, exemplis se territum dicens, quàm iniquè sæpè liberi tractent. Denique omissâ omni solemnitate legali confidere se ait, majorem fidem se mereri quàm notarium quemque.

« Notus sum, inquit, in cœlo, in terrâ et in » inferno, et auctoritatem ad hoc sufficientem » habeo, ut mihi solo credatur, cùm Deus mihi, » homini licèt damnabili et misero peccatori, ex » paternâ misericordiâ Evangelium filii sui cre- » diderit, dederitque ut in eo verax et fidelis » fuerim, ita ut multi in mundo illud per me » acceperint, et me pro doctore veritatis agno- » verint, spreto banno papæ, Cæsaris, regum, » principum et sacerdotum, imo omnium dæmo- » num odio : Quidni igitur ad dispositionem » hanc in re exiguâ sufficiat, si adsit manus meæ » testimonium et dici possit, hæc scripsit D. Mar- » tinus Lutherus, notarius Dei et testis Evangelii » ejus. »

» Additæ tamen sunt subscriptiones Melanchtonis, Crucigeri et Pomerani, sed alio tempore.

» Elector verò Saxoniæ rogatus à vidua diplo-
mate domino judica hoc anno (10 *april.*) dato,
testamentum Lutheri conservavit, jubens ut illud
etsi solemnitates à legibus requisitæ abessent,
validum haberetur et observaretur......... »

(Traduction.)

« Du testament de Luther. Cet acte, rapporté
dans l'édition des œuvres de Luther, donnée à
Altenbourg, tom. VIII, p. 846, sous la date du
10 avril, fête de sainte Euphémie, 1542, a été
fait par Luther, principalement en faveur de son
épouse, dont il vante la probité, la fidélité et
l'honnêteté, et parce qu'elle lui a toujours témoigné de l'affection et lui a rendu tous les services
possibles. Il y parle aussi de sa fécondité, car
elle lui a donné cinq enfans, tous vivans. (On
apprend par des lettres de Pontanus, écrites à
l'électeur depuis la mort de Luther, que cette
femme paraît avoir été d'un caractère un peu fier
et impérieux. Econome dans l'intérieur de sa
maison, elle affectait de la somptuosité dans les
bâtimens, particulièrement dans son domaine de
Zeüsldorff qui lui a été donné à titre de douaire
dans le testament de son mari. Mais ces défauts
étaient tolérables, et Luther lui-même ne l'en
jugea pas exempte, quoiqu'il l'aimât tendrement.....) Dans les biens qu'il laisse à sa femme
par son testament, ce sont moins des conditions
qu'il lui impose, que des marques de confiance
qu'il lui donne. Par exemple, il dit que si elle
se remarie (ce sur quoi il s'en rapporte à sa volonté et à la divine Providence), elle partagera

tous ses biens avec ses enfans. Mais il aime mieux
que ses enfans dépendent de leur mère plutôt
que de la voir dépendre d'eux ; car il a été, dit-il,
indigné de plusieurs exemples d'enfans qui souvent en ont agi de la manière la plus injuste à
l'égard des auteurs de leurs jours. Enfin, s'abs-
tenant de toute formalité légale pour son testament, il déclare qu'il croit bien mériter autant
de confiance que quel notaire que ce soit.

» Je suis connu, dit-il, dans le ciel, sur la
» terre et dans l'enfer : et cela m'autorise suf-
» fisamment à penser que l'on peut s'en fier à
» moi seul, puisque Dieu, quoique je ne sois
» qu'un misérable pécheur condamnable, m'a,
» dans sa miséricorde paternelle, confié l'Evangile
» de son fils, et m'a fait la grâce d'être sincère et
» fidèle en le prêchant, de sorte que beaucoup,
» dans ce monde, l'ont reçu par moi, et m'ont
» reconnu pour le docteur de la vérité, moi qui
» ai affronté les proscriptions du pape, de l'em-
» pereur, des rois, des princes et des prêtres, et
» bien plus, la haine de tous les diables. Pour-
» quoi donc, dans une chose aussi minime que
» ce testament, ne suffirait-il pas du témoignage
» de ma main, et que l'on pût dire : CELA EST
» ÉCRIT PAR MARTIN LUTHER, LE NOTAIRE DE DIEU
» ET LE TÉMOIN DE SON EVANGILE. »

» On a ajouté à ce testament les signatures de
Mélanchton, de Crucigerus et de Pomeranus
(c'est le surnom de Bugenhagen), mais elles y
ont été apposées postérieurement.

» L'électeur de Saxe, sur la demande que lui
en a faite la veuve du testateur, par lettres da

tées du dimanche *judica* (c'est celui de la Passion tombant cette année le 10 avril), a conservé le testament de Luther, ordonnant qu'il fût déclaré valide et exécutable, quoique non revêtu des formalités exigées par la loi. »

Nous ne terminerons pas cet article sans dire un mot sur Luther et sur son épouse.

Martin Luther est né à Eisleben dans le comté de Mansfeld (Haute-Saxe). Sa mère assurait bien qu'il était du 10 novembre, mais ne pouvait préciser l'année ; son frère Jacques a certifié que c'était l'an 1483.

En 1505, il est reçu maître ès arts et entre au couvent des Augustins d'Erfort.

En 1507, il est ordonné prêtre.

En 1508, il est professeur de philosophie à l'université de Wittemberg, fondée en 1502 par l'électeur Frédéric.

En 1510, il fait un voyage à Rome, et à son retour il est fait docteur et professeur en théologie.

En 1512, il est curé à Wittemberg.

En 1517, Léon X ayant fait prêcher les indulgences en Allemagne, Luther s'élève contre ce qu'il appelle leur abus. Il est excommunié par Testzel, religieux dominicain, inquisiteur de la foi, nommé par le pape pour cette prédication, avec les religieux de son ordre.

En 1518, la cour de Rome entreprend, mais en vain, de faire rétracter Luther.

En 1520, bulle de Léon X du 15 juin, qui prononce anathème contre Luther.

En 1521, seconde bulle du 3 janvier contre le même ; il est condamné par la faculté de théologie de Paris, le 15 avril de la même année. L'empereur Charles-Quint le met au ban de l'empire ; mais l'électeur Frédéric, son protecteur, le fait enlever et cacher au château de Wartbourg, où il reste dix mois.

1524. Synode de Meaux qui condamne la doctrine de Luther.

1525. Luther épouse le 13 juin une religieuse nommée Catherine de Bore. Un précis historique de la vie de Luther, traduit du latin de Melanchton, par M. Ch. Villiers, dans l'*Almanach des Protestans* de 1810, porte ce mariage au 27 juin, et donne six enfans à Luther : ne serait-ce pas une double erreur? D'autres le placent au 11 juin. Il y a quelque temps que les journaux ont annoncé qu'un paysan venait de vendre à un bijoutier de Darmstadt une bague qui s'est trouvée être l'anneau de mariage de Luther ; et cet anneau porte la date du 13 juin.

On devait, dit-on, déposer ce morceau monumental dans le musée de Darmstadt. Il est assez singulier que le nom de la religieuse y soit écrit *Cath. de Broven*. Melanchton la nomme *de Bora;* M. Tabaraud, dans la Biographie Universelle, l'appelle *Bora* ou *de Bohren;* M. Guizot, dans une note sur cet article, la nomme *Bore*, et M. Chaudon, *de Bore*. Il est présumable que, malgré l'inscription de l'anneau, son nom est *de Bore;* du moins je le conjecture d'après trois écrits de cette femme, dont les titres sont dans le catalogue *de Bunaw*, sous l'indication suivante : *Katharinæ von Bore, Lutheri Wittwe schreiben an Christian III, Kœnig in Dænnemarck*. L'un est du 9 *febr.*

1547; le second, du 6 *octob.* 1550, et le troisième, du 8 *januar.* 1552. Ils se trouvent tous les trois dans l'ouvrage allemand intitulé *Danisch Biblioth.* Le premier, partie VIII, pp. 214-215 ; le second, partie IV, pp. 160-162, et le troisième, partie VIII, pp. 216-218.

1527. Synode de Lyon qui condamne la doctrine de Luther.

1528. Synode de Bourges portant même anathème.

1529. Diète de Spire ; édit contre lequel protestent les partisans de Luther, d'où leur est venu le nom de protestans.

1530. Confession d'Augsbourg, ou profession de foi, rédigée par Mélanchton, présentée à l'empereur, à la diète de cette ville.

1542. Luther fait son testament.

1545. Concile de Trente, où la doctrine de Luther est condamnée.

1546. Il meurt à Eisleben, lieu de sa naissance, le 18 février, âgé de 63 ans, 3 mois et 7 jours. Finissons par un mot sur sa doctrine et sur celle de Calvin (mort en 1564).

Luther attaque l'autorité de l'Eglise et la prééminence du saint-siége ; nie le purgatoire, les indulgences et l'efficace des sacremens, dont il n'admet que deux, le baptême et la pénitence ; il prive l'homme de sa liberté, supprime le culte et l'invocation des saints, met dans l'eucharistie Jésus-Christ avec le pain, et rejette les vœux monastiques.

Calvin rejette l'infaillibilité de l'Eglise et des conciles généraux ; établit chaque particulier juge de la foi, et souverain interprète du sens des écritures; nie l'invocation et le culte des saints, le libre arbitre, la possibilité de pratiquer les commandemens de Dieu; ne reconnaît que deux sacremens, le baptême et l'eucharistie; il ôte même la nécessité et l'efficace du premier; nie la présence réelle de Jésus-Christ dans le Saint-Sacrement, etc. etc.

TESTAMENT DE MÉLANCHTON.

(1560.)

PHILIPPE Mélanchton (nom tiré du grec, par lequel il a remplacé son nom allemand *Schwarz-Erde*, c'est-à-dire *Terre-Noire*), est né à Bretten dans le Palatinat du Rhin, le 16 février 1497. Il fit les études les plus brillantes, et posséda parfaitement les auteurs classiques grecs et latins. C'est lui qui découvrit et fit connaître la mesure des vers des comédies de Térence, que l'on croyait écrites en prose. Il fut professeur de langue grecque à l'université de Wittemberg, et c'est là qu'il se forma bientôt une liaison intime entre lui et Luther, qui enseignait la théologie dans la même université. Les premières attaques de Luther contre l'Eglise romaine, loin d'altérer cette union, ne firent que la fortifier, et Mélanchton devint l'un des plus zélés disciples du réformateur. Mais il ne lui ressemblait en rien pour le caractère; paisible et modeste, d'un esprit doux et tranquille, il n'avait rien du génie impétueux de son maître; il haïssait les querelles de religion, et même l'on voit par sa conduite et par ses ouvrages, qu'il n'était pas éloigné de voies d'accommodement, et qu'il eût sacrifié beaucoup de choses pour la réunion des protestans avec les catholiques. Quoiqu'il eût d'abord embrassé toutes les opinions de Luther, il ne laissa pas d'être ensuite zuinglien sur quelques points, calviniste sur d'autres, incrédule sur plusieurs, et fort irrésolu sur presque tous. On prétend qu'il changea quatorze fois de sentiment sur la justification, ce qui lui mérita le nom de protée d'Allemagne. On assure aussi que, dans le voyage qu'il fit en 1539, pour aller assister aux conférences de Spire, où il fit briller son savoir, il eut occasion de voir sa mère, et que cette bonne femme, qui était catholique, lui demanda ce qu'il fallait qu'elle crût au milieu de tant de disputes ? « Continuez, lui répondit son fils, de croire et de prier comme vous avez fait jusqu'à ce jour, et ne vous laissez point troubler par le conflit des disputes de religion. — Mais, lui dit sa mère, quelle religion est donc la meilleure ? — La nouvelle, répliqua-t-il, est plus plausible ; l'ancienne est plus sûre. »

Malgré cet aveu, nous allons voir par le testament de Mélanchton, combien il tenait à la réforme. Cette pièce est curieuse, en ce qu'elle peint bien le caractère de cet homme célèbre. On voit, malgré ses opinions erronées, qu'il a un fonds de religion très-prononcé, un excellent cœur, une belle ame, quoique ternie par le malheur des temps où il a vécu. Il écrivait beaucoup mieux que Luther ; son style est coulant, doux, agréable.

Nous allons rapporter ce testament tel qu'il est dans le *Commentarius de Lutheranismo* de Seckendorff, édition de Francfort et Leipsik, 1692, *in*-fol., liv. III, sect. 21, § 78, p. 269. Mais nous nous contenterons de le donner en latin.

TESTAMENTUM PHILIPPI MELANCHTONIS, *sive* SCHWARZ-ERDE (Terre-Noire).

« IN nomine Dei Patris, et Filii, et Spiritûs
» sancti.

» Apparet, initio præcipuè condita esse tes-
» tamenta, propter hanc causam, ut patres
» relinquerent liberis certum testimonium suæ
» sententiæ de religione, quam volebant gravi
» auctoritate quasi obsignatam propagari ad
» posteros.

» *Item*, ut liberos ipsos ad eamdem sententiam
» retinendam et conservandam obligarent, sicut
» exempla ostendunt in testamento Jacob et
» Davidis.

» Et quia testamenta continebant explicatas,
» certas, immutabilesque sententias de doctrinâ
» cœlesti, rerum magnitudo auxit testamentorum
» auctoritatem.

» Quare et ego meorum liberorum et quorum-
» dam amicorum admonendorum causâ, volui
» initio in testamento, et meam confessionem
» recitare, et liberis meis præcipere pro officio
» patris, ut in eâdem sententiâ constanter ma-
» neant.

» Primùm autem ago gratias Deo patri domini
» nostri Jesu Christi pro nobis crucifixi, condi-

» tori omnium rerum, quòd me vocavit ad pœ-
» nitentiam et ad evangelii agnitionem, ac oro,
» ut propter filium suum, quem pro nobis voluit
» esse victimam, mihi condonet omnia peccata,
» me recipiat, justificet, exaudiat, et à morte
» æternâ liberet : sicut credo verè facturum esse.
» Nam ità jussit nos credere ; et impietas est,
» pluris facere peccata nostra quam mortem filii
» Dei ; hanc antefero meis peccatis. Rogo autem
» ut hæc initia fidei in me Deus confirmet spiritu
» suo sancto propter filium mediatorem. Excru-
» cior quidem et meis peccatis et scandalis alio-
» rum, sed antefero mortem filii Dei, ut gratia
» exuberet supra peccatum.

» Secundò, affirmo me verè amplecti symbola,
» apostolicum et nicœnum, et de totâ doctrinâ
» christianâ sentire, ut scripsi in locis commu-
» nibus et romanis (*Comment. in epist. ad*
» *Romanos*) postremæ editionis (1), in quibus
» explicatè de singulis articulis, sine ambiguitate

(1) Voici l'opinion d'Erasme sur le Commentaire de
Mélanchton *in epistolam ad Romanos.*

« Venditur istic Commentarius novus Philippi Me-
» lanchtonis in epistolam ad Romanos, in quo sibi placet,
» et multa præclarè dicta fatur, sed in multis displicet.
» Torquet multa, arroganter rejicit Origenem et Augus-
» tinum; non pauca transtulit. Legi quaterniones aliquot,
» videtur fuisse nactus opus aliquod theologi scolastici,
» cujus argumentum parvo emitur. Non esset ingratum,
» si mitteres Sadoleto, sed admonito, ut aurum legat è
» stercore. »

« On vend ici un nouveau Commentaire de P. Mélanchton sur l'épître aux Romains, dans lequel il se

» conatus sum dicere quod sentio. De cœnâ
» Domini amplector formulam concordiæ hìc
» factam. Adjunxi me igitur nostris ecclesiis ; et
» has judico profiteri catholicæ ecclesiæ Christi
» doctrinam, et esse verè Christi ecclesias ; ac
» præcipio meis liberis, ut in nostris ecclesiis
» maneant ac refugiant papistarum ecclesias et
» conjunctionem. Nam papistæ in multis arti-
» culis profitentur corruptissimam doctrinam :
» prorsus ignorant doctrinam de justitiâ fidei et
» de remissione peccatorum , nihil tradunt de
» discrimine legis et evangelii ; de invocatione
» Dei habent ethnicas ac pharisaïcas opiniones.
» Ad hos errores addunt et alios multos et ma-
» nifestam idololatriam , in missis suis et cultu
» mortuorum hominum. Peto igitur à meis li-
» beris , ut mihi propter mandatum Dei in hâc
» re obtemperent, nec se adjungant papistis. Et
» quoniam video impendere ad posteros novas
» conturbationes dogmatum et ecclesiæ, ac for-
» tassis existent spiritus fanatici ac leves, qui
» labefactabunt articulos de filio Dei et de Spiritu

---

complaît, où il y a en effet de belles choses, mais où il y
en a aussi beaucoup à reprendre. Il force beaucóup de
passages ; il rejette Origène et S. Augustin. Les transpo-
sitions n'y sont pas peu nombreuses. J'en ai lu quelques
cahiers, cela ressemble à quelque production d'un théologien scholastique, de très-peu de valeur. Il serait à
propos, si vous l'envoyez à Sadolet, dites-le lui bien,
qu'il séparàt l'or de ce fumier. »

Ce passage est extrait des lettres d'Erasme (la 59.ᵉ),
dont un recueil est à la bibliothèque de Bâle ; son testament est à la suite de ces lettres.

» sancto, volo præmonitos meos, ut constanter
» retineant sententiam, quam profiteor in locis,
» cum catholicâ Christi ecclesiâ, ubi damno Sa-
» mosatenum, Servetum et alios dissidentes à
» symbolis receptis. Erant (lege *erunt*) etiam
» fortassis novæ dogmatum conciliationes sophis-
» ticæ post hanc ætatem, ubi restituentur veteres
» errores nonnihil fucati, et hæ conciliationes
» corrumpent doctrinæ puritatem, quæ nunc
» traditur. De his quoque præmoneo meos, ne
» sophisticas conciliationes approbent, sed hic
» eruditi hortandi sunt, ut advigilent, ne specie
» pacis et publicæ tranquillitatis recipiant dog-
» matum confusionem, qualis in syrmiensi sy-
» nodo facta fuit.

» Verè hoc possum affirmare, me conatum
» esse, ut verè et propriè explicarem nostrarum
» ecclesiarum doctrinam, ut juventus rectiùs
» intelligere nostras sententias posset, et ad pos-
» teritatem conservare. Hæc forma si prodest,
» rogo Casparum Crucigerum, et alios qui nos
» audiverunt, ut eam in scholis conservent.

» Scio quosdam aliquandò suspicatos esse me
» quædam moliri in gratiam adversariorum. Sed
» Deum testem facio, me adversariis non patro-
» cinari voluisse, sed quæsivisse proprietatem
» in explicando, ut juventus has res rectiùs per-
» ciperet, sine ambiguitatibus, et quàm difficilè
» mihi fuerit, hunc ordinem et modum in ex-
» plicando reperire multi nôrunt qui sciunt, me
» formam in explicando sæpè mutasse; et constat
» augustinianam formam non satis explicatam
» esse. Ideò affirmo, me bono studio hanc me-

14

» thodum instituisse quæ extat in Romanis, et
» quidem cupio post mc relinquere sententias
» certas sine ambiguitate, quia ambiguitas posteà
» parit novas discordias. Nec meum consilium fuit
» ullam novam opinionem serere, sed perspicuè
» et propriè exponere doctrinam catholicam,
» quæ traditur in nostris ecclesiis, quam quidem
» judico singulari Dei beneficio patefactam esse
» his postremis temporibus per D. D. Martinum
» Lutherum, ut ecclesia repurgaretur et instaura-
» retur, quæ alioqui funditùs periisset. Ergò
» hanc lucem, quamdiù possumus, conserve-
» mus. Ac precor Deum patrem servatoris nostri
» Jesu Christi, conditorem omnium rerum,
» ut piorum studia adjuvet, et conservet aliquam
» ecclesiam, ac præsertìm benedicat nostris ec-
» clesiis quæ propter evangelium sustinerent
» certamina diuturna.

» Ago autem gratias reverendo D. doctori
» Martino Luthero, primùm, quia ab ipso evan-
» gelium didici ; deindè pro singulari erga me
» benevolentiâ, quam quidem plurimis beneficiis
» declaravit, eumque volo à meis non secùs ac
» patrem coli. Ego quia vidi et comperi, prædi-
» tum esse excellenti et heroïcâ vi ingenii, et
» multis magnis virtutibus, pietate ac doctrinâ
» præcipuâ, semper eum magnificè dilexi et
» colendum esse sensi.

» Ago etiam gratias illustrissimo principi duci
» Saxoniæ electori, domino Johanni Friderico,
» cujus erga me fuit singularis clementia et libe-
» ralitas. Ac oro Deum ut servet eum incolumem,
» defendat et gubernet, ad suam et communem
» salutem ecclesiæ et multarum gentium.

» Fuit mihi etiam pergrata benevolentia viri
» clarissimi domini cancellarii Fontani, quem
» et ipsum propter egregiam vi ingenii et virtu-
» tem dilexi, eique pro omnibus beneficiis
» gratias ago.

» Ago gratias et cæteris bonis viris qui constan-
» tiam in amicitiâ nostrâ perpetuam præstiterunt,
» Georgio fratri meo, Joachimo Camerario,
» domino cancellario Francisco (id est Burcardo),
» D. Jonæ, D. Pomerano, Crucigero, D. Au-
» gustino (Schurffio), D. Milichio, Paulo Ebero,
» Vito. Ac precor Deum ut eos servet. Nec judico
» extingui has amicitias meâ morte. Sed sentio
» nos paulò post in cœlesti vitâ conventuros esse,
» ubi veriùs frui licebit amicitiâ nostrâ et erit
» multò dulcior familiaritas. Precor etiam omnes
» ut mihi amanter dent veniam erratorum meo-
» rum, si quâ in re quemquam offendi. Certè
» petulanter non volui offendere. Etiam omnibus
» in academiâ doctoribus ac collegis meis gratias
» ago, quòd me amanter multis officiis in re
» publicâ et privatim adjuverunt. »

Ce testament, sur lequel nous n'avons aucune
réflexion à faire, parce qu'il se réfute de lui-
même dans les passages dictés par la passion, ce
testament, disons-nous, est sans date ; mais il y
a apparence qu'il a été fait peu de temps avant
la mort de Mélanchton, arrivée à Wittemberg,
le 19 avril 1560, quatorze ans après celle de
Luther.

TESTAMENT DE LOUISE LABÉ,

LYONNAISE.

(Vers l'an 1566.)

Loyse Charlin, dite Labé, et surnommée la Belle-Cordière (parce que son mari était cordier à Lyon), s'est acquis une grande célébrité comme poëte, et tout le monde est d'accord sur ses talens littéraires. Mais il n'en est pas de même de sa réputation morale : les uns, la jugeant sans doute d'après quelques-unes de ses poésies, assez libres en effet, et d'après un article peu favorable à ses mœurs que lui a consacré Duverdier (1), la rangent parmi les courtisanes. Les autres, au contraire, prenant en considération son éducation soignée, son instruction peu commune, ses connaissances dans les différentes langues et dans les arts libéraux, sa fortune, ses relations habituelles avec des personnes distinguées, enfin son testament marqué au coin de la religion, de la charité et de la vertu, les autres, disons-nous, la regardent comme une personne qui, sous tous les rapports, fait honneur à la ville qui lui a donné le jour. Il serait difficile, vu l'éloignement des temps et le

---

(1) Voyez Lacroix du Maine et Duverdier, édition de Rigoley de Juvigny, Paris, 1773, 6 vol. in-4.°, tom. IV, pp. 630—639. Duverdier, dans le début de cet article, peint Louise Labé comme une véritable Laïs, tandis que Lacroix du Maine, qui parle aussi de cette femme (même Bibliothèque, tom. II, pp. 41—44), ne dit rien de ses mœurs.

peu de renseignemens que l'on a sur la vie privée
de Louise Labé, de décider quelle est celle de
ces deux opinions qui doit l'emporter. Cependant
il nous semble qu'on penchera pour la seconde,
si l'on consulte l'intéressante notice historique
que M. Cochard, de Lyon, a mise en tête de la
dernière édition des œuvres de la Belle-Cordière,
publiée à Lyon en 1824 (1); et l'on sortira com-
plètement d'indécision, si l'on ajoute foi aux
témoignages favorables qu'ont portés de sa conduite des hommes respectables, et si l'on fait
attention aux sentimens religieux dont elle fait
profession dans son testament.

Ce testament, dont nous allons donner des extraits assez détaillés, est la seule pièce authentique relative à la vie de Louise Labé, qui porte
une date certaine. Il est du 28 avril 1565. On
conjecture, d'après un passage de ses poésies,
qu'elle est née vers 1525 ou 26, mais on n'a aucun renseignement sur la date précise de sa mort,
qui cependant a dû avoir lieu peu après son testament (vers 1566), puisque ses héritiers Pierre
et Jacques Charlin devaient, en cas de mort,
laisser sa succession à l'aumône générale de Lyon,
et que cet hospice en était en possession dès
l'an 1569, c'est-à-dire quatre ans après le testament. Cette pièce, dont le style et la forme sont
ce qu'il y a de plus curieux, commence ainsi :

(1) Cette édition est assez remarquable pour que nous
en parlions avec quelques détails; nous en donnerons la
notice après le testament de Louise Labé, et nous mentionnerons les éditions qui l'ont précédée.

« AU NOM DE DIEU. *Amen.*

» A tous ceux qui ces presentes lettres verront,
nous garde du scel commun royal establi aux
contrats du baillage de Mascon et senechaussée de
Lyon, sçavoir faisons que pardevant Pierre La
Forest, notaire tabellion royal à Lyon dessoubs
signé, et en presence de temoings aprez nommez,
a esté presente dame Loyse Charlin dite Labé *(sic)*,
veuve de feu sire Ennemond Perrin, en son vivant
bourgeois citoyen habitant à Lyon, laquelle faisant de son bon gré et ame pieuse et pure volonté,
sans force ni contrainte, mais de sa liberale volonté, considerant qu'il n'est rien si certain que
la mort, ni moins certain que l'heure d'icelle,
ne voulant de ce monde deceder sans tester et
ordonner des biens qu'il a plu a Dieu lui donner
en ce mortel monde, afin que, aprez son decez
et trespas, differend n'en advienne entre ses successeurs : a ces causes et aultres considérations
a ce la mouvant, la dicte testatrice, aprez avoir
revoqué, comme elle revoque, casse et adnulle
tous et chascuns ses aultres testaments qu'elle
pourroit avoir faict de bouche ou par escript,
et aprez avoir declare comme elle declare que ce
present son testament soit valable par forme de
testament nuncupatif, testament solempnel, par
forme de codicile, donation a cause de mort et
aultrement comme mieux il pourra et debvra valoir selon les droicts, loix canoniques et aultres
us et coutumes introduictes en faveur des testateurs, a faict son testament et ordonnance de
derniere volonté de tous et chascuns de ses biens

meubles et immeubles presents et advenir quelconques, en la forme et maniere qui s'en suit:

    » Et premierement la dicte testatrice, comme
bonne et loyale chrestienne, a recommandé son
ame a Dieu le createur, le priant, par la mort
et passion de son seul filz Jesus Christ, recepvoir
son ame, et la colloquer en son royaulme de paradis, par l'intercession de sa tres sacrée mere,
saincts et sainctes, et pour a ce parvenir s'est
munie du seing de la croix †, disant : au nom
du Pere, du Filz et du Sainct Esprit.

    » *Item*, la dicte testatrice, en cas qu'elle decede
en ceste ville de Lyon, eslit la sepulture de son
corps en l'eglise de Nostre Dame de Confort, et
ou decedera ailleurs, veult estre enterrée en la
paroisse du lieu ou elle decedera, et veult estre
enterrée sans pompe ni superstitions, a scavoir
de nuict, a la lanterne, accompagnée de quatre
prestres, oultre les porteurs de son corps, et
ordonne estre dictes en l'eglise du lieu ou elle
decedera, une grande messe a diacre et a soubs-
diacre, et cent petites messes continuellement
jusques a huict jours aprez son decez, et veult
que semblable service soit faict l'an revolu de son
decez, et donne a l'eglise ou elle sera enterrée la
somme de 100 livres pour une fois, a scavoir 25
livres pour faire les dicts services et le reste pour
employer en reparations, laquelle somme elle
veult estre payée aux dicts desserviteurs.......

    » *Item*, la dicte testatrice, esmeue de devotion,
a doté, fondé et legué a la dicte eglise de Parcieu
en Dombes, une pension annuelle et perpetuelle
d'une asnée vin et une mesure bled froment bon,

pur et marchand, mesure du dict lieu, laquelle pension elle impose sur sa grange et tenement qu'elle a au dict lieu de Parcieu en Dombes, et veult estre payée aux sieurs desserviteurs par chascun an, a chascune feste de S. Martin d'hiver..., a la charge que les dicts desserviteurs et leurs successeurs seront tenus de dire et celebrer perpetuellement ou par chascune semaine une messe basse en la dicte eglise a son intention et de ses parens et amys, a commencer dans la sepmaine aprez son decez.

» *Item*, la dicte testatrice, pour charité, pitié, aumosne, a donné et legué aux pauvres la somme de 1000 livres de fonds, avec les dons au proufit de cinq pour cent ou aultre proufit qu'il plaira au roy donner a cause de la dicte somme, et icelle prendre sur le credit de plus grand somme qu'elle a au grand party du roy soubs le nom du sieur ThomasFortin, et duquel elle a cedulle, lequel credit doit estre assigné sur la ville de Rouan a raison de cinq pour cent..........

» *Item*, la dicte testatrice donne et legue, pour aider a marier trois pauvres filles, a chascune la somme de 50 livres tournois, a prendre sur les premiers deniers de la rente du reste de son dict credit du roy, en laissant la nomination et eslection, distribution et délivrance des dicts deniers aux sieurs recteurs de l'aumosne generale de Lyon.

» *Item*, la dicte testatrice a donné et prelegué en preciput et advantage a Pierre Charly dit Labé (*sic*), son nepveu et l'un de ses heritiers aprez nommez, le reste des deniers que icelle testatrice a au dict grand party sous le nom du dict sieur Fortin........

» *Item,* donne et legue a quatre filles d'un nommé Villard de Parcieu son voisin, a chascune d'elles une robe jusques a 5 livres tournois......

» *Item,* donne et legue a Antoinette, femme Pierre Vailland, tissotier, jadis servante de la dicte testatrice, la somme de 100 livres tournois.

» *Item,* donne et legue icelle testatrice a une sienne chambriere qu'elle a dict estre nommée Pernette, jeune fille, la somme de 50 livres, laquelle luy veult estre payée pour une fois lors qu'elle sera mariée, et cas demeurant que la dicte Pernette decedast sans estre mariée, donne et legue la dicte somme aux pauvres.....

» *Item,* donne et legue icelle testatrice a aultre Pernette, sa vieille chambriere qu'elle tient a la grange de Parcieu, une pension viagere de 10 livres, d'un poinçon de trois asnées de vin et d'une asnée de bled froment....... Declarant icelle testatrice avoir 18 livres tournois appartenant a la dicte Pernette, laquelle somme luy veult estre remboursée aprez le decez de la dicte testatrice.

» *Item,* donne et legue a Jacquesme Ballasson, jadis son jardinier, demeurant a Parcieu, une pension annuelle et viagere de deux asnées de bled froment, laquelle elle veult estre payée au dict Jacquesme et a ses enfans tant qu'ils vivront; laquelle pension pourra estre racheptée par ses heritiers moyennant 100 livres tournois.

» *Item,* donne et legue a Claude Chomel son serviteur, pour une fois, la somme de 10 livres tournois....., declarant estre debitrice au dict Chomel de 30 livres tournois, tant pour reste de ses gaiges que pour deniers qu'il lui a baillez en garde; lesquelles 3o livres luy seront restituées aprez son decez.

» *Item*, donne et legue a Benoist Frotté, son grangier au dict Parcieu, la somme de 10 livres, a la femme du dict grangier et a la niepce de la grangiere, a chascune une cotte jusques a 5 livres tournois.......

» *Item*, la dicte testatrice, pour bonnes considerations a ce la mouvant, a donné et legué, donne et legue par ces presentes au dict sieur Thomas Fortin, marchand florentin, demeurant au dict Lyon, les usufruicts, proufits, revenus et jouissance de la grange et tenement qu'elle a au dict lieu de Parcieu, en quoy que la dicte grange consiste, soit en maisonnaiges, bastimens, jardins, fonds, heritages et immeubles quelconques, et tant celle ou la dicte testatrice a coustume d'habiter que celle ou elle tient son grangier, avec toutes les pensions qui sont dues a la dicte testatrice au dict lieu de Parcieu que lieux circonvoisins, qui peuvent monter a la quantité de 20 asnées de vin par chascun an, pour en jouir et user par le dict Fortin et les siens, et aultres qu'il plaira au dict Fortin, legataire, ordonner aprez son decez, pendant et durant le temps de vingt ans continuels et consecutifs, a compter du jour du decez de la dicte testatrice : tant seulement et outre ce, donne et legue au dict Fortin, pendant le dict temps de vingt ans, l'usage et jouissance des biens meubles d'icelle testatrice de quelle qualité, nature et condition qu'ils soyent et qu'ils seront tant en sa dicte grange que celle ou habite son grangier au dict lieu de Parcieu...»

(Elle ne veut pas que Fortin soit dans le cas de
fournir caution, ni de rendre aucun compte à
la fin des vingt ans ; et si les héritiers l'inquiètent
le moindrement dans la jouissance, elle les des-
hérite formellement, et leur substitue l'aumône
générale de Lyon). « Car telle est la volonté
d'icelle testatrice.

» *Item*, donne et legue a Germain Borgne
de Cahors, cordonnier habitant a Lyon, quatre
asnées de bled froment.....

» *Item*, la dicte testatrice a donné et legué, et
par droict d'institution a tous aultres pretendans
avoir droict sur ses dicts biens, la somme de 5
sols tournois, laquelle leur veult estre payée et
a chascun d'eulx pour une fois, aprez son decez,
et a ce les a faits et instituez par chascun d'eulx
ses heritiers particuliers, sans pouvoir aultre
chose quereller ne demander sur ses dicts biens.

» *Item*, la dicte testatrice a declaré et declare
estre debitrice des sommes suivantes, a sçavoir,
a M. Jacques......, apothicaire a la Grenette, de
8 livres ou environ ; a Benoist Bertrand, en rue
Salnerie *(de la Saônerie, qui occupait une partie de
l'emplacement du quai de Flandre)* d'autres 8
livres pour vente de carrons *(sic)*, et prest de....,
de 6o livres 1 sol pour reste d'une terre que mo-
dernement elle a acquise de luy ; et finalement
la dicte testatrice au residu de tous et chascuns
ses dicts biens meubles et immeubles, presents
et advenir quelconques, desquels elle n'a ci
dessus disposé ny ordonné, a faict, constitué,
creé et nommé, et par ces presentes faict, constitue, cree et nomme de sa propre bouche ses

heritiers universels, a sçavoir, ses bien aimez
Jacques Charlin dict Labé et le dict Pierre Charlin
son frere, nepveux de la dicte testatrice, et enfans de feu François Charlin dict Labé son frere,
demeurant a Lyon, et chascun d'eulx par moitié
et egale portion, et leurs enfans masles naturels
et legitimes et de chascun d'eulx, et cas advenant
que ses dicts nepveux ou leurs enfants masles
vinssent a deceder sans enfants masles et legitimes, la dicte testatrice a substitué et substitue
en tous ses dicts biens les filles descendans du
degré de ses dicts heritiers......; et aprez le decez
de ses dicts nepveux ou de leurs enfants masles
et de leurs dictes filles..... La dicte testatrice a
substitué et substitue en ses dicts biens les pauvres
de l'aumosne generale de ceste ville de Lyon, a
la charge de payer et acquitter ses dettes, legats
et frais funeraires, de les accomplir sans aucune
exception ne figure de procez, declarant par exprez la dicte testatrice qu'elle n'a voulu ne entendu,
mais a expressement prohibé et defendu et defend par ces presentes tant a ses dicts heritiers que
substituez, l'alienation de ses biens ou partie
d'iceulx, et toute distraction de quarte trebel-
lianique, parce qu'elle veult ses dicts biens estre
conservez en sa maison et famille, pour en defaut
d'icelle, parvenir aux dicts pauvres, en faveur
desquels la dicte prohibition a esté faicte.

» La dicte testatrice a faict par ces presentes
executeur de ce present son testament le dict sieur
Thomas Fortin, au quel elle donne pouvoir et
puissance de prendre ses dicts biens pour l'accomplissement de ce dict present son testament :

priant et requerant la dicte testatrice les tesmoins aprez nommez d'estre records de cette presente ordonnance de derniere volonté, la tenir secrete jusques a ce qu'il plaira a Dieu l'avoir appellée, et aprez en porter bon tesmoignage en temps et lieu. Priant aussy et requerant le dict notaire et tabellion royal, dessoubs signé, de la rediger par escript, la minuter et estendre au long la substance de faict nous mesme, et aprez en faire expedition a qui appartiendra moyennant salaire competant.

» Faict et passé a Lyon en la maison d'habitation du dict sieur Thomas Fortin; la dicte testatrice estant au lict malade le samedi 28.ᵉ jour d'apvril 1565 : presents Bernardo Rappoty, Antoine Panfy, florentin, Martin Prevost, apothicaire, M. Claude Almany, maistre ez arts, Germain Vacque, cordonnier, Pierre Maliquet, cousturier, Claude Panissera, piedmontois, tous demeurants a Lyon, tesmoins appelés et requis, la quelle testatrice ensemble les ditcs tesmoins ont signé et non les ditcs Maliquet et Vacque, ne sachant signer, demeurent requis suivant l'ordonnance. »

Note sur les éditions des Œuvres de Louise Labé, dite la Belle-Cordière.

La première qui a paru du vivant de l'auteur, est intitulée : Evvres de Lovize Labé lionnoise, a Lion, par Jan de Tournes, MDLV, avec privilege du roy, pet. in-8.ᵉ de 173 pag.

La seconde édition est absolument semblable à la première pour le caractère et pour le nombre de pages. Elle

porte au frontispice, Evvres *de Lovise Labé*, *reuues et cor-*
rigées par l'auteur, 1556, *pet. in-*8.°

La troisième édition est de la même année 1556, *chez*
J. de Tournes, *in-*16; mais elle est toute en caractère
romain, tandis que les deux précédentes sont en caractère
romain pour la prose et en caractère italique pour les vers.

On a parlé d'une édition de *Rouen*, *chez Jean Garou*,
1536, *in-*16. On a de fortes raisons de croire qu'elle
n'existe pas, quoique citée dans Niceron, t. XXIII, p.
248, et dans Goujet, t. XII, pp. 82 et 451.

La quatrième édition est celle de *Lyon, Duplain*, 1762,
*pet. in-*8.°, tirée à 525 exemplaires, dont 25 en gr. pap.
fin de Hollande, savoir : 12 avec les fig., vignettes et
culs-de-lampe en camaïeu, et 13 avec les fig. en noir.
Cette édition, imprimée par Aymé de la Roche et augmentée de recherches sur la vie de Louise Labé, que l'on
attribue à M. de Fleurieu, est estimée.

La cinquième est celle de feu M. Michel, imprimeur
à Brest, 1815, *in-*8.°, tirée à 140 exemplaires, dont 20
sur carré ordinaire, 116 sur carré vélin d'Annonay, 3
sur pap. rose de pâte, et 1 sur peau-vélin. Le titre annonce que cette édition est mise dans un meilleur ordre,
et augmentée d'une table. Elle a été faite sur la première
et la troisième édition de J. de Tournes.

Enfin, la sixième et dernière est celle qui a pour titre,
Evvres *de Lovize Labé*, *lionoise*. A Lion, par Durand et
Perrin, M.DCCC.XXIIII, *in-*8.° Cette édition mérite bien
que nous entrions dans quelques détails sur son contenu.

Faite aux frais d'une réunion d'amateurs de Lyon,
elle ne laisse rien à désirer sous tous les rapports : le texte
très-épuré est accompagné de pièces préliminaires, de
commentaires et de notes, où l'érudition est versée à
pleines mains : on pourrait même dire qu'elle y est pro-
diguée; mais il y aurait injustice à s'en plaindre, car tout
y est fort intéressant. Ce beau volume se compose des
objets suivans :

1.° Une préface dans laquelle, sous la forme d'un dialogue ingénieux entre Sapho et Louise Labé, M. Dumas
fait bien connaître le caractère de celle-ci, le genre de

son talent, et ce qu'elle a de commun avec l'immortelle Lesbienne. *Pag.* xj—xxij.

2.° Une notice historique, où M. Cochard a réuni tous les renseignemens qu'il a pu découvrir sur la personne, la vie et les écrits de la belle Lyonnaise. Cette biographie est complétée par les notes curieuses qu'y a ajoutées M. Breghot du Lut. *Pag.* xxiij—lxx.

3.° Les œuvres de Louise Labé, consistant dans le *Débat de folie et d'amour*, charmante allégorie en dialogue, ou plutôt espèce de pièce dramatique en prose, pp. 1—72; dans trois *élégies* en vers, pp. 73—84; etdans vingt-quatre *sonnets*, pp. 85-101.

4.° *Escriz de divers poëtes a la lovenge de Lovize Labé;* ce sont des pièces de vers dont l'une est en grec, une en latin et les autres en français, pp. 103—154.

5.° *Notes* de M. Breghot du Lut sur les œuvres précédentes. Ces notes très-étendues, remplies d'une érudition aussi variée que profonde, forment un commentaire infiniment précieux sur les œuvres de la Belle-Cordière, pp. 155—236.

6.° Le même auteur, M. Breghot du Lut, a terminé cette édition par un *Glossaire* de vieux mots employés par Louise Labé, et par les poëtes qui ont fait son éloge. Le langage du XVI.° siècle rendait nécessaire ce curieux glossaire, qui est précédé d'une savante introduction, pp. 237—322, et suivi de quatre pages d'additions et corrections, ainsi que de la liste des quarante-deux amateurs qui ont concouru aux frais de cette édition.

Ce volume, portant à la fin *achevé d'imprimer* le xx de juillet M.DCCC.XXIIII, est donc composé de lxx—328 pag. in-8.°, sur très-beau papier, caractère neuf, belle justification. La correction est extrêmement soignée; rien d'étonnant, M. Breghot de Lut a été chargé de diriger l'entreprise et de surveiller l'exécution typographique. Le testament de Louise Labé, qui avait été donné en abrégé dans sa notice biographique par M. Cochard, a été imprimé depuis la publication des œuvres par les soins de M. Breghot du Lut, et peut se joindre au volume. On le trouve encore dans l'excellent recueil intitulé : *Archives*

historiques et statistiques du département du Rhône, **Lyon**,
1825 et années suivantes, in-8.°, dont il paraît déjà 5
vol. , et auquel **MM. Breghot du Lut et Perricaud** aîné ont
une grande part. V. tom. I, pp. 35—46.

TESTAMENT
DU CHANCELIER DE L'HOSPITAL.
(1573.)

La vertu ne brille jamais mieux que dans les
temps de corruption, de troubles, de révolutions ;
plus elle est austère, forte, impassible, plus elle
jette d'éclat ; semblable aux météores ignés qui
ne paraissent jamais plus brillans que dans l'obscu-
rité, elle fixe involontairement tous les regards.
Telle fut la vertu de Michel de l'Hospital, qui, au
dire de Brantôme, «fut le plus grand chancelier,
» le plus savant, le plus digne et le plus universel
» qui fut jamais en France. » C'était aussi le sentiment d'Etienne Pasquier, qui, selon Nicolas
Pasquier son fils, « ne se pouvoit etancher de
» bien dire de ce grand et saint personnage,
» au patron et modèle duquel il desiroit que
» tous les chanceliers et gardes des sceaux mou-
» lassent leur vie. » Brantôme nous le représente
ainsi : « C'étoit un autre censeur Caton celuy là
» et qui sçavoit tres bien censurer et corriger le
» monde corrompu ; il en avoit du tout l'appa-
» rance avec sa grande barbe blanche, son visage
» pasle, sa façon grave, qu'on eust dict à le voir
» que c'estoit un vrai portraict de sainct Hierosme:
» aussi plusieurs le disoient a la court. Tous les
» estats le craignoient, mais surtout messieurs

» de la justice (*A*), desquels il estoit le chef... »
Et ailleurs : « Il ne falloit pas se jouer avec ce
» grand juge et rude magistrat. Si estoit-il pour-
» tant doux quelquefois, et là où il y avoit de
» la raison...... Aussi estoit-il si parfait en lettres
» humaines, qu'il savoit bien user d'humanité
» envers ceux qu'il falloit, et cognoissoit en estre
» dignes; et ainsy ces belles lettres humaines luy
» rabattoient beaucoup de sa rigueur de justice.
» Il estoit grand orateur et fort disert, grand
» historien, et surtout tres divin poete latin,
» comme plusieurs de ses œuvres l'ont manifesté
» tel.... (*B*). »

On peut certainement regarder le chancelier
de l'Hospital comme un des phénomènes les plus
extraordinaires, surtout pour le siècle où il a
vécu, siècle de troubles, de guerres de religion,
de révolte et d'anarchie. Aussi les qualités qu'a
déployées cet illustre chancelier dans des circonstances aussi affreuses, n'ont rien perdu de
leur éclat aux yeux des modernes ; au contraire,
il est dans le cas de ces héros de l'antiquité qui
paraissent toujours plus grands à mesure que la
postérité s'éloigne d'eux, et les modernes ne
sont pas moins justes à son égard que ne l'a été
son contemporain Brantôme. « Magistrat intré-
» pide, disent-ils, sujet fidèle, citoyen zélé,
» philosophe sage et tolérant, toujours supérieur
» à la crainte et même à l'opinion, il n'écoute que
» la vertu, et lui sacrifie quelquefois jusqu'à la
» gloire. Au milieu du plus violent fanatisme,
» il fait entendre la voix de la raison et de l'hu-
» manité ; au sein de l'anarchie et de la révolte,

15

» il défend avec un courage égal et l'autorité du
» roi et les droits de la nation. Si dans les com-
» mençemens sa·conduite paraît vacillante, sa
» législation contradictoire, c'est que, dominé
» par les circonstances, il s'occupe alors moins
» de faire le bien que de prévenir le mal. Pour
» connaître l'esprit de ses lois *(C)*, il faut les
» comparer à l'ordre des événemens....... »

On ne tarirait pas sur l'éloge de ce grand homme, mais il est temps d'arriver à son testament,
qui nous a procuré l'occasion d'enrichir notre
ouvrage de son nom, et d'y rendre hommage à
ses vertus. On le trouve dans plusieurs livres,
entre autres, dans un *Recueil de piéces* servant à
l'histoire, Paris, 1723, in-4.°; dans la *Bibliothèque
choisie* de Colomiez, in-8.°; dans la *Bibliothèque
du droit français* de Bouchet, dans Castelnau,
et dans Brantôme, article du connétable de
Montmorency. On le retrouvera encore en grande
partie dans un excellent travail de M. Bernardi,
intitulé : *Essai sur la vie et les écrits de Michel de
l'Hospital*, en quatre articles, dans les *Archives
littéraires*, Paris, 1806, tom. XI : 1.ᵉʳ article,
pp. 3—24; 2.ᵉ article, pp. 181—216; 3.ᵉ article,
pp. 281—309; 4.ᵉ article, tom. XII, pp. 137—
170.

Brantôme, parlant de ce testament, dit formellement : « Si faut il que j'insere icy ce dis-
» cours, que j'ay recouvert par grand peine d'un
» de mes amis, ou l'on peut voir une partie de
» sa vie, belle certes, la forme de son testament
» non vulgaire, et sa résolution à la mort. »

Malgré ce témoignage flatteur, je pense que

cette pièce intéressante en elle-même, doit cependant plus sa réputation au nom de son auteur qu'à son propre mérite. Le chancelier y donne d'abord un abrégé de sa vie ou plutôt d'une partie, dont les événemens sont très-connus d'ailleurs ; ensuite il passe aux dispositions testamentaires, dont les détails n'offrent rien de bien saillant ; il se recommande à la reine-mère et à Marguerite duchesse de Savoie, et termine fort sèchement. On l'a accusé de pencher vers le protestantisme : son silence dans son testament sur tout ce qui tient à la religion, pourrait le faire présumer ; cependant gardons-nous bien de prononcer dans une cause aussi délicate, et surtout de condamner un homme dont non-seulement les écrits et les actions n'offrent rien de positif à cet égard, mais qui au contraire s'exprime ainsi dans son discours ou poëme sur les quatre états, au moment où la réforme faisait déjà de grands progrès, mais où les guerres de religion n'avaient pas encore éclaté en France : « Le mépris pour
» la religion, dit-il, a perdu bien des états ; il
» dévaste l'Angleterre, l'Écosse et l'Allemagne.
» La France est bien heureuse de s'être garantie
» jusqu'alors des maux qu'il entraîne : mais le
» venin circule dans son sein, il ne faut pas le
» laisser vieillir. » La foi d'un homme d'état qui parle ainsi, peut-elle être suspecte ?

Passons à son testament, dont nous supprimerons la partie historique, qui n'offre rien de testamentaire.

« Michel de l'Hospital, chancelier de France, aagé de soixante huict ans, a faict son testament en la maniere qui s'en suit :

» J'ay toujours esté en doubte de mon aage
(1), parce que mes amis disoient en avoir ouy
tenir propos a mon pere en diverses sortes, lequel
maintenant disoit que j'estois nay devant la guerre
esmeüe contre les Genevois (Génois), tantost
maintenoit que j'avois pris naissance lorsqu'elle
fut mise à fin par le feu roy Louis XII, a laquelle mon pere se trouva, servant de medecin
a Charles duc de Bourbon, duquel alors le dit
Charles se servoit, et s'est servy puis apres plus
de conseiller que de medecin......... » Ici l'auteur raconte comment Charles de Bourbon
étant chassé de France *par envie*, et privé de tous
ses biens, se retira vers Charles d'Autriche, empereur (Charles-Quint); comment son père y
suivit ce prince ; comment lui-même âgé de 18
ans étant resté en France, à Tholoze où il étudiait,
il fut mis en prison, puis relâché. Il passe à la
bataille de Pavie, au départ du duc de Bourbon
pour l'Italie, parce que celui-ci était en froid
avec Charles-Quint. Le père de l'Hospital suivait
toujours le duc. Il appela son fils à Boulogne,
qui de là passa à Rome, où on lui donna une place
de juge, c'est-à-dire d'auditeur de Rote. Il s'en

_____

(1) On le fait naître en 1505, à Aigueperse, en Auvergne; et cette date paraît plus certaine que celle de
1506, adoptée par son historien, que l'on croit être M. Le-
vesque de Pouilly fils. Cette *Vie de Michel de l'Hospital,
chancelier de France,* Londres (Paris), de Bure, 1764,
in-12, est écrite avec ce ton de noblesse et de dignité qui
convient à un pareil sujet. C'est l'ouvrage où l'on peut
prendre une idée plus juste du caractère de ce grand
homme.

défit, revint en France en 1534, suivit le barreau, et épousa Marie Morin, fille du lieutenant criminel Morin, qui lui apporta en douaire une place de conseiller au parlement. Il exerça ces fonctions pendant neuf ans *(D)*, ensuite il fut envoyé en 1547, par le roi Henri II, ambassadeur au concile de Trente transféré à Bologne. Il y resta seize mois. A son retour il fut sans place; mais Marguerite, sœur du roi, le fit nommer chef et surintendant des finances. *(E)*. En 1559, il fut choisi pour conduire cette princesse à Turin, où elle épousa Emmanuel Philibert, duc de Savoie. Peu après (en 1560), il fut nommé chancelier. Il s'étend sur les maux qu'il a eus dans cette place, et parle de la nécessité où il a été de prendre sa retraite (en 1568), par suite des troubles, des cabales de cour et des suggestions perfides données au roi. Puis il arrive à ses dispositions testamentaires.

Nous allons reprendre textuellement la suite de cet acte :

« Maintenant me voyant travaillé d'une maladie incurable de vieillesse, et outre d'une infinité d'autres maladies despuis six mois, j'ay pensé de mettre ordre a mes affaires, comme ont accoutumé de faire les hommes, et ordonner chose que je veux que mes heritiers tiennent inviolablement, que j'espere qu'ils executeront de leur bon gré, estans plus induicts de mon amitié que d'aucune crainte des loix; car ils ne sont en rien esloignez des droicts et regles de nature, lesquelles choses n'ont aussi rien de contraire a leur utilité et proffit.

» Premierement, je veux et ordonne que tous mes biens et heritages viennent a ceux auxquels ils appartiennent par les loix et coustumes du pays ; et ne fais en cela loy ny prerogative a aucun.

» Je veux outre que Marie Morin, ma tres chere espouse et femme d'une singuliere pieté, gouverne le tout en commun ; laquelle, je m'assure, ne diminuera rien des biens, ains plustost les conservera duëment et les accroistra au proffit des enfans : et pour ce, je deffendz qu'on ne lui demande aucun compte ny raison de la tutelle et curatelle ; mais je veux que toutes choses se facent, se rendent et se passent ainsy qu'il luy plaira.

» J'ordonne aussi que tout ce qu'elle aura passé soit non seulement tenu des heritiers pour faict, mais pour agreable.

» J'entends semblablement que mes petits fils nays de ma fille, qui sont de la famille des Hurauts (*F*), ayent un nom adjousté au leur en sorte que l'aisné nommé *Charles* escrive ainsy son nom : *Charles Huraut de l'Hospital,* lequel nom adjousté servira pour distinguer les familles des Hurauts, qui sont en grand nombre ; ce qui a autrefois esté pratiqué a Rome, et se trouve aussi de semblables exemples en notre France.

» Je veux aussi que quelque memoire de mon nom demeure en ceste famille, en laquelle j'ay apporté les plus beaux estats de la republique, mesmes l'estat de chancelier, laquelle chose les encouragera comme j'espere, a suivre les traces et vestiges de leur grand pere pour parvenir a pareils degrez d'honneur.

» Je fais Madelaine de l'Hospital heritiere de tous et chascuns de mes biens, et laisse et legue par testament toute ma librairie et bibliotheque a Michel Huraut de l'Hospital, qui me semble plus ydoine et affectionné aux bonnes lettres que les autres petits.

» Toutesfois je veux que ma femme et fille gardent ma librairie, afin que personne n'en puisse rien soustraire, et qu'ils la donnent au dict Michel quand il sera en aage, soubs condition qu'elle sera ouverte pour la commodité de ceux de sa famille, ensemble des domestiques et autres qui fréquentent la maison.

» Au lieu de quoi, je veux qu'on donne a chascun des petits filz cinq cents livres, pour une esgalité de legitime portion, afin qu'il n'y en aye pas un qui se puisse plaindre que un autre ayt été preferé a lui, et lui postposé.

» Quant aux memoires d'antiquaille d'or et d'argent, de cuivre et médailles, et le surplus de ce qui est a mon logis, je veux qu'elles soient a celuy que ma femme et ma fille nommeront, ce que je laisse a leur discretion comme je fais toute autre chose.

» Je ne voudrois pas prendre cette hardiesse d'empescher la reyne mere de mes propres affaires, sçachant trop mieux qu'elle est d'ailleurs occupée a tant d'affaires publiques, si ce n'est qu'elle se fust offerte de son bon gré, et qu'elle mesmes m'eust declaré appertement qu'elle auroit le soing de moy et des miens tant durant ma vie que apres mon decez; m'asseurant haut et clair que si elle decedoit devant moy, qu'elle feroit

contre tout devoir d'humanité, si elle taisoit au
roi et autres ses enfans ma fidelité, et diligence,
et industrie, et labeur envers eux estant en bas
aage, lequel mesme j'ay employé au plus facheux
temps entre les grands et moindres affaires du
roi et royaume; ce que les dicts enfans ne pou-
voient cognoistre pour leur bas aage : mais tout
ainsy que sa majesté m'a esté liberalle et favorable,
aussi est il raisonnable que je jouysse de sa liberalité et mien benefice, autant que la raison le
requiert.

» Qu'il nous suffise a moy et aux miens qu'elle
nous soit propice, et qu'elle et le roy nous font
grande grace de ce qu'ils ne souffrent qu'on nous
fasse quelque tort ou injustice, mais qu'ils nous
permettent de vivre en toute droicture et equité :
que si a ce bien ils en adjoustent d'abondant,
nous reputerons le tout pour un singulier bien
et profit.

» Certes, il ne luy peut tourner a deshonneur
ou vitupere d'avoir salarié son humble serviteur
de quelque honneste recompense.

» C'est a vous, madame Marguerite, duchesse
de Savoye, à qui je m'adresse et que je prie,
qui avez toujours esté cause de mes biens et
estats et qui ne m'avez deffailly jamais, ny aux
miens pour mon advencement. Je vous supplie
que l'affection et faveur que m'avez porté et aux
miens en mon vivant, la veuillez continuer apres
ma mort envers ma femme et enfans ; en sorte,
toutesfois, que vous employez autant de vostre
puissance et authorité, et tout ainsy que bon
vous semblera, tellement que laissiez le manie-

ment de mes biens a ma femme, et de ceux de mes domestiques tels qu'il vous plaira (1).

» Je veux que toutes mes medailles de cuyvre, marbres, et aussi les monnoyes d'antiquaille d'or et d'argent et autres matieres soient gardées en ma maison par indivis, a la discretion de ma femme, et quatre beaux vazes, ouvrage d'Allemagne, et ceste medaille de taureau que madame ma maistresse m'a donnée.

» Je veux qu'on donne vingt escus de revenu en aumosne a ma sœur Françoise, religieuse, tant qu'elle vivra.

» Mon gendre prendra garde et aura soing que mes livres de droict civil que j'ay rédigé en articles par methode estant jeune, ne soient deschirés et bruslez, mais qu'ils soient donnez a l'un de mes petits filz des plus capables, et qui les pourra, a l'imitation de son ayeul, par adventure parachever.

» Quant a mes funerailles et sepulture, que les chrestiens n'ont pas en grande estime, j'en laisse a ma femme et domestiques d'en faire ce qu'ils voudront.

» Davantage je veux qu'on face la recompense a mes serviteurs et autres, telle que ma femme advisera, laquelle je veux qu'on tienne pour dame et maistresse de tous mes biens.

---

(1) Marguerite de Savoie n'a survécu que dix-huit mois et onze jours à Michel de l'Hospital, étant morte le 24 septembre 1574, âgée de 51 ans ; et la reine-mère Catherine de Médicis est morte le 5 janvier 1589, âgée de 70 ans, sept mois avant l'assassinat de son fils Henri III, par Jacques Clément.

» Au surplus, je vous recommande a tous de vous honnorer l'un l'autre et entr'aymer.

» J'ay soubsigné ces choses de ma main quand je me sentis approcher de la mort au Seigneur, le 12 mars 1573.

Signé M. DE L'HOSPITAL.

NOTES.

(A) Voici un trait raconté par Brantôme, témoin oculaire, qui prouve combien on le redoutait comme chef de la justice. Un jour, il dînait chez le chancelier de l'Hospital avec le maréchal de Strozzi, « et, dit Brantôme, nous fit diner tres bien du bouilly seulement (car ç'estoit son ordinaire pour les diners) et n'estions pas quatre a table, ou, durant le diner, ce nestoit que beaux discours, beaux mots et belles sentences, qui sortoient de la bouche de ce grand personnage. » Il serait difficile maintenant de trouver un chancelier, un maréchal de France et un courtisan réunis à dîner, se contentant du bouilli.

Après le dîner on annonça un président et un conseiller qui, nouvellement nommés, venaient pour prêter serment entre les mains du chancelier. « Soudain, dit Brantôme, il les fit venir devant luy qui ne bougea ferme de sa chaire. Les autres trembloient comme la feuille au vent. Il fit apporter un livre du code sur la table, l'ouvre luy meme et leur donne une loy a expliquer, leur faisant differentes demandes auxquelles ils ne purent repondre, et ne savoient que dire. Si bien qu'il fut contrainct de leur en faire une leçon, et puis leur dire que ce n'estoient que des asnes, et qu'encore qu'ils eussent pres de 50 ans qu'ils s'en allassent encore aux ecoles estudier.

» M. de Strozzi et moi estions pres du feu qui voyons toutes leurs mines, plus esbahys qu'un pauvre homme qu'on menne pendre. Nous en ryons sous la cheminée notre saoul. Ainsi M. le chancelier les renvoya sans recevoir leur serment, et qu'il remontreroit au roy leur ignorance et qu'il en mist d'autres en leurs places.

» Apres qu'ils eurent passé la porte, M. le chancelier se tourna vers nous et nous dict : voyla de grands asnes. C'est grand charge de conscience au roy de constituer ces gens là en sa justice.

» M. de Strozzi et moi lui dismes : Monsieur, possible leur avez vous donné le gibier trop gros et plus qu'il n'estoit de leur portée. Lors il se mit a rire et dit : Sauf votre gráce, ce ne sont que des choses triviales qu'ils devoient scavoir. »

(B) Il n'est resté de lui que son testament, quelques discours prononcés dans des occasions d'éclat et un recueil assez considérable de poésies latines.

Le manuscrit de ces poésies fut miraculeusement re- couvré par P. Pithou, ehez un passementier, qui s'en servait à envelopper ses passemens. Elles furent publiées pour la première fois en 1585, (Lutet., Mam. Patisson, in-fol.), par les soins de Pibrac, de de Thou et de Sainte- Marthe. On en fit ensuite d'autres éditions dans les pays étrangers. Mais tout ne fut pas d'abord publié, et l'on ne sait pour quelle raison. Les premiers éditeurs suppri- mèrent un grand nombre de pièces (V. COLOMIEZ, Bibl. choisie, p. 71). Le manuscrit que Pithou avait recouvré passa de sa famille dans celle du célèbre Jean de Wit, grand pensionnaire de Hollande ; et un de ses petits-fils le communiqua à P. Ulaming, qui donna en 1732, Amsterdam, in-8.°, une édition des poésies de l'Hospital plus complète et plus correcte que toutes les précéden- tes. M. Coupé a publié en 1778, Paris, 2 vol. in-8.°, un Essai de traduction de quelques épitres et autres poésies de l'Hospital, etc., dont M. Bernardi porte un jugement peu favorable. Il a paru une édition des OEuvres complètes et inédites de Michel de l'Hospital, donnée par les soins de M. Dufey, avocat (Paris, 1824—1826, 5 vol. in-8.°, avec 20 planches).

(C) Ses lois sont assez nombreuses. C'est à lui que le commerce doit l'établissement des consuls (remplacés par les tribunaux de commerce), dont les expéditions faciles et promptes furent substituées à la lenteur de la justice ordinaire.

Ennemi des priviléges exclusifs, il s'appliqua à les abolir par plusieurs lois.

On lui doit l'édit de 1563 qui fixe le commencement de l'année au 1.er janvier.

Il fit plusieurs lois somptuaires, un peu minutieuses. V. *Galerie philosophique du* XVIe *siècle, par Mayer,* 1783, 2 *vol. in*-8.e, tom. I, pp. 282—285.

Mais la plus singulière de toutes ces lois est celle qui défend de *vendre des petits pâtés* dans les rues de Paris, pour prévenir, disait-il, la *fénéantise* des vendeurs et la *gourmandise* des acheteurs.

Il créa en 1570 l'*Académie d'écriture,* dont les membres devaient étudier leur art, de manière à pouvoir sûrement arguer de faux les fripons. Les faussaires étaient très-nombreux de son temps. Hamon, maître d'écriture de Charles IX, devenu son secrétaire, fut pendu le 7 mars 1569, pour avoir contrefait la signature de ce prince. Raveneau fit paraître en 1666 un *Traité des inscriptions de faux.* Son livre reconnu dangereux fut condamné; mais l'auteur ne fut pas pendu, comme je crois l'avoir dit quelque part.

(D) Les charges de la magistrature étaient alors vénales. C'est ce qui excite les plaintes de Michel de l'Hospital, qui alors disait dans une de ses épîtres latines, liv. I, p. 15 : « Associé avec quelques hommes intègres que la mort
» a épargnés, nous soutenons autant qu'il est en nous
» l'ancienne splendeur de la magistrature. Que son lustre
» est effacé ! combien elle s'est avilie depuis qu'on en a
» ouvert indistinctement l'accès à tout le monde ; qu'on
» y a vu entrer une foule de jeunes gens sans esprit et
» sans application, qui ne connaissent pas même les
» premiers élémens du droit, et dont tous les titres sont
» dans l'argent qu'ils ont compté ! Tels sont les fruits que
» la guerre nous a apportés. Dans la distribution d e
» emplois on n'a plus d'égard pour le mérite ; la vertu
» est forcée de céder à l'opulence, et c'est cependant lors-

» que les vices s'accroissent, que la vertu pour les con-
» tenir, devrait avoir la puissance et l'autorité. »

(E) Il exerça cette charge avec autant d'intégrité que
de désintéressement ; sa rigidité lui attira beaucoup
d'ennemis : « Je me rends désagréable, écrivait-il au
» chancelier Olivier, par mon exactitude à veiller sur les
» deniers du roi. Les vols ne se font plus impunément.
» J'établis de l'ordre dans la recette et la dépense ; je
» refuse de payer des dons trop légèrement accordés, ou
» j'en renvoie le paiement à des temps plus heureux : on
» voit tout cela avec un dépit amer.... Dois-je préférer
» l'amitié déshonorante de certains courtisans à ce que
» me prescrivent mes obligations envers mon roi, mon
» amour pour la patrie ? Eh bien donc, qu'ils engloutis-
» tissent tout, et le soldat sans paie ravagera nos provin-
» ces pour subsister, et l'on foulera le peuple par de
» nouveaux impôts. »

(F) Nous trouvons le nombre de ses petits enfans dans
un passage des *Recherches littéraires* sur le XVI.ᵉ siècle, que
M. Coupé a mises en tête du second vol. de son *Essai de
traduction de Michel de l'Hospital,* Paris, 1778, 2 vol. in-8.°,
pag. cxvij.

« Au milieu du luxe qui régnait alors en France, dit-il,
l'Hospital conserva la simplicité antique. Mais étant chancelier, il se fit bâtir un bel hôtel, dans la rue *Geoffroi-
l'Asnier*. Il s'y trouvait grandement logé avec sa famille,
composée de treize maîtres, lui, sa femme, sa fille, son
gendre et *neuf* petits enfans. Il y a quelques années qu'un
procureur au parlement a trouvé cette maison trop ché-
tive, trop petite pour lui, et qu'il alla se loger plus convenablement ailleurs.

» Il est vrai que l'hôtel de Coligny est aujourd'hui
habité par un fripier, celui d'Auvergne par des filles
publiques, et qu'un maçon occupe la maison où logè-
rent les trois Henris, Henri III, Henri IV et Henri de
Guise, quand ils faisaient ensemble leurs études au collége de Navarre. *O misera tecta, quàm disparibus domina-
mini dominis!*

» Outre sa terre de Vignai, l'Hospital avait encore un *château* à Val-Grand, près de Villeroi. Il y a longtemps que ce château, dont il parle magnifiquement, ne paraît plus qu'une misérable ferme, en comparaison des superbes maisons qui l'entourent, comme on voyait à Rome bâtie en marbre sous Auguste, la chaumière de Romulus couverte de chaume.

» Cette différence, qui nous distingue de nos pères d'une manière si frappante, rappelle ce mot fameux d'un ancien, que « plus les maisons s'agrandissent, plus les hommes deviennent petits. »

TESTAMENT DE MARIE STUART,
REINE DE FRANCE ET D'ÉCOSSE.
(1587.)

CETTE infortunée princesse est née le 7 décembre 1542, de Jacques V, roi d'Ecosse, et de Marie de Lorraine, fille de Claude I.er de Lorraine, duc de Guise. Elle succéda à son père n'étant âgée que de huit jours. Henri VIII se proposa de la faire épouser au prince Edouard son fils, afin de réunir les deux royaumes d'Angleterre et d'Ecosse, mais ce mariage n'eut pas lieu. La guerre, après la mort de Henri VIII, s'étant renouvelée entre l'Angleterre et l'Ecosse, Marie fut envoyée, en 1548, âgée de six ans, pour la sûreté de sa personne, en France, où le roi Henri II, prit un grand soin de son éducation (1). Elle épousa, le 24 avril 1558, le dau-

_____

(1) A l'âge de 14 ans, elle récita publiquement dans une salle du Louvre, en présence du roi Henri II et de toute la cour, un discours latin de sa composition, où

phin, qui fut roi de France, le 10 juillet 1559,
sous le nom de François II, et qui mourut le
5 décembre 1560. Marie alors repassa en Ecosse
(1), où elle épousa Henri Stuart son cousin, le
19 juillet 1565. Ce mariage ne fut pas heureux ;
un nommé David Rezzo, musicien, était dans
les bonnes grâces de Marie. Un jour qu'il soupait
avec elle, il fut assassiné de cinquante-six coups
de poignard, le 9 mars 1566, par les ordres et en la
présence du roi (2). Le roi lui-même périt tragi-

elle soutenait qu'il sied aux femmes d'être instruites, et
que les belles connaissances sont pour elles une grâce
de plus. On prétend qu'elle possédait cinq langues. Elle
cultiva la poésie française, et ne le céda en ce genre ni
à Marot, ni aux autres poëtes de son temps. Plusieurs
d'entre eux célébrèrent sa beauté, ses talens, ses vertus.
Les poëtes latins enchérirent encore sur eux ; et rien
n'est au-dessus des éloges que lui donnèrent le chancelier de l'Hôpital, Martin du Bellai, et Buchanan son
sujet, qui l'a depuis si lâchement décriée dans son
histoire d'Ecosse pour faire sa cour à la cruelle Elisabeth.

(1) Au moment où elle sortait du port de France, elle
vit périr un bâtiment. La plus grande partie de l'équipage
fut noyée. « Ah, s'écria-t-elle, quel augure pour un
voyage ! » Pendant la navigation elle eut toujours les yeux
fixés sur les côtes de France tant qu'elle put les apercevoir. Lorsqu'elle les vit se confondre avec les nues, elle
s'écria plusieurs fois : « Adieu, France, adieu, je ne te
» reverrai plus ; » et versa un torrent de larmes. « Aimables
mouvemens, dit Gaillard, d'un ame jeune et tendre, dont
la sensibilité est encore dans toute sa fleur. »

(2) Dans ce moment terrible, Marie était enceinte de
sept mois ; elle portait ce prince qui naquit le 16 juin
1566, et fut par la suite Jacques VI, roi d'Ecosse, et
plus tard roi d'Angleterre, sous le nom de Jacques I.er
(en 1603), succédant à la meurtrière de sa mère.

quement le 10 février 1567, par une mine qui le
fit sauter en l'air. Bothwel, âgé de soixante ans,
qu'on accuse de ce régicide, épouse Marie le 15 mai
1567. Une conspiration se forme contre les deux
époux; la guerre se déclare. Bothwel fuit dans les
Orcades, où il meurt au bout de dix ans. Marie est
arrêtée et confinée dans le château de Lochevin,
où on la force de résigner la couronne à son fils
âgé de treize mois. Marie s'échappe de prison en
1568; elle passe en Angleterre pour aller se jeter
dans les bras de la reine Elisabeth, sa cousine.
Celle-ci refuse de la voir jusqu'à ce qu'elle se
soit purgée des accusations intentées contre elle,
(au sujet de la mort de son mari, ou plutôt
parce qu'elle restait attachée à la religion catholique), et donne ordre de la retenir prisonnière
à Carlisle. De Carlisle, on la transféra à Boston,
et de Boston en d'autres lieux, de sorte qu'elle
changea dix-sept fois de prison, dont la dernière
fut Fothéraingay, lieu où elle termina sa triste
vie, par un supplice affreux, après dix-huit ans
de captivité. Pendant ce temps, on ne cessa de
lui proposer de résigner la couronne à son fils :
« Non, répondit-elle constamment, je suis née
reine et je mourrai reine. »

Le recueil le plus volumineux et le plus curieux
que nous ayons consulté sur la vie, et particulièrement sur les derniers instans de Marie Stuart,
est le *De vitâ et rebus gestis serenissimæ principis
Mariæ Scotorum reginæ, Franciæ dotariæ.* Londini,
1725, 2 vol. in-fol., *portr. et carte généalog.*
Cependant nous n'y avons pas trouvé son testament; nous pensons qu'il n'existe, imprimé,

que dans un recueil intitulé : *Pièces fugitives,
pour servir à l'Histoire de France avec des notes
historiques* (par M. le baron d'Aubais). Paris,
1759, 3 vol. in-4.° Voyez le tome II. C'est là
que notre ami M. Weiss, de Besançon, si connu
par le travail prodigieux qu'il a fourni à la *Biographie universelle* de MM. Michaut, a eu, sur
notre demande, la complaisance de nous le faire
copier.

Ce testament n'est pas d'un grand intérêt par
lui-même (1), mais il en inspire par la main qui
l'a tracé, par le moment où il a été fait (la veille
et le jour de l'exécution), par l'orthographe de la
testatrice, qui l'a écrit en français, enfin par l'esprit d'ordre, de délicatesse et d'humanité envers
de bons serviteurs, qui y règne.

Voici ce qu'en dit le grand recueil cité plus
haut, tome II, p. 628 :

« Sa Majesté voyant qu'elle avoit peu d'heures
» à vivre, et que pour la briefveté du temps
» n'auroit loisir de doubler, ou escrire, ou bien
» mettre au net, un testament qu'elle avoit ja
» commencé en bonne forme ; pensant qu'elle
» n'auroit loisir avant mourir de l'achever et
» escrire comme elle eust fait si on ne l'eust point
» tenue en suspend de ses papiers qu'on lui
» promettoit de jours à autres, qu'elle attendoit
» pour voir ses comtes (*sic*), et ce qu'elle auroit
» à distribuer, en fist un tout de nouveau et
» coucha par articles tout ce qu'elle avoit deli-

---

(1) Cependant on y trouvera plusieurs noms qui ont
figuré dans l'histoire de Marie.

16

» beré qui fust fait apres sa mort, et tout d'un
» cours sans s'arrester ou y songer par intervalles,
» ny lever la plume hors de dessus le papier,
» escrivit deux grandes feuilles de papier, de sa
» main propre, contenant plusieurs articles ou
» elle n'oublia rien de toutes ses affaires, mais
» en mist par estat de chacune ce qu'elle en savoit,
» et n'y a aucun de ses serviteurs auquel elle n'ayt
» legué quelque chose, tant present qu'absent,
» ordonnant à iceux selon ou qu'elle les affection-
» noit ou qu'elle pensoit avoir plus besoin de son
» aide, et comme sage et prudente princesse,
» pourveut pour un chascun fort equitablement
» et distribua le peu de moyens qu'elle avoit avec
» une grande consideration, etc. etc. »

C'est donc ce testament que nous allons donner,
n'y changeant pas un seul mot, et le rendant
littéralement avec une scrupuleuse exactitude.
Nous l'accompagnerons d'une lettre au roi de
France, plus intéressante que le testament. Il
commence ainsi :

« Au nom du Pere, du Filz et du sainct Esprit.

» Je Marie, par la grace de Dieu, royne
d'Escosse, douairiere de France, etc. Estant
preste de mourir, et n'ayant moyen de faire mon
testament, j'ay mis ces articles par escrit, lesquelz
j'entens et veulx avoir meme force que si ilz
estoient mis en forme.

» Protestant, premier, de mourir en la foi
chatolique (*sic*), apostolique, romaine.

» Premier, je veulx qu'il soit faict un service
complet pour mon ame a l'eglise saint Denys en

France, et l'autre a saint Pierre de Reims, où tous mes serviteurs ce trouveront en la maniere qu'il sera ordonné a ceulx a qui j'en donne la charge issi dessoubs nommez.

» Plus qu'un obit annuel soit fondé pour prier pour mon ame a perpetuité, a lieu et en la maniere qui sera advisé le plus commode.

» Pour a quoy fournir je veulx que mes may-sons de Fontaynebeleau soient vendues, esperant que au surplus le roy m'aydera, comme par mon memoyre je le requiers.

» Je veulx que ma terre de Trespagm (sic) demeure a mon cousin de Guise pour une de ses filles, si elle venoit a estre mariée en ces quartiers; je quitteray la moitié des arerages qui me sont deus, ou une partie, a condition que l'autre soit payée, pour estre par mes executeurs employée en aumosne annuelle.

» Pour a quoy mieulx provoir, les papiers seront recherchez et delivrez selon l'affination pour en faire la poursuite.

» Je veulx aussi que l'argens que ce retirera de mon procès de Secondat, soit distribué comme s'en suit.

» Premier, a la descharge du poiement de mes dettes et mandements si aprez nommez, qui ne seront ja paiez, premier, les deux mille esqus de Courle que je veulx luy estre payez sans nulle contradiction, comme estantz en faveur de ma-riage sans que nous ou aultre luy en puisse rien demander, quelque obligation qu'il en aye d'au-tant qu'elle n'est que feincte é que l'argent estoit a moy é non emprunté, lequel je ne fis que luy

montray, é lé depuis retiré, et me on pris avecque
le reste a Charteley, lequel je lui donne si il le
peut recovrer, comme il a esté promis, pour
payement ces quatre mille franks promis par ma
mort, et mille pour marier une siene sœur et
m'ayant demandé le reste pour ses despans en
prison; quant a l'assignation de pareille somme
a nous, elle n'est pas d'obligation, et pour ce a
toujours esté mon intention que elle fust la derniere payée et encore en cas qu'il fasse aparoir
n'avoir faict contre la condition pour la quelle
je les luy avoys donnez, au tesmoignasge de mes
serviteurs.

» Pour la partie de douse cens esqus que il
m'a faict allouer par lui empruntée pour mon
service de Beauregard, jusques à six sens esqus,
et de Gervays trois cents, et le reste je ne sais
d'ou, il faut qu'il les repoye de son argent et que
j'en soys quite, é l'assignation cassée, car je n'en
ay rien resceu, mais est le fond en ces coffres, si
ce n'estoit que ils en soient payez par dela; comme
que ce soit, il faut que cete partie me revienne
bonne, n'ayant rien receu, et si elle estoit payée je
doibs avoir recours sur son bien, é de plus, je
veulx que Pasquier compte des deniers que il a
despandus (*dépensés*) é receus par le commandement de nous, par les mains des serviteurs de
M. de Chasteauneuf, l'ambassadeur de France.

» Plus, je veulx que mes comptes soyent ouys
é mon tresorier payé.

» Plus, que les gages et parties de mes gens,
tant de l'année passée que de la presente, soyent
tous payez avant tout aultre choze, tant guages

que pensions, hormis les pensions de Jean et de Courle, jusques a ce que l'on sasche ce qui en doit advenir é ce qu'ilz auront merité de moy pour pensions, si ce n'est que la fame de Courle soyt en nécessité, ou luy maltraicté pour moy; des gages de Jean, de mesme.

» Je veulx que les deux mille quatre cens franks que j'ay donnais a Jène Kenedi luy soyent payez en argent, comme il estoit porté en son premier don, i quoy fesant, la pension de Willi Guillaulme Douglas me reviendra, laquelle je donne a Fontenay pour ces services é des pens non recompansez.

» Je veulx que les quatre mille esqus de ce banquier soyent sollisitez é repayez, duquel j'ay oublié le nom; mais l'evesque de Glascou s'en resoviendra assez; é si l'assignation premiere venoit a manquer, je veulx qu'il leur en soyt donné une sur les premiers deniers de Secondat.

» Les dix mille franks que l'ambassadeur avoyt receux pour moy, je veulx qu'ilz soyent employez entre mes serviteurs qui s'en vont a present, a sçavoir, premier, deux mille franks a mon medecin, — deux mille franks a Elisabeth Courle, — deux mille franks a Bastien Pages, — deux mille a Marie Pages, ma filleule, — mille a Gourgon, — mille a Gervays.

» Plus, sur les aultres deniers de mon revenu, a Beauregard, mille franks, — a Montbray, mille franks.

» E reste de Secondat et de toutes mes casualitez, je veulx estre employez sinq cens franks a la misericorde des enfans de Reims, — a mes escoliers, deux mille franks, — aux quatre mandians, la somme qu'il sera necessaire, — a mes executeurs, selon les moyens qui ce trouveront, — sinq cens franks aux hospitaulx.

» A l'esquier de cuisine Martin, je donne mille franks, — mille franks a Hambel, é le laisse a mon cousin de Guise, son parein, a le mettre en quelque lieu en son service.

» Je laysse sinq cens franks a Nicolas, et sinq cens pour ces filles quant il les mariera.

» Je laysse sinq cens franks a Robin Hamilton, et prie mon filz le prendre, é Monsieur de Glascou faulte de luy, ou l'evesque de Rosse.

» Je laysse a Didier son grefe, sous la faveur du roy.

» Je donne sinq cens franks a Jean Laudere, é prie mon cousin de Guise ou d'Humaine (pour du Maine) le prendre en leur service, é a Messieurs de Glascou et de Rosse qu'ilz ayent soing de le voir proveu ; je veulx que son pere soyt payé de ces gages, et luy laysse sinq cens franks.

» Je veulx que mille franks soyent payez a Gourgeon, pour argent et aultres chozes qu'il m'a fournies en ma necessité.

» E je veulx que si Bourgoin accompli le voiage du vœu qu'il a faict pour moy a S. Nicolas, que quinze franks lui soyent livrés à cet effet. Je laysse selon mon peu de moyen six mille franks a l'evesque de Glascou, troys mille a celuy de Rosse. E je laysse la donaison des alsualites (sic) et droicts seigneriaux recelez a mon filleul, filz de M. Duruisseau.

» Je donne troys cens franks a Laurens, — plus troys cens franks a Susanne, — é laysse dix mille franks entre les quatre parties, qui ont esté respondant pour moy é au solliciteur parmy.

» Je veulx que l'argent provenant des meubles que j'ay ordonnez estre vendus a Londres, soyt pour defroyer le voyage de mes gens jusques en France.

» Ma cosche (*mon carosse*) je la layse pour mener mes filles, é les chevaulx pour les vendre ou aultrement en faire leur commoditéz.

» Il y a environ cent esqus des gages des années passées deus a Bourgoin, que je veulx luy estre payez.

» Je laysse deux mille franks a Meluïn, mon maystre d'hostel.

» Je ordonne pour principal executeur de ma volonté mon cousin le duc de Guise, é aprez luy l'archevesque de Glascou, l'evesque de Rosse, et M. Duruisseau mon chancelier.

» J'entends que sans faulte le preau jouisse de ces deux prebendes.

» Je recommande Marie Pages, ma filleule, a ma cousine madame de Guise, é la prie de prendre en son service; é ma tante de S. Pierre fayre mettre Montbray en quelque bon lieu, ou la retenir en service pour l'honneur de Dieu.

» Faict cejourd'hui 7 feubvrier mil sing cens octante é sept. »

Signé à l'original, MARIE R.

Le recueil que nous avons cité plus haut (*Londres*, 1725, 2 vol. in-fol.), dit, t. II, p. 629 : « Son testament achevé d'escrire, de mesme cours escrivit une lettre au roy de France (Henri III), dont la teneur est telle :

« MONSIEUR MON BEAU-FRERE,

» Estant par la permission de Dieu, pour mes pechez, je croy, venue me jetter entre les bras de ceste royne ma cousine, ou j'ay eu beaucoup d'ennuys, passé plus de vingt ans, je suys enfin par elle et ses estats condamnée a la mort : et ayant demandé mes papiers ostez par eux, pour faire mon testament, je n'ay sceu rien retirer qui me servist, ny congé de faire un libre testament, ny qu'aprez ma mort mon corps fust transporté selon mon desir, en vostre royaume, ou j'ay eu l'honneur d'estre royne, vostre sœur et ancienne alliée.

» Cejourd'hui aprez disner m'a esté denoncée, sans plus long respect, ma sentence, pour estre executée demain comme une criminelle a huict heures du matin. Je n'ay eu loisir de faire un ample discours de tout ce qui s'est passé, mais s'il vous plaist croire mon medecin, et ces aultres miens desolez serviteurs, vous oyrez la verité; et que grace a Dieu je mesprise la mort, et fidelement proteste de la recevoir innocente de tout crime : quand je seroy leur subjette, ce que je ne fuz jamais, pour la religion catholique et le maintien du droict que Dieu m'a donné a ceste couronne : voyla les deux poincts de ma condemnation. Et toutes fois ne me veulent permettre dire que c'est pour la religion que je meurs (1),

_____

(1) Avant le terrible schisme qui a pris naissance en 1517, l'histoire n'avait point été souillée de catastrophes aussi épouvantables que celle du régicide légal. Marie

mais pour crainte du change de la leur, et pour
preuve ilz m'ont osté mon aumosnier, lequel bien
qu'il soit en la maison je n'ay peu obtenir qu'il me
vint confesser ny communier en ma mort, mais
m'ont faict grande instance de recevoir la consolation et doctrine de leur ministre, amené pour
ce faict (1). Ce porteur et la compagnie, la plus
part de vos subjets, vous tesmoigneront mes de-
portemens en ce mien acte dernier. Il reste que
je vous supplie comme roy trez chrestien, mon
beau-frere, ancien allié, et qui m'avez tant faict
d'honneur de protester de m'aymer, qu'a ce coup
vous faciez preuve en tous ses poincts de vostre
vertu : l'un par charité me soulageant de ce
que pour me descharger, et ma conscience, je
ne puis sans vous, qui est de recompenser mes
serviteurs desolez, leur laissant leurs gages; l'aultre faisant prier Dieu pour une royne qui a esté
nommée trez chrestienne et meurt catholique, et
desnuée de tous ses biens. Quant a mon filz, je
le vous recommande autant qu'il le meritera, car
je n'en puis respondre; de mes serviteurs, je vous

Stuart meurt sur l'échafaud ; deux ans après, son beau-
frère, Henri III, auquel elle écrit, est poignardé par
un moine, au milieu des discordes religieuses ; et
vingt-un ans après, le bon Henri tombe aussi sous le
poignard d'un autre fanatique. Si au moins on s'en
était tenu là !

(1) Il y a de l'analogie entre ce passage et celui qui
termine la fin de la lettre que l'infortunée Marie-Antoinette écrivit dans une semblable et si déplorable circonstance. On trouve encore plusieurs points de ressemblance
entre ces deux lettres.

en requiers a jointes mains. J'ai pris la hardiesse
de vous envoyer deux pierres rares pour la santé,
vous la desirant parfaite, et heureuse et longue
vie. Vous les recevrez comme de vostre trez af-
fectionnée belle-sœur.

» Mourant et vous rendant tesmoygnage de son
bon cœur pour vous, je vous recommanderay
mes serviteurs par un memoire, et vous ordonnerez que pour mon ame soy payée de partie de
ce que me devez, s'il vous plaist, et qu'en l'honneur de Jesus, lequel je prieray demain a ma
mort pour vous, me laissiez de quoy fonder un
obit et faire les aumosnes requises.

» Ce mercredy deux heures aprez minuict.

          » Votre affectionnée et bonne sœur,

                    » Marie R. »

Puis aprez (dit toujours le recueil), escrivit
ce qui s'en suit sur un autre papier a part:

« Memoyre des dernieres requestes que je fay
au roy, de me faire payer tant de ce qu'il me
doibt de mes pensions, que d'argent advancé par
la feu royne ma mere en Escosse, pour le service
du roy mon beau-pere en ces quartiers, pour le
moings tant que un obit soit fondé pour mon
ame annuel, é que les aumosnes et petites fondations par moy promises soyent parfaictes.

» Plus, qu'il luy piayse me laisser la jouissance
de mon douaire un an aprez ma mort, pour re-
compencer mes serviteurs.

» Plus, je luy supplie recevoir mon médecin
en service, comme il a promis, é l'avoir pour
recommandé.

« Plus, si il luy plaist, laysser les gasges e pensions d'iceulx leur vie durant, comme fust fayct a ses officiers de la royne Alienor (1).

« Plus que mon aulmosnier soit remis a son estat, e en ma faveur proven de quelque petit benefice, pour prier Dieu pour mon asme le reste de sa vie.

« Plus que Didier, un vieulx officier de ma bouche, auquel jay donné un greffe pour recompense, en puisse jouir sa vie durant, estant ja fort asgé.

« Faict le matin de ma mort, ce mecredy 18 feubvrier. »

Signe à l'original, MARIE R.

Le grand recueil, précédemment cité, après avoir rapporté les deux dernières pièces qu'on vient de lire (2), ajoute :

« Il est a noter qu'en son testament et en ses derniers articles de requestes, sa majesté escript quelques choses obscurement, de peur que si les Angloys les visitoient, ils ne fussent entendues d'eux, et ne les retinssent, ayant déclaré l'interpretation a ses serviteurs pour le dire quand ils

----

(1) Je pense qu'il est là question d'Eléonore d'Autriche, qui mourut veuve de François 1er, à Talaveyra en Espagne, le 18 février 1558, onze ans après le roi son époux.

(2) Le testament, comme nous l'avons dit, n'est pas dans ce recueil, mais à la fin de la copie que nous a envoyée M. Weiss, et qui est tirée des *Pièces fugitives*, etc.; il est écrit : « L'original (du testament) est gardé au college des Ecossais à Paris.

» *Mélanges,* tom. II, pp. 78—81. »

seroient en France. Elle escrivit aussi une lettre a monseigneur de Guyse, pleine de pitié et de commisération. »

L'auteur entre ensuite dans les détails les plus minutieux sur ce qui s'est passé depuis le moment où la reine a cessé d'écrire jusqu'au moment de son exécution et même au-delà. Douze pages in-fol., de 650 à 642, lui ont à peine suffi pour ce récit. Rien n'est plus touchant que cette narration faite avec la plus grande naïveté. On y voit la reine se faisant laver les pieds ; puis après s'être vêtue de ses plus beaux habits (1), elle fait venir tous ses domestiques et leur distribue des bourses qu'elle avait préparées avec des étiquettes, et renfermant pour chacun une somme plus ou moins forte, selon leur rang ou leur besoin ; elle ne possédait que cinq mille écus comptant, et le

---

(1) On ne sera peut-être pas fâché de voir en quoi consistait la toilette de Marie. L'auteur du recueil en donne ainsi la description, p. 640, à l'instant où on va la dépouiller de ses habits pour l'exécuter :

» Avoit en premier lieu un voile de crespe blanc, l'en couvrant depuis la teste, et trainant par terre ; sa coiffure de même estofe, qu'elle avoit accoustumé porter quand elle se mettoit en meilleur poinct, les festes solennelles ; un grand manteau de satin noir gofré, paremens de martre sublime, doublé de tafetas noir, les manches pendantes, a longue queue, et le collet à l'italienne, un pourpoint de satin noir, une juppe de velours cramoisy brun, une vasquine *(jupe de dessous)* de tafetas velouté, caleçons de futaine blanche, des bas de soye bleue, jarretieres de soye, et des escarpins de maroquin. De tous lesquels habillemens fut despouillée jusques au cotillon, etc. »

nombre des domestiques était de 26 ou 27. Cette
distribution faite, et ayant chargé Bourgoin de
ses lettres et autres papiers pour Henri III, elle
se mit à son oratoire et pria avec beaucoup de
ferveur. Les commissaires vinrent ensuite la chercher pour la conduire dans la salle où devait se
faire l'exécution. Elle s'y rendit avec beaucoup
de fermeté et d'assurance. On lui lut sa sentence,
qu'elle écouta avec sang froid, puis on commença
les prières anglicanes à haute voix. Elle se refusa
à y prendre part, et récita des psaumes aussi à
haute voix. Les prières terminées, on la déshabilla.
Une de ses suivantes lui banda les yeux avec un
mouchoir brodé en or; elle resta assise sur un
tabouret, le cou droit, croyant qu'on la décapi-
terait à la manière des Français, avec le glaive;
mais on la fit quitter son siége et on la conduisit
à l'extrémité de l'échafaud où était un billot.
« On l'étendit tout de son long sur le ventre, dit
l'auteur du recueil, et luy firent mettre le cou sur
le billot, ou ayant mis sa main dessous son menton, fust ostée de peur qu'elle ne fust coupée
avec la teste. La le maistre levant une hache large
par le taillant de la façon de celles qui servent a
fendre le bois, lui donna un coup comme elle
disoit a haute voix, *in manus tuas*, lequel coup
mal adressé toucha seulement le derriere de la
teste et n'entra pas beaucoup avant, dont redou-
ble pour le second qui coupa une grande partie
du cou, qu'il acheva de couper a la troisieme
fois. Ce n'estoit pas assez si a l'heure de la mort
mesme ils n'usoient de cruauté, car posez le cas
que n'aye pas failly de volonté, n'estoit-ce pas

une grande faute et un extreme mepris de permettre qu'il s'aidast d'un tel instrument nullement propre a cest effet et qu'ils n'eussent pas voulu employer pour le moindre valet de leur pays? Que si c'est la faute du maistre, ne devoit-il pas estre puny?..... La teste séparée, il la print par la coiffure, qui luy eschapa, ou apparut sa teste blanche et sans cheveux, qu'elle faisoit oster souvent pour le mal de teste qu'elle avoit et ayant remis la dite coiffure, leva la teste, la monstra a l'assistance, disant : « Dieu sauve la royne d'Angleterre, la royne Elizabeth ! » Le comte de Kent dit : « Que tous ses ennemis en eussent autant ! »

Le même auteur rapporte ensuite le procès-verbal d'exécution dressé par les commissaires et témoins, au nombre de quinze, qui ont tous signé. Il a été rédigé aussitôt après l'exécution, qui a eu lieu vers neuf heures du matin, le 18 février 1587. Marie avait 44 ans et un mois.

Telle a été la fin de cette malheureuse princesse, qui a frayé le chemin à l'infortuné Charles I.er, au vertueux Louis XVI, et à la malheureuse Marie-Antoinette, dont la captivité et les derniers momens ont été plus affreux encore que ceux de Marie. Quel siècle ne frémira pas au nom du despote en jupe, de l'implacable Elisabeth, qui, par fanatisme et par jalousie, a osé, la première, donner l'épouvantable exemple d'une tête couronnée tombant sous la hache du bourreau !!!

TESTAMENT DE CUJAS.

(1590.)

.... Cujas, né à Toulouse, d'un foulon, ... s'appliqua de lui-même à l'étude et sut .... tirer parti des heureuses dispositions .... l'esprit judiciaire qu'il avait reçues de .... qu'après avoir fourni, comme profes- .... de droit, la carrière la plus brillante, et .... laissé des ouvrages immortels, il a été et .... proclamé, à l'unanimité des suffrages, le premier de tous les jurisconsultes, non-seule- ment des temps modernes, mais depuis la renais- sance du droit romain. Cujas a vécu dans des temps de troubles; les fureurs de la ligue em- poisonnèrent la fin de sa carrière; inébranlable dans sa fidélité à Henri IV, il courut des dangers à Bourges où les ligueurs dominaient. « Peu s'en est fallu, écrivait-il à Loisel, que la populace ne m'ait assommé de coups. » On peut assurer que les chagrins que lui causèrent les maux auxquels la France était en proie, hâtèrent ses derniers momens. Il était petit de taille; il avait le corps épais et carré, le ton de voix clair et ferme. Sa barbe extrêmement longue avait été fort noire dans sa jeunesse, mais elle avait blanchi ainsi que ses cheveux dans ses derniers jours. On prétend que sa sueur, comme celle d'Alexandre-le-Grand, répandait une odeur agréable; il plaisantait quel- quefois sur cette ressemblance avec ce conquérant. Il avait contracté la singulière habitude de tra- vailler couché tout de son long sur un tapis, le ventre contre terre, ayant ses livres autour de lui.

Il avait une bibliothèque immense, car il joignait le goût des livres à ses connaissances en
jurisprudence. Sa collection occupait six à sept
salles dans son logement ; et il l'augmentait tous
les jours. Quoique l'imprimerie eût déjà beaucoup
multiplié les livres de son temps, il recherchait
les manuscrits avec beaucoup d'ardeur. Pendant
le séjour qu'il fit en Italie dans les années 1566
et 1567, et où il professa quelque temps à Turin,
il parcourut différentes villes pour y examiner
les manuscrits des différentes villes, et tâcha de
s'en procurer quelques-uns ; il en acquit un renfermant vingt-cinq livres des *Basiliques* (qui,
après sa mort, fut vendu, en 1593, quatre cents
écus, équivalant à 4,200 fr. de notre monnaie
actuelle). De retour en France, il n'épargna aucun soin pour augmenter cette partie de sa bibliothèque. On voit par sa correspondance, qu'en
1570, il avait des commissionnaires chargés de
lui chercher des manuscrits dans trois pays différens. En 1571, il fit un voyage littéraire en
Provence, d'où il tira des manuscrits de *Sénèque,*
de *Prudence ,* de *Marianus Capella,* et de quelques
Conciles. En 1572 il était en relation avec un de
ses amis d'Italie, qui devait lui acheter tout ce
qu'il pourrait découvrir. Il avait prié un autre
ami qui était en Afrique, en 1573, de lui procurer
un manuscrit de S. Augustin, qui s'y trouvait.
En 1575, un gentilhomme devait venir exprès de
Padoue lui apporter un recueil de sentences
des anciens jurisconsultes. Enfin il recherchait
tellement les manuscrits, que sa collection qui

n'en comptait encore que 185 en 1575, en offrit
500 à sa mort, en 1590. Ce n'est pas qu'il négli-
geât pour cela les imprimés, l'étendue de sa bibliothèque le prouve bien ; mais sa passion pour
les manuscrits était extrême. En général, son
amour pour les livres se peint bien dans ces mots,.
tirés d'une de ses lettres du 11 janvier 1574 :
*Genus hoc est voluptatis meæ quærere et perscrutari
libros.* (V. ses *OEuvres*, édit. de Fabrot, tome
VIII, p. 1254.) Il s'en fallait beaucoup que son
goût bibliographique fût exclusif pour la jurisprudence : on assure que dans sa bibliothèque,
qui fut vendue en détail en 1593, les ouvrages
de droit ne formaient que la septième partie ;
ceux d'histoire, la huitième ; les poëtes, la seizième ; les mathématiciens, la trentième, etc.
Beaucoup de ses livres étaient enrichis de notes
et remarques de sa main. M. Bernardi, qui a fait
l'article CUJAS dans la *Biographie universelle*, prétend qu'il ordonna par son testament, que l'on
vendît sa bibliothèque en détail, cela est vrai ;
mais il ajoute : « De peur que si elle était au pou-
» voir d'un seul, on ne se servît de ses notes, mal
» entendues, pour en faire de méchans livres. »
Ce motif, qui pouvait être celui de Cujas, n'est
point exprimé dans son testament, comme nous
le verrons bientôt. Mais M. Bernardi nous dit
ensuite que : « Les volontés du testateur furent
» exécutées au-delà de ses désirs, car des libraires
» de Lyon qui achetèrent ses manuscrits, les
» employèrent à couvrir des rudimens. » Si l'a-
necdote est vraie, c'est le cas de s'écrier : *Proh
dolor!* quoiqu'il nous reste un petit dédomma-

17

gement consolant de douze à quinze volumes *in*-f.°, du père de la jurisprudence. La clause du testament relative aux jésuites, que cite M. Bernardi, est vraie : Cujas ne paraît pas avoir été porté pour cet ordre. Mais il est temps d'arriver à cet acte de dernière volonté de Cujas; il est fort simple et écrit en français par lui-même. Le voici en entier :

« Au nom du père, et du fils, et du saint-esprit.

» Je Jacques de Cujas (1), ay écrit ce testament,
» que s'en suit en cette sorte :

» Je veux qu'il ne soit veu d'autre personne
» que de ma femme (2) et de son pere, lesquels
» je fais executeurs d'iceluy.

---

(1) Ce *de* donnerait à entendre que Cujas a été anobli. Nous n'avons aucun renseignement à cet égard; mais nous savons qu'il avait des armoiries, où il portait d'argent, chappé, enté d'azur à une tour ronde couverte d'argent en pointe.

(2) Cujas a été marié deux fois ; de son premier mariage avec une demoiselle qui se nommait du Roure, il a eu un fils qui donnait les plus belles espérances, mais qui est mort, dit-on, par suite d'une conduite déréglée. De son second mariage, avec une demoiselle nommée Gabrielle Hervé, il a eu une fille, qui n'avait que trois ans à la mort de son père, et qui par conséquent n'a pu prêter à tous les sots quolibets que l'on a débités sur ses prétendues liaisons avec les élèves de Cujas; mais il n'en est pas moins vrai que la conduite de cette fille, qui n'avait de Suzanne que le nom, et nullement la force de résister à la tentation, a été par la suite, et même de fort bonne heure, très-licencieuse. Suzanne Cujas a été mariée trois fois, a fait le tourment et la honte de ses maris, puis a terminé ses jours dans la misère.

» Et après mon trepas, je veux être inhumé
» en la paroisse, sans que l'on fasse, ny qu'il y
» ait aucun convoy, ny autre que le curé et le
» porte-croix.

» Mes livres, qu'ils ne soyent vendus tous en-
» semble à un, ou plusieurs, mais un livre après
» l'autre, et prix fait, selon ce qui est porté par
» l'inventaire que j'en ay fait.

» Que l'on ne vende nul de mes livres a jesuites,
» et qu'on prenne garde a ceux a qui l'on en vendra,
» qu'ils ne s'interposent pour lesdits jesuites.

» Qu'on rende les livres a M. de Bourges, moyen-
» nant ce que j'ay fourni pour les racheter.

» Ma femme prendra sur ce peu que je laisse
» de biens, ce que je luy ay accordé par son
» contract de mariage.

» Le reste, elle le gardera pour nôtre commune
» fille, qui est ma legitime heritiere, jusqu'a ce
» qu'elle soit mariée (1).

» Les instrumens des rentes qui me sont dues
» et autres debtes, sont dans ma malle de bois ;
» que l'on poursuive le payement.

» Le procez commencé contre le sieur de Ga-
» lifard et sa femme (celle-ci était, je crois, une
» Magdeleine du Roure, sœur de sa première

---

(1) Terrasson n'avait sans doute pas lu le testament,
car il dit dans sa *Jurisprudence romaine*, p. 465 : « Il est
» certain que Cujas faisait beaucoup de cas de sa fille et
» qu'il parle d'elle avec estime dans son testament. » On
voit que cela est aussi vrai que le conte qu'il nous fait
sur cette fille, qu'il nous représente comme une grande
jurisconsulte, du vivant de son père, et voilà justement
comme on écrit l'histoire.

» femme), qu'il soit poursuivi, afin que mon he-
» ritiere soit dechargée ; d'autant que je n'enten-
» dois jamais m'obliger, et que je fus veritablement
» inseré dans leur contract sans mon sceu.

  » Les 25, 26 et 27 livres de mes observations
» seront delivrés a M. Pithou, avocat en la cour,
» mon amy, pour les faire mettre au net, et
» vendre a l'imprimeur.

  » Si les heritiers de ma premiere femme de-
» mandent mil francs qu'elle apporta, il faut
» deffendre que je les ay gaignés, selon la coû-
» tume de Tholose, que nous suivimes en notre
» contract.

  » Je ne sache point d'autres qui vous puissent
» rien demander. Passez cette vie en paix, louans
» et craignans Dieu sans cesse ; ne faites mal à
» nul, faites bien à tous sans distinction de per-
» sonne. Fuyez l'Ante-Christ, et les inventions
» et suppôts d'iceluy, qui, sous le nom d'Eglise,
» gourmandent, brigandent, corrompent et per-
» secutent la vraye Eglise, de laquelle la pierre
» fondamentale est Jesus-Christ seul, nôtre Sau-
» veur et Seigneur Dieu, et suivez la sainte parole
» de point en point, sans y rien ajouter ny dimi-
» nuer. Dieu soit avec vous et vous conduise aprez
» cette vie temporelle a l'eternelle par sa sainte
» grâce, comme je le supplie au nom de Jesus
» son fils nôtre Sauveur, bientôt me faire jouir
» d'icelle, prenant garde a ses misericordes, et
» non a mes merites. Ainsi soit-il. »

           Ainsi signé, JAC. DE CUJAS.

Ce testament n'a pas de date particulière, mais

il a été fait peu avant la mort du testateur, qui est arrivée, non le 5 des nones de septembre 1590, comme le dit la notice qui précède son testament, dans l'*Histoire de Berry*, p. 66, ni le 25 septembre de la même année, comme le dit Terrasson dans sa *Jurisprudence romaine*, p. 465; mais le jeudi 4 octobre de cette même année 1590, à deux heures du matin, ainsi que le porte une note à la suite de son testament, note assez mal rédigée, car on pourrait prendre cette date pour celle du testament, tandis que c'est bien celle de la mort, puisque l'épitaphe latine, faite par Pierre Pithou son ami, qui avait été gravée sur son tombeau, dit positivement : DECESSIT IV NON. OCTOB. MDXC.

Bien que Cujas eût ordonné par son testament qu'on l'enterrât de la manière la plus simple, on lui fit des funérailles magnifiques : tous les ordres de la ville y assistèrent, et ses écoliers portèrent eux-mêmes son corps jusqu'au lieu de sa sépulture, dans l'église de S. Pierre Legaillard. Trois jours après, Cl. Mareschal, conseiller au parlement, prononça publiquement son oraison funèbre près de son tombeau, dans la chapelle Saint-Denis de cette même église, où, par la suite, son portrait fut placé par les soins de M. de Gibieux, magistrat de Bourges.

TESTAMENT DE P. PITHOU.

(1596.)

PIERRE Pithou, célèbre jurisconsulte, profond érudit et grand littérateur, est né à Troyes le 1.er

novembre 1539, a rédigé son testament le 1.er
novembre 1587, et (rapprochement assez singulier quant au jour et au mois) est mort à Nogent-
sur-Seine, le 1.er novembre 1596. Il a donc vu,
comme le célèbre Cujas, son maître et son ami,
dont nous venons de parler, toutes les fureurs
de la ligue. Mais plus heureux que Cujas, il a
eu, avant de mourir, la consolation d'en voir le
terme, et même il y a contribué en prenant part
à cette fameuse *Ménipée* qui, dit-on, contribua
plus qu'une armée, à frayer le chemin du trône
au bon Henri, et à éteindre les derniers feux de
la ligue (1). Son testament ne peut pas être mis
au rang des singularités dans ce genre, à moins

---

(1) La *Satyre Ménipée* est une des pièces politico-litté-
raires les plus ingénieuses, les plus piquantes, les plus
extraordinaires qui jamais aient vu le jour. Nous en donnons une description très-détaillée dans notre *Histoire
littéraire des ouvrages à clef* (encore manuscrite). Nous
nous contenterons de dire ici que cette satyre a été composée, en commun, par Pierre Le Roy, Pierre Pithou,
Florent Christien, Jean Passerat, Nicolas Rapin, Jacques
Gillot et Gille Durant de la Bergerie. Ces Messieurs se
réunissaient chez Jacques Gillot, conseiller-clerc au parlement, et chanoine de la sainte chapelle ; il logeait dans
une petite rue qui alors allait du quai des Orfèvres à
l'hôtel du premier président; et, chose assez remarquable,
c'est que Boileau est né, dit-on, dans la même chambre
où l'ingénieuse satyre du *Catholicon* a été faite. Pierre
Pithou n'est pas celui des différens auteurs que nous
venons de citer, qui a eu la moindre part à cette satyre ;
il a composé la dernière harangue, celle de M. Daubray
pour le tiers-état. Cette pièce est la plus longue et la plus
judicieuse. L'orateur, après avoir fait le récit de tous les

que l'on ne regarde comme singularité l'expression la plus admirable des sentimens de vertu,
de justice, de candeur, de probité et de vrai
patriotisme, dont puisse être animé un bon citoyen dans des temps de troubles et de révolution.
Aussi l'on peut dire de cet acte ce que Pline le
jeune (1. VIII, ép. 18) dit d'un certain Tullus :
*Quò laudabilius testamentum est quod pietas, fides,
pudor scripsit : in quo denique omnibus affinitatibus
pro cujusque officio gratia relata est.* Sincère ad-
mirateur de toutes les qualités dont était doué
le vénérable Pithou, nous n'avons pu lire son
testament sans un plaisir et même sans un attendrissement qui, nous le pensons, sera partagé
par toutes les ames sensibles. Ne trouve-t-on pas
un certain charme à voir la vertu luttant contre
toutes les passions au milieu des calamités publiques, et dans la conviction de sa propre force,
faire elle-même son apologie, sans que l'on songe
à la taxer de présomption, et sans qu'on puisse
s'empêcher de l'admirer! C'est ce qui nous a
toujours fait regarder le testament de P. Pithou
comme un morceau curieux; et à ce titre, nous
croyons pouvoir, non-seulement le réunir à notre
recueil, mais pouvoir lui assigner l'une des pre-

---

excès et déportemens des chefs de la ligue, dit qu'il n'y a
que deux moyens de rétablir le royaume, c'est de reconnaître Henri de Bourbon et de faire la paix. V. l'édition
de la *Satyre Ménipée* de Ratisbonne, Kerner (Bruxelles,
Foppens), 1711, 3 vol. in-8.°, tom. I, pp. 106—192. Il
faut se rappeler que cette satyre a été faite en 1593, et
que l'entrée de Henri IV à Paris n'eut lieu que le 22
mars 1594.

mières places parmi les testamens remarquables.

Ce testament a été rédigé en latin; mais il en existe plusieurs traductions françaises, assez anciennes, entre autres celle de Grosley, qui l'a inséré en latin et en français dans sa *Vie des frères Pithou*, Paris, 1756, 2 vol. in-12, tom. II, pp. 88—102. Nous avions consulté sa traduction ainsi que les autres, et nous en avions profité pour tâcher de rendre le plus littéralement possible dans notre langue, la pensée de l'auteur. Notre travail était terminé, lorsque nous est parvenue une nouvelle traduction faite par M. Patris de Breuil, résidant à Troyes, et membre associé de l'académie de Dijon; elle est insérée dans son

---

TESTAMENTUM PETRI PITHÆI.

« IN NOMINE DOMINI. AMEN.

» I. Moribus valdè corruptis ac pravis, sæculo
» infelicissino, quantùm in me fuit, fidem servavi.

» II. Amicos ex animo amavi et colui. Inimicos
» benefactis vincere aut contemnere, quàm ul-
» cisci, malui.

» III. Conjugem ut meipsum habui. Liberis
» parùm indulsi, famulis ut hominibus usus sum.

» IV. Vitia sic odi in meis, ut virtutes in ex-
tèr nis vel hostibus reveratus sim.

Parallèle des testamens des frères Pithou, Gros-
ley, etc. , in-8.°; cette traduction est infiniment
supérieure à toutes les précédentes, et nous nous
trouvons heureux de nous être rencontré dans
certains articles avec le savant auteur du parallèle.
Mais il est d'autres articles où sa traduction nous
a paru préférable à la nôtre, et d'après ce qu'il
a bien voulu nous en écrire, nous n'avons fait
aucune difficulté de profiter de ses offres obli-
geantes pour rendre notre travail moins imparfait.
Nous pouvons assurer qu'il n'existe aucun recueil
où ce testament sera aussi complet et aussi dé-
taillé. Nous plaçons la traduction en regard du
texte.

———————

TESTAMENT DE PIERRE PITHOU.

Au nom de Dieu. Ainsi soit-il.

1. Dans le plus malheureux des siècles, au
milieu de la corruption et de la dépravation des
mœurs, j'ai, autant que je l'ai pu, conservé mon
intégrité.

2. J'ai chéri et cultivé mes amis dans toute
l'effusion de mon cœur. Quant à mes ennemis,
j'ai toujours préféré l'espérance de les vaincre par
de bons procédés, ou par le mépris des injures,
au désir de m'en venger.

3. J'ai regardé ma femme comme un autre
moi-même; j'ai eu peu de faiblesse pour mes
enfans. J'ai respecté l'humanité dans mes domestiques.

4. J'ai autant abhorré le vice dans ceux qui

» V. Privatæ rei servandæ, potiùs quàm au-
» gendæ, operam dedi.

» VI. Quod mihi fieri nolui, alteri vix unquam
» feci, aut fieri passus sum.

» VII. Injustam aut difficilem gratiam ut ve-
» nalem sprevi.

» VIII. Sordes et avaritiam in omnibus, præ-
» cipuè in religionis ac justitiæ sacerdotibus et
» ministris execratus sum.

» IX. Puer, juvenis, vir, senectuti multùm
» detuli.

» X. Patriam unicè dilexi.

» XI. Opus potiùs quàm honores aut magistra-
» tum amavi : ac prodesse quàm præesse malui.

» XII. Privatus ultrò publico studui : ei nihil
» prætuli, atque in commune consulere potiùs
» tutiùsque semper existimavi.

» XIII. Statum publicum laborantem pruden-
» ter sanari, emendarique optavi : præverti,
» immutari, novari ac perturbari, penitùs nun-
» quam cupivi.

» XIV. Pacem vel injustam, quòd bonâ bonorum
» omnium veniâ dixerim, civilibus discordiis,
» belloque potiorem putavi.

me sont le plus chers, que j'ai aimé la vertu dans les étrangers et même dans mes ennemis.

5. Je me suis plus occupé de conserver mon bien que de l'augmenter.

6. Je n'ai jamais fait ni souffert que l'on fît à autrui, ce que je n'aurais pas voulu que l'on me fît à moi-même.

7. J'ai méprisé comme vénale toute faveur qui eût été le prix de l'injustice ou de l'importunité.

8. Ennemi de l'avarice ou des bassesses, je les ai toujours eu en horreur, surtout dans les ministres de la religion et de la justice.

9. À toutes les époques de ma vie, dans l'enfance, dans la jeunesse, dans l'âge mûr, j'ai toujours eu le plus profond respect pour la vieillesse.

10. La patrie a concentré toutes mes affections.

11. J'ai préféré par goût le travail aux honneurs et aux charges. J'ai mieux aimé me rendre utile que dominer.

12. Dans ma vie privée, le bien public a été ma plus chère occupation. Je l'ai mis avant tout, bien convaincu que le parti le meilleur et le plus sûr, est de tout rapporter au bien général.

13. N'ayant jamais désiré ni révolution, ni changemens, ni innovations, ni troubles, je voudrais que l'on guérît les plaies de l'État, que l'on opérât son rétablissement, mais le tout avec prudence.

14. La paix, ne fût-elle obtenue qu'à des conditions déraisonnables, j'en demande bien pardon aux gens de bien, m'a toujours paru préférable à la guerre et aux discordes civiles.

» XV. Pietatis et religionis sacro-sancta nomina, » ambitioni, atque avaritiæ, sceleribusque, præ- » texi et obtendi, gravius tuli.

» XVI. Melioris antiquitatis non indiligens quæ- » sitor, admirator et cultor, novitates facilè in- » super habui.

» XVII. Quæstiones vanas, disputationesque » subtiliores de iis quæ ad Deum pertinent, ut » noxias odi ac fugi.

» XVIII. Simplicitatem prudentiâ aliquâ con- » ditam et septam, astutiâ et calliditate tutiorem » felicioremque sæpiùs expertus sum.

» XIX. Rectè de rebus judicandi studium elo- » quentiæ artibus prætuli.

» XX. Procul ambitu atque avaritiâ, invidiâ- » que, inter amicos plures ac bonos potentesque » fortunâ non planè infimâ, sollicitiùs aliquando » vixi, quàm privatum fortassis decuit : de pu- » blicis tamen et amicorum rebus magis quàm » de propriis cogitans.

» XXI. Nullum duxi gratiorem diem quàm quò » publico aut amicis adesse aut prodesse datum » est.

» XXII. Mala præsentia quàm metum impen- » dentium fortiùs tuli : extremaque faciliùs quàm » dubia.

15. J'ai vu avec la plus vive douleur les noms sacrés de la religion et de la piété servir de masque à l'ambition, à l'avarice et à la scélératesse.

16. J'ai recherché, admiré et étudié avec trop de soin ce qu'il y a de bon dans nos antiquités pour ne pas les mettre sans difficulté au-dessus de toutes nos innovations.

17. J'ai toujours détesté et évité comme un grand mal les vaines questions et les discussions trop subtiles sur ce qui regarde Dieu et la religion.

18. J'ai reconnu par ma propre expérience que l'on arrivait plus facilement et plus heureusement à son but par la droiture et la franchise, sans cependant négliger la prudence, que par l'astuce, la fourberie et l'intrigue.

19. Je me suis plus appliqué à l'art de bien penser qu'à l'art de bien dire.

20. Sans ambition, sans avarice, à l'abri de l'envie, lié d'amitié avec les hommes les plus distingués par leur mérite et par leurs vertus, jouissant d'une fortune honnête, j'ai quelquefois mené une vie moins tranquille qu'il ne convenait à ma condition privée; mais il faut dire aussi que je m'occupais plus des affaires publiques et de celles de mes amis que des miennes propres.

21. J'ai regardé comme les plus beaux jours de ma vie, ceux où j'ai eu le bonheur d'être utile à l'Etat, ou de rendre service à mes amis.

22. J'ai supporté avec plus de courage les maux au moment où ils étaient présens, que je n'ai eu peur de ceux qui nous menaçaient, et j'ai préféré une situation fâcheuse aux tourmens de l'incertitude sur une situation future.

» XXIII. Rectâ, sincerâ, æquabili inter omnes
» justitiæ administratione etiam sceleratissimis
» atque audacissimis os occludi, manus obligari,
» vidi, expertus sum.

» XXIV. De patrimonio ac bonis meis, quan-
» tulacumque post mortem meam erunt, legibus
» potiùs quàm mihi judicium permisi, permit-
» toque.

» XXV. Unum opto et spero, ut quem in me
» animum caressimæ ac probissimæ conjugis
» integrum vivus expertus sum, eundem in com-
» munibus liberis educandis, tuendis, curan-
» disque gerat.

» XXVI. Sit hoc apud posteros testatio mentis
» meæ quam ab illis sic candidè accipi velim, ut
» simpliciter et ingenuè ex animi mei sententiâ à
» me prolata est.
» Veni, Domine, miserere.

» P. Pithæus scripsi kalend. novemb. natali
» quondam meo die. Lut. Paris., anno Christi
» CIꝹ. IꝹ. LXXXVII.

» Pro titulo tumulo inscribi cupio :

PETRI. PITHÆI. P. F. J. C. BENE. DE. SUA. BENE. DE. POSTERA.
ÆTATE. MERITI. CORPUS. MAJORUM. SEPULCRO.
CONDITUM.
RESURRECTIONEM. ET. IMMORTALITATEM.
HIC. EXPECTAT.
R. I. P.
CATHARINA. PALUDELLA. CONJUX. AMANTISSIMO. CONJUGI.
LODOICA. ET. MARIA. FILIÆ. PATRI. OBSERVANDISS.

23. J'ai éprouvé et j'ai toujours vu que la justice, rendue à tout le monde indistinctement, avec franchise et impartialité, était le moyen le plus sûr de contenir les plus audacieux, même les plus scélérats, et de leur fermer la bouche.

24. Je m'en suis rapporté et m'en rapporte plus à la sagesse des lois qu'à mon propre jugement pour la disposition et le partage de mon patrimoine et de mes biens, quels qu'ils soient, à ma mort.

25. Je désire et j'espère une seule chose, c'est que toute la tendresse que m'a constamment témoignée ma très-chère et très-vertueuse épouse, passe sans partage à nos enfans, et que cette tendresse la dirige dans leur éducation et dans les soins qu'exigeront leurs personnes et la conservation de leurs biens.

26. Je consacre à mes descendans cette fidèle peinture de mon ame et de mon cœur : puissent-ils la recevoir avec la même candeur et la même franchise que je l'ai tracée et que je la leur adresse.

Venez, Seigneur, et répandez sur moi les trésors de vos miséricordes.

Moi, Pierre Pithou, ai écrit ce testament le 1.er novembre, jour de ma naissance, l'an de J. C. 1587.

Je désire que l'on mette sur mon tombeau cette inscription :

« Le corps de Pierre Pithou, fils de Pierre, jurisconsulte, qui a bien mérité de son siècle et des siècles futurs, est renfermé dans le tombeau de ses ancêtres. C'est ici qu'il attend la résurrection et l'immortalité. Qu'il repose en paix ! Catherine de Palluau son épouse, au plus aimé des époux ; et ses filles Louise et Marie, au plus respectable des pères. »

Cette épitaphe latine, telle que Pithou l'avait composée, avait été gravée sur un marbre noir, placé dans la chapelle de la passion des Cordeliers de Troyes, où ses cendres étaient déposées à côté de celles de son père, de sa mère et de ses frères. On ignore si sa femme, Catherine de Palluau, a été enterrée près de lui. C'était certainement son intention, si l'on en juge par les vers suivans qu'il avait composés pour faire partie de son épitaphe, et qui se trouvaient écrits à la suite de son testament :

> Pithæus hîc jaceo mecum et carissima conjux :
> Sic compar vitâ, compari morte fruor.
> Improbe, quid rides ? casti sacra nescis amoris ?
> Nil non vel cineres, hâc comite, esse juvat.

« Je repose ici et ma chère épouse y repose avec » moi ; ainsi, unis pendant la vie, nous le sommes » encore après la mort. Malheureux, de quoi ris-» tu? n'aurais-tu jamais connu les liens d'un » chaste amour? Oui, je me réjouis de n'être » même que cendres, puisque mon épouse est » près de moi. »

Les descendans de Pierre Pithou ont exercé des places distinguées dans le ministère et dans la magistrature. M. Le Pelletier qui succéda à Colbert dans la place de contrôleur général, était son petit-fils; de ce ministre sont descendus le président Le Pelletier de Rosambo, le conseiller d'Etat M. Le Pelletier de Beaupré, M. Le Pelletier de Morfontaine, intendant de Soissons, et M. le premier président d'Aligre. Quant à M. Le Pelletier de Souzi, frère du ministre successeur de

Colbert, il compte parmi ses descendans M. Turgot, ministre d'Etat, M. Le Pelletier de Saint-
Fargeau, et son frère M. Félix Le Pelletier de Saint-
Fargeau. Si ces deux derniers eussent un peu
mieux médité le testament de leur illustre aïeul,
l'un aurait évité le fer assassin qui a tranché ses
jours le 20 janvier 1793, et l'autre ne serait pas
en exil. Quant à la branche Le Pelletier Rosambo,
il n'en reste qu'un membre, qui est maintenant
pair de France, et digne du sang d'où il est sorti.
Elevé à l'école du malheur, il a eu à pleurer dans
un seul jour son aïeul, le vertueux Malesherbes,
âgé de 72 ans; son père, président à mortier du
parlement de Paris, âgé de 46 ans; sa mère, âgée
de 38 ans; sa sœur, âgée de 23 ans, et son beau-
frère, M. de Châteaubriant l'aîné, âgé de 34 ans,
tous victimes de la révolution et périssant le même
jour 22 avril 1794. Nous ne citerons qu'un trait
de M. Le Pelletier de Rosambo qui a survécu
à tant de déplorables désastres. Pendant sa minorité, les créanciers de sa famille avaient été
remboursés, par son tuteur, en assignats fort
dépréciés. Devenu majeur, M. de Rosambo
convoqua ces mêmes créanciers, et leur dit :
« Mon tuteur a peut-être fait son devoir, je vais
» remplir le mien en vous indemnisant de toute
» la perte que vous avez éprouvée sur votre paie-
» ment en assignats. » On assure qu'il s'agissait
d'une somme de cent cinquante mille francs.

18

TESTAMENT DE J. GOUAULT.

(1602.)

CE Jean Gouault dont il est question dans les *Mémoires sur les Troyens célèbres*, par Grosley, tom. I, p. 409, n'a d'autre célébrité que d'avoir été riche et d'avoir fait, le 17 juin 1602, un testament assez singulier, en ce qu'il dispose de ses meubles et acquêts, pour être employés à perpétuité en œuvres pies, quoiqu'il eût cinq enfans; et notez que c'est parmi eux qu'il choisit les exécuteurs testamentaires de cette disposition contraire à leurs intérêts, mais fondée sur les mœurs du temps, où, au milieu du feu des guerres civiles, toutes les fortunes n'étaient que précaires.

La famille Gouault, très-ancienne dans la ville de Troyes, où elle avait occupé les postes les plus honorables, ne trouvant dans l'exécution des volontés de Jean Gouault, que des germes de discorde, crut devoir transférer à l'Hôtel-Dieu les fonds et l'exécution du legs du testateur. Cette transmission se fit en 1633, *sans tirer à conséquence*, ainsi que le porte l'acte qui en fut passé; c'est-à-dire, sans doute, sous la faculté de répéter les fonds du legs, s'il y échéait.

Voici un extrait du testament en question; nous le rapporterons, tant à cause du style qu'à cause de la singularité de la disposition.

« AU NOM DU PÈRE, DU FILS ET DU SAINCT ESPRIT. » Je Jean Gouault, noble homme, bourgeois de Troyes, me connoissant homme mortel, et incertain du temps ni comment, je supplie la tres superbenite Trinité, evoquer mon ame a la meilleure heure, qu'elle connoitra pour le salut et redemption d'icelle, et qu'il lui plaise me faire la grace qu'a la fin de mes jours je puisse recevoir mon Dieu et Createur, pour estre fortifié pour monter en la montagne eternelle avéc les bienheureux esprits, etc. etc. etc.

» Et pour l'experience que j'ai eu ci devant du peu de charité qui se trouve envers les pauvres, et voulant executer ce que ma tres chere et bien aimée Marie Riboteau desiroit que nous ensemble laissassions le tiers des moyens qu'il plairoit a Dieu nous preter pour subvenir aux pauvres, et nos successeurs en cas de necessité, ayant été prevenu de la mort sans faire testament ni declarer par escrit de sa volonté ;

» Je veux qu'apres mon deces tous les biens meubles et acquets soient divisés en deux parts, l'une delivrée aux enfans de mon premier lit, l'autre moitié a mon fils Jean Gouault, etc.

» Apres le deces de mon fils Jean Gouault, sera esleu mon fils Sebastien, ou de mes plus proches, pour gouverner les heritages et rentes qui viendront de la donation que je fais a Jean Gouault mon fils, lequel *ne pourra rien vendre ni engager;* et celui qui sera esleu delivrera ce revenu *par aumosne,* ainsi qu'il verra bon estre, et preferera les descendants de moy a tous autres, s'ils en ont affaire; apres, mes neveux et conséquemment mes parents selon leur degré; et si l'on eslit quelqu'un des descendans de moy

pour faire cette distribution, et qu'il en abusast,
je prie mes autres parents le casser et decharger
et en eslire un autre.

» Le douaire de ma dite femme s'estant esteint,
retournera au fond de la dite aumosne pour l'en-
fler, etc. etc. etc.

Vient ensuite « l'estat des rentes et heritages
» appartenants aux dits legs dont se fait recepte
» en 1656. » Nous ne croyons pas devoir rapporter cet état, tout curieux qu'il paraîtrait,
par la comparaison que l'on pourrait faire entre
l'estimation des biens au commencement du
XVII.° siècle, et leur valeur actuelle. Mais ces
détails seraient un peu longs, et d'ailleurs n'in-
téresseraient guère que ceux qui habitent le pays
où sont situés ces biens ; au surplus on le trouvera
dans les *OEuvres inédites de Grosley*, publiées par
M. L.-M. Patris de Breuil, Paris, 1812, 3 vol.
in-8.°, tom. I, pp. 410—412. Les deux premiers
volumes renferment des mémoires sur les Troyens
célèbres, et le troisième un fragment considérable de la relation d'un voyage fait en Hollande
par Grosley, en 1772. Le tout est précédé d'un
excellent discours préliminaire par M. Patris de
Breuil, et de l'extrait d'une dissertation curieuse
de M. Herluison, sur les principaux grands
hommes que la Champagne a fournis dans tous
les genres ; et cela pour combattre le vieil et in-
signifiant proverbe : *Quatre-vingt-dix-neuf mou-
tons et un Champenois*, etc.

TESTAMENT DE JUSTE-LIPSE.

(1606.)

Né à Isch près Bruxelles, le 18 octobre 1547, catholique à Rome, luthérien à Iéna, calviniste à Leyde, et enfin catholique à Louvain, Juste-Lipse fut d'une dévotion très-fervente à la sainte Vierge de Halle, en l'honneur de laquelle il composa deux ouvrages en 1664. Il fit plus : par son testament, il lui consacra sa plume d'argent, et lui légua sa robe fourrée. Saumaise, Muret et d'autres lui font le reproche assez fondé, de s'emparer hardiment de ce qui lui convient dans les différens écrivains de son temps. Aussi disait-on que ce savant, qui donnait des robes fourrées à Notre-Dame de Halle, ne se faisait aucun scrupule de dépouiller les auteurs. Scaliger, Casaubon et lui, passaient pour les triumvirs de la république des lettres. Il aimait à la folie les chiens et les tulipes. Son goût pour ces fleurs était tel qu'il disait préférer certains oignons de tulipe à des lingots d'or. Il est mort à Louvain le 22 mars 1606.

Juste-Lipse n'est pas le seul qui eût légué sa plume à la vierge Marie; on connaît encore un Allemand qui a fait récemment un legs dans le même genre. C'est F.-L. Zacharie Werner, né protestant à Kœnisberg, le 18 novembre 1768, et qui est mort catholique le 17 janvier 1823. Il a laissé un long testament, dans lequel on remarque un article contenant le legs de sa plume d'argent à une image de la Vierge, très-vénérée en Autriche.

Cette grande dévotion à Marie me rappelle l'épitaphe d'un homme qui, aussi dévot que Juste-Lipse et Werner, se fit enterrer sur le seuil d'une église dédiée à la sainte Vierge, et ordonna que l'on inscrivît sur sa tombe :

NI DEDANS PAR RESPECT,
NI DEHORS PAR AMOUR.

TESTAMENT DE N. RAPIN.
(1608.)

NICOLAS Rapin, né à Fontenai-le-Comte, vers 1540, et mort à Poitiers le 15 février 1608, pendant le froid excessif du grand hiver de cette terrible année, a fait preuve dans son testament de cette humilité que nous avons déjà remarquée et que nous remarquerons encore chez plusieurs testateurs. Il ordonna que son corps fût porté depuis Poitiers jusques à Fontenai, sur un chariot couvert d'un drap noir, mais sans pompe, sans torches, et sans autre compagnie qu'un garçon, marchant devant, avec une cloche et une lanterne, rien de plus. Son cuisinier était nommé son exécuteur testamentaire.

Il paraît que les esprits étaient encore aussi susceptibles qu'au temps de Budé (V. son article, p. 192), puisqu'on avertit Rapin que cette clause de son testament, par laquelle il s'éloigne de l'usage ordinaire des obsèques, pourrait lui faire tort auprès des fidèles. Notre poëte, très-bon catholique, s'empressa de faire un codicille, dans lequel il révoqua la clause de son testament relative à

ses obsèques, demanda à être enterré honorable-
ment, avec les cérémonies, usages et prières ordinaires; puis au lieu de son cuisinier, il nomma
pour exécuteur testamentaire le P. François Solier, jésuite (1). Mais les héritiers firent en sorte
que ce codicille ne fût pas exécuté précisément
selon les dernières intentions du testateur, surtout dans ce qui regarde les funérailles; car
Gaucher de Sainte-Marthe, dans l'éloge qu'il fit
de Rapin, son ami, dit positivement : *Delatus est
Fontenaium, et modico funeris apparatu, quemad-
modùm testamento præscripserat, sepultus.*

N. Rapin s'est fait un nom dans les lettres comme
poëte; ses vers latins sont pleins d'élégance; on
estime surtout ses *Epigrammes*, à cause de leur sel
et du tour aisé qu'il leur a donné. Ses *OEuvres latines*
ont paru en 1610, in-4.° Fidèle à Henri III pendant les orages de la ligue, il fut chassé de Paris
par les ligueurs. Il y exerçait la charge de grand
prévôt de la connétablie. Il est inutile de dire combien il fut attaché aux intérêts d'Henri IV : la
grande part qu'il eut à la composition de la *Satyre
Ménipée* le prouve suffisamment. La majeure partie des vers malins de cette satyre sont de lui.
Cependant il faut dire qu'il réussissait mieux dans
la poésie latine. Il est vrai que notre langue n'était
pas encore formée, et ce n'est que peu après
qu'enfin MALHERBE vint.....

(1) Le P. Solier ou Sollier est mort le 1.er octobre 1611.
On lui doit la traduction de trois sermons prêchés en
Espagne sur la béatification de S. Ignace. Cette traduction a été censurée par la Faculté de Sorbonne. V. *Vie
de Richer*, liv. II, n.° 5.

TESTAMENT DE BRANTÔME.

(1614.)

CET acte de dernière volonté de Pierre de Bourdeille, seigneur de l'abbaye de Brantôme, est encore moins curieux par sa singularité que par le tableau de l'esprit du siècle où il a vécu, siècle assez remarquable, «'en ce que'» dit un auteur moderne, la chevalerie et les mœurs indépendantes venaient de finir, et les mœurs policées et réglées des temps modernes n'étaient pas encore établies ; on parlait et on agissait sans contrainte ; le vice ne songeait point à se déguiser, ni la vertu à se faire remarquer. La loyauté disparaissait sans que la valeur diminuât. La religion était le prétexte de mille maux sans que les persécuteurs fussent hypocrites. Les passions se montraient à découvert et n'avaient d'autre frein que l'intérêt personnel, parce que l'amour propre, libre dans son essor, était le mobile de toutes les actions, et ses élans n'étaient tempérés, ni par l'urbanité, ni par une morale bien épurée. » Quiconque a lu les ouvrages de Brantôme reconnaîtra ses héros et ses héroïnes aux traits que nous venons de rapporter, et lui-même se peint dans son testament de manière à prouver qu'il est digne de figurer parmi eux. Orgueil franc, principes religieux tels que le siècle les comportait, point d'honneur très-chatouilleux, assez libéral envers ses amis et ses domestiques, un peu âpre et sévère envers quelques-uns de ses parens, littérateur fort présomptueux, mais cependant un fonds de justice et de bonté ; tels sont les principaux traits caractéristiques qui dominent dans le testament de Brantôme. Il est un peu trop long pour que nous le rapportions en entier, mais les extraits suivans suffiront pour justifier ce que nous venons d'avancer :

« TESTAMENT ET CODICILLES *de Pierre de Bourdeille, seigneur de Brantôme.*

» Au nom du Pere et du Fils et du sainct Esprit, ensemble de la benite Vierge Marie, et de madame saincte Anne, mes deux bonnes patronnes.

» Je, Pierre de Bourdeille, seigneur et baron de Richemond, de Saint Crespin, etc. » (Nous ne rapportons pas ici toutes ses qualités, parce qu'elles sont répétées plus bas dans l'épitaphe qu'il se propose de faire graver sur son tombeau)... « Je recommande mon ame a Dieu et le supplie de bon cœur la recépvoir en son sainct paradis.

» Je veux estre enterré comme bon chrestien et catholique, sans pourtant aucune pompe funebre, ny ceremonie nullement somptueuse. J'eslis ma sepulture dans la chapelle de mon chasteau de Richemond, que j'ay faicte et construite exprès pour cest effet avec la voute, esperant que le tout sera faict et parachevé, s'il plaist a Dieu, avant que je meure, pour y estre enterré. Je veux que sur ma tombe soit gravé en grosse lettre cest epitaphe avecque mes armoiries de Bourdeille et Vivonne, entourées de l'ordre de sainct Michel :

» Passant, si par cas ta curiosité s'estend de sçavoir qui gist sous cette tombe, c'est le corps de Messire Pierre de Bourdeille,

» En son vivant chevalier, seigneur et baron de Richemond et Sainct Crespin, et la Chapelle Mommorrau, et conseigneur de Brantome; extraict du costé du père de la tres noble antique race de Bourdeille, renommée de l'empereur Charlemaigne, comme les Histoires anciennes et vieux romans françois, italiens, hespaignols, titres vieux et antiques monumens de la maison le temoignent de pere en fils jusques aujourd'huy; et du costé de la mere, il fut sorty de cette grande et illustre race aussi de Vivonne et de Bretaigne, qui en porte les hermines pour cela en ses armoiries. Il n'a degeneré, grace a Dieu, a ses predecesseurs. Il fut homme de bien, d'honneur et de valeur comme eux, adventurier en plusieurs guerres et voyages estrangers et hazardeux. Il fit son premier apprentissage d'armes soubs ce grand capitaine M. de Guyse, Messire Francoys de Lorraine; et pour tel apprentissage, il ne desire autre gloire et los : donc cela seul suffise. Il apprit tres bien soubs luy de bonnes leçons qu'il pratiqua avec beaucoup de reputation, pour le service des roys ses maistres. Il eut soubs eux charge de deux compagnies de gens de pied. Il fut en son vivant chevalier de l'ordre du roy de France, comme j'ay dit, et de plus chevalier de l'ordre de Portugal, qu'on appelle L'HABITO DE CHRISTO, qu'il alla querir et recepvoir la lui mesme, et avoir du roy dom Sebastien, qui l'en honnora au retour de la conqueste de la ville de Belis

ET SON MIGNON EN BARBARIE, OU CE GRAND ROI D'HES-
PAIGNE, DOM PHILIPPE, AVAIT DRESSÉ ET ENVOYÉ ARMÉE
DE CENT GALLERES, ET DOUZE MILLE HOMMES DE PIED.
IL FUT APRES GENTILHOMME ORDINAIRE DE LA CHAMBRE
DES ROYS CHARLES IX ET HENRI III, ET CHAMBELLAN
DE M. D'ALENÇON LEUR FRERE, ET OUTRE FUT PEN-
SIONNAIRE DE DEUX MILLE LIVRES PAR AN DU DICT ROI
CHARLES IX, DONT EN FUT TRES BIEN PAYÉ TANT
QU'IL VESQUIT; CAR IL L'AIMOIT FORT, ET L'EUST FORT
ADVANCÉ S'IL EUST PLUS VESCU QUE LE DICT HENRY III.
BIEN QU'IL LES EUST TOUS DEUX TRES BIEN SERVIS,
L'HUMEUR DU PREMIER S'ADDONNOIT PLUS A LUY FAIRE
DU BIEN ET DES GRADES PLUS QUE L'AUTRE; AUSSI QUE
LA FORTUNE AINSI LE VOULOIT. PLUSIEURS DE SES
COMPAIGNONS, NON ESGAUX A LUY, LE SURPASSERENT
EN BIENFAICTS, ESTATS ET GRADES, MAIS NON JAMAIS
EN VALEUR ET MÉRITE. LE CONTENTEMENT ET LE PLAI-
SYR NE LUY EN SONT PAS MOINDRES. POURTANT ADIEU,
PASSANT RETIRE TOI. JE NE T'EN PUIS PLUS DIRE,
SINON QUE TU LAISSES JOUYR DU REPOS CELUY QUI EN
SON VIVANT N'EN EUST, NY D'AISE, NY DE PLAISYR,
NY DE CONTENTEMENT. DIEU SOIT LOUÉ POURTANT DU
TOUT, ET DE SA SAINCTE GRACE (1).

» Je ne veux surtout qu'en mon enterrement se
fassent, comme j'ay dit, aucunes pompes ny
magnificence funebres, et surtout ny festins,
ny mangeailles, ny convoy, ny assemblées de
parens et amis, sinon d'une vingtaine de pauvres,

---

(1) Ce monument d'une vanité aussi excessive que
naïve, est d'autant plus intéressant qu'il est l'histoire
abrégée de la vie du testateur.

avec leurs escussons de mes armoiries, habillés
en deuil de gros drap noir, et qu'on leur donne
l'ausmone. accoustumée, ensemble aux autres
pauvres qui s'y assembleront. Je dis, non seulement pour ce jour de l'enterrement, mais a
la huictaine, et quarantaine, et bout de l'an
autant.

» Je donne et legue a maistre Pierre Petit, dit
le sieur Contanho, la somme de cinq cents livres
avec deux de mes meilleurs chevaux qui se trouveront en mon escurie a l'heure de mon trespas,
et le meilleur de mes manteaux, avec deux de
mes meilleures harquebuses a rouet et a mesche.
Plus, luy donne le moulin appellé le moulin de
la Rode, situé en ma terre de Saint Crespin, et
ce pour avoir esté bon commandataire de l'abbaye
de Brantome pour moy, dont pourtant il m'a
baillé beaucoup de peines et de traverses et tourmens d'esprit en ce negoce; mais je luy pardonne,
et s'il est habile en pourra tirer beaucoup apres
ma mort, selon le brevet du roy, qu'il trouvera
dans mon petit coffre d'Allemaigne, qui est sur
ma table de la Tour Blanche.

» Je legue au seigneur Laurentio splanditeur
la somme de deux cents livres, pour estre mon
ancien serviteur, bien qu'il n'en ait besoing, car
il est riche, et a gaigné assez avec moy, mais
afin qu'il ait souvenance de moy tant qu'il vivra.

» Plus je legue à tous mes serviteurs et servantes, demeurant tant a la Tour Blanche, Richemond que Brantome, qui se trouveront lors
de mon trespas, la somme de cinq cents cinquante
livres une fois payée, pour estre departie entre

eux, selon la qualité des dicts serviteurs et servantes comme mes héritiers et heritieres y auront
l'œil, ou bien personnes deleguées pour cela y
adviser ; de sorte que je les prie les en rendre tous
contens et contentes de leurs services et peines.

» Outre plus je donne et legue a mes serviteurs
principaux, qui me servent a la chambre et autres
lieux honorables, comme secretaires, pages, tous
mes manteaux, habillemens, linges, c'est a dire
des chemises, mouchoirs, chaussetes, sans toucher aux linceuls (draps), ny serviettes, ny
napes aucunement, desirant que cela demeure
parmy les meubles de la maison, pour la succession de mes heritiers.

» Outre mes serviteurs sus dits, je legue et
donne a mes soldats, qui sont a ma porte, pour
chasque teste, a chascun cinq escus et leurs gages
payés.

» Plus je legue et donne a Messire Hélie de
Hautmarché, dict Monsero Gallard, abbé commandataire de Sainct Sevrin, la somme de cinquante livres une fois payée.

» J'en donne et legue autant a Lombraud,
mon recepveur de present, qui m'a bien servy
jusques icy, et qu'il continue, outre ses gages
dont il se paye tous les mois par ses mains comme
il paroist par ses comptes.

» Je legue et donne aussi a Messire Arnaud
Barbut, vicaire de Brantome, la somme de dix
escus seulement une fois payée, bien que luy
aye bien payé tous ses gages, comme il paroist
par mes comptes, qu'il y a beaucoup gaigné en
faisant son service divin, et parce n'aye pas

grand besoin de recompense, mais afin qu'il
aye souvenance de moy.

» Et de tous ces sus dits legats, je veux et
ordonne estre faict aux personnes vivantes seulement lors de mon deces, et nullement a leurs
heritiers.

» Je veux aussi et en charge expressement
mes heritiers, de faire imprimer mes livres, que
j'ay faicts et composez de mon esprit et invention
et avec grande peine et travaux, escrits de ma
main, et transcrits et mis au net de celle de
Mathaud, mon secretaire a gages, lesquels on
trouvera en cinq volumes couverts de velours,
tant noir, verd, bleu, et en un grand volume,
qui est celui des *Dames*, couvert de velin, et
doré par dessus, qui est celuy de *Rodomontades*,
qu'on trouvera tous dans une de mes malles de
clisse, curieusement gardez, qui sont tres bien
corrigez avec une grande peine et un long temps;
lesquels j'eusse plustost achevez et mieux rendus
parfaicts sans mes fascheux affaires domestiques,
et sans mes maladies. L'on y verra de belles
choses, comme *Contes*, *Histoires*, *Discours et
beaux Mots*, qu'on ne desdaignera, s'il me semble, lire si on y a mis une fois la veue, et, pour
les faire imprimer mieux a ma fantaisie, j'en
donne la charge, dont je l'en prie, à madame
la comtessse de **Durtal**, ma chere niepce, ou
autre, si elle ne le veut, et pour ce j'ordonne et
veux qu'on prenne sur ma totale heredité l'argent
qu'en pourra valoir l'impression, et ce, avant
que mes heritiers s'en puissent prevaloir de mon
dict bien, ny d'en user avant qu'on n'aye pour-

veu a la dicte impression, qui ne se pourra certes
monter a beaucoup; car j'ay vu force imprimeurs,
comme il y a a Paris et a Lyon, que s'ils ont
mis une fois la veue, en donneront plustost
pour les imprimer, qu'ils n'en voudroient recepvoir; car ils en impriment plusieurs *gratis*
qui ne valent les miens. Je m'en puis bien vanter,
mesme que je les ay monstrés, au moins une
partie, a aucuns, qui les ont voulu imprimer
sans rien s'asseurant qu'ils en tireront bien profit,
voire encore m'en ont prié; mais je n'ay voulu
qu'ils fussent imprimez durant mon vivant.
Surtout je veux que la dicte impression en soit
en belle et grande lettre, et grand volume pour
mieux paroistre (1), et avec privilege du roy,
qui l'octroyera facilement, ou sans privilege s'il
se peut faire. Aussi prendre garde que l'imprimeur
n'entreprenne ny suppose autre nom que le mien,
comme cela se faict. Autrement je serais frustré
de ma peine, et de la gloire qui m'est due (2).

(1) Je ne crois pas que le vœu de Brantôme ait été
rempli à cet égard, car les premières éditions de ses
œuvres ont été en petits formats. Du moins je n'en ai
découvert aucune ancienne qui soit au-dessus de l'in-12.
Ce n'est qu'à la fin du 18.ᵉ siècle qu'elles ont paru in-8.°,
pour la première fois. Voyez sur les éditions *Elzevirs*
des œuvres de cet auteur, le curieux ouvrage de M. Bé-
rard, intitulé *Essai bibliographique sur les éditions des Elzevirs*, Paris, 1822, in-8.°, pp. 141—143. La meilleure
édition de Brantôme est celle de *Paris, Foucault,
1822—1824, 8 vol. in-8.°*

(2) M. de Barante a bien raison de dire que Brantôme
ne s'est point trompé sur la renommée dont ses livres

Je veux aussi que le premier livre qui sortira de
la presse, soit donné par présent bien relié et

---

devaient jouir. Il fait de cet écrivain un portrait si intéressant et si vrai, que je ne puis m'empêcher de le mettre
sous les yeux du lecteur, étant bien persuadé que, malgré
son étendue, on ne le trouvera pas trop long :

« Brantôme est un des historiens qui ont le plus de
charme et le plus d'utilité. » (Un peu plus de décence
dans certaine partie de ses œuvres, justifierait mieux
l'expression *utilité*). « Ses récits sont un tableau vivant
et animé de tout son siècle ; il en avait connu tous les
grands personnages. Sa curiosité et l'inquiétude de son
caractère l'avaient mêlé à toutes les affaires, comme
témoin, si ce n'est comme acteur. Il ne faut pas chercher en lui de profondes observations, une connaissance
réfléchie des hommes et des choses, des impressions
sérieuses, des jugemens sévères. Brantôme a tout le
caractère de son pays et de son métier : insouciant
sur le bien et et sur le mal ; courtisan qui ne sait rien
blâmer dans les grands, mais qui voit et qui raconte
leurs vices et leurs crimes d'autant plus franchement
qu'il n'est pas bien sûr s'ils ont mal ou bien fait ; aussi
indifférent sur l'honneur des femmes que sur la morale
des hommes ; racontant le scandale sans le sentir, et le
faisant presque trouver tout simple, tant il y attache peu
d'importance ; parlant du *bon* roi Louis XI, qui a fait
empoisonner son frère, et des honnêtes dames dont les
aventures ne peuvent bien être écrites que par sa plume ;
souvent mal instruit, ne se piquant pas d'une grande
exactitude dans ses récits, mais les peignant fortement
de la couleur générale du temps ; se mettant souvent en
scène avec une vanité naïve et plaisante ; et quand cet
homme à l'humeur frivole, soldatesque et gascone, vient
à être frappé de respect pour les choses grandes, belles
et touchantes ; quand il nous représente la sévérité su-
rannée du vieux connétable de Montmorency, la vertu

couvert de velours, a lá royne Marguerite ma
tres illustre maistresse, qui m'a faict cest honneur d'en avoir veu aucuns, et trouvé beau et
faict estime.

» Je veux aussi et ordonne que mes debtes
soient payées, et en charge mes heritiers et heritieres, lesquelles sont petites...... »

Ici Brantôme entre dans le détail de ses dettes,
qui sont: 1.° de cinq cents écus à son neveu M. de
la Chastaigneraye, sur quoi il y en aurait deux
cents à rabattre, qu'il a prêtés à un M. Danville
également son neveu; 2.° de deux cents écus à
M. du Préan, gouverneur de Chastelleraud;
« mais, dit Brantôme, je crois qu'il n'yra a la
rigueur, pour l'avoir nourry et elevé de telle sorte
que c'est un des honnestes et vaillans capitaines
de la France, et qu'il m'en a ceste obligation; » 3.°
de six ou sept vingts livres à M. de la Chambre.

« Pour mes autres debtes, continue Brantôme,
elles sont fort petites et par ainsi aysées a payer,
et que je veux estre bien payées : et crois que
aprés ma mort on trouvera encore dans mes
coffres, s'il plaist a Dieu, argent assez pour les
payer et m'en acquitter, voir quasi payer tous
mes sus dicts legats nommez ; et au defaut, faudra
vendre de mes chevaux et quelques uns de mes
meubles, qui sont tous assez bastans pour me des-

---

grave et imposante du chancelier de l'Hospital, la pureté
de Bayard, le charme et les infortunes de Marie Stuart,
on ressent un effet d'autant plus grand, que l'historien
est moins profond, et que c'est un sentiment et non un
jugement qu'il fait partager. »

acquitter, s'il plaist a Dieu qu'il ne m'envoye autre inconvenient.

» Or je ne doubte point que mes heritiers et heritieres ne trouvent mes legats et debtes grands et grandes, comme je sçais qu'aucun en ont fait leurs comptes, les ayant sçeu par testament que j'avois fait et passé par Galopin, notaire, que possible l'avoient vu, et disoient que je les chargeois de trop de legats et debtes, et parce que je ne leur laissois grande part de mon heredité.

» A cela je leur respond et leur dis que je suis libre et franc de disposer du mien comme il me plaist, sans en rendre compte a aucuns, aussi que je leur laisse plus de cinq fois autant voire plus que je n'ay jamais eu de legitime de ma maison, qui ne s'est pu monter a plus haut de treize mille livres, a sçavoir, du pere huict mille livres et de la mere cinq mille livres, comme leurs testaments portent partage ; certes fort peu pour une si grande et noble maison que la nostre ; si que le moindre cadet de Perigord et de Poictou en eust eu et herité six fois davantage. »

Ici Brantôme entre dans des détails de famille, quant à la fortune ; il dit que pendant qu'il était jeune et aux études, son frére aîné, M. de Bourdeille, a joui de son bien pendant l'espace de douze ans, et des bénéfices de Saint-Vincent-les-Xaintes, du doyenné de Saint-Yriers en Limosin, et du prieuré de Royan. Mais ledit frère n'était point économe. «S'il a esté, dit Brantôme, si mauvais mesnager, et un peu joueur, de sorte que son bien a beaucoup diminué, tant de son vivant qu'apres sa mort, je n'en puis mais ; me contentant en mon ame d'avoir faict le devoir d'un tres bon frere. Si dirai je pourtant de luy que, nonobstant son mauvais mesnage, ça esté un bien fort homme de bien, d'honneur, de valeur, et fort splendide, magnifique et liberal, comme je l'ay veü paroistre a la cour et armée. »

Ensuite il raconte qu'après la mort de son frere, il quitta la cour pour empêcher Mme Bourdeille de se remarier. « Je quittay tout, dit-il, pour assister madame Bourdeille ma belle sœur, en son veufvage, et l'empescher de se remarier, comme estant recherchée de force grands et hauts partis, tant pour sa beauté de corps et d'esprit, que pour ses grands moyens, biens et richesses et belles maisons, comme chascun sçait. Je me rendis si bien subject a elle, et si pres, qu'aucun n'osa s'approcher d'elle pour la vouloir servir, sinon par ambassades sourdes et secrettes; mais par ma prevoyance et vigilance, j'en rompis tous les coups, musées et actes; de telle sorte que si elle se fust remariée, estant en l'aage de trente sept ans, et pour porter encore force enfans, ceux la qui sont aujourd'huy si riches et aysés, n'auroient pas mille livres de rentes. Je n'en plains que leur peu de recognoissance en mon endroit, et mesme de l'aisné; dont je laisse a Dieu la vengeance, lequel je prie qu'elle soit petite et legere, car je lui pardonne.

» Une chose y a t il : c'est que par le premier testament de madame Bourdeille, paroist comme elle me recognoist quatre mille deux cents escus, par moi prestez a elle, comme de vrai le sont estez par plusieurs fois qu'elle avait a faire, sans

jamais avoir voulu prendre cedule (billet) car
aussitost qu'elle me demandoit, aussitost prest,
comme quand mes nepveux allerent en Italie et
y demeurerent........» » Ensuite Brantôme entre
dans de grands détails sur un codicille secret,
que M.me Bourdeille a fait à son testament, et
dans lequel elle exprime le désir que les quatre
mille deux cents écus tournent, apres la mort
dudit Brantôme, à M. le vicomte son fils aîné et
à sa maison. Brantôme, furieux du secret qu'on
lui a fait de cette clause, déclare qu'il ne l'obser-
vera pas, et que son bien sera partagé, ainsi que
cette somme, par égale portion entre ses héritiers.

« Je sçay bien, ajoute-t-il, que mon dict nepveu me voudra mal de cet article, et qu'il en
dira prou apres ma mort ; mais s'il veut considerer bien le tout, il trouvera que j'ay beaucoup
de raison. Et qui ne se contentera pas de si peu
de mon bien, qu'il le quitte, il fera plaisir aux
autres qui s'en contenteront bien et ne le des-
daigneront. »

Brantôme, par suite d'une autre clause du
même codicille, touchant la co-seigneurie de
l'abbaye de Brantôme, montre beaucoup d'humeur contre un autre de ses neveux, qu'il taxe
d'ingrat. « Dieu, dit-il, lui pardonne ses ingra-
titudes, car j'ay peur qu'il l'en punisse, estant un
vice que ceste ingratitude fort desagreable a sa
divinité. Entre autres en voici une qui leve la
paille. Un jour estant a la Tour Blanche dans la
salle, il dit tout haut devant force gentils hommes
et autres, sur le sujet qu'il n'avoit obligation a
homme au monde qu'au sieur Marouatte (c'est

celui qui avoit dicté le codicile secret a madame
de Bourdeille) , qui lui avoit fait avoir la resi-
gnation a M. de Perigueux de son evesché, pour
l'y avoir poussé et persuadé, dont je cuyday partir
de colere contre luy ; mais je me commanday
et m'arrestay de peur d'escandale ; lequel mon
dict evesque j'avois faict et creé tel par la nomination et brevet du roy, car ce fut moy qui la luy
demanday pour mon frere et pour moy, ayant
veu le dict evesque un chetif petit moyne de
Sainct Denys, et l'avoir ainsi tel creé, contre
l'opinion de madame de Dampierre ma tante,
qui ne le vouloit, en me disant plusieurs fois
que j'en maudiray l'heure de le colloquer en si
haut lieu, *ce vilain moyne,* usant de ces propres
mots, et que son pere avoit fait souvent pleurer
ma mere. Croyez que ceste honneste dame pro-
phetisa bien ce coup ; car il fût aussi ingrat en
mon endroit que son cousin, le dict M. viscomte. »
Et plus loin : « Voila donc si le dict sieur de
Bourdeille devoit avoir si grande obligation au
sieur de Marouatte plus qu'a moi. Et quand le
dict evesque eut faict de l'asne, comme il estoit,
je l'eusse bien faict tourner au baston et joüyr
de son evesché, en luy donnant quelque part
comme j'avais faict d'autres fois, selon le brevet
du roy que j'ay vers moi, et M. de Bourdeille
mon frere ne l'eut jamais. Et si M. de Bourdeille
se fust fié en moy et m'eust conferé de tout cest
affaire, nous en eussions bien eu la raison et de
l'evesque et l'evesché ; car il me craignoit comme
la creature fait son createur que lui estois tel,
dont il me fut ingrat ingratissime. N'en parlons
plus.

» Or venons maintenant a mon heredité. Je
fais et institue mes heritiers et heritieres universels et universelles, messire Henry de Bourdeille
et messire Claude de Bourdeille, mes nepveux,
madame Jehanne de Bourdeille, comtesse de
Durtal, ma niepce, et mesdames d'Ambleville et
de Saint Bonnet, mes autres niepces. Je desire
aussi que madame d'Aubeterre Hyppólite Bouchard en aye quelque part en mon heredité, non
pour consideration de David Bouchard, son pere,
car il ne m'ayma jamais, ny moy luy, bien qu'il me
fust fort obligé, mais pour l'amour de madame
son honneste et bonne mere Renée de Bourdeille,
ma chere niepce, qui m'a toujours aimé et fort
honoré. Aussi je l'ay aimée et honorée de mesme,
et la regrette tous les jours.

» Mais je veux et entends qu'au cas que mes
dicts nepveux et niepces, heritiers et heritieres,
tant qu'ils et qu'elles que leurs enfans, ne me
portént le respect et amitié qu'ils et qu'elles me
doibvent, ou leurs maris, ainsi que madame leur
tres sage mere le vouloit, et leur commandoit
et consideroit; et qu'ils ne fassent cas de moy en
ma caduque vieillesse, si par cas j'y parvienne,
que Dieu ne le veuille toutesfois, en cela sa
volonté soit faicte ; je veux et entends, le dis je
encore, que ceux et celles qui m'auront maltraité
et abandonné, sans faire cas de moy, ny presté
ayde, ny faict de bons offices en ma vie, et donné
des mescontentemens, n'ayent aucune part ny
portion en ma dicte heredité et succession, ains
qu'elle aille et tourne a ceux et celles qui ne
m'auront abandonné et faict de bons et pieux

offices, et eu pitié de moy jusques a ma mort.

» Et dis bien plus, que si, par cas, je viens avoir et recepvoir quelqu'injure, offense et attentat, voire l'execution sur ma vie, tant des miens que d'aucuns estrangers, dont je n'en puisse avoir raison ny revanche, a cause de ma debolesse et foiblesse d'aage, ou autrement, je veux et entends que mes dicts nepveux et niepces ou leurs maris en poursuivent et fassent la vengeance toute pareille que j'eusse faicte en mes jeunes et vigoureuses années, pendant lesquelles je me puis vanter, et en rends graces a mon Dieu, n'en avoir receu aucunes sans aucun ressentiment ne vengeance, ainsi qu'a la cour et aux armees on est fort subject d'avoir des querelles, soit de gayeté ou autrement; et ceux et celles de mes heritiers et heritieres ou leurs maris, qui en negligeront la vengeance, et ne le fairont soit par les armes ou la justice, je veux qu'ils n'ayent rien de mon dict bien, ains qu'il aille tout a ceux et celles qui s'en ressentiront. Et si tous et toutes, ou aucuns ou aucunes, ce que ne puis croire, au moins de tous et toutes, ne s'en ressentent, je veux que tout mon bien aille aux pauvres, aux Quatre Mendians et Hostel Dieu de Paris.

» J'en avois donné une partie ainsi aux religieux de Brantome, mais j'en revoque la donation, d'autant qu'eux, par trop ingrats des beneficies receus de moy, pour les avoir garantis et conservés des guerres passées, comme un chascun scait, m'ont suscité des proces, et plaidé contre moy; et par ainsi faut punir leur ingratitude par trop grande.

» Et d'autant que le sieur de la Barde de Saint Crespin, dict Guillaume Mallety, a cause de la foire de Saunier, m'a faict plaider et faict chicanner l'espace de douze ans, tant pour son hommage a moy deub que pour autres desvoirs deubs a ma terre de Saint Crespin et chastel de Richemond, dont le proces est encore pendant en la cour de Bourdeaux, qui m'a cousté fort bien mille escus, tant pour ses delais, remises, subterfuges, cavillations, et chicanneries et faveurs du dict Bourdeaux, je veux et entends que mes sus dicts heritiers et heritieres en poursuivent le dict proces a toute outrance, s'il n'est avant ma mort assoupy, soit par accord ou par arrest, et le menent jusques a la derniere fin; m'asseurant tout en mon droict, qu'ils en tireront fort bien la raison et qu'ils en pourront retirer la maison de la Barde; car il me peut debvoir fort bien plus de douze mille livres, n'estant raisonnable de laisser en repos ce petit galland, extrait de belle famille, son grand père ayant esté notaire, dont s'en trouve force contract encore en Perigord signez MALLETY. Et ceux et celles de mes dicts heritiers et heritieres, qui ne poursuivront vivement le dict proces, je les desherite, et en donne leurs parts aux autres qui s'en ressentiront mieux et le persecuteront a toute outrance, et en prendront mieux l'affirmative......

» Je ne veux ny entends que ma maison et beau chasteau de Richemond, que j'ay faict bastir curieusement et avec peine et grand coust, s'alliene, se vende, ny s'engage autrement, pour necessité aucune qui soit, a aucun estranger;

car je veux qu'elle demeure a la maison dont je suis sorty, en signe de memoire. Car je serois bien mary, si estant la haut, ou Dieu me fera la grace de m'y recepvoir s'il luy plaist, je visse ceste belle maison et chasteau, que j'ay fait bastir avec si grand travail, eust changé de main et tombé entre un estranger. Cependant je veux et entends que ma dicte niepce la comtesse de Durtal, ayt le dict chasteau avec ses préclautures du parc et du jardin, et ses bassecours pour sa demeure, tant qu'elle vivra seulement, et demeurera veuve sans qu'elle se remarie......

» Je veux aussi et en charge ma dicte niepce comtesse, d'entretenir la maison comme il faut, sans la laisser demollir ny deperir, et qu'elle la laisse aussi entiere et belle comme je la lui laisse, cela s'entend tant qu'elle y demeurera et ne se remariera; car autrement elle en aurait la conscience chargée, et me feroit tort, et a son petit nepveu Claude de Bourdeille, qui est si bien né et si joly, qui, je m'asseure, l'entretiendra tres bien, et en celebrera ma memoire pour tout jamais, en disant : *Voila un present que mon grand oncle m'a faict.*

» Je veux aussi que la moitié des plus grands livres de ma bibliotheque soient mis et serrez dans un cabinet de Richémond, et conservéz tres curieusement sans les dissiper deça dela et n'en donner pas un a quiconque soit. Car je veux que la dicte bibliotheque demeure chez moy, pour perpetuelle memoire de moy, dans un cabinet de Richémond.

» Je veux de mesme qu'aucune de mes plus

belles armes demeurent aussi en un cabinet de
Richemond, et y soient en même garde, comme
mes espées, et surtout une argentée, que M. de
Guyse, mort et massacré dernierement, me donna
au siege de la Rochelle, me deferant cest honneur
de dire qu'elle m'estoit bien deue pour la savoir
bien faire valoir, et telles armes, ainsi qu'il avoit
veu. Il y a aussi d'autres et longues belles hespai-
gnolles, toutes de combat et bonnes et esprouvées.
Plus deux harquebuses de mesche, que j'ay fort
aymées et portées en guerre, et faict valoir.
Plus mes armes complettes, tant de la curiasse,
brassard, sallade et cuissot, que le seigneur Contanho me garde en sa chambre de Brantome.
Plus une rondelle couverte de velours noir a
preuve, que feu M. le prince de Condé me donna
au siege de la Rochelle, au moins apres, ne s'en
servant plus, et me pria de la garder pour l'amour
de luy et porter en guerre, ce que j'ay faict et
bien gardé, comme j'ay faict l'espée sus dicte
de M. de Guyse, et leur promis les garder tout
durant ma vie et apres ma mort.

» Je veux aussi qu'on me garde apres avecque
les sus dictes armes un chapeau de fer, couvert
d'un feutre noir avec un cordon d'argent, que
je portois a pied aux sieges de places ou je me
suis trouvé assez. Et, s'il est possible appendre
toutes les sus dictes armes dans ma chapelle
de Richemond, je le voudrois fort ainsi qu'on le
faisoit jadis aux anciens chevaliers; la memoire
en seroit beaucoup honorable. Je laisse cela a
madame la comtesse ma niepce, qui en aura le
soin, puis que la demeure luy est assignée si

elle ne se remarie, comme j'ay dit cy devant....

» Et pour totale fin, je donne mes bagues et petits joyaux a mes sus dicts nepveux et niepces de tres bon cœur, et les prie de les garder et porter pour l'amour de moy, tant que leur vie durera, en souvenance de moy, leur bon oncle, qui les ay aymez et honorez d'une amitié tres ferme et fidele. Sur ce je fais fin a ce dict testament, au nom du Pere et du Fils et du sainct Esprit, et de la benite vierge Marie, et madame saincte Anne, comme je l'ay commencé.

» Je ne doubte point que plusieurs personnes ne trouvent ce dict testament trop long et prolixe : tel a esté mon vouloir et mon plaisir. J'en ay vu d'autres en ma vie bien aussi longs. J'en ay pris le modele sur ce grand chancelier de l'Hospital, de mesme aussi long, que j'ay inseré dans mes livres ; mais si l'ai je un peu abregé. De plus je suis nay d'une grande et illustre maison. J'ay le cœur grand, qui me l'a donné, et que j'ay fait paroistre en plusieurs beaux et divers endroits. J'ay eu de l'ambition : je la veux encore monstrer apres ma mort. Aussi que je n'ay voulu ne confier mes volontez et dire a ces petits notaires, qui la plus part du temps ne sçavent dire ny representer nos intentions et vouloirs, et en eusse dit encore plus sans la trop grande prolixité. Je fais donc fin selon mon vouloir et contentement, et y eusse mis et adjousté de beaux et gentils exemples pour mieux adoucir le tout ; mais c'est assez.

Signé P. DE BOURDEILLE.

Ce testament est suivi d'un codicille par lequel Brantôme autorise ses neveux et nièces à prélever seize mille écus sur sa succession, pour les dédommager du château de Richemond, qui ne doit être ni vendu, ni partagé, mais cédé à Mme de Durtal, sa vie durant, laquelle n'aura pas part aux seize mille écus. Il est aussi question dans ce codicille du grand pont de Brantôme, d'un jardin et d'un champ où sont plantés des ormeaux ; il soutient que le tout lui appartient d'après la donation que lui en a faite M. Levêque de Lavau.

A la suite de ce codicille est l'acte notarial, signé du notaire Lombraud, par lequel il est déclaré que messire Pierre de Bourdeille a déposé le testament ci-dessus en l'étude dudit notaire, le 30 décembre 1609. Cet acte est signé du notaire et des témoins.

Enfin vient un dernier codicille, par lequel Brantôme nomme sa nièce la comtesse de Durtal, son *executeresse* testamentaire, ceux qu'il avait nommés dans son testament étant décédés. Il donne toutes ses clefs, *tant grandes que petites*, à un nommé Constancie, pour les bien garder et les remettre après sa mort à sa nièce. Il s'occupe aussi de ses domestiques, et veut qu'ils restent dans son château après sa mort jusqu'à l'ouverture de son testament, et qu'ils y fassent bonne chère, « car Dieu mercy, dit-il, je laisse force vivres, tant ici qu'à Brantome, tant de bled que de vin.

» Et pour ma sépulture, ajoute-t-il, il y a long-temps que je l'ay fait bastir, et choisir ma chapelle de Richemond : et deux jours apres ma mort, que mon corps soit mis dans une caisse bien proprement comme il faut, et la faire charger sur mes mulets, accompaignez d'aucuns de mes serviteurs et officiers de Saint Crespin, de Richemond et de Brantome, et la y faire un service honneste pour la sepulture, y appelant messieurs les religieux auxquels j'ay laissé un honneste legat dans le dict testament; le tout sans pompe et solemnité........

Ce dernier codicille est daté du 5 octobre 1613.

Brantôme n'a survécu à ce codicille que neuf mois, étant mort le 5 juillet 1614, âgé de 87 ans.

TESTAMENT DE F. PITHOU.

(1621.)

Nous avons rapporté ci-devant le testament de l'illustre Pierre Pithou : nous allons donner celui de son frère François Pithou, qui n'était pas moins versé dans les lettres, et qui a laissé un nom également célèbre. C'est lui qui le premier a découvert le manuscrit des fables de Phèdre vers 1595 (1);

---

(1) M. Grosley dit à ce sujet, tom. II, *Vie de Fr. Pithou*, p. 223 : « Dire que la découverte de ce petit volume (les
» fables de Phèdre), appartient à François Pithou, c'est
» dire que la république des lettres lui a infiniment plus
» d'obligation qu'à tant de gens dont les ouvrages rem-
» plissent des *in-folio*; souvent il est plus glorieux de con-
» server que de créer : rien de si commun que les écrivains,
» rien de si rare que les chefs-d'œuvre »

et c'est son frère qui le fit publier à Troyes par Jean Oudot (1), en 1596. François Pithou est né à Troyes, le 7 septembre 1543, et il y est mort le 25 janvier 1621. Son testament est curieux, non-seulement par la forme employée dans ce temps.

---

(1) L'impression de ce petit volume a été faite sous les yeux de P. Pithou, et terminée au mois d'août 1596. Voici le titre de cette première édition : *Phædri Augusti liberti fabularum Æsopiarum libri V, nunc primum in lucem editi.* Augustobonæ Tricassium, excudebat Joan. Odotius typogr. regius anno CIƆ. Ɔ. XCVI, in-12 de 70 pag., en caractères italiques, avec les titres en romain ; le tout fort bien exécuté. P. Pithou y mit en tête une épître dédicatoire à son frère François, dans laquelle il lui dit : *Reddo tibi, frater, pro novellis constitutionibus imperatoris, veteres fabellas imperatorii liberti.* « Je vous rends, mon cher frère, pour ces » Novelles d'un empereur, les anciennes fables de l'affran-» chi d'un empereur, etc. » C'était la traduction des Novelles de Justinien par l'antécesseur Julien, sur un manuscrit de la bibliothèque de P. Pithou, que son frère François lui avait dédiée précédemment. Cette épître dédicatoire était accompagnée dans la première édition de Phèdre, d'une pièce de quinze iambes latins par Florent-Chrestien, qui remercie son ami, au nom de la république des lettres, du précieux ouvrage dont il l'enrichissait. Voici la pensée qui termine cette petite pièce, adressée *Petro Pithæo antiquitatis vindici :*

. . . .
Tantùm ô viderem doctiores principes,
Quàm litteratos servolos, quales erant
Æsopus et libertus iste principis !

« Quand trouverons-nous chez nos grands seigneurs, » les lumières, les connaissances, les talens que nous » admirons dans de petits valets, tels qu'un Esope et un » Phèdre. »

mais par la fondation du collége de Troyes dû à
sa munificence. Citons-en le début et quelques
articles.

« Je François Pithou, sain, graces à Dieu, d'entendement, veux et entends faire mon testament,
que j'ay escrit et signé de ma main en la maniere
que s'en suit :

» Premierement, je prie mon Dieu d'avoir pitié
de moy pour tant de crimes que j'ai commis contre
sa majesté (divine), le suppliant bien humblement de tout mon cœur vouloir oublier ceux que
j'ay commis en ma plus tendre jeunesse, plutost
par ignorance qu'autrement; et que je n'ay pas
assisté a l'eglise ainsy que je le debvois.

» Je desire estre enterré avec mes perc et mere
aux Cordeliers, auxquels je laisse cinquante escus pour prier Dieu pour moy et pour mon ame,
sans que mon convoy soit conduict avec pompe,
mais seulement avec les mendians et clergé ordinaire de ma paroisse (1), laissant à ma sœur
de Luyeres cent escus pour estre distribués aux
pauvres apres mon decez.

» Je veulx et entends que ma maison ou je
demeure et es environs d'icelle, soit dressé un
collége pour enseigner la jeunesse, sans estre
employé ailleurs, et sans que les jesuites y soyent
aucunement reçus; aultrement je desire que le
tout soit vendu, pour estre employé aux pauvres.

» Je legue au dict college toute ma bibliotheque

(1) Grosley, compatriote des Pithou, a montré la même
simplicité et humilité dans son testament, que nous donnerons dans la suite.

et tous les livres qui se trouvent en ma maison, en outre tous mes meubles et argent sont faire batir et augmenter le dit collège avec ce que, si peu que j'en ay, mon testament entierement accomply.

» Je donne et legue au dict collège, toutes les acquisitions que j'ay faictes de terres, héritages et prez en la paroisse de Moussey........

» Je donne à mon neveu Pierre Pithou la terre et seigneurie de Bierne, qui m'est advenue de la succession de ma défunte mere que Dieu absolve, ensemble le fief de Champ-Gobert.

» Je lui donne et legue les vieux bahutz qui sont en ma galerie et les livres et papiers qui sont dans les ditz bahutz.........

» Je donne et legue à M. Allen, mon singulier amy (1), dont j'ai reçu beaucoup de plaisirs, deux cents escus, mon buffet et estuy d'argent qui est en bahut, rempli de toutes ses pieces et ma

---

(1) Cet Allen est celui auquel on doit les dernières éditions de la Coutume de Troyes, avec les commentaires et les additions des frères Pithou. Il était digne par ses connaissances et ses lumières de l'amitié de ces deux savans. On a de lui quelques dissertations latines manuscrites, sur plusieurs points importans de notre histoire. On en trouvera l'annonce et le titre dans la *Bibliothèque historique de la France*, tom. II, n.ᵒˢ 15,895, 16,022 et 16,632. La première renferme des dissertations chronologiques, depuis Pharamond à Pepin, et depuis Charles-le-Simple à Philippe I.ᵉʳ La seconde est sur le passage de Clovis; la troisième est composée de notes sur la Chronique de Sigebert. Ces manuscrits étaient jadis conservés dans la bibliothèque de M. Le Pelletier, ministre du roi; que sont-ils devenus ?

bonne robe de palais (1) ; le suppliant tres bien humblement de vouloir bien prendre la charge d'éstre l'exécuteur de mon present testament..., et à madame Allén ma chariotte : priant mondit sieur Allen de vouloir bien prendre soin de mon college sa vie durant.

» Je donné et legue à Claude Lambigier, mon cher et fidelle serviteur, 900 livres, avec le meilleur manteau de drap que j'aye, et ses gaiges dont je veulx qu'il soit payé et nourry tant et si longuement qu'il demeurera en ma maison, le priant d'assister M. Allen en l'execution de mon present testament; à la charge qu'il sera nourry sur ce que je legue audit college; ensemble logé en ma dite maison.

» Je donne et legue à Marsilly, mon serviteur, cent cinquante livres, avec mon manteau de drap qui reste, oultre ses gaiges; et à Bastienne, ma servante, cent livres, oultre ses gaiges.

» Faict et arresté mon present testament après qu'il a été leu et releu par moy le 25 novembre 1617, et l'ay signé. *Signé* PITHOU.

» Le jeudy 18 mars 1621, à l'audience des plaids du baillage de Troyes, le present testament

---

(1) Un tel legs était alors une marque honorable de souvenir, et la personne qui en recevait de semblables, ne manquait jamais, dans les grandes solennités, dans les occasions importantes, de se parer du vêtement légué. Aujourd'hui il ne viendrait pas dans l'idée d'un conseiller de faire un pareil legs, et bien moins dans celle du légataire de s'en faire honneur dans les grandes occasions. (Cette note m'est communiquée par un savant compatriote des frères Pithou, M. P. D. B.)

a esté leu et registré au registre des insinuations,
et ce faict, rendu à M. Allen. »

Ce testament, quant à son objet principal,
c'est-à-dire la fondation du collége, ne fut exécuté
qu'en 1630. Les derniers arrangemens furent con-
certés sous les yeux de Louis XIII, qui passa à
Troyes cette année, et y laissa deux conseillers
d'état, pour mettre en son nom la dernière main
à l'établissement dudit collége.

François Pithou fut enterré auprès de son frère,
dans le tombeau de ses ancêtres. Nous venons de
voir qu'il a disposé de ses biens d'une manière
digne du nom qu'il portait; digne des sentimens
dont tous les Pithous étaient animés pour le bien
public.

~~~~~~

TESTAMENT DE C.-E. DE GOURVOD,

DUC DE PONT-DE-VAUX, MARQUIS DE MARNAY, etc. etc.

(1625.)

Le testament d'un gentilhomme franc-comtois
vivant sous le gouvernement espagnol dans les
XVI.ᵉ et XVII.ᵉ siècles, doit nécessairement respirer une haute piété; car on sait que l'Espagne
et les provinces qui en dépendaient alors, se
sont distinguées, dans ces temps de troubles religieux, par leur fort attachement à l'Eglise
romaine et à leurs souverains, et par l'extrême
dévotion de leurs habitans, quels que fussent leurs
rangs dans la société. L'acte suivant en va fournir
la preuve ; mais il démontrera en même temps
que cette dévotion, toute expansive qu'elle était,

surtout *in extremis*, n'extirpait pas tout-à-fait les
germes de cette petite vanité dont les titres, les dignités, les richesses enflent ordinairement le cœur
humain. M. de Gourvod est mort en bon chrétien,
très-certainement; cependant il paraît, malgré
sa profession d'humilité, qu'il n'est pas fâché,
avant de mourir, d'étaler toutes les charges,
honneurs et bienfaits dont l'ont comblé ses souverains, ce qui, humainement parlant, peut
avoir son côté très-excusable. Quoi qu'il en soit,
voici le testament en question, que nous rapporterons presqu'en entier très-littéralement.

« Au nom de la tres saincte, inefable, individue
» Trinité, le Pere, le Fiz et le Sainct Esprit, mon
» seul et vray Dieu toutpuissant que j'aime,
» craint, honore et adore avec toute sorte d'hu-
» milité, soubmission et reverence, comme la
» source de tout bien, le pere, l'autheur, createur
» et le redempteur de l'univers;

» Noz Charles Emanuel de Gourvod, duc de
» Pont de Vaux, prince du sainct empire romain,
» marquis de Marnay, vicomte de Salins, baron
» de Gourvod de Sainct Sorlins, Liesle, Chissey,
» seigneur des villes de Chalamont, Corcondray,
» de Fourg, Buffard, Arson, Monterot, Cordiron,
» Virey, Bosgnon, Royes, Cul, Londes, Berbaz
» Bermont, etant a present detenuz de maladie
» et ayant neanmoings le jugement sain et entier
» et capable de toutes ses fonctions ordinaires ;
» considerant qu'il n'y a rien de plus certain que
» la mort, ny de plus incertain que l'heure
» et le temps auquel elle arrive, crainte d'en
» estre surprins avant que je puisse sainement

» disposer de mes affaires et partager les biens
» qu'il a pleu a la souveraine et divine bonté de
» m'eslargyr, j'ay faict, couché ce mien present
» testament en la sorte et magniere que suyt :

» *Premierement.* M'abaissant et prosternant au
» pied de mon souverain, de mon juge, de mon
» maistre et de mon Dieu, je luy recommande
» mon ame affinque lorsqu'elle se separera de
» son corps il luy plaise la recepvoir en son sainct
» paradis ; luy demandant pardon avec toute la
» contrition qu'il m'est possible, des faultes,
» pechés et offenses que j'ay commis et suppliant
» sa divine majesté les vouloir laver de son pre-
» cieux sang ; implorant l'ayde et l'intercession
» de la glorieuse Vierge Marie, pour soulager le
» poids de mes iniquités, et opposer ses prieres
» qui sont préparées aux pauvres pecheurs com-
» me moy ; recongnoissant les graces et les fab-
» veurs que vous avez tirez, mon Dieu, des
» tresors inepuisables de vostre grandeur pour
» m'en faire part avec plus de liberalité mille
» fois que je n'eusse osé esperer ny attendre ;
» m'ayant premierement faict naistre dans le
» sein de l'Eglise catholique, apostolique et
» romaine, et instruire et eslever en la vraye
» croyance qu'il fault pour estre au nombre de vos
» eslus ; m'ayant de plus comblé de biens, d'hon-
» neurs et de prosperité en ce monde, puisque
» vostre immense bonté, Monseigneur, a permis
» que mes services ayent esté aggreables a feu
» monseigneur l'archiduc nostre souverain (1),

(1) L'archiduc Albert d'Autriche, 6.ᵉ fils de Maximilien II, naquit en 1559, et fut gouverneur des Pays-Bas;

» et la senerissime infante sa genereuse epouse;
» ayant eté eslevé tant par eulx que par aultres
» rois et empereurs aux dignités de marquis, et
» passé par toutes sortes de degrés d'honneurs,
» ayant esté faict gentilhomme de la bouche
» du feu roy Philipppe second, capitaine de
» cheval legers, du conseil de guerre, gentil-
» homme de la chambre de S. A., maistre de
» camp, sommelier de corps, chiefz de la cham-
» bre, capitaine d'une bande d'hommes d'armes,
» bailly d'Amont, chevalier de la souveraine
» cort du parlement de Bourgongne, intendant
» des affaires d'estat du dict pays, gouverneur et
» capitaine general des duchez de Limbourg,
» pays de Flaguemont, comte d'Alley, de Roles-
» ducq et aultres payz d'oultre Meuse; chevalier
» de l'ordre de la Toison d'or; ce que je ne dict
» poinct par gloire ni vanité, mais pour recog-
» noissance des obligations que j'ay a sa bonté
» divine et pour m'animer davantage a son sainct
» amour, puisque ce sont autant d'aguillons qui
» m'y doibvent exiter, suppliant les glorieux
» apostres et martyrs, tous les saincts et sainctes
» du paradis et particulierement S. Charles, mon
» bon patron, me vouloir despartir un peu de
» leur zele et ferveur pour m'eschauffer a mon

---

il mourut le 13 juillet 1621, à Bruxelles, sans postérité.
Son épouse fut l'infante d'Espagne Isabelle-Claire-Eu-
génie, née du 3.e mariage de Philippe II avec Elisabeth
fille de Henri II, roi de France, et de Catherine de
Médicis; leur mariage se célébra en 1599. L'archiduchesse
a survécu à son époux, étant morte le 2 décembre 1633,
à 67 ans.

» debvoir et vouloir encore obtenir de Dieu une
» clarté en mon esprit et une force en mon juge-
» ment pour pouvoir apporter l'ordre qu'il con-
» vient aux parties suivantes de mon testament
» qui sont telles :

» *Scavoir*, qu'au lieu de ma sepulture sera
» eslevé un tombeau ny trop somptueux, ny
» magnifique, mais aucunement apparent pour
» conserver ma memoire aupres de mes dessan-
» dans et les inviter a faire prier Dieu pour le
» salut et le repos de mon ame.

» *Item*, je donne et legue a l'eglise-curialle
» de Marnay 50 fr. par an, a perpetuité......

» *Item*, je donne et legue, l'espace de 10 ans,
» 100 francs pour achever la fabrique de l'e-
» glise......

» *Item*, je donne une petite maison... pour
» servir a jamais de demeure au maistre des enfans
» de chœur.....

» *Item*, je donne et legue aux RR. PP. jesuites,
» de Dole, la somme de 400 escus pour une fois,
» et ce a charge que les dicts PP. quitteront tout
» ce qu'ilz pourront pretendre leur estre deub
» par fut la duchesse du Pont de Vaux, ma mere,
» et a condition que en la chapelle ou elle est
» inhumée, ilz facent dresser quelques marques
» soit en escriptaux soit en armoyries, en valeur
» de 25 escus.

» *Item*, je legue aux RR. PP. Carmes des-
» chaulx le batiment de ma grange de Marnay,
» avec mon verger et le porpris à l'entour de
» ma dicte grange......

» Je donne et legue à Nostre Dame de Gray

» et a Nostre Dame de Montaigue a chacune 5o fr.

(Tous les legs précédens sont pour prières, messes, etc.)

» *Item*, je donne et legue a la serenissime » infante, la petite paincture que j'ai eu du » comte de Midelbourg ; la lui presentant avec » tout respect et humilité, comme un gaige de la » devotion que j'ai toujours eu pour son tres » humble service.....

» *Item*, je donne et legue a madame la du-» chesse de Pont de Vaux, ma femme, la chaine » d'or, venant de feut monseigneur l'archiduc.

» *Item*, je donne a Philippe Eugene, mon fiz » aisné, mon espée nommée *fier a bras*, avec la-» quelle j'eus le bonheur en la bataille de Neuport » de defendre la vie de feu monseigneur l'ar-» chiduc mon maistre et la tremper au sang de » ses ennemis.

» *Item*, je donne et legue a Charles, mon » second fiz, ma chaine de diamans, avec bou-» tons de diamans, le petit scintille de diamans, » aussi avec le vray bois que j'ay de la saincte » croix de Nostre Seigneur Jesus Christ.

» *Item*, je donne et legue a madame la mar-» quise de Messimieux 100 escus pour une fois.

» *Item*, je donne et legue a M. le marquis de » Spinola ma paincture du Dieu de pitié.

» *Item*, je donne a M. le baron de Montfart le » portraict de Nostre Dame que ma donné le » capitaine Bel.

» *Item*, je donne à M. le compte de Champlitte » un petit horloge d'argent.

» *Item*, je donne a M. le visse president Sa-

» chot et conseiller Boivin (1) , un petit cordon
» d'or qu'ils partageront également.

» *Item*, je donne a MM. les conseillers Gollut
» (2) et Petrey (3), ma chaine des Indes, et a
» chascun de precieuses reliques que j'ay de son
» altesse.

» *Item*, je donne et legue a M. Rosaret, gref-
» fier au souverain parlement, une petite chaine
» esmaillée.

» *Item*, je donne au sieur Lisola une petite
» scintille d'or.

---

(1) Jean Boyvin, né à Dôle, savant jurisconsulte, fut
d'abord avocat-général, puis conseiller, et enfin président du parlement de Dôle. Il assista au fameux siége de
cette ville, en 1636, commencé le 26 mai par le prince
de Condé, et levé le 14 août suivant; il en a donné une
description intéressante, sous le titre de *Siége de Dôle,
capitale de la Franche-Comté de Bourgogne*. Dôle, 1637,
in-4.°, devenu rare. Boyvin est mort le 13 septembre 1650.

(2) Ce Gollut était fils de Louis Gollut, né à Pesmes,
qui fut professeur à l'université de Dôle, et qui a publié
des *Mémoires historiques de la république Séquanoise*. Dôle,
1592, in-fol., ouvrage curieux, rare et recherché. Louis
Gollut est mort à Dôle, en 1595.

(3) Louis Pétrey, né à Vesoul, fut le dernier des quatre
conseillers surnuméraires dont l'archiduc Albert accrut
le parlement de Dôle en 1618. Cet homme courageux
se rendit célèbre en protégeant Gray, lors du siége de
Dôle en 1636, et il concourut à la levée de ce siége si
honorable pour les Francs-Comtois. Il a publié à ce sujet
une lettre fort curieuse, adressée à son fils, in-4.° de
120 pag., que l'on trouve quelquefois reliée avec la
relation du siége par Boyvin. Mais cette lettre est plus
rare. Louis Pétrey, sieur de Champvans, est mort le
23 juin 1638.

» *Item*, je donne et legue au sieur Brung,
» advocat, la chaine d'or avec laquelle je porte
» mes reliques, puis un grain que S. A. m'a
» donné pour mettre au bout.

» *Item*, je donne au sieur Crevoiseret, pro-
» cureur fiscal au siège d'Amont, une petite boite
» d'argent dorée.

» *Item*, je donne au sieur Camus, docteur en
» medecine, qui me traicte a present, douze
» pistoles par dessus ce qui lui sera payé pour
» ses peines que j'entends estre une pistole par
» jour.

» *Item*, je donne et legue à Mme de Sesurée,
» dame d'honneur de Mme la duchesse ma
» femme, deux bichots de blez et deux poinçons
» de vin par chacune année et sa demeure en
» telle de mes maisons qu'elle voudra.

» *Item*, je donne et legue au conseiller Medin,
» d'Espagne, la tapisserie qui est tendue en la
» salle de ma maison de Marnay pourveu qu'il
» s'en contempte et a charge qu'il se tient payé
» pour tout ce que je lui pourrois debvoir.

» *Item*, je donne et legue au sieur de Cordiron
» me servant de gentilhomme, ma haquenée et
» mon habillement de tanne (ou plutôt panne)
» passementé d'or.

» *Item*, je donne a Vernerey 50 escus, et un
» de mes trois chevaux blancs.

» *Item*, a Janot mon domestique, 50 escus et
» mon habillement gris.

» *Item*, a Voiturier mon chirurgien, cinq
» patagons, pour une fois.

» *Item*, a maistre Didier, maistre Masson,

» six patagons (1) oultre les trois qu'on lui doibt.

» *Item*, je veux et ordonne que mes deux
» paiges, l'un nommé Etipon, et l'aultre Foélin
» de Foix soient reconduits a Bruxelles et qu'on
» leur face a chacun un habillement....

» *Item*, je donne a Scordet, mon domestique,
» mon habillemeut bleu avec une de mes espées.

» *Item*, je donne a Catherine Rechendal, gou-
» vernante de Charles mon second fils, cent
» francs par an, pendant six ans, qu'elle de-
» meurera aupres de luy.

» *Item*, je donne au sieur Vincenet, mon
» agent en Bresse, la premiere main morte qui
» escherra en mes terres de Bresse pourvu qu'elle
» n'excede pas mille escus.

» *Item*, je donne a Abraham, mon valet de
» chambre, deux coffres, l'un de velours violet,
» l'aultre de bois d'Inde, puis trois honnestes
» habillemens des miens, puis une maison, etc.

» *Item*, je donne a Gaspard Mauvallet la pre-
» miere main morte, etc.....

» *Item*, je donne a Mme la duchesse de Pont

---

(1) Je trouve dans les curieuses *Recherches sur les mon-
noies de Bourgogne* (par D. Grappin), Paris, 1782, in-8.°,
pp. 198—204, qu'au 3 janvier 1622 : « Les nouveaux
» talers ou patagons a la croix de Bourgogne tant a nos
» coings et armes que du dict deffunct archiduc, pesans
» 22 deniers deux grains, a 2 francs huict gros. » En
1636, « les patagons tant de Flandre que de Bourgogne,
» a trois francs demy. » Et en 1643, « les patagons des
» Pays bas et de Bourgogne, quatre francs. » Le patagon
était une monnaie d'argent ; ainsi les legs en question
étaient assez minimes.

» de Vaux ma femme, l'usufruict de la terre de
» Marhay, sa viduité durant, seulement a charge
» d'entretenir mes deux fils et ma fille, jusqu'a
» l'aage de douze ans, leur fournissant vestemens
» et nourriture,

     » *Item*, je donne a Magdeleine ma fille, la
» somme de quarante mille francs pour une fois.

     » Et au surplus de mes aultres biens je insti-
» tue mes vrais et seuls heritiers, mes bien
» aymés filz Philippe Eugene et Charles :

     » Scavoir, Philippe en la duché de Pont de
» Vaux, et des quatre baronnies en dependantes,
» et en tous les aultres biens qui me pourront
» competer et appartenir hors le pays et compté
» de Bourgogne, de plus en la baronnie du Mont
» Sainct Sorlin et en la viscomté de Salins.....

     » Et quant a Charles, mon aultre filz, je luy
» donne le marquisat de Marnay, les seigneuries
» de Concordray, Bosgnon, Cul, Virey, Cor-
» diron, et tous les aultres biens immeubles
» assis riere le compté de Bourgogne.....

     » Veuillant de plus, entendant et ordonnant
» expressement qu'au cas l'ung des deux freres
» mes dicts filz iroit de vie a trespas sans hoirs
» de son propre corps procrées en loyal mariage,
» son partaige sus mentionné retourne a son
» aultre frere a luy survivant ou a son deffault
» au masle qui resteroit de luy, procrée de son
» corps de loyal mariage, substituant les deux
» freres l'ung a l'aultre.....

     » Priant le sieur Hierosme de Lisola de leur
» vouloir servir de tuteur aux gaiges qui lui
» seront decernez par l'advis de M. le compte

» de Champlitte, gouverneur de ce pays, M. le
» baron de Montfort, MM. les conseillers Boyvin,
» Sachot, Gollut, Petrey, en qui j'ay telle con-
» fiance que j'estime qu'ils ne me refuseront
» cette faveur......

    » Le quel mien present testament je veulx
» valoir en la meilleure forme et magniere que
» testament peult ou doict mieux valoir, si ce
» n'est comme solennel que ce soit comme nun-
» cupatif codicile ou donation a cause de mort,
» implorant sur ce la benignité du droict canon
» et rejettant la rigueur du droict civil.

    » Declarant que j'ay faict escripre ce present
» testament de la main du S.ʳ advocat Brung... a
» cause de mon infirmité, qui ne m'a peult
» permettre de l'escripre moy meme, l'ayant
» pour ce le dict Brung soussigné. Ainsin signé
» A. B.

A la suite de ce testament sont quelques dispositions additionnelles peu importantes : le testateur donne à M. l'archevêque de Besançon
deux petites anses d'argent pour mettre de l'eau
de senteur ; à M. le comte de Falais, son beau-
père, un portrait appelé ma belle Nostre Dame ;
à sa belle-mère, six portraits à choisir ; au sieur
Nic. Faret, de Bourg-en-Bresse, l'usufruit d'une
maison ; enfin M. de Gourvod termine par l'article suivant :

    « Nommant pour executeur de ce mien tes-
» tament M. le compte de Champlitte et M. le
» baron de Montfort ; le tout escript a ma requi-
» sition de la main du même sieur advocat Brung.
» A mon chasteau de Marnay en la chambre ou

» je suis detenu au lict et ou j'ay demeuré le long
» de ma maladie. Le penultieme d'octobre 1625,
» ainsin signé A. B. »

~~~~~~

TESTAMENT DU TASSONI.
(1635.)

LE Tassoni, né le 28 septembre 1565, auteur de la *Secchia rapita*, poëme héroï-comique sur la guerre entre les Modénois et les Bolonais au sujet d'un seau qui avait été pris, a porté dans son testament cet esprit d'originalité que l'on remarque dans quelques parties de son poëme; il y a même plus de sel. Ce testament a été fait en 1612, mais il a été suivi de deux autres, dont le dernier date de 1635, année de la mort du Tassoni. Ces deux-ci nous sont inconnus; quant au premier, nous en avons trouvé le début dans la préface de la traduction du *Seau enlevé*. Paris, 1759, 3 vol. pet. in-12, tom. I, p. 9. Ce début, marqué au coin de la singularité qui caractérisait l'auteur, suffira pour faire juger du reste.

Voici le commencement de cette pièce assez curieuse :

« Moi Alexandre Tassoni, par la grâce de Dieu, sain de corps et d'esprit (si l'on en excepte cette fièvre qui tourmente tous les humains, et qui leur fait désirer de vivre après leur mort), voulant, dans l'état où je me trouve, déclarer mes dernières volontés, seul soulagement qui nous reste pour adoucir l'amertume d'une aussi grande perte que celle de la vie ;

» Je laisse mon ame, ce que j'ai de plus cher, à son premier principe, invisible, ineffable, éternel.

» Pour mon corps, destiné à la corruption, j'eusse été d'avis qu'on le brûlât, afin qu'il n'infectât personne; mais cela étant contraire aux usages de la religion dans laquelle je suis né, je prie ceux dans la maison desquels je mourrai, n'en ayant point qui m'appartienne, de m'ensevelir dans un lieu bénit; ou, si l'on me trouvait mort, sans avoir d'autre couverture que la voûte du ciel, je prie les charitables voisins ou les passans de me rendre ce dernier service.

» Mon intention serait qu'à ma pompe funèbre on ne vît qu'un prêtre, la petite croix et une seule chandelle, et que pour la dépense on n'en fît point d'autre que celle d'un sac pour y fourrer mon corps, et d'un crocheteur qui voudrait bien s'en charger.

» Toutefois je lègue à la paroisse où sera mon cimetière douze écus d'or, sans la moindre obligation; le don que je lui fais me paraissant fort mince, et d'autant plus que je ne le lui fais, que parce que je ne puis l'emporter.

» A un fils naturel nommé Marzio, que j'ai eu d'une certaine Lucie, de la vallée de Garfagnane, du moins à ce qu'elle prétend, je laisse cent écus en carlins, afin qu'il puisse s'en faire honneur au cabaret, etc. etc. »

Ce fils naturel était un libertin (*di pessima natura*), qui donna beaucoup de chagrin au Tassoni, et qui le volait de temps en temps. Cependant il paraît qu'il s'est amendé, car son père, dans un troisième testament fait en 1635, lui lègue une pension viagère de 25 ducats par mois. Marzio était alors capitaine au service du prince Louis d'Est.

Le Tassoni, mort le 25 avril 1635, a institué pour son héritier universel, Marc-Antoine Tassoni, chevalier de Malte. Cette succession a passé depuis au comte Jules-César Tassoni, général des postes et gentilhomme de François III, duc de Modène.

TESTAMENT
DU CARDINAL DE RICHELIEU.
(1642.)

ARMAND-JEAN du Plessis de Richelieu, cardinal, l'un des plus grands ministres d'état qui aient existé, est né à Paris le 5 septembre 1585, de François du Plessis, capitaine des gardes de Henri IV, et de Suzanne de la Porte. Son père mourut en 1590, à 42 ans. Le jeune du Plessis, après avoir fait d'excellentes études en Sorbonne, passa à Rome et y fut sacré évêque de Luçon en 1607; il n'avait alors que 22 ans : le pape lui donna l'absolution qu'il sollicita pour cette erreur de date. En 1616, il fut nommé ministre secrétaire d'état par la protection de la reine-mère, et, chose singulière pour un évêque, il eut le département de la guerre. La mort tragique du maréchal d'Ancre, son protecteur et son ami, causa sa disgrâce. Il se retira près de la reine-mère exilée à Blois ; et ayant ménagé un raccommodement entre cette princesse et son fils Louis XIII, il eut pour récompense le chapeau de cardinal. Après la mort du duc de Luynes, il rentra au ministère, fut élevé en 1624 aux places de principal ministre et de chef des conseils, et en 1627 fut nommé surintendant général de la navigation et du commerce. Le fameux siége de la Rochelle, ville boulevard des protestans, qui se rendit à discrétion le 28 octobre 1628, prouva de quelle force de caractère était doué le cardinal; et quelles étaient ses ressources et son activité, quand une fois il avait pris une résolution. Tous les actes de son ministère sont marqués au même coin, et si jamais homme a été dans le cas de prendre pour devise, MA VIE EST UN COMBAT, c'est bien certainement cet illustre prélat; et quel que fût le nombre et le rang de ses ennemis, il en sortit toujours victorieux. Sa puissance, comme la confiance du roi dans ses talens, fut sans bornes. Il porta de grands coups qui le firent accuser de despotisme et même de cruauté; aussi fut-il très-redouté. Il acquit une fortune immense, comme le prouvera son testament. Son luxe fut au niveau de sa fortune. La dépense de sa maison montait à mille écus par jour; sa splendeur et son faste surpassaient tout ce que la cour et même la dignité royale pouvaient offrir en ce genre. Le trait suivant démontre à quel degré de prévenance, de petits soins et de vénération on était parvenu à l'égard de sa personne. Dans la dernière année de sa vie, étant en Languedoc, où depuis quelque temps il était atteint d'une grave maladie, il résolut de revenir à Paris; et ne pouvant supporter ni la voiture, ni la litière, on lui construisit une chambre en planches couvertes de damas, pouvant contenir son lit, deux chaises et une table pour son secrétaire, qui écrivait sous sa dictée. C'est dans cette chambre qu'il traversa la France, porté depuis Tarascon jusqu'à Paris, par dix-huit de ses gardes, toujours nu-tête, quelque temps qu'il fît, et qui se relayaient de distance en distance. On abattit les portes et les murailles des villes et des lieux qui se trouvaient sur son passage, et qui pouvaient entraver sa marche. Quand il arriva à Paris (en septembre 1642), toutes les chaînes furent tendues dans les rues où il devait passer pour contenir la foule du peuple, contemplant dans le silence de l'étonnement et de l'effroi ce ministre, qui, peu de jours auparavant, venait d'envoyer à la mort le jeune Cinqmars et le vertueux de Thou (1). Il ne leur survécut pas beaucoup. Après avoir encore langui quelques semaines, son médecin l'ayant averti que dans vingt-quatre heures il serait mort ou guéri, il ne s'occupa plus que de sa fin prochaine. On assure que son confesseur lui demanda s'il pardonnait à ses ennemis : « Je n'en ai jamais eu » d'autres, répondit-il, que ceux de l'état. » Au moment où on lui présenta le viatique, il regarda

_____

(1) Cette entrée du cardinal de Richelieu à Paris, est toujours restée gravée dans la mémoire du grand Bossuet, car c'est ce jour-là même qu'étant âgé de 15 ans, il arriva à Paris pour la première fois. Cet appareil le frappa singulièrement. (V. l'*Histoire de Bossuet*, par M. le cardinal de Bausset, liv. I, 6.)

le saint ciboire, et dit avec les sentimens de la piété la plus vive : « O mon juge! condamnez-» moi, si j'ai eu d'autre intention que de servir » le roi et l'état. » Il expira peu après, le 4 décembre 1642, âgé de 56 ans et 10 mois.

Abordons maintenant son testament, qui fut fait à Narbonne, le 23 mai 1642, pardevant Pierre Falconis, notaire royal. Comme cette pièce est très-longue, nous serons obligé de nous en tenir à ce qu'elle renferme de plus essentiel; mais nos extraits seront copiés littéralement sur un imprimé du temps, in-4.° de 12 pages, grande justification, en caractère petit-romain, très-serré. Voici le début de ce testament, précédé de quelques lignes d'un préambule dressé par le notaire, qu'il est inutile de rapporter :

« J'ay Armand Jean du Plessis de Richelieu, » cardinal de la saincte eglise romaine, declare » qu'ayant plu a Dieu dans la grande maladie en » laquelle il a permis que je sois tombé, de me » laisser l'esprit et le jugement aussi sains que je » les ay jamais eus, je me suis resolu de faire » mon testament et ordonnance de derniere » volonté.

» *Premierement.* Je supplie sa divine bonté de » n'entrer point en jugement avec moi, et de me » pardonner mes fautes par l'explication du pré-» cieux sang de Jesus Christ son fils mort en » croix pour la redemption des hommes, par » l'intercession de la saincte Vierge sa mere, et » de tous les saincts, qui, apres avoir vescu en » l'eglise catholique, apostolique et romaine, en » laquelle seule on peut faire son salut, sont » maintenant glorieux en paradis.

» Lorsque mon ame sera separée de mon corps,
» je desire et ordonne qu'il soit enterré dans la
» nouvelle eglise de Sorbonne de Paris, laissant
» aux executeurs de mon testament cy aprez nom-
» més, de faire mon enterrement et funerailles
» ainsi qu'ils l'estimeront plus a propos.

» Je veux et ordonne que tout l'or et l'argent
» monnoyé que je laisseray lors de mon decez,
» en quelque lieu qu'il puisse estre, soit mis ès
» mains de Mme la duchesse d'Eguillon *(sic)* ma
» niepce (1), et de M. de Noyers, conseiller du
» roi en son conseil d'estat, secretaire de ses

---

(1) Cette nièce était Marie-Magdeleine Vignerot, fille
de Françoise du Plessis, sœur du cardinal, et mariée à
Réné Vignerot, marquis de Pont de Courlai, en Poitou.
Elle a été, par la protection de son oncle, dame d'atour
de Marie de Médicis, et mariée à Ant. de Beauvoir du
Roure de Combalet, dont elle n'a point eu d'enfans. Elle
devint veuve. Le cardinal l'aimait beaucoup, parce qu'elle
avait comme lui de la hauteur, de la générosité et du
goût pour les plaisirs et les arts. Ayant tenté en vain de
la marier au frère du duc de Lorraine, il lui acheta le
duché d'Aiguillon, et la fit recevoir duchesse en 1638.
Après la mort du cardinal, elle se mit sous la direction
de S. Vincent de Paul, et seconda toutes ses bonnes
œuvres. Dans un seul jour elle engagea par contrat
180,000 livres de fonds, parce qu'on l'avait assurée que
10,000 livres de rente feraient revenir à l'église catholique la moitié des ministres protestans du royaume.
Elle mourut en 1675, et légua son duché à sa nièce Marie-
Thérèse, sœur du maréchal duc de Richelieu, son neveu,
laquelle mourut religieuse en 1704. Elle substitua à Marie-
Thérèse son neveu Louis marquis de Richelieu, dont le
fils fut déclaré duc d'Aiguillon, par arrêt du parlement,
en 1731.

» commandemens, fors et excepté la somme de
» 1,500,000 livres que j'entends et veux estre mise
» entre les mains de Sa Majesté incontinent aprez
» mon decez, ainsi que je l'ordonnerai cy aprez. »

Par l'article suivant, le cardinal ordonne que
ses dettes seront payées, si aucunes existent à son
décès, et que le surplus sera employé en œuvres
de piété utiles au public, ainsi qu'il l'a prescrit
à sa nièce, à M. de Noyers et à M. Lescot, son
confesseur, nommé à l'évêché de Chartres, sans
qu'ils aient à rendre compte aux héritiers des
sommes employées à cet effet. Puis il continue
ainsi :

« Je declare que par contract j'ai donné à la
» couronne mon grand hostel, que j'ai basti sous
» le nom de palais Cardinal (1), ma chapelle d'or
» enrichie de diamans, mon buffet d'argent cizelé,
» et un grand diamant que j'ai acheté de Lopes.

---

(1) C'est le *Palais-Royal* actuel. Il fut commencé en
1629 par Jacques Le Mercier, sur les ruines des hôtels
de Mercœur et de Rambouillet; il ne fut achevé qu'en
1686. Après la mort de Louis XIII, à qui le cardinal en
fit présent, Anne d'Autriche, quittant le Louvre, vint
l'habiter avec ses deux fils Louis XIV et le duc d'Anjou,
depuis duc d'Orléans : alors cet hôtel fut nommé *Palais-
Royal*. Louis XIV en céda l'usufruit à son frère unique,
et en donna la propriété à son petit-fils le duc de Chartres
(depuis régent). Ce palais s'est appelé pendant le fort
de la révolution *Palais-Egalité,* du nom qu'avait adopté
son propriétaire. Après sa mort, on en fit des salles de
vente, des cafés, des tabagies, des salles de jeux et de
bals; puis il fut le *Palais du Tribunat.* Rendu enfin à son
légitime propriétaire, Mgr. le duc d'Orléans, il a repris
le nom de *Palais-Royal.*

» Toutes lesquelles choses le roi a eu agreable
» par sa bonté d'accepter a ma trez humble et
» trez instante supplication.......

» Je supplie trez humblement S. M. d'avoir
» agreables huit tentures de tapisserie et trois lits
» que je prie M.ᵐᵉ la duchessed'Eguillon ma niepce
» et M. de Noyers de choisir entre mes meubles
» pour servir a une partie de l'ameublement des
» principaux appartemens dudit palais Cardinal.

» Comme aussi je la supplie d'agreer la donation
» que je lui fais en outre de l'hostel qui est devant
» le palais Cardinal, lequel j'ay acquis de feu M. le
» commandeur de Sillery, pour au lieu d'icelui
» faire une place au devant du dit palais.

» Je supplie aussi trez humblement S. M. de
» trouver bon que l'on lui mette entre les mains
» la somme de 1,500,000 livres dont j'ai fait men-
» tion cy dessus, de laquelle somme je puis dire
» avec verité de m'estre servy trez utilement aux
» plus grandes affaires de son estat, en sorte que
» si je n'eusse eu cet argent en ma disposition,
» quelques affaires qui ont bien succedé eussent
» apparemment mal reussi, ce qui me donne
» sujet d'oser supplier S. M. de destiner ceste
» somme que je lui laisse, pour employer en di-
» verses occasions, qui ne peuvent souffrir la
» longueur des formes de finance.

» Et pour le surplus de tous et chacuns mes
» biens presens et a venir de quelque nature
» qu'ils soient, je veux et ordonne qu'ils soient
» partagez et divisez ainsi qu'il s'ensuit :

» Je donne et legue a Armand de Maillé, mon
» neveu et filleul, fils d'Urban de Maillé, marquis

» de Brezé, mareschal de France, et de Nicole
» du Plessis ma seconde sœur, et en ce je l'insti-
» tue mon heritier pour les droicts qu'il pourrait
» prendre en toutes les terres et autres qui se trou-
» veront en ma succession ainsi que s'ensuit. »

Ces biens consistent (pour la portion seulement
de ce neveu) dans le duché et pairie de Fronsac
et Caumont; dans la terre et marquisat de Graville; dans le comté de Beaufort en Vallée; dans
la terre et baronnie de Tresne (mais le maréchal
de Brezé aura, sa vie durant, la jouissance de
cette terre de Tresne); dans 300,000 livres qui
sont déposées au château de Saumur; et dans la
ferme des poids de Normandie, dont le bail est
de 50,000 livres par an. Passant à sa nièce, le
testateur s'exprime ainsi :

« Je donne et legue a Mme la duchesse d'E-
» guillon, ma niepce, fille de defunct René de
» Vignerot et dame Françoise du Plessis, ma sœur
» aisnée, pour tous les droicts qu'elle pourroit
» avoir et pretendre en tous les biens de ma suc-
» cession, outre ce que je lui ai donné par con-
» tract de mariage, et en ce que je l'institue mon
» heritiere, savoir : la maison ou elle loge a pre-
» sent, vulgairement appelée le Petit-Luxem-
» bourg, scize au fauxbourg St.-Germain, joignant
» le palais de la reine mère du roi; ma maison et
» terre de Ruel, et tout le bien en fond de terre,
» et droicts sur le roi que j'ay et aurai au dit lieu
» lors de mon decez....., a la charge qu'aprez
» mon decez, ma dite maison de Ruel avec ses
» appartenances et lesdits droicts sur le roi revien-
» dront a celui des enfans masles de mon nepveu

» du Pont de Courlai, qui sera mon heritier, et
» portera le nom et les armes de Richelieu, a la
» charge des institutions et substitutions qui se-
» ront ci aprez apposées : et quant a la maison
» dite le Petit-Luxembourg, elle appartiendra
» aprez le decez de ma dite niepce la duchesse
» d'Eguillon, a celui qui sera le duc de Fronsac,
» aux conditions d'institutions et substitutions
» cy aprez, etc.

» *Item*, je lui donne le domaine de Pontoise...

» *Item*, je lui donne la rente que j'ay a prendre
» sur les cinq grosses fermes de France, qui
» monte a 60,000 livres par an.....

» *Item*, je donne et legue a ma dite niepce la
» duchesse d'Eguillon, tous les cristaux, tableaux
» et autres pieces qui sont a present ou pourront
» estre icy aprez et lors de mon decez dans le
» cabinet principal de la dite maison, le Petit-
» Luxembourg, et qui y servent comme d'orne-
» mens, sans y comprendre l'argenterie du buffet,
» dont j'ay deja disposé, qui y pourroit estre lors
» de mon decez.

» Je lui donne aussi toutes mes bagues et pier-
» reries, a l'exception seulement de ce que j'ay lais-
» sé cy dessus a la couronne ; ensemble un buffet
» d'argent vermeil doré neuf, pesant 535 marcs
» 4 gros, contenu en deux coffres faits exprez.

» Je donne et legue a François de Vignerot,
» sieur du Pont de Courlai, mon nepveu, et en
» ce l'institue mon heritier, savoir : la somme de
» 200,000 livres qui lui seront payées, a la charge
» qu'il les employera a l'acquisition d'une terre,
» pour en jouir par lui sa vie durant, et aprez

» son decez appartenir a Armand de Vignerot,
» son fils aisné, ou a celui qui aprez lui sera le
» duc de Richelieu, aux conditions d'institution
» et substitution cy aprez declarées.

» *Item*, je donne et legue audit Armand Vi-
» gnerot, scavoir : mon duché pairie de Richelieu,
» ses appartenances et dépendances avec toutes
» les terres.....

» *Item*, je lui donne la terre et baronie de Bar-
» bezieux que j'ay acquise de M. et Mme Vignier.

» *Item*, je lui donne la terre et principauté de
» Mortagne, que j'ai acquise de M. de Lomenie,
» secretaire d'estat.

» *Item*, je lui donne et legue la comté de Cos-
» nac, les baronies de Coze, de Saugeon et d'Al-
» vers.

» *Item*, je lui donne et legue le domaine d'Hiers
» en Brouage....

» *Item*, je lui donne et legue l'hostel de Ri-
» chelieu, que j'ai ordonné et veux estre basti
» joignant le palais Cardinal.....

» *Item*, je lui donne et legue ma tapisserie de
» l'histoire de Lucrece, que j'ai achetée de M. le
» duc de Chevreuse ; ensemble toutes les figures,
» statues, bustes, tableaux, cristaux, cabinets,
» tables et autres meubles, qui sont a present
» dans les sept chambres de la conciergerie du
» palais Cardinal, et dans la petite galerie qui en
» depend, pour meubler et orner le dit hostel de
» Richelieu.

» *Item*, je lui donne et legue outre ce que des-
» sus, tous mes autres biens tant meubles qu'im-
» meubles, droits sur le roi ou de ses domaines

» que je possede par engagement, et generalement
» tous les biens que j'auray lors de mon decez,
» dont je n'auray disposé par le present testament.
  » Je veux et entends que tous les legs que j'ay
» cy dessus faits audit Armand Vignerot, mon
» petit nepveu, soient a la charge et condition
» expresse qu'il prendra le seul nom du Plessis
» Richelieu, et que mon dit nepveu ni ses des-
» cendans ne pourront prendre, ni porter autre
» nom, ny escarteler les armes de la maison du
» Plessis Richelieu, a peine de decheance.....
  » Je veux et entends qu'Armand de Vignerot,
» ou celui de mes petits nepveux enfans de
» François de Vignerot, mon nepveu, qui vien-
» dra a ma succession, donne par chacun an
» audit François de Vignerot leur pere, la somme
» de trente mil livres sa vie durant, a prendre
» sur tous les biens que je leur ay cy dessus
» legués.....
  » *Item,* je donne et legue audit Armand de
» Vignerot, mon petit nepveu, ma bibliotheque,
» non seulement en l'etat auquel elle est a pre-
» sent, mais en celuy auquel elle sera lors de
» mon decez, declarant que je veux qu'elle de-
» meure au lieu ou j'ay commencé a la faire bas-
» tir dans l'hostel de Richelieu, joignant le palais
» Cardinal, et d'autant que mon dessein est de
» rendre ma bibliotheque la plus accomplie que
» je pourray et la mettre en un estat qu'elle puisse
» non seulement servir a ma famille, mais encore
» au public; je veux et ordonne qu'il en soit fait
» un inventaire general lors de mon decez par
» telles personnes que mes executeurs testamen-

» taires jugeront a propos, y appelant deux doc-
» teurs de la Sorbonne qui seront deputés par
» leur corps pour estre presents a la confection
» dudit inventaire; lequel estant fait, je veux
» qu'il en soit mis une copie en ma bibliotheque,
» signée de mes executeurs testamentaires et des
» dits docteurs de Sorbonne, et qu'une autre
» copie soit egalement mise en ladite maison de
» Sorbonne, signée ainsi que dessus.....»

Le cardinal s'étend encore beaucoup sur sa bibliothèque : il ordonne qu'il y ait un bibliothé-caire aux gages de 1000 livres par an ; il sera choisi entre trois candidats présentés par la Sorbonne et nommés par ses successeurs. Il veut aussi qu'il y ait un homme chargé de balayer tous les jours la bibliothèque, de battre et essuyer les livres très-souvent, etc. etc.... ; il aura 400 liv. de gages. De plus, il assigne 1000 livres par an pour acquisitions de livres nouveaux (1).

Ensuite il ordonne que sa nièce Mme la duchesse d'Aiguillon ait l'administration des biens de la

---

(1) Cette bibliothèque du cardinal devait être considérable et très-belle; un passage du *Mémoire historique sur la Bibliothèque du Roi*, p. xxij (catalogue de cette bibliothèque, in-fol., tom. I), prouve que ce ministre enrichissait quelquefois sa collection sans qu'il lui en coûtât beaucoup. Voici le passage : « Louis XIII avait
» fait acheter des héritiers de M. de Breves, ancien am-
» bassadeur à Constantinople, plus de 110 beaux ma-
» nuscrits syriaques, arabes, turcs et persans....; le tout
» fut payé des deniers du roi, mais nous savons que ces
» manuscrits furent remis dans la bibliothèque du car-
» dinal de Richelieu, comme le fut aussi la bibliothèque

succession jusqu'à ce que son petit-neveu Armand de Vignerot ait atteint sa majorité. Puis il donne audit Armand 440,000 liv. que lui cardinal a prêtées à son neveu du Pont de Courlay, père dudit Armand, pour payer ses dettes, etc. Après cette clause, il s'exprime ainsi :

« Et d'autant qu'il a plu a Dieu benir mes tra-
» vaux, et les faire considerer par le roi mon
» bon maistre, en les reconnoissant par sa mu-
» nificence royale, au dessus de ce que je pouvois
» esperer, j'ay estimé, en faisant ma disposition
» presente, devoir obliger mes heritiers a con-
» server l'establissement que j'ay fait en ma fa-
» mille, en sorte qu'elle se puisse maintenir lon-
» guement en la dignité et splendeur qu'il a plu
» au roi lui donner, afin que la posterité con-
» noisse que si je l'ay servi fidellement, il a sçu par
» une vertu toute royale m'aymer et me combler
» de ses bienfaits.

» Pour cet effect, je declare et entends que tous
» les biens cy dessus leguez et donnez le soient a
» la charge des substitutions ainsi qu'il s'ensuit. »

Ces dispositions du testateur sont trop longues pour être rapportées en détail ; elles regardent

---

» de la Rochelle, après la prise de cette ville. » Quoi qu'il en soit, la bibliothèque du cardinal passa par la suite dans la maison de Sorbonne ; et elle n'a rien eu de commun avec la bibliothèque du roi, que le régent fit transporter en 1721 à l'hôtel de Nevers, rue de Richelieu, où avait été la Banque. En 1724, des lettres-patentes du roi affectèrent à perpétuité cet hôtel au logement de sa bibliothèque. Il a été question dans ces derniers temps de la transporter au Louvre.

ses petits-neveux, fils et petits-fils de sa sœur
aînée, mariée avec M. Vignerot du Pont de Courlay, et ceux de sa sœur cadette, mariée avec M. de
Maillé, marquis de Brezé, maréchal de France.
Il dit ensuite :

    « Je ne fais aucune mention en ce mien testa-
» ment de ma niepce la duchesse d'Enguien,
» d'autant que par son contract de mariage elle
» a renoncé a ma succession, moyennant ce que
» je luy ay donné en dot, dont je veux et ordonne
» qu'elle se contente. ».

    Après quelques autres dispositions relatives
aux bâtimens de la Sorbonne, au collége qu'il y
a fait bâtir, à son enterrement, à diverses con-
structions à ajouter à l'hôtel de Richelieu, aux
vingt pères de la mission établis à Richelieu, et
auxquels il donne 60,000 livres, il continue ainsi :

    « Je defends a mes heritiers de prendre alliance
» en des maisons qui ne soient pas vrayement
» nobles, les laissant assez a leur aise pour avoir
» plus d'esgards a la naissance et a la vertu qu'aux
» commodités et aux biens.

    » Et d'autant que l'experience nous fait con-
» noistre que les heritiers ne suivent pas toujours
» la trace de ceux dont ils sont successeurs, de-
» sirant avoir plus de soin de la conservation de
» l'honneur que je laisse aux miens, que de celle
» de leur bien, je recommande absolument aux
» dits Armand de Vignerot et Armand de Maillé,
» et a tous ceux qui jouiront aprez eux desdits
» duchez pairies et biens que je leur ay ci dessus
» substitués, de ne se departir jamais de l'obeys-
» sance qu'ils doivent au roi et a ses successeurs,

» quelque pretexte de mecontentement qu'ils
» puissent prendre pour un si mauvais sujet; et
» declare en ma conscience que si je prevoyois
» qu'aucun d'eux deust tomber en telle faute, je
» ne lui laisserois aucune chose en ma succession.

» Je donne et legue au sieur du Plessis de Civray
» mon cousin, la somme de 60,000 liv. qui m'est
» deue par M. le comte de Charost, capitaine des
» gardes du corps du roi, sans que luy ni mes
» heritiers puissent reclamer d'interets.,....

» Pour marque de la satisfaction que j'ay des
» services qui m'ont esté rendus par mes domes-
» tiques et serviteurs, je donne au sieur Didier,
» mon aumosnier, 1,500 liv.; — au sieur de Bar,
» 10,000 liv.; — au sieur de Manse, 6,000 liv.;
» — au sieur de Belesbat, parce que je ne lui ay
» encore rien donné, 10,000 liv.; — a Beaugensi,
» 3,000 liv.; — a Estoublon, 3,000 liv.; — au
» sieur de Marsal, 3,000 liv.; — au sieur de Pal-
» voisin, parce que je ne lui ay jusques icy rien
» donné, 12,000 liv.; — a Grenillé, 2,000 liv.; —
» a Blouin, 6,000 liv.; — au sieur Cytois, 6,000
» liv.; — au sieur Renaudot, 2,000 liv.; — a
» Bertereau, 6,000 liv.; — a des Bornais, mon
» valet de chambre, 6,000 liv., et je desire qu'il
» demeure concierge, soubz mon petit neveu du
» Pont de Courlay, dans le palais Cardinal; — au
» Cousin, 6,000 liv.; — a l'Espolette et a Prevost,
» chacun 3,000 liv.; — a Picot, 6,000 liv.; — a
» Robert, 3,000 liv.; — au sieur de Graves et de
» Saint-Leger, mes escuyers, chacun 3,000 liv.,
» et en outre, mes deux carosses avec leurs deux
» attelages de chevaux, ma litiere et les trois

» mulets qui y servent, pour estre egalement par-
» tagés entre mes dits deux escuyers; — a Cha-
» marante et du Plessis, chacun 3,000 liv. ; — a
» Vilandry, 1,500 liv. ; — a de Roques, dix huit
» chevaux d'escole, aprez que les douze meilleurs
» de mon escurie auront esté choisis par mes
» parens ; — au sieur de Fortes Cuieres, 6,000
» liv. ; — a Grandpré, capitaine de Richelieu,
» 3,000 liv. ; — a la Jeunesse, concierge de Ri-
» chelieu, 3,000 liv. ; — au petit Mulot, qui
» escrit soubz le sieur Charpentier, mon secre-
» taire, 1,500 liv. ; — a la Garde, 3,000 liv. ;
» — a mon premier cuisinier, 2,000 liv. ; — a
» mon credencier, 2,000 liv. ; — a mon premier
» cocher, 1,500 liv. ; — a mon premier muletier,
» 1,200 liv. ; — a chacun de mes valets de pied,
» 600 liv. ; — et generalement à tous les autres
» officiers de ma maison, sçavoir : de la cuisine,
» sommeliers et escuyers, chacun six années de
» leurs gages, outre ce qui leur sera deu jusques
» au jour de mon decez.

» Je ne donne rien au sieur Charpentier, mon
» secretaire, parce que j'ay eu soin de lui faire
» du bien pendant ma vie; mais je veux rendre
» ce temoignage de luy, que durant le long temps
» qu'il m'a servy, je n'ay point connu de plus
» homme de bien, ny de plus loyal et plus
» sincere serviteur.

» Je ne donne rien aussi au sieur Cherré, mon
» autre secrétaire, parce que je le laisse assez
» accommodé, estant néanmoins satisfait des ser-
» vices qu'il m'a rendus.

» Je donne au baron de Broye, heritier du feu

» sieur Barbin, que j'ay sceu estre en necessité,
» la somme de 3o,ooo livrès. Je prie mon frere
» le cardinal de Lyon (1) de donner au sieur de
» Sagilly, le prieuré de Coussaye, que je possede
» presentement, lequel est a sa nomination.

» Et pour executer le present testament, et
» tout ce qui en depend, j'ay nommé et esleu
» M. le chancelier et MM. Bouthillier, surinten-
» dant, et de Noyers, secretaire d'estat, ou ces
» deux qui les survivront, voulant qu'ils ayent un
» soin particulier que rien ne soit obmis de tout
» ce que dessus, qui est mon testament et or-
» donnance de derniere volonté, laquelle j'ay
» faite, ainsy qu'il est dit ci dessus, aprez y avoir

---

(1) Alphonse-Louis du Plessis-Richelieu était frère
aîné du ministre. Il avait d'abord été nommé par Henri
IV, évêque de Luçon, à la place de Jacques du Plessis,
son oncle; mais avant d'être sacré, il céda cet évêché à
son frère. Il se fit chartreux en 1606, et resta 20 ans à
la grande Chartreuse. L'élévation de son frère, devenu
ministre, l'en fit sortir : il fut nommé à l'archevêché
d'Aix en 1626, puis à celui de Lyon en 1628. Le pape
Urbain VIII le nomma cardinal-prêtre en 1629, malgré
l'ordonnance de Sixte-Quint, qui défend de nommer
deux frères cardinaux en même temps. En 1632, il fut
grand-aumônier de France; en 1635, il fut envoyé à
Rome pour affaires importantes, qu'il termina heureusement. Il revint en 1563; il retourna à Rome en 1644,
pour l'élection du pape Innocent X. Il est mort en 1653,
âgé de 71 ans. Il paraît par l'épitaphe qu'il se fit lui-
même, que ses richesses n'approchaient pas de celles de
son frère : *Pauper natus sum,* dit-il, *paupertatem vovi,
pauper morior, et inter pauperes sepeliri volo...* Tout occupé
des affaires de son diocèse, il se mêla peu des intrigues
de cour.

» meurement pensé plusieurs fois, parce que la
» plus grande part de mon bien estant venue des
» gratifications que j'ay receues de leurs majestez
» en les servant fidellement et de mon espargne,
» il m'est libre d'en user comme bon me semble,
» joint que je laisse a chacun de mes heritiers
» beaucoup plus de bien qui ne leur appartien-
» droit de ce qui m'est arrivé a succession de ma
» maison.....

» Je supplie trez humblement le roi vouloir
» traiter mes parens qui auront l'honneur de
» servir aux occasions qui s'en presenteront, selon
» la grandeur de son cœur vrayement royal, et
» de tesmoigner en cela l'estime qu'il fera de la
» memoire d'une creature qui n'a jamais eu en
» si singuliere recommandation que son service.
» Et je ne puis que je ne die pour la satisfaction
» de ma conscience, qu'aprez avoir vescu dans
» une santé languissante, servy assez heureuse-
» ment dans des temps difficiles, et des affaires
» trez epineuses, et experimenté la bonne et
» mauvaise fortune en diverses occasions, en ren-
» dant au roi ce a quoy sa bonté et ma naissance
» m'ont obligé particulierement, je n'ay jamais
» manqué a ce que j'ay deu a la reyne mere,
» quelques calomnies que l'on m'ait voulu im-
» poser sur ce sujet.

» J'ay voulu pour plus grande seureté de ce
» mien testament, declarer que je revoque tout
» autre que je pourrois avoir fait cy devant, et
» ne vouloir aussi en cas qu'il s'en trouve cy aprez
» quelqu'autre de date posterieure, qui revoque
» celuy cy, que l'on n'y ait aucun egard, s'il n'est

» escrit de ma main et reconnu de notaires, et que
» les mots suivans, *satiabor cùm apparuerit gloria*
» *tua*, ne soient inserez à la fin et immediate-
» ment avant mon seing.

» Et d'autant qu'a cause de ma dite maladie et
» des abscez survenus sur mon bras droict, je
» ne puis escrire ny signer, j'ay fait escrire et
» signer mon present testament, contenant seize
» feuillets et la presente page, par Pierre Falconis,
» notaire royal, aprez m'en estre fait faire lecture
» distinctement et intelligiblement. Fait en l'hôtel
» de la vicomté (de Narbonne), le vingt troisieme
» jour du mois de may l'an 1642, avant midi.
» *Signé* FALCONIS. »

Ensuite est rapportée la suscription suivante
du notaire et des témoins :

» L'an 1642, le 23 may, aprez midi, dans l'hostel
» de la vicomté de Narbonne, regnant le trez
» chretien prince Louis XIII, roy de France et
» de Navarre, devant moy notaire, fut present
» en personne Mgr. Armand Jean du Plessis,
» cardinal de la saincte Eglise romaine, duc de
» Richelieu et de Fronsac, pair de France, com-
» mandeur de l'ordre du S. Esprit, grand maistre,
» chef et sur-intendant general de la navigation
» et du commerce de ce royaume, gouverneur
» et lieutenant general pour S. M. en Bretagne,
» lequel detenu de maladie, et sain d'entende-
» ment, a dit et declaré avoir fait escrire dans
» les seize feuillets et demi de papier escrit, fer-
» mez et cacheptez du cachet de ses armes avec
» cire d'Espagne, par moi notaire, son testament
» et acte de derniere volonté, lequel moy dit no-

22

» taire ay signé, mon dit seigneur cardinal n'ayant
» peu escrire ny signer son dit testament de sa
» main, a cause de sa maladie, et des abscez
» survenus sur son bras droict. Tout le contenu
» auquel testament Son Eminence veut valoir par
» droict de testament, clos et solennel, codicile,
» donation, cause de mort...... et a prié les tes-
» moins bas nommez d'attester son dit present
» testament; et moy nottaire luy en donner le
» present acte, concedé en presence de Mgr.
» l'eminentissime cardinal Mazarini; MM. Lescot,
» nommé par S. M. a l'evesché de Chartres; Dau-
» mont, abbé d'Uzerches; de Perefixe, maistre
» de chambre de mon dit seigneur cardinal duc;
» de la Barde, secretaire du cabinet du roy et
» tresorier de France a Paris; Le Roy, secretaire
» de S. M., maison et couronne de France; et de
» Remefort, abbé de la Clairté-Dieu, soussignez,
» et moi dit nottaire avec iceux tesmoins, mondit
» seigneur le cardinal duc n'ayant pu signer le
» present acte a cause de sa maladie. *Signé* le
» card. MAZARINI; I. LESCOT; R. DAUMONT; I. DE
» LA BARDE; DENIS DE REMEFORT; LE ROY; HAR-
» DOUIN DE PEREFIXE; FALCONIS. »

Tel est le testament du cardinal de Richelieu,
dans lequel on voit les soins extrêmes qu'il prend
pour que l'éclat qu'il a répandu sur sa famille
et les richesses dont il l'a comblée, ne diminuent
point en passant à ses arrière-petits-neveux. Il
est certain que le fameux maréchal et son petit-
fils qui est mort le 17 mai 1822, à l'âge de 56
ans, ont très-bien soutenu le nom de Richelieu,
surtout le dernier, dont la vie, entièrement con-

sacrée au bien public, n'offre aucune des taches qui, sous le rapport de la conduite morale, si l'on en croit la chronique scandaleuse, ont quelquefois terni celle de son grand-père.

D'après les richesses immenses (1) que le cardinal a laissées et tâché de fixer dans sa famille, qui croirait que toute la fortune du dernier duc, cet homme si vertueux, et si estimé des souverains qu'il a servis, n'a consisté à son décès que dans une inscription de 13,000 livres de rente sur le grand-livre? Voilà cependant tout ce que possédait le dernier rejeton de cette famille. Il est vrai que ses biens subirent le sort commun pendant la révolution; et lorsque vers 1802 il revint en France pour solliciter sa radiation de la liste des émigrés, tous les débris de sa fortune qu'il put recouvrer, furent employés à payer intégralement les dettes de son père et de son grand-père.

Revenons au testament du cardinal. L'imprimé sur lequel nous l'avons copié, nous a été communiqué par M. Bourée, D. M. à Châtillon, qui réunit aux connaissances de son art, l'amour des lettres, un goût particulier pour l'archéologie, pour la bibliographie, et surtout une obligeance

---

(1) Nous ne savons pas au juste à combien elles pouvaient se monter, mais nous les croyons inférieures à celles que laissa le cardinal Mazarin, qui succéda dans le ministère à Richelieu, et qui était plus avide d'argent que lui. On a toujours estimé à cent millions, monnaie du temps, la succession de Mazarin. Il mourut le 9 mars 1661, 19 ans après Richelieu.

extrême, qui est le caractère du vrai savant.
Parmi les livres curieux qu'il possède, se trouvait
le testament en question, auquel il a accolé une
infinité de pièces isolées très-piquantes, et fort
rares sur le cardinal : ce sont des écrits satiriques,
apologétiques, des épitaphes, des éloges ampou-
lés, tous publiés en 1642, et par conséquent
dans l'effervescence des diverses passions auxquelles la mort du redoutable ministre permettait
de prendre l'essor. Nous regrettons de ne pouvoir en donner la liste, ou du moins en citer
quelques-unes; nous nous contenterons de rapporter le titre de la première pièce du Recueil :
*Theologia gallico transsubstantiationem Richelii in
Deum ex vi verborum factam expendens : ex coætaneis
Franciæ scriptoribus industriâ Theophili Alethini
collecta.* Coloniæ Agrippinæ, anno 1642, in-4.°,
à 2 colonnes de 27 pages. Nous ne connaissions
point cet ouvrage, et nous ignorons le nom de
son auteur.

Nous n'avons pas cru devoir parler, dans cet
article, du *Testament politique* du cardinal. Nous
pourrons en faire mention dans la bibliographie
que nous consacrerons aux livres qui portent le
titre de *Testament.*

Dans le recueil de M. Bourée se trouve un feuil-
let manuscrit, d'une écriture ronde très-ancienne
et qui a plusieurs mots raturés; il doit avoir été
écrit le lendemain de la mort du cardinal : c'est
un brouillon ou projet de billet d'enterrement,
qui sans doute a été distribué aux personnes de
la cour. Voici comment il est conçu :

« NOBLES ET DÉVOTES PERSONNES, priez Dieu pour

» l'ame de trez hault, trez puissant, trez ver-
» tueux, illustrissime, eminentissime seigneur,
» monseigneur Jean Armand du Plessis, cardinal,
» duc de Richelieu, grand maistre et surintendant
» de la navigation et commerce de France, l'un
» des prelats commandeurs de l'ordre du Sainct
» Esprit, chef du conseil et principal ministre
» de l'estat du roy, pour l'ame duquel se feront
» les services et prieres en l'eglise de Paris, au-
» quel lieu, lundy prochain, aprez midy, seront
» dictes vespres et vigiles des morts, pour y estre
» le lendemain mardy, a dix heures du matin,
» celebré son service, priez Dieu qu'il en ayt
» l'ame. »

TESTAMENT DE VAUGELAS.

(1650.)

CLAUDE FAVRE DE VAUGELAS, né à Bourg-en-Bresse en 1585, est mort à Paris en 1650, dans un état de misère qui est assez surprenant d'après les pensions dont il jouissait, et l'estime que lui avait acquise sa profonde connaissance de la langue française. Cela ne l'a point empêché de faire un testament, dont une des clauses était alors fort inusitée en France. Elle l'est même encore; chez les Anglais elle est plus commune. Cédons la plume à Fréron, qui, dans son *Année littéraire,* 1764, tom. V, p. 310, va nous parler de la mort et du testament de Vaugelas, ou du moins de la clause la plus singulière de ce testament.

« Vaugelas, dit-il, expira en quelque sorte de misère. On l'avait surnommé *le Hibou,* parce

qu'il était obligé de garder la chambre tout le
jour, et qu'il n'osait sortir que de nuit de peur
de tomber entre les mains de ses créanciers.

   » Son testament fut remarquable : après avoir
disposé de tous ses effets pour acquitter ses dettes,
il ajouta : « Mais comme il pourrait se trouver
» quelques créanciers qui ne seraient pas payés,
» quand même on aura réparti le tout, dans ce
» cas ma dernière volonté est qu'on vende mon
» corps aux chirurgiens le plus avantageusement
» qu'il sera possible, et que le produit en soit
» appliqué à la liquidation des dettes dont je suis
» comptable à la société ; de sorte que si je n'ai
» pu me rendre utile pendant ma vie, je le sois
» au moins après ma mort. »

   Voilà un trait de probité vraiment philosophique.

TESTAMENT

DE LOUIS BARBIER DE LA RIVIÈRE,

ÉVÊQUE-DUC DE LANGRES ET PAIR DE FRANCE.

(1670.)

Louis Barbier, plus connu sous le nom d'abbé
de la Rivière, est né, en 1593, à Montfort-l'A-
maury, d'un mouleur de bois, selon les uns, ou
à Vandelaincourt près de Compiègne, d'un nommé Antoine Barbier et de Cécile Lemaire, selon
les autres. Au reste, quelle que soit sa naissance,
elle a eu lieu sous une heureuse étoile, et sa
bonne fortune ne l'a jamais abandonné.

   Doué de grandes dispositions, le jeune Barbier fit de bonnes études ; ce qui lui procura

une place de régent au collége du Plessis, à
Paris. Mais ce poste modeste était loin de suffire
à son ambition : il fréquenta le monde, et par
son esprit et son adresse, il devint aumônier de
M. Habert, évêque de Cahors, premier aumônier
de Gaston d'Orléans, qui le mit auprès de
de ce prince (1). L'abbé de la Rivière amusa
d'abord Son Altesse par des plaisanteries dans le
genre de Rabelais, qui étaient encore à la mode ;
puis il entra petit à petit si habilement dans
toutes les inclinations de son maître, qu'il devint
lui-même le maître absolu de son cœur et de
son esprit, et fut son conseiller. Mais il ne se
servit de la confiance du prince que pour le tra-

---

(1) Gaston-Jean-Baptiste de France est né à Fontai-
bleau, le 25 avril 1608, de Henri IV et de Marie Médicis,
six ans et demi après Louis XIII, son frère. Il fut d'abord
duc d'Anjou, puis successivement duc d'Orléans, duc
de Chartres en 1611, et duc de Montpensier par son premier mariage, en 1626, avec Marie de Bourbon, duchesse
de Montpensier, qui mourut le 4 juin 1627, cinq jours
après être acdouchée d'Anne-Marie-Louise d'Orléans,
duchesse de Montpensier. C'est cette princesse qui fit
tant de folies pour épouser le comte, depuis duc de Lau-
zun, mariage qui eut lieu secrètement en 1669, et dont
elle n'eut pas lieu de se féliciter. Elle est morte en 1693
sans avoir eu d'enfans. Gaston se remaria en 1631 avec
Marguerite de Lorraine (qui mourut en 1672) ; c'est
encore un mariage qui éprouva beaucoup de traverses.
Il en est résulté cinq filles. Gaston d'Orléans mourut sans
enfans mâles, le 2 février 1660. Il est oncle de Philippe
d'Orléans, frère unique de Louis XIV, né en 1640,
mort en 1701, père du régent, et tige de la maison actuelle d'Orléans.

hir en découvrant tous ses secrets au cardinal Mazarin (1). Pour récompense, il obtint successivement les abbayes de Saint-Benoît-sur-Loire, de Saint-Pierre de Chartres, de Lire, de Notre-Dame-de-Grâce ; il fut en outre aumônier de Marguerite de Lorraine, duchesse d'Orléans, grand aumônier de la reine, chancelier de l'ordre du Saint-Esprit ; enfin le cardinal le fit nommer en 1655, évêque duc de Langres, pair de France.

Malgré tant de dignités, la chronique du temps ne fut favorable ni à la conduite ni à la modestie de l'abbé de la Rivière. La passion du jeu le dominait; il avait l'esprit vif et pénétrant, mais il était irascible, opiniâtre, infatué de son mérite et d'un accès difficile. Lorsqu'il était occupé, il renvoyait les grands qui avaient à lui parler, sans égard pour leur rang. On l'accuse surtout de n'avoir pas eu pour ses bienfaiteurs la reconnaissance qu'il leur devait pour tant de faveurs qu'il en avait reçues. Sa conduite à l'égard de Gaston en est la preuve.

On prétend que son ambition n'étant pas satisfaite par la possession de l'un des plus beaux sièges de France, il partit pour Rome dans l'es-

---

(1) On raconte qu'un jour (c'était après la mort de Gaston), l'abbé de la Rivière faisait en présence de Mademoiselle de Montpensier, un grand éloge de feu son père : « C'était, disait-il, un prince très-sage, très-pieux et qui valait beaucoup. — Vous devez savoir mieux que personne ce qu'il valait, lui répondit Mademoiselle, vous l'avez vendu assez de fois pour cela. »

poir d'être cardinal. Il ne réussit pas ; et , comme dans son voyage il avait attrapé un gros rhume , « cela n'est pas surprenant, dit Bautru , il est revenu sans chapeau. » Cependant j'ai lu quelque part qu'il avait été nommé cardinal par le pape ; mais cette nomination n'a pas eu de suite.

Il est temps d'arriver au principal objet de cet article, c'est-à-dire, au testament de notre évêque. Il a dû le faire en 1669 , époque où il tomba sérieusement malade à Paris. Il existe un ouvrage plein d'érudition et de choses curieuses, intitulé- *Abrégé chronologique de l'histoire ecclésiastique et civile des évêques et du diocèse de Langres* (par M. l'abbé J.-B.-Jos. Mathieu , résidant à Chaumont), *Langres, Laurent Bournot ,* 1808 (1), in-8.º Nous avons trouvé dans ce volume, p. 550 , que « Louis Barbier a légué , pour son anniversaire, la somme de dix mille livres à l'église de Langres , avec des tapisseries représentant l'histoire du patriarche Jacob , lesquelles venaient du cardinal de Richelieu , et avaient coûté 10,000 livres. De plus le testateur donne encore 12,000 livres pour le séminaire, et 30,000 livres pour les familles pauvres de Langres. Il lègue en outre 140,000 livres à l'hôpital de Paris, et le reste de ses biens aux églises et aux pauvres

(1) Comme la pagination de ce volume va de 255 à 576, je présume que cet ouvrage a fait partie de l'*Annuaire de la Haute-Marne* de 1808 , et qu'on a retranché les 254 premières pages qui renfermaient la liste des fonctionnaires du département.

de la capitale. Mais il n'a voulu reconnaître aucun de ses parens. »

Voilà tout ce que nous dit le respectable et
savant M. Mathieu sur le testament de Louis
Barbier de la Rivière. Mais ailleurs nous avons
découvert deux articles du même acte ou du
moins d'un acte du même genre, que l'on prétend avoir été trouvés dans ses papiers, et qui
n'ont pas le caractère de gravité que l'on remarque dans les articles précédens. Ces deux articles
sont ainsi conçus :

« Je ne laisse rien à mon maître d'hôtel, par-
» ce qu'il y a dix-huit ans qu'il est à mon ser-
» vice (1).

» *Item,* je lègue 100 écus à celui qui fera
» mon épitaphe. »

Nous ne discuterons point ici l'authenticité de
ces deux clauses, mais il est certain que la seconde
a été connue dans le temps, et qu'elle a prêté
à des plaisanteries et à des épigrammes, dont la
meilleure est sans contredit celle de La Monnoye,
ainsi conçue :

Ci-gît un très-grand personnage,
Qui fut d'un illustre lignage,

---

(1) Cela rappelle le mot du cardinal Dubois. Chaque
année, ses domestiques venaient, le 1.er janvier, lui
présenter leurs hommages et recevoir leurs étrennes.
Quand l'intendant de sa maison arrivait à son tour, le
cardinal lui disait : « Monsieur, je vous donne ce que
vous m'avez volé. » L'intendant s'inclinait profondément,
puis se retirait, bien persuadé sans doute qu'il n'était
pas le plus mal partagé.

Qui posséda mille vertus,
Qui ne trompa jamais, qui fut toujours fort sage.
Je n'en dirai pas davantage :
C'est trop mentir pour cent écus.

La passion de Louis Barbier pour le jeu, lui attira encore l'épigramme suivante, de la part du même poëte :

Le bon prélat qui gît sous cette pierre,
Aima le jeu plus qu'homme de la terre.
Quand il mourut, il n'avait pas un liard (1) ;
Et comme perdre était chez lui coutume,
S'il a gagné paradis, on présume
Que ce doit être un grand coup de hasard.

Il fallait que la réputation dont jouissait cet évêque dans le monde, lui fût très-peu favorable, car, de son vivant même, il fut vivement attaqué (sans être nommé, à dire vrai) par le fameux Boileau dans sa première satire, qui date de 1650 ; tout le monde reconnut l'abbé de la Rivière dans ces trois vers :

Et que le sort burlesque, en ce siècle de fer,
D'un pédant, quand il veut, peut faire un duc et pair.
Ainsi de la vertu la fortune se joue.

Feu M. de Guerle, dans son facétieux opuscule l'*Eloge des perruques*, Paris, an VII—1799, en parlant, page 7, de l'invention d'une nouvelle perruque beaucoup plus garnie de cheveux que les simples tours dont on se servait précédemment, dit : « Le premier qui se coëffa de cette » merveille du jour, fut un abbé coquet ; l'his-

---

(1) Les clauses du testament que nous avons cité plus haut prouvent le contraire. Mais la malignité n'y regarde pas de si près en fait d'épigramme.

» toire a conservé son nom : c'était l'abbé de la
» Rivière. Il mourut évêque de Langres, et les
» amans des perruques durent pleurer leur pa-
» triarche. » En effet, il fut le premier ecclésiastique qui osa porter perruque. L'église, considérant
cet ornement comme un objet de luxe, l'a défendu
à ses ministres pendant assez longtemps. V. *l'Histoire des perruques, où l'on fait voir leur origine,
leur usage, leur forme, l'abus et l'irrégularité de
celles des ecclésiastiques, par J.-B. Thiers.* Paris,
1690, in-12, et Avignon, 1779, in-12, p. 25.

M. l'abbé Mathieu, parlant des derniers momens de Louis Barbier, dit : « Notre prélat
» contrit et humilié, reçoit les derniers secours
» de la religion avec de grands sentimens de piété,
» et meurt (à Paris) le 30 janvier 1670, âgé
» de 77 ans. Son corps est déposé aux Minimes. »

TESTAMENT DE JEAN THIERY.

(1650.)

Ce testament mérite d'occuper une place parmi
les actes de ce genre très-remarquables, soit à
raison de l'histoire singulière du testateur, qui,
de pauvre garçon d'auberge, est devenu propriétaire d'une fortune de plus de cinquante-six
millions, soit à raison de l'inventaire de cette succession qui est à la suite du testament, soit enfin
à raison des discussions auxquelles cet acte a donné lieu et qui ne sont point encore terminées.

L'histoire de Jean Thiery étant détaillée en
grande partie dans son testament, nous allons

commencer par rapporter cet acte passé à Corfou, chez Santonida, notaire. Il a été sans doute rédigé en italien, et la copie que l'on nous a communiquée doit être une traduction et même une traduction très-littérale, comme on le verra et par la forme assez bizarre de l'acte, et par certaines expressions tout à fait étrangères à notre langue.

Copie du testament de Jean Thiery.

» L'an de grâce 1654, le 10 février, est comparu
» en mon étude de Corfou, voisine de l'église
» métropolitaine de Saint-Spiridien, et pardevant
» moi Santonida, notaire public de la ville de
» Corfou, et de tout le duché vénitien; est com-
» paru, dis-je, JEAN THIERY, sain d'esprit et de
» corps, Français de nation, de la providence
» (province) de Champagne, du lieu dit Châ-
» teau-Thiery, diocèse de Rheims, de Soissons,
» fameux marchand négociant sur mer, lequel
» a déclaré pardevant moi et les témoins sous-
» signés, vouloir faire son testament, en me si-
» gnifiant sa dernière volonté, et avoir intention
» de se retirer dans la capitale de l'Italie véni-
» tienne, et d'y vivre et mourir dans la maison
» de Mora, ainsi qu'il l'a déclaré; et que comme
» il est aussi certain que nous mourrons que
» l'heure de notre mort est incertaine, il voulait
» en conséquence donner son ame à Dieu et son
» corps à la terre, et disposer de ses biens con-
» formément à son bon plaisir et à sa conscience. »
(Ce n'est plus le notaire, mais le testateur qui
va parler, quoiqu'il n'y ait pas la moindre inter-

ruption dans l'acte.) « Avant tout on doit savoir
» que mon nom est Jean, et mon surnom THIERY.
» J'ai été baptisé dans la paroisse de Château-
» Thiery en Champagne. Quant à mon âge, je
» ne le sais pas positivement, ayant perdu tous
» mes papiers dans les différens dangers que j'ai
» courus sur mer. Il y a cent vingt ans que notre
» famille prend son origine en Lorraine et se di-
» vise en trois parties, desquelles l'une se trouve
» dans la ville de Bâle en Suisse, l'autre en
» Lorraine, et la dernière, où je suis né, en
» Champagne. Mon grand-père, gendarme du
» roi de France, se nommait Robert Thiery. Il
» eut trois fils : Pierre, Claude et François Thiery
» mon père (1). Et moi présent en cette étude, je
» me dénomme Jean; j'ai été baptisé à Château-
» Thiery. Et ma mère se nommait Françoise
» Bricot; elle est baptisée à Amance, Franche-
» Comté de Bourgogne; elle est morte à Cutray,

---

(1) On nous a communiqué, avec le testament, une
autre pièce où se trouvent quelques détails de plus sur
l'origine de cetre famille; il y est dit : « Robert Thiery,
» tige de sa famille, était originaire de Lorraine; il naquit
» à Saint-Thomas près Vienne; il fut anobli, en 1510,
» par Antoine duc de Lorraine; il s'attacha à Henri III,
» alors Dauphin, et devint gendarme de la garde.
» Robert eut trois fils; il leur laissa peu de bien : à peine
» ses trois fils recueillirent-ils du bien de leur père chacun
» 200 liv. Après leurs partages, faits le 23 décembre 1589,
» ils se séparèrent. Pierre Thiery s'établit à Bâle, Claude
» Thiery en Lorraine, et François Thiery à Château-
» Thiery. Ce dernier épousa Françoise Bricot, de laquelle
» il eut Jean Thiery, si célèbre par son opulence..... »

» diocèse de Langres. » (Il n'y a pas de Cutray dans
le diocèse de Langres. Il y a bien Cintrey, qui est
à 6 lieues de cette ville, mais il était du diocèse de
Besançon : ne serait-ce pas plutôt Cutry près
Soissons ?) « Et où j'ai quitté mon pays sans en
» avoir fait part à personne. Je me suis échappé
» (il avait alors quatorze ans), après avoir reconnu
» qu'il n'y avait pas de bien dans la maison de mon
» père ; voulant chercher fortune, je suis venu en
» Italie, et je me suis loué pour être garçon d'au-
» berge, à l'auberge de la Tour, dans la ville de
» Brescia, état de Venise. J'ai trouvé un marchand
» étranger, Grec de Nati, nommé Athany (Atha-
» nase) Tipaldy. Il me proposa de voyager, j'y
» consentis sur-le-champ ; et ayant commencé à
» voyager avec ce riche marchand qui n'avait
» point d'enfans, il me prit en amitié (1), et

_____

(1) Voici encore à ce sujet quelques détails tirés de la
pièce mentionnée dans la note précédente. « Thiery étant
» à Brescia, eut occasion de faire connaissance avec
» Athanase Tipaldy, un des plus riches et des plus adroits
» commerçans du siècle dernier (c'est-à-dire XVII.ᵉ
» siècle) ; Thiery eut le bonheur de lui plaire et d'obtenir
» sa confiance. Tipaldy lui proposa de l'accompagner
» dans ses courses maritimes ; le jeune homme le suivit,
» une tempête affreuse survint ; le vaisseau qu'ils mon-
» taient coula à fond ; tout le monde périt, excepté Ti-
» paldy et Thiery. Cet accident augmenta leur amitié ; ils
» furent dès-lors inséparables. Tipaldy, las de mener une
» vie errante, se retira à Corfou avec son jeune ami, qui,
» de jour en jour, lui devenait plus cher. Enfin Tipaldy
» touchait à son dernier moment ; bâtard de la maison
» de Tipaldy, sans autre affection que celle qu'il avait
» pour Thièry, il l'institua par son testament son légataire

» comme il n'avait point de parens, étant fils
» naturel de la maison de Tipaldy de Napoli de
» Romanie, dont les deux branches sont éteintes,
» ledit sieur Athany étant vieux et accablé d'in-
» firmités, il me laissa toute sa succession tant
» sur mer que sur terre. Ses biens consistaient
» en trois vaisseaux marchands, et huit cents
» mille écus vénitiens, dits à la croix, lesquels
» sont placés sur la Banque de Venise appelée la
» Zena ; et il dépend de moi de les retirer quand
» bon me semblera et quand je le jugerai à pro-
» pos, comme il paraît par le testament de mon
» bienfaiteur Athany Tipaldy, fait à Corfou le 1.er
» août 1636, intestamenté (instrumenté) par le
» notaire présent Santonida. Comme je me trouve
» âgé de 75 ans, je veux me retirer dans la ville
» capitale du duché de Venise, pour y vivre et
» mourir par la grâce de Dieu.

» *Item*, j'appelle à ma succession les Thiery
» de Champagne, c'est-à-dire les enfans de mon-
» sieur mon père, nommé François Thiery, in-
» humé à Château-Thiery, et de madame ma
» mère nommée Françoise Bricot, pourvu qu'ils
» soient du même lit que moi; car si ledit sieur
» mon père et ladite dame ma mère ont contracté

» universel; il déclara dans cet acte avoir placé à 3 pour
» cent 800,000 écus vénitiens, appelés écus à la croix, sur
» la Monnaie de Venise, par contrat passé entre lui, le
» prince et les magistrats de la Couronne, le 16 juillet
» 1624: Indépendamment de cette somme, il spécifia
» quatre maisons dont il était propriétaire, et 50,000 louis
» sur l'Hôtel-de-Ville de Paris. »

» un second mariage, j'en exclus tous les enfans
» de ma dite succession, et j'y appelle les fils de
» Pierre, de Claude et de François Thiery, mon
» père (c'est-à-dire ses neveux et ses frères utérins-
» consanguins).

» Je prie messieurs les Thiery de Champagne
» de ne point abandonner ceux de la Lorraine et
» de Bâle; mais je dis que mes vrais et légitimes
» héritiers sont ceux de la Champagne, enfans
» de François Thiery, mon père : c'est à ceux-ci
» que j'abandonne tous mes biens après ma mort,
» et à leur défaut à ceux de Bâle et de Lorraine.

» Les papiers et actes nécessaires de ma suc-
» cession se trouveront à la chancellerie du très-
» excellent seigneur provéditeur, où ils sont en-
» registrés; il suffira de demander le testament
» de Jean Thiery, fait à Corfou, l'an de grâce
» 1654. Mondit testament rappelle celui d'Athany
» Tipaldy, mon maître et bienfaiteur, fait le 1.er
» août 1636.

» Je fais ledit testament à Corfou, pour ne
» donner soupçon à qui que ce soit de mes ri-
» chesses et de ma fortune, et afin de n'être pas
» inquiété soit par des amis, soit par des parens,
» le peu de temps qu'il me reste à vivre (1), et

---

(1) Cette clause, qui annonce un égoïsme assez notable,
lui avait été suggérée par Tipaldy, qui dans son testament
s'exprime ainsi : « J'engage Jean Thiery, mon unique
» héritier, à ne jamais faire son testament en terre ferme,
» afin que personne ne sache ce qui pourra lui revenir,
» et que, de cette manière, il ne soit jamais inquiété par
» des parens, ni par qui que ce soit. »

23

» je veux passer le reste de mes jours à soigner
» les pauvres par charité, ayant appris quelques
» secrets dans mes voyages.

» Je laisse tout ce qui est énoncé au testament
» de monsieur mon maître et bienfaiteur Athany
» Tipaldy, à mes légitimes héritiers dénommés
» ci-dessus.

» Je laisse pour le repos de mon ame six mille
» messes, à la volonté du confesseur qui m'as-
» sistera au moment de ma mort.

» Je laisse tous mes habits aux pauvres, et
» nomme pour mon exécuteur testamentaire le
» sieur Mora.

» Je laisse deux mille écus à l'église de Château-
» Thiery, que mes légitimes héritiers, aussitôt
» après avoir ouvert mon testament, et recueilli
» ma succession, seront tenus de délivrer à ladite
» église, pour un anniversaire perpétuel pour le
» repos de mon ame.

» Je laisse à l'église confessaire (sic) de Saint-
» Spiridien, deux cents ducats, une fois payés.

» Je laisse à mon confesseur cinq cents ducats,
» qui seront pris dans mon coffre-fort.

» Je laisse tout le reste de ma succession à mes
» vrais et légitimes héritiers, ci-dessus déclarés
» et nommés.

» Je veux et entends que l'exécuteur de mon
» testament ne soit pas inquiété, ni obligé de
» rendre compte soit à mes héritiers, soit à toute
» autre personne ; mais qu'il jouisse tranquille-
» ment et paisiblement de tout le reste des biens
» que je leur laisse.

» Le présent testament a été fait à Corfou, et

» reçu par moi Santonida, notaire de la ville de
» Corfou et de tout le sérénissime état et ses dé-
» pendances , le 10 février de la présente année
» 1654, en mon étude. En foi de quoi j'ai signé
» avec le susdit Jean Thiery, en présence des té-
» moins soussignés. SANTONIDA, notaire, et JEAN
» THIERY, de ma propre main. »

Le testateur est mort à Venise en 1676, et il a
été enterré à l'église des Théatins.

A la suite du testament est l'*invention* (pour
inventaire) *de la succession de Jean Thiery*. Cet
inventaire est très-succinct. Il se retrouve encore
à la suite de la pièce que l'on nous a communiquée avec le testament, mais il y a quelques variantes et additions. Nous allons réunir ces deux
morceaux, qui, au fonds, ne forment qu'un seul
inventaire; nous mettrons en caractère italique
les différences et les additions qui se trouvent dans
la pièce en question, où il est dit en outre : « Que
» l'*inventaire* de l'immense succession de Jean
» Thiery a été fait en présence du doyen et des
» magistrats de la république, avec les formalités
» les plus sévères. » Cependant nous pensons que
ce qui suit n'est que le résultat des masses détail-
lées qui ont dû composer cet inventaire :

» 1.º Trois maisons jointes en-
» semble près le palais du doge,
» estimées .... 1,800,000 liv.
» 2.º Deux autres maisons dans
» l'île de Corfou, près l'église
» Saint-Spiridien.................. 800,000
» 3.º Une maison de campagne

» sur le canal de Monpadou, af-
» fermée et louée..................... 200,000
　» 4.° Un sac de quatre pieds de
» long, autant de large, plein de
» lingots d'or...................... 1,200,000

Nota. L'écrit joint au testament, porte
que ce sac est plein d'or massif et de lingots, et il en élève l'estimation à 31 millions, ce qui me paraît plus juste.

　» 5.° *Quatre-vingt mille ducats*
» *d'argent à cinq livres*........... 400,000
　» 6.° *Cinquante mille louis d'or*
» *sur l'Hôtel-de-ville de Paris*... 1,200,000
　» 7.° Six barils de poudre d'or. 1,960,000
　» 8.° Six carosses et calèches
» qui sont dans l'île de Corfou.. 9,000
　» 9.° Deux cassettes remplies
» *de vases* d'argent, pesant cha-
» cune deux cents livres........ 40,000
　» 10.° Six cassettes de chande-
» liers d'argent, pesant chacune
» trois cents livres............... 180,000
　» 11.° Deux petits sacs de pier-
» res précieuses 3,000,000
　» 12.° Trois bâtimens neufs
» chargés de marchandises pré-
» cieuses qui arrivèrent après la
» mort de Jean Thiery.......... 40,589,000

Nota. L'écrit mentionné ci-dessus porte:
« *Trois bâtimens neufs chargés de pierres*
» *précieuses, qui arrivèrent après la mort*
» *de Thiery, neuf millions.* « C'est évi-
» demment une erreur.

　» 13.° Dix-sept lits de diffé-

» rentes étoffes de diverses cou-
» leurs, et autres meubles......

> *Nota.* Il y a sans doute erreur dans
l'estimation de six millions portés dans
l'inventaire à la suite du testament, et qui
ne sont pas dans l'inventaire de l'écrit
joint audit testament. Je ne porte donc
pas ces six millions ; on en verra la raison
plus bas.

» 14.° *Quarante-un miroirs petits*
» *et grands* (sans estimation).

» 15.° Quatorze meubles de dif-
» férentes espèces et dix armoires,
» comme aussi beaucoup de bat-
» terie de cuisine (sans estima-
» tion).

» 16.° Enfin, cent un fauteuils
» ornés d'or et d'argent et autres
» meubles d'appartement » (sans
estimation). Mais l'écrit joint au
testament porte que les quatre
derniers articles peuvent valoir
400,000 fr. , ce qui prouverait
que l'estimation du n.° 13 portée
à six millions est erronée; aussi
ne l'avons-nous pas tirée hors
ligne, et nous ne mentionnerons
ici que les   400,000

« Nota. Ici ne sont point compris les huit cent
» mille écus à la croix portés au testament de
» Tipaldy et relatés en icelui de Thiery, et qui
» valent de notre monnaie 9,920,000 liv.

» Je dis CINQUANTE-SIX MILLIONS NEUF CENT NEUF
» MILLE LIVRES TOURNOIS, en livres de France. »

Ce total n'a aucun rapport à celui que forment les sommes ci-dessus tirées hors ligne, soit qu'on y ajoute les 9,920,000 liv., soit qu'on les retranche. En les ajoutant, on trouve 62,198,000 liv.; en les retranchant, il ne reste que 52,278,000 liv. Il faut donc que les estimations portées à l'inventaire, soient en monnaie d'Italie du temps, et nous n'en connaissons pas la valeur.

Le copiste du testament a fini par ces mots:

« J'ai copié le testament d'après l'imprimé à
» la fin du mémoire par le sieur abbé Godard,
» procureur fondé de Nicolas Godard, de Jean-
» Pierre Chance, de Claude Thiery, fils de Robert
» et oncle de Jean Thiery, mort à Venise en 1676. »

Nous venons de donner textuellement tout ce que nous avons pu découvrir sur l'histoire de Jean Thiery, sur son acte de dernière volonté, et sur l'estimation (assez obscure) du montant de sa succession. Voyons maintenant quelle a été le sort de cette succession, qui fait encore autant de bruit en France en ce moment que si elle était fraîchement éclose.

Les précautions prises par Thiery pour que l'on ignorât et son testament et le lieu de sa demeure, firent que ses parens ne se doutèrent nullement de la fortune qui les attendait. Après sa mort, son exécuteur testamentaire, M. Mora, vint en France pour les découvrir; mais il paraît que trompé, sur sa route, par des intrigans qu'un si friand morceau allécha, il ne vint pas jusqu'à Château-Thiery, et qu'il vendit les pièces relatives à la succession à ces mêmes intrigans, qui étaient au nombre de trois, et qui se nommaient

Burgevin, Ruelle et Censier. Ceux-ci firent faire
dans une petite ville de Champagne (Montiéran-
der), une enquête pour établir que Jean Thiery
n'avait laissé aucun héritier; puis sur ce motif,
ils fabriquèrent, au nom de M. Dupuis, un brevet de donation par le roi, des biens de cette
succession tombée en déshérence. Munis de ces
pièces, ces fripons, Burgevin, Ruelle et Censier,
se rendirent à Venise, où ils transigèrent avec
l'exécuteur testamentaire moyennant une somme
de 1,240,000 liv.

En 1686, un sieur Guyot de Verthamont, officier dans la marine de France, qui se croyait,
par sa femme, héritier de Jean Thiery, arriva à
Venise, pour prendre connaissance des affaires
de la succession ; sa présence fut un coup de
foudre pour les trois faussaires, qui disparurent
subitement, et que l'on n'a jamais pu découvrir,
quelques recherches que l'on ait faites.

Cependant, en France, le procureur général
dénonça le faux à la cour du parlement, et commença des poursuites contre ceux qui en étaient
les auteurs. Ces poursuites ayant donné une certaine publicité à l'affaire, on vit accourir une
foule d'individus du nom de Thiery, qui, leur
arbre généalogique à la main, réclamaient la succession du négociant de Venise. L'examen des
qualités fut soumis à un tribunal qui portait le
nom de cour des requêtes de l'hôtel. Ce tribunal
reconnut comme seuls héritiers, M.me Mouchin
des Forges, M.me Mouchin de Calais, et le sieur
Jacquard, descendans du sieur Gilbert Thiery,
frère unique de Jean. Cette décision, rendue en

1748, fut attaquée avec force par tous les prétendans repoussés, et les contestations qui s'élevèrent alors n'étaient pas encore terminées quand la révolution arriva.

Après avoir inutilement fatigué de leurs sollicitations l'Assemblée constituante, la Convention nationale et le Directoire, les héritiers Thiery, qui s'étaient considérablement multipliés, à cause du décès de ceux à qui d'abord avait été dévolue la succession, parvinrent à s'entendre, et profitèrent de la restauration pour demander à l'empereur d'Autriche, souverain actuel de Venise, la créance de huit cent mille écus à la croix, qui, dans l'origine, avait été frappée d'opposition dans les mains du gouvernement de Venise au nom du domaine de la France, à cause de l'état apparent de déshérence de la succession dont elle faisait partie.

Cette créance équivaut aujourd'hui à une somme de 5,200,000 fr.; et les intérêts à 3 pour cent, réclamés depuis 1676, époque du décès de Jean Thiery, formaient en 1816, une somme de 21,840,000 fr.; total 27,040,000 fr.

Mais à mesure que les prétentions des héritiers s'étaient accrues, les moyens de les satisfaire étaient diminués; et aujourd'hui, par suite de toutes les révolutions politiques qui ont eu lieu depuis plus de trente ans, on ne retrouve ni les écus à la croix, ni la banque de Venise, ni les immeubles de Corfou, ni les rentes de l'hôtel-de-ville de Paris.

Cependant une dame Morel, héritière des héritiers de Jean Thiery, entreprit, en 1824, le voyage d'Autriche, et, après avoir adressé de nouvelles réclamations à l'empereur et au prince de Metternich, elle est revenue à Paris, rapportant un riche fonds d'espérances qui compose tout l'actif de la succession. Mais la publicité donnée à cette affaire par les journaux, réveilla tous les Thiery du royaume, qui accoururent, comme en 1686, munis de leurs papiers.

En 1826, de nouveaux compétiteurs se présentèrent dans l'arène, et réclamèrent devant le tribunal de la Seine.

En 1827, le *Journal de la Haute-Saône* du 28 mars, donne des détails sur les descendans de Simon Thiery, frère du fameux Jean Thiery, et né comme lui à Château-Thiery. (Alors Jacques Thiery n'eût pas été frère unique de Jean, comme il est dit précédemment.) Ce Simon était *salinier* du roi; il se fixa par la suite au Val-Saint-Eloy, près Vesoul. Il eut deux enfans, Barbe Thiery et Mathieu Thiery. Barbe Thiery se maria à Nicolas Curie. Celui-ci est mort en 1792, laissant deux enfans, Marianne et Ferdinand Curie, qui existent encore en ce moment à Amance. Quant à Mathieu Thiery, il a laissé une nombreuse postérité, qui consiste, dit-on, en quarante-huit individus, tous existans à Contréglise, à Saint-Loup, au Val-Saint-Eloy, etc., toutes communes de la Haute-Saône. L'article du Journal a pour but de demander des renseignemens sur l'acte de naissance et l'acte de mariage de Barbe Thiery, et sur les mêmes actes de Mathieu Thiery. On adresse cette demande aux maires de la Haute-Saône et des départemens environnans.

L'affaire en est là.

TESTAMENT DE Mme DUPUIS.

(1677.)

LE testament de Mme Dupuis est si singulier,
si bizarre, et tellement marqué au coin de la
folie, que j'ai longtemps hésité à en faire mention. Cependant, comme Bayle (art. ROSEN,
rem. C.) ; Moncrif, dans ses *Lettres philosophi-*
ques sur les chats, p. 139 ; l'abbé Mercier de
Saint-Léger, dans le *Recueil* A. B. C. D., lettre C.,
p. 142—156 (1), et d'autres auteurs ou compi-
lateurs l'ont rapporté ou en ont parlé, et que
d'ailleurs il a été imprimé à Paris, chez Jacques
Grou, rue de la Vieille-Boucherie ; je crois pouvoir lui donner une place dans ce Recueil, du
moins par extrait. L'extravagance peut bien
quelquefois se glisser parmi les singularités et
les bizarreries. Disons d'abord un mot de la testatrice. Il servira à éclaircir plusieurs passages
de son testament, qui sans cela deviendraient
inintelligibles pour le lecteur.

Mlle Jeanne Félix était une très-bonne musi-

---

(1) Ce *Recueil* est un mélange de toutes sortes d'objets.
Il a paru de 1745 à 1772, en 24 volumes *in*-12, qui,
chacun, n'ont d'autre titre que le mot *Recueil,* et au-
dessous, l'une des lettres de l'alphabet en grosse de fonte,
et au bas, le lieu d'impression et la date. Il a été publié
par MM. Pérau, de Querson, Mercier-Saint-Léger, de
la Porte, Barbazan et Graville. L'abbé Mercier de Saint-
Léger est éditeur du Recueil C., d'où nous extrayons le
testament en question.

cienne, célèbre joueuse de luth et de harpe, qui avait épousé M. Adam Dupuis, sieur de Roquemont, dont elle est devenue veuve, après en avoir eu plusieurs enfans. Il paraît qu'elle était fort riche. L'aînée de ses filles a été mariée à un gentilhomme de Normandie, nommé de Sacy, qui sans doute a eu le malheur de ne pas conserver les bonnes grâces de sa belle-mère, car elle le traite horriblement dans un mémoire joint à son testament. Elle se sert même de termes dégoûtans pour taxer son gendre de libertinage, et l'accuser d'avoir altéré la santé de son épouse. M. de Roquemont, son mari, avait fait plusieurs donations à l'hôpital de Rheims ; quand il fut mort, elle voulut les faire annuler, et en conséquence, intenta un procès aux administrateurs de cet hôpital. Elle le gagna d'abord au Châtelet; mais ensuite elle le perdit au parlement, sur le rapport de M. Guillaume, magistrat intégre, et homme d'un très-grand mérite. On verra dans son testament les explosions de sa fureur contre ce magistrat. Son exécuteur testamentaire était un M. de la Ferrière, qui n'a pas eu grande peine, car aussitôt qu'on eut connaissance du testament et du mémoire qu'elle y avait joint et dont elle avait ordonné la lecture, on décida que la testatrice avait l'esprit égaré, et qu'on ne devait avoir aucun égard à ses dernières dispositions ; en conséquence le testament fut cassé. Parmi ses légataires, ce sont certainement ses chats qui ont le plus perdu à cette nullité, car elle avait pour eux une tendre affection, et elle voulait qu'ils eussent des preuves de sa sollici-

tude jusqu'à leur dernier moment. Mais il est
temps d'arriver aux fragmens de ce testament.
Il serait très-difficile maintenant d'en trouver des
exemplaires complets ; M. de Moncrif n'a jamais
pu en découvrir un seul à Paris. Tenons-nous-en
donc aux extraits que nous fournit le recueil
A. B. C. Nous les donnerons dans l'ordre ou
plutôt dans le désordre où ils se trouvent, car
il y a peu de suite dans les idées de Mme Dupuis ;
nous y ajouterons quelques notes si elles nous
paraissent nécessaires.

....

« Je donne et lègue à ma nièce de Calonge ,
toutes mes porcelaines..., et le portrait de ma
feue fille, que je vous prie de bien garder, comme d'une personne qui avait bien de l'esprit, et
de la sagesse, et de la vertu. Tous ceux qui la
connaissaient en demeurent d'accord, et aussi
la femme de la plus belle taille et de la meilleure
mine du monde. M. de Sève m'a dit qu'il allait
exprès aux Augustins pour la voir marcher, tant
elle avait bonne grâce. C'est M. de Sève, c'est lui
que tout le monde estime, parce qu'il a bien de
la vertu, et c'est lui qui fait de si beaux portraits (1).

....

» Je donne à Mme Desbelles-Mignio mon
grand saphir blanc, fort beau, qui est enchâssé
dans l'or, qui coûta trois louis pour le tailler en

---

(1) Gilbert de Sève, né à Moulins en 1615, est mort
à Paris en 1698. Il était un fort bon peintre; il a orné
Versailles de ses tableaux ; ou en voyait aussi dans les
églises de Paris.

table ; elle choisira de celui qui est en table ou
de celui qui est en facettes ; pour moi j'aimerais
mieux celui qui est en table. M. de la Ferrière
(l'exécuteur testamentaire) vous les montrera
tous les deux.

» Je donne et lègue à Catau Duchon qui m'a
servi, et qui a épousé un honnête homme qui
fait la barbe, et s'appelle M. Capelet ; je lui
donne, à ma petite Duchon, trente écus une
fois payés.

» Je donne à M. de Bleigny, le luth (1) qu'il
prit la peine de monter : c'est qu'il m'a montré
des pièces de luth que j'ai mis sur ma harpe,
afin qu'il prie Dieu pour moi.

....

» Je veux et entends que l'on choisisse six
pauvres femmes, six pauvres filles, six pauvres
hommes et six pauvres garçons, qui soient bien
faits, qui ne soient ni bossus, ni aveugles, ni
borgnes, ni boiteux, et qui soient de belle taille,
qui puissent être de même grandeur, et qu'ils
ne soient point gâleux : il y en a à choisir dans
Paris. Je prie M. de la Ferrière d'en choisir qui
ne soient point malades, afin qu'ils se portent bien
pour user mes habits avec plaisir ; je veux qu'ils
les portent tous un an durant, et afin qu'ils

(1) J'ai lu ailleurs que M.me Dupuis avait laissé ou plutôt légué sa harpe, instrument de sa fortune, à un
aveugle des Quinze-Vingts, dont elle avait ouï parler
comme jouant très-bien de cet instrument. Cet article
n'est point dans le recueil qui me fournit l'extrait du
testament en question.

prient Dieu pour moi. Monsieur de la Ferrière, vous les habillerez, les vingt-quatre pauvres, de serge d'aumale noire. Je prie M. de la Ferrière et Mme de Calonge, de prendre garde aux vingt-quatre pauvres que je fais habiller, qu'ils mettent tous leurs habits, même s'il pleuvait. Il leur faut à chaque pauvre chacun un collet ; et tous ceux qui voudront suivre mon corps me feront honneur.

....

» Je ne veux pas que l'on mette jamais dans ma maison que des gens bien sages, et de qualité, et qui paient bien. Et pour ma maison de la rue Saint-Dominique, je veux que l'on n'y fasse jamais de boutiques ; je prie M. de la Ferrière de n'y mettre que des gens de qualité. Je ne veux jamais que l'on mette des arbres nains dans mon jardin quand il en mourra ; il y faut mettre de grands arbres, parce que je veux que l'on entretienne bien le jardin.

....

» Je fais tous ces présens afin que l'on prie Dieu pour moi. Tous ceux qui ont acquis du bien le peuvent donner à qui il leur plaît. Mes proches parens ne se doivent pas plaindre, car Dieu dit : Aime ton prochain comme toi-même, et fais-lui du bien. Ils se doivent contenter ; je n'ai pas toujours eu sujet d'être contente d'eux, mais il faut pardonner comme une bonne chrétienne.

....

» Je veux que le jour de mon décès, on aille le matin avertir en toutes les églises et couvens, de faire sonner toutes les cloches, auxquels j'ai donné

et légué, et qu'ils sonnent pendant quatre heures, et on leur donnera cent sous une fois payés.
....

» Je vous prie très-humblement, Monseigneur
l'évêque de Meaux, de prendre le soin de recommander à MM. vos aumôniers et chanoines,
d'avoir soin de ma petite ferme et de mes terres,
afin que cela dure autant que le monde vivra.
....

» Je vous prie, Monsieur de la Ferrière, quand
vous m'aurez mise dans mon repos, vous manderez
les Dames et Messieurs à qui j'ai fait ces petits présens, et vous les leur donnerez en main propre.
....

» Je donne et lègue à Jeanneton qui m'allait
quérir de l'eau de fontaine aux Petites-Maisons,
et je prie M. de la Ferrière de lui donner tous les
mois dix sous; et après vous en trouverez d'autres
pauvres femmes, qui seront bien aise d'avoir les
dix sous par mois leur vie durant.

» Je veux que M. de la Ferrière habille maître
Jacques, qui vend de l'eau-de-vie auprès de moi.
C'est un grand homme, qui n'est point mal fait ;
il en faut choisir tant hommes que garçons, que
femmes que filles, des mieux faits et bien droits,
qui ne soient tordus, ni bossus, ni aveugles, ni
gâleux ; il y en a tant à Paris à choisir.
....

» Je veux que l'on habille ma commère Jeanne,
celle qui me donnait du lait d'ânesse, et son
mari ; ce sont trois gens qui ne sont pas mal faits.
Il ne faudra plus que vingt-un pauvres, à qui
l'on donnera à chacun trois livres. Ce pauvre

maître Jacques est tout nu. Je veux que l'on vende mes habits.

....,

» Les Messieurs de l'Hôtel-Dieu de Rheims m'ont ruiné, ils m'ont tout pris mon préciput; ils ont enjôlé M. Dupuis, ils lui ont fait faire quatre ou cinq donations... Pour mon douaire, ils voulaient me le faire perdre; je l'ai gagné au Châtelet; ils portèrent leur procès à un nommé Guillaume qui est de Rheims, qui m'a fait perdre mon douaire. Il y a des servantes qui ont plus de cent francs de douaire, et ils ne m'en donnent pas tant....: N'est-ce pas une chose horrible, de ruiner une pauvre femme comme moi, qui avais acquis tout ce bien-là par mes soins et mes veilles ! M. Guillaume, méchant juge, qui me fait perdre mon douaire de deux mille livres de rente, et me condamne à tous les dépens du Châtelet et de la Cour ! Je vous dis que ma sentence me coûta trente-six louis. Vous êtes un juge abominable, Monsieur Guillaume mon rapporteur; vous êtes un très-mauvais juge; vous en répondrez devant Dieu, et Dieu ne vous pardonnera jamais de ne me pas faire justice, méchante ame de Guillaume, de m'ôter tout mon bien, traître que vous êtes; et votre secrétaire aussi, l'hypocrite qu'il est, qui a eu bien de mon argent, l'infâme qu'il est, le traître, le barbare. O méchant juge de Guillaume ! ame noire, cruel, vous ne craignez point Dieu ; vous serez jugé un jour, et Dieu ne vous pardonnera jamais. Il m'en a coûté deux mille francs de dépens. Voleur de juge Guillaume ! des dépens ! infâme juge !

Enfin ils m'ont tout ôté ; cela crie veangeance ! C'est une chose horrible de me laisser mourir de faim ; traîtres d'administrateurs de l'Hôtel-Dieu de Rheims, de m'ôter tout mon bien ; il me le faut restituer, ou vous n'irez pas en paradis ; car eussiez-vous quantité d'enfans de lignée en lignée, je ne leur donnerai jamais mon bien, et je veux que l'on me le restitue ; autrement vous serez damnés. Dieu l'a dit. Il ne faudrait jamais donner à Messieurs de l'Hôtel-Dieu de Rheims, rien du tout. N'eût-il pas mieux été (elle parle de M. Dupuis son mari) de considérer une femme et des neveux, enfans de sa propre sœur, gens de qualité, que tout donner à l'Hôtel-Dieu de Rheims, et à une servante ? On n'est pas esclave ; il fallait donner un peu à l'un et un peu à l'autre : cela eût mieux été. Il emmena une Lorraine que j'avais retirée par charité, qui était fort laide ; elle s'appelait Marguerite. Il l'emmena à la campagne dans notre maison ; elle n'était pas mariée, et après qu'il en eut eu une fille qui avait plus de six ans, il vint un jardinier qui épousa sa servante Marguerite. Voilà la naissance de la fille ; elle lui ressemble fort, c'était tout son visage, et le corps, et la taille de même.

....

Item, je donne et lègue à Jeanne, ma commère, quinze francs une fois payés, afin qu'elle prie Dieu pour moi. Je veux qu'ils portent le deuil de moi, un an durant, le mari et la femme, et qu'ils suivent mon corps. C'est elle qui m'a donné de bon lait d'ânesse. »

24

Elle finit par la disposition suivante :

« Nicole Pigeon prendra mes deux chats, et Mme Calonge les ira voir quelquefois s'il lui plaît. M. de la Ferrière lui donnera pour les deux chats trente sous par mois; s'il n'y en a qu'un, c'est quinze sous par mois. *Signé* JEANNE FÉLIX. Ce que je veux être exécuté. Fait à Paris, dans ma maison, rue St.-Dominique, faubourg St.-Germain, le premier jour de mai 1671. *Signé* JEANNE FÉLIX. »

Tel est le testament de Mme Dupuis. Elle l'avait accompagné d'un mémoire composé d'observations adressées à différentes personnes qu'elle voulait que l'on invitât à l'ouverture et à la lecture de son testament. Ce mémoire est encore plus ridicule que le testament à la suite duquel il a été imprimé. Nous en allons donner quelques fragmens, en y changeant certains mots que la décence de nos mœurs actuelles ne permet plus d'employer dans le langage. Elle s'adresse d'abord à M. de la Ferrière son exécuteur testamentaire.

« Je vous prie de lire devant tout le monde les informations faites contre de Sacy (*son gendre*) ; c'est un infâme, un meurtrier, un barbare; il a donné quatre fois du mal à ma fille......

» M. Daquin (1) m'a dit que ma fille avait eu plus que le mal en question. J'ai tiré Sacy deux fois de prison ; je lui ai donné 18,000 livres ; il m'a ruinée ; c'est un traître... Vous lirez devant toutes les Dames qu'il dit que je suis la cause de

---

(1) Antoine Daquin fut premier médecin de Louis XIV. Il est mort en 1696, à Vichy.

la mort de mon mari et de mon fils, et on verra le contraire de cet infâme de Sacy. Il faut restituer, traître de Sacy, voleur infâme ! tu es un démon pire que l'Antechrist. Lisez tout à loisir, Monsieur, et voyez comme il a volé l'enfant. Il ne faut pas lire les lettres, mes mémoires et informations, devant moines ni prêtres ; vous ne prendrez que des Dames et Messieurs de vos amis. »

....

Elle s'adresse à une Demoiselle.

« Je vous défends de venir chez moi, je vous ai donné un manteau de taffetas, doublé de ouatte, une jupe de brocart, des rubans couleur de feu et jaune ; vous étiez mal habillée, et comme un haillon, comme une puante, une vilaine, une infâme ; ceux qui vous ont donné à cause de vos beaux yeux et de votre petite bouche étaient aveugles........ (1) »

C'est sans doute de cette Demoiselle qu'il est question dans la lettre suivante, adressée à un abbé.

« Je vous prie de voir la lettre que j'écris à Mademoiselle, c'est une furie d'enfer ; je ne veux point qu'elle passe devant ma porte ; c'est une effrontée............... Elle est bien hardie de se

---

(1) Nous supprimons ici certains détails qui, sans être licencieux, sont cependant tellement ignobles, que nous ne concevons pas comment M. l'abbé Mercier de Saint-Léger a pu les conserver dans le recueil A. B. C.; c'était sans doute pour faire voir jusqu'où l'extravagance et la folie peuvent aller dans certaines têtes, et pour qu'à l'avenir on fût préservé de pareilles incartades.

mettre dans mon fauteuil ; il n'y a que des princesses, des duchesses et des comtesses qui s'y
mettent.

» Je vous prie de ne point laisser entrer vos
laquais chez moi ; toutes les Dames en sont scan-
dalisées ; car ils font des p... épouvantables, je
n'aime point ce parfum-là. Je vous prie que l'on
ne me mette pas sur la paille ; je veux toujours
être dans mon lit après ma mort, car je ne veux
pas que mon testament et les papiers de ma cas-
sette soient sous le scellé..... »

*Ce qui suit regarde la Marguerite dont il est
déjà question dans le testament.*

« Margot la bien coîffée, tu m'as pris mes
balances d'argent, rends-moi mes balances, car
tu les as prises quand M. Dupuis t'a menée
en notre maison de campagne. Tu n'avais pas
plus de six ans quand le jardinier vint au
logis. On te connaît à la taille. »

....

Elle s'adresse à M. de la Ferrière.

« Mémoire de ma naissance et de ma conduite
daté du 1.er mai 1671. Ma mère était cousine de
la femme de M. le président ; c'était un homme
bien venu du roi Henri-le-Grand. Mon père
aimait bien à jouer des instrumens et du luth.
J'en jouais admirablement bien. Ma fille était
bien faite, bien blanche, d'une taille bien déliée ;
elle jouait de toutes sortes d'instrumens et de la
harpe à merveilles. Je veux que ce mémoire soit
lu à Messieurs et Dames. M. Dupuis *(son mari)*
a écrit qu'il me faudrait enfermer. C'est toi, infâme que tu es ! Je veux qu'on lise les informa-

tions, mon testament, et tous les papiers qui sont dans ma boîte. »

....

Elle finit son mémoire comme son testament, par le tendre objet de ses affections, c'est-à-dire, par recommander ses chats.

« Je prie Mademoiselle Bluteau, ma sœur, et Mme Calonge ma nièce, d'avoir soin de mes chats. S'ils sont deux, il faudra leur donner trente sous par mois, afin qu'on les nourrisse bien. On leur donnera deux fois du potage à la chair, de même que nous en mangeons ; mais il faut donner séparément, chacun sur une assiette. Il faut que le pain ne soit pas coupé en soupe ; il faut le mettre en gros morceaux comme de petites noix : autrement ils ne le mangeraient pas. Quand on leur a mis du bouillon du pot, et que le pain trempe, on met un peu de chair menue dans le potage, on le couvre bien, on le laisse mitonner jusqu'à ce qu'il soit bon à manger. S'il n'y a qu'un chat, il ne lui faudra que la moitié de l'argent.....

» Nicole-Pigeon prendra mes deux chats et en aura bien soin. Mme de Calonge ira les voir (1). »

_____

(1) Mme Dupuis n'est pas la première qui a donné des marques d'affection à ses chats, dans un testament. Drexelius, dans son *Avant-coureur de l'éternité* que nous avons déjà eu occasion de citer, dit, p. 241, « qu'il s'est » vu une femme qui a laissé à son chat cinq cents écus » par testament, pour lui tenir toujours bon ordinaire. » *Quæ feli suæ testamento legavit quingentos philippeos, vide-* » *licet ut honestâ semper mensâ frueretur.* » L'auteur s'écrie :

Il est bien temps de finir ces extraits de bali-
vernes, qui prouvent que Mme Dupuis était une
femme sans éducation, mais d'une imagination
vive, ardente, mobile, disant tout ce qui lui

Quelle folie! et il a raison. Nous verrons par la suite
Grosley partager la même folie ; il n'oublie point ses
chats dans son testament. M. Patris de Breuil nous
apprend que « Grosley avait eu de tout temps une affection particulière pour cet animal domestique. » Dans
sa jeunesse, il s'était fait peindre caressant un petit chat.
Ce tableau est en la possession de son légataire. Il se pro-
posait de dédier l'un de ces derniers ouvrages à *Mimi*, sa
chatte favorite, et il avait même composé l'épître dédicatoire que voici : « A qui puis-je mieux dédier ce
» dernier travail, qu'à la compagne inséparable et à
» l'unique confidente de mes travaux ? Vous l'offrir, c'est
» sacrifier à la beauté, aux grâces relevées de ce que la
» souplesse, le caprice, une douce fierté ont de plus
» piquant. » Il n'est point de belle dame qui n'eût été
flattée d'une pareille dédicace, *au caprice près,* que les
belles dames n'ont pas. Et au moyen de ce que le nom
de *Mimi* n'était indiqué que par la lettre initiale, le plus
galant cavalier y eût été pris lui-même. (V. le *Parallèle
des testamens des frères Pithou, Grosley*, etc., par M. Patris de Breuil, 1816, *in-8.°*, p. 17.)
   Nous avons trouvé quelques questions assez singulières
sur les chats dans un ouvrage très-érudit, intitulé *Diatribe medico-seria de morbis biblicis*, etc., *à Christiano War-
lizio.* Witembergæ, 1714, *pet. in-8.°,* pp. 386—389.
L'auteur demande *cur feles fœminæ in congressu tàm vehe-
menter ululent ?* et ensuite, *cur feles de nocte clariùs videant ?*
La solution de ces questions est hors de notre sujet ;
nous citerons seulement un trait de l'affection de
Mahomet pour les chats, que nous fournit le même auteur : le prophète ne les aurait sans doute pas oubliés dans
son testament s'il en eût fait un. Voici le trait raconté

venait à l'esprit, sans ordre, sans suite et sans réflexion. Il est surprenant que l'on ait songé à faire valoir un testament comme le sien, qui est plutôt un acte de délire que de dernière volonté.

---

par Warlizius. *Mahometes*, dit-il, *felem in deliciis habuit : quæ cùm super manicam ejus obdormivisset, et tempus esset rem sacram peragendi, maluit ille manicam abscindere, quàm feli turbare somnium, annotante Ursino in Analect. sacr. p.* 441. « Mahomet aimait tellement un chat, qu'un jour que cet animal dormait sur sa manche, le moment d'aller à la prière étant arrivé, le prophète aima mieux couper sa manche que de troubler le sommeil de son chat. V. les *Analectes sacrés* d'Ursin, p. 441. » C'est sans doute de là que les Mahométans poussent jusqu'à la superstition le soin qu'ils prennent des chats abandonnés.

Le même Warlizius, parlant de la facilité avec laquelle la rage peut se communiquer aux chats, cite un couvent de moines dont tous les religieux périrent par suite de leur affection pour ces animaux qu'ils avaient continuellement sur leur table et dans leurs lits. L'un de ces chats devint enragé, communiqua le venin aux autres, qui, ayant mordu les moines, firent subitement du couvent un vrai tombeau, tous les religieux étant morts dans des accès de rage. (V. MATHIOLI, liv. VI, *in* Dioscorid., C. 25.)

Pour revenir plus particulièrement à notre sujet, nous dirons que les chiens ont aussi partagé avec les chats l'honneur d'être mentionnés dans des testamens. Le docteur Christian, doyen de la faculté de droit à Vienne (en Autriche), a, par son testament, légué une somme de 6,000 florins pour l'entretien de ses trois chiens. Mais après leur mort, la somme a dû être réunie aux fonds de l'université de Vienne.

~~~~~~

TESTAMENT DE JEAN DESLYONS.

(1700.)

On prétend que Deslyons, né à Pontoise en 1615, docteur en Sorbonne, homme estimable, soit par sa conduite, soit par ses écrits, mais un peu original, a laissé à la bibliothèque du prieuré de Saint-Maurice, à Senlis, dix volumes manuscrits, parmi lesquels sans doute se trouve son testament, pièce assez considérable et qui n'a jamais été imprimée. Il est présumable que ce testament a disparu au commencement de la révolution, lors de la dispersion de toutes les bibliothèques. Cependant on en a conservé une clause : c'est celle par laquelle le testateur ordonne que son corps soit mis dans un cercueil de plomb; non par orgueil, dit-il, mais pour combattre l'abus presque universel d'entasser les morts les uns sur les autres, soit dans les églises, soit dans les cimetières; ce qui est contraire au XVe canon d'Auxerre, qui porte : *Non licet mortuum super mortuum mitti* (1). Le même Deslyons a publié

---

(1) Dans le sixième siècle, on enterrait les morts les uns sur les autres, au lieu de les mettre côte à côte. Un homme craignant que, s'il se trouvait recouvert dans sa fosse par d'autres morts, il n'eût pas toute la facilité de ressusciter aussi promptement qu'il le voudrait, exigea qu'on l'enterrât seul; et il fit graver sur sa tombe l'épitaphe suivante, rapportée par Gruter :

SOLUS CUR SIM QUÆRIS ?
UT IN CENSORIO DIE SINE IMPEDIMENTO
FACILIUS RESURGAM.

une *Lettre ecclésiastique touchant la sépulture des prêtres*, dans laquelle il s'élève fortement contre ceux qui prétendent que les prêtres, comme les laïques, doivent être enterrés la face et les pieds tournés vers l'autel.

On doit à cet auteur plusieurs ouvrages, parmi lesquels on remarque un *Discours contre le paganisme du Roi-boit*, 1664, in-12, réimprimé sous le titre de *Traité singulier et nouveau contre le paganisme du Roi-boit*, 1670, in-12 (1). Il y déclame avec violence contre la superstition du gâteau des rois et la sottise de la fève. Un avocat de Senlis, nommé Barthelemy, a cherché à réfuter la diatribe de Deslyons contre le *Roi-boit*, dans une *Apologie du banquet sanctifié de la veille de, Rois*, Paris, 1664, in-12.

Deslyons est mort à Senlis, le 26 mars 1600.

TESTAMENT DE TOLAM,

IRLANDAIS.
(Au XVIII.ᵉ siècle.)

Un vieil avare irlandais, nommé Tolam, fit

(1) Ces deux éditions existent dans le cabinet de M. Amanton, à Dijon ; elles y sont avec la dissertation de l'abbé Bullet intitulée : *Du festin du Roi-boit*, Besançon, 1762, in-8.º de 17 pag.; réimprimée dans la même ville, en 1808, grand in-8.º, tiré à cinquante exemplaires. Une nouvelle édition a paru dans le *Magasin encyclopédique*, en 1810, avec des notes de M. Amanton, qui l'a insérée de nouveau dans l'*Annuaire de la Côte-d'Or*, 1827, in-12, avec des notes additionnelles : on a tiré de cette dernière édition, cent exemplaires à part.

son testament, où il inséra les dispositions suivantes :

« Je lègue à ma belle-sœur quatre vieux bas,
que l'on trouvera sous mon lit, à droite.

» *Item*, à mon neveu Tarles, deux vieux autres
bas.

» *Item*, au lieutenant John Stein, un bas bleu,
avec mon manteau rouge.

» *Item*, à ma cousine, une vieille botte, avec
une poche de flanelle rouge.

» *Item*, à Hannach, ma cruche ébrêchée. »

Après la mort du testateur, les légataires con-
voqués se réunirent au domicile mortuaire, et
on leur donna connaissance du testament. Chacun
se prit à rire de la bizarrerie du testateur; et les
légataires surtout haussèrent les épaules, en pensant que Tolam se moquait d'eux, de leur assigner
des legs aussi ridicules. Tous allaient renoncer à la
succession et sortir de la chambre, quand Hannach passant près de la cruche ébrêchée, lui
donna un coup de pied par dédain ; ce qui acheva
de la briser. Mais quel fut sa surprise et celle des
légataires, quand on vit sortir des flancs ouverts
du vieux pot de terre, une quantité de pièces d'or
qui roulèrent sur le plancher. Il est inutile de
dire l'empressement avec lequel chaque héritier
courut à son legs et s'en empara. La joie, l'admiration et toutes les plaisanteries usitées en pareil
cas succédèrent promptement au mépris que l'on
venait de faire des haillons mentionnés au testament, surtout lorsqu'on les trouva d'un poids
qui prouvait que la quotité de la fortune du défunt égalait la singularité de ses dispositions.

Puisqu'il est ici question d'endroits secrets où peuvent se trouver des fonds ignorés, et cependant alloués par un testament, nous rapporterons un fait assez singulier, qui est à peu près du même genre, non pas pour la bizarrerie du testament, mais pour l'incertitude de l'endroit où était déposée la somme léguée. Ce fait est beaucoup plus récent que le testament de Tolam.

En 1796, deux gentilhommes anglais furent nommés exécuteurs testamentaires d'un de leurs amis, qui avait disposé de sa fortune par un acte de dernière volonté. Mais quand ils confrontèrent l'inventaire des biens avec les dispositions du testament, ils s'aperçurent qu'il y aurait un déficit, et ils en furent d'autant plus surpris, que le testateur était un parfait honnête homme, très-exact et incapable d'avoir donné plus qu'il ne possédait. Ils font des recherches partout, et ils ne trouvent qu'un petit papier portant : *Sept cents livres sterl. à prendre dans Till.* Prenant à la lettre le mot *Till,* qui signifie tiroir d'un comptoir, ils ne savent ce que cela signifie, puisque le testateur n'était pas commerçant; enfin n'ayant rien trouvé, ils distribuent les legs au prorata du déficit qui se trouvait dans les fonds. Ils avaient vendu la bibliothèque du défunt à un libraire de Londres, et le produit avait servi à acquitter une partie des legs.

Quand tout fut terminé, et même sept semaines après, le petit bout de papier portant l'inscription ci-dessus, leur revenant toujours à l'esprit, ils dirent entre eux, mais cette somme de 700 liv. sterl. (16,261 fr.) qui est à prendre dans

Till, ne se trouverait-elle pas par hasard en papier dans un des volumes de la bibliothèque? Peut-être que le nom de l'auteur de l'ouvrage commence par *Till.* Ils se rappellent y avoir vu les *Sermons de Tillotson;* ils courent chez le libraire et lui demandent s'il a encore ce volume *(in-fol.).* « Oui, répond-il, mais c'est bien par hasard ; je l'avais vendu et envoyé à une personne qui demeure en province; n'ayant pas été contente de l'exemplaire, elle me l'a renvoyé, il est fort à votre service. » On fait prix, et ces Messieurs emportent l'ouvrage. Arrivé au logis, on parcourt page par page le volume, et on y trouve en billets de banque la somme bien complète des 700 liv. sterl. Ces Messieurs s'empressèrent de remettre aux légataires le surplus de la portion qui leur revenait d'après l'intention du testateur.

TESTAMENT DE BAKHUYSEN.

(1709.)

BAKHUYSEN, né à Emdem en 1651, et mort à Amsterdam en 1709, était grand peintre, habile graveur et bon poëte ; il paraît qu'il avait de la gaîté dans le caractère, et que cette gaîté ne l'abandonna pas même dans sa vieillesse, quoiqu'atteint d'une maladie longue et douloureuse. Sentant sa fin approcher, il fit acheter le meilleur vin que l'on put trouver, le fit mettre en bouteilles et le scella de son cachet. Ensuite il fit mettre dans une bourse autant de pièces d'or qu'il avait vécu d'années, c'est-à-dire, 78 ; puis il fit son testament, par lequel il invita ses amis à son enterrement (la liste y était jointe), et il les pria de dépenser avec joie l'argent qu'il leur laissait, et de boire son vin d'aussi bon cœur qu'il le leur avait destiné. Il avait sans doute fait préparer les bouteilles en question, conformément à un usage établi, dit-on, à Amsterdam, et qui consiste à présenter un verre de vin à ceux qui sont priés d'assister à un enterrement.

Un autre peintre hollandais, nommé Martin Heimskerk, laissa par son testament une somme destinée à marier tous les ans une fille du village d'où il était, à condition que, le jour des noces, le marié et la mariée viendraient danser avec les conviés sur sa fosse. Cela s'est exécuté, dit-on, ponctuellement, tant que la fondation a existé. C'est Gui Patin qui raconte cette anecdote, arrivée vers 1662.

TESTAMENT DE FÉNÉLON.

(1715.)

FRANÇOIS DE SALIGNAC DE LA MOTHE-FÉNÉLON, naquit au château de Fénélon en Quercy, le 6 août 1651. Ses études furent une suite de progrès rapides, même dans les parties les plus difficiles; et dès sa plus tendre jeunesse, des inclinations heureuses, un caractère aimable, un naturel doux, joint à une grande vivacité d'esprit, présagèrent ses vertus et ses talens. En 1675, il entra dans les ordres sacrés; en 1689, Louis XIV lui confia l'éducation de ses petits-fils, les ducs de Bourgogne, d'Anjou et de Berry. En 1693, il est reçu à l'académie française en place de Pelisson ; il fut nommé en 1695 à l'archevêché de Cambray. En 1697, il publia son *Explication des Maximes des Saints*, 1 vol. in-12, qui fut condamnée en 1699 par le pape Innocent XII, condamnation à laquelle Fénélon souscrivit sans réserve et sans restriction. Dès le mois d'août 1697, Louis XIV l'avait exilé dans son diocèse à Cambray. Il fait son testament le 5 mai 1705. Enfin il termine à Cambray, le 7 janvier 1715, une carrière qui avait été un peu orageuse, mais qui ne lui a pas moins valu l'estime et l'admiration de son siècle et de la postérité, soit comme modèle de toutes les vertus chrétiennes, soit comme auteur d'ouvrages qui tiennent l'un des premiers rangs parmi les classiques français.

Le duc de Saint-Simon nous a laissé le portrait suivant de Fénélon. « C'était un grand homme, » maigre, bien fait, avec un grand nez, des yeux » dont le feu et l'esprit sortaient comme un tor- » rent, et une physionomie telle que je n'en ai » jamais vu qui y ressemblât, et qui ne pouvait » s'oublier quand on ne l'aurait vue qu'une fois. » Elle rassemblait tout, et les contraires ne s'y » combattaient point. Elle avait de la gravité et » de l'agrément, du sérieux et de la gaîté. Elle » sentait également le docteur, l'évêque et le » grand seigneur. Tout ce qui y surnageait, ainsi » que dans toute sa personne, c'était la finesse, » l'esprit, les grâces, la décence et surtout la » noblesse. Il fallait faire effort pour cesser de le

» regarder. Tous ses portraits sont parlans, sans
» toutefois avoir pu attraper la justesse de l'har-
» monie qui frappait dans l'original, et la délica-
» tesse de chaque caractère que ce visage rassem-
» blait. Ses manières y répondaient dans la même
» proportion, avec une aisance qui en donnait
» aux autres, et cet air et ce bon goût qu'on ne
» tient que de l'usage de la meilleure compagnie
» et du grand monde, qui se trouvait répandu de
» soi-même dans toutes ses conversations. »

Nous allons rapporter les dispositions les plus
importantes du testament de Fénélon, d'après
M. de Bausset. « Elles montrent, dit ce respectable cardinal, toute son ame et tous ses principes. On y observe sa constante occupation à
justifier la pureté de ses intentions et à constater
l'étendue de sa soumission sans bornes, au jugement prononcé contre son livre *(des Maximes des
Saints)*. Ce testament porte d'ailleurs un caractère de modestie et de simplicité qui fait encore
mieux connaître l'ame de Fénélon, que tant d'ouvrages qui ont honoré sa mémoire. Ses réflexions
sur la modestie qui doit accompagner les funérailles des évêques ; ses maximes sur l'emploi
des biens ecclésiastiques ; la tendre affection avec
laquelle il s'exprime sur l'abbé de Langeron, et
sur les amis vertueux qui préférèrent la gloire de
partager ses malheurs et sa disgrâce, à tous les
avantages de la fortune et de l'ambition, ajoutent
je ne sais quelle onction à l'intérêt qu'inspirent
toujours les dernières paroles des mourans.
C'est la voix de la religion, de la vertu et de
l'amitié, qui se fait entendre du fond du tom-

beau pour parler à tous les cœurs sensibles et religieux. » Voici ce qu'il y a de plus remarquable dans le testament de Fénélon, fait neuf ans et demi avant sa mort :

« Quoique ma santé soit en l'état où elle est
» d'ordinaire, je dois me préparer à la mort.
» C'est dans cette vue que je fais et j'écris de ma
» propre main le présent testament, révoquant
» et annulant par celui-ci tout autre testament
» antérieur.

» 1. Je déclare que je veux mourir entre les
» bras de l'église catholique, apostolique et
» romaine, ma mère. Dieu qui lit dans les cœurs
» et qui me jugera, sait qu'il n'y a aucun mo-
» ment de ma vie où je n'aie conservé pour elle
» une soumission et une docilité de petit enfant,
» et que je n'ai jamais eu aucune des erreurs
» qu'on a voulu m'imputer. Quand j'écrivis le
» livre intitulé *Explication des Maximes des Saints,*
» je ne songeais qu'à séparer les véritables ex-
» périences des saints, approuvées de toute
» l'église, d'avec les illusions des faux mystiques,
» pour justifier les uns et pour rejeter les
» autres. Je ne fis cet ouvrage que par le conseil
» des personnes les plus opposées à l'illusion,
» et je ne le fis imprimer qu'après qu'ils l'eu-
» rent examiné. Comme cet ouvrage fut imprimé
» en mon absence, on y mit les termes de *trouble*
» *involontaire,* par rapport à Jésus-Christ, les-
» quels n'étaient point dans le corps de mon
» texte original, comme certains témoins ocu-
» laires d'un très-grand mérite l'ont certifié, et
» qui avaient été mis à la marge, seulement

» pour marquer une petite addition, qu'on me
» conseillait de faire en cet endroit-là, pour une
» plus grande précaution. D'ailleurs, il me sem-
» blait, sur l'avis des examinateurs, que les
» correctifs inculqués dans toutes les pages de ce
» petit livre, écartaient avec évidence tous les
» sens faux ou dangereux. C'est suivant ces
» correctifs que j'ai voulu soutenir et justifier
» ce livre, pendant qu'il m'a été libre de le faire;
» mais je n'ai jamais voulu favoriser aucune des
» erreurs en question, ni flatter aucune per-
» sonne que je connusse en être prévenue. Dès
» que le pape Innocent XII a eu condamné cet
» ouvrage, j'ai adhéré à ce jugement du fond de
» mon cœur et sans restriction, comme j'avais
» promis de le faire. Depuis le moment de la
» condamnation, je n'ai jamais dit un seul mot
» pour justifier ce livre. Je n'ai songé à ceux
» qui l'avaient attaqué que pour prier avec un
» zèle sincère pour eux, et que pour demeurer
» uni à eux dans la charité fraternelle.

» II. Je soumets à l'église universelle et au
» siége apostolique, tous les écrits que j'ai faits,
» et je condamne tout ce qui pourrait m'avoir
» échappé au-delà des véritables bornes; mais
» on ne doit m'attribuer aucun des écrits que
» l'on pourrait faire imprimer sous mon nom :
» je ne reconnais que ceux qui auront été im-
» primés par mes soins, et reconnus par moi
» pendant ma vie. Les autres pourraient, ou
» n'être pas de moi, ou m'être attribués sans
» fondement, ou être mêlés avec d'autres écrits
» étrangers, ou être altérés par des copistes. A

25

» Dieu ne plaise que je prenne ces précautions
» par une vaine délicatesse pour ma personne.
» Je crois seulement devoir au caractère épisco-
» pal dont Dieu a permis que je fusse honoré,
» qu'on ne m'impute aucune erreur contre la
» foi, ni aucun ouvrage suspect. »

III. *Cet article ne renferme que des legs et des récompenses à ses domestiques.*

« IV. Je souhaite que mon enterrement se
» fasse dans l'église métropolitaine de Cambray,
» en la manière la plus simple et avec le moins
» de dépense qu'il se pourra. Ce n'est point un
» discours modeste que je fais ici pour la forme ;
» c'est que je crois que les fonds que l'on pourrait
» employer à des funérailles moins simples, doi-
» vent être réservés pour des usages plus utiles, et
» que la modestie des funérailles des évêques doit
» apprendre aux laïques à modérer les vaines
» dépenses qu'on fait dans les leurs.

» V. Je nomme et constitue pour mon héri-
» tier universel, Léon de Baumont mon neveu,
» fils d'une de mes sœurs, en qui j'ai reconnu
» dès son enfance des sentimens dignes d'une
» singulière amitié, et qui n'a jamais cessé pen-
» dant tant d'années, d'être pour moi comme
» le meilleur des fils pour son père. Je ne lui
» marque rien, et je laisse tout à sa dévotion,
» parce que je suis persuadé qu'il fera, de concert
» avec mes deux exécuteurs testamentaires, le
» meilleur usage qu'il pourra de ce qu'il trou-
» vera de liquide dans ma succession.

» VI. Je nomme pour exécuteur du présent
» testament, M. l'abbé de Chanterac, mon

» parent, qui a été mon conseil dans ce diocèse,
» qui m'a témoigné une amitié à toute épreuve,
» et pour qui j'ai une grande vénération. Je
» dénomme aussi M. l'abbé de Langeron, ami
» précieux, que Dieu m'a donné dès notre pre-
» mière jeunesse, et qui m'a fait une des plus
» grandes consolations de ma vie. J'espère que
» ces deux amis si chrétiens, ne refuseront pas
» leurs soins et leurs conseils à mon héritier.

    » VII. Quoique j'aime tendrement ma famille,
» et que je n'oublie pas le mauvais état de ses
» affaires, je ne crois pourtant pas devoir lui
» laisser ma succession. Les biens ecclésiastiques
» ne sont pas destinés aux besoins des familles, et
» ils ne doivent point sortir des personnes atta-
» chées à l'église. J'espère que Dieu bénira les deux
» neveux que j'ai élevés auprès de moi, et que
» j'aime avec tendresse, à cause des principes de
» probité et de religion dans lesquels ils me pa-
» raissent s'affermir. »

Signé FR. ARCHEV. DUC DE CAMBRAY,

FAIT A CAMBRAY, LE 5 MAI 1705.

Tel est le testament de Fénélon. La beauté et
la candeur de son ame s'y peignent comme dans
tous ses autres ouvrages ; cependant il y a quelque chose de plus touchant, surtout quand il
parle de ceux qui l'ont attaqué (il aurait pu
dire persécuté) au sujet de son livre condamné.

Nous aurions désiré faire précéder le testament
de Fénélon, de celui de Bossuet ; car les noms
de ces deux grands hommes sont aussi inséparables (littérairement parlant), que ceux d'Ho-

mère et de Virgile, de Démosthène et de Cicéron,
de Corneille et de Racine; mais nous n'avons que
peu de renseignemens sur les dernières dispositions de Bossuet. Nous savons seulement que le
24 août 1703, cet illustre prélat (qui depuis
longtemps souffrait de la pierre), tomba dangereusement malade et même perdit connaissance. Le 27 août, souffrant un peu moins, il se
confessa auprès de M. Hébert, curé de Versailles,
qui, aussitôt après sa confession, écrivit son testament sous sa dictée. Il y avait alors dans sa
chambre l'abbé Ledieu, l'abbé Bossuet et M.
de Chazot ses neveux. Le testateur dit à l'abbé
Ledieu : « Le monde fera bien des discours,
mais ce qui aura été écrit demeurera. — Nous
exécuterons, Monsieur, répliqua l'abbé Bossuet,
tout ce que vous ordonnerez; vous pouvez être
en repos et vous fier à nous. Nous ne souffrirons
pas que votre réputation reçoive la moindre
atteinte (1). »

La maladie n'ayant fait qu'empirer pendant

---

(1) Ceci a rapport à quelques dettes qu'avait Bossuet.
Au moment de sa mort, on affecta de répandre dans
Paris et à la cour, qu'il laissait des dettes immenses.
Selon les uns, c'était 200,000 liv., selon d'autres, 300,
400 et même 500,000 liv. Rien n'était plus faux. La
seule dette qu'il avait, était 18,000 liv. à mettre en
fonds au profit de l'évêché de Meaux; et pour l'acquitter,
il avait destiné pareille somme à prendre sur les arréra-
ges qui lui étaient dus de ses pensions. Le reste n'était
rien, et l'abbé Bossuet légataire universel s'était chargé
de tout. Cet abbé ayant parlé au roi pour justifier son
oncle, le roi lui promit d'en parler devant toute la cour.

sept à huit mois, Bossuet mourut le samedi 12 avril 1704, à quatre heures et demie du matin. L'abbé de Saint-André lui ferma les yeux en disant: « Mon Dieu, que de lumières éteintes! et quel » brillant flambeau de moins en votre église ! »

Le soir du jour même de sa mort (1), on ouvrit son testament. Voici tout ce qu'en dit M. de Bausset : « Par ce testament Bossuet demandait » à être enterré dans sa cathédrale, auprès de » l'autel, du côté de l'épître, aux pieds de ses » deux prédécesseurs, et qu'on célébrât cinq » cents messes pour le repos de son ame, immé- » diatement après sa mort. » Le reste de son testament ne renfermait qu'une disposition géné- rale, « par laquelle il instituait l'abbé Bossuet son » légataire universel, priant ses autres neveux » de l'avoir pour agréable. Il le nommait égale- » ment son exécuteur testamentaire, lui recom- » mandant d'avoir soin de ses domestiques et de » les récompenser à proportion de leurs services. »

Voilà tout ce que nous connaissons du testa- ment de Bossuet. Son corps fut présenté à l'église de Saint-Roch, le dimanche 13 avril, à huit heu- res du soir; et, le mercredi 16, il fut transféré

_____

(1) Dans l'après-midi de ce jour, on fit l'ouverture du corps en présence de Winslou. On y trouva une pierre grosse comme un œuf. Le vésicule du foie était pétrifié, mais ce dernier accident était, selon Tournefort, abso- lument étranger à sa mort, qui ne devait être attribuée qu'à la présence et au volume de la pierre. Le corps fut trouvé entièrement sain dans toutes les autres parties; et après avoir été embaumé, il fut déposé dans un cer- cueil de plomb.

à Meaux avec toute la pompe convenable. Le cortége funèbre s'arrêta à Claye, et on y célébra la messe. Aux approches de Meaux, un peuple immense accourut au-devant des précieux restes de son ancien pasteur. Au milieu du silence qui régnait parmi cette multitude triste et éplorée, on entendait des voix qui se répétaient mutuellement, dans ce langage simple et naïf qui est toujours l'expression du sentiment et de la vérité : C'EST GRAND DOMMAGE QU'UN SI GRAND HOMME SOIT MORT !

Jacques-Bénigne Bossuet était né à Dijon le 27 septembre 1627; il reçut l'ordre de prêtrise et le bonnet de docteur en 1652; l'évêché de Condom lui fut conféré en 1669. Le roi, en 1670, le nomme précepteur du Dauphin ; il se démet de son évêché, et le roi lui donne le prieuré de Duplessis-Grimaux et l'abbaye de Saint-Lucien de Beauvais. Il est reçu à l'académie française le 8 juin 1671, en place de M. Hay du Châtelet. L'éducation du Dauphin étant finie en 1681, le roi, pour récompenser Bossuet, le nomme à l'évêché de Meaux. En 1682, il rédige la fameuse déclaration du clergé, dans l'assemblée des évêques qui eut lieu à Paris. Enfin il meurt le 12 avril 1704. Sa carrière a été de 76 ans 6 mois et 16 jours ; et jamais carrière n'a été plus pleine et plus glorieuse.

Tout le monde connaît le superbe tableau (1)

_____

(1) Le Musée de Dijon est enrichi d'une copie de ce tableau, exécutée dans la dimension de l'original, par M. Carbillet fils, jeune peintre, qui en a fait hommage à la ville de Dijon en 1825.

où Rigaud, en 1702, a peint Bossuet en pied, dans l'habit de chœur d'hiver des chanoines de Meaux. La ressemblance est frappante. Rigaud fit lui-même graver ce portrait (le buste seulement) par Edelinck, sous le format in-4.° L'abbé Bossuet acheta en 1705 la planche de cette gravure pour le prix de 250 livres, qu'il paya à Rigaud, libraire, frère du peintre. Il la destina à servir de frontispice aux *OEuvres posthumes* de son oncle. Mais, plusieurs années après, il traita avec le fameux Drevet, qui se chargea de reproduire ce beau portrait dans toute sa magnificence. Il le grava en 1723 (étant âgé de 26 ans). Bossuet y est représenté debout et en pied, dans son cabinet, comme dans le tableau. Cette belle gravure (dont les points placés après le nom du peintre, indiquent chaque cent de tirage), est magnifique, et on la porte à un très-haut prix, surtout pour les épreuves de premier tirage, c'est-à-dire sans les points. Une adroite supercherie les fait quelquefois disparaître ; c'est ce dont il faut se méfier. Une belle épreuve a été vendue 115 fr. à la vente du riche cabinet d'estampes de M. le comte Rigal, en 1817. Son prix serait beaucoup plus élevé aujourd'hui.

TESTAMENT
DU JUGE NORMAND DE NORWICH.
(1724.)

CE testament ne nous est connu que par ce qu'en a dit la *Gazette de France* du 13 août 1784. « Le juge normand de Norwich, dit-elle, mort en 1724, avait fait un testament par lequel il léguait une somme de 4,000 liv. sterl. pour bâtir, 60 ans après, une école de charité, à la fondation de laquelle on emploierait le fonds et les intérêts accumulés pendant cet intervalle. Ses dispositions ultérieures fixent le nombre des élèves à 120, règlent les repas de tous les jours de la semaine : chacun doit avoir le dimanche à dîner une livre de bœuf rôti, et le soir dix onces de *plumb pudding*. Il confie l'administration de cette école à l'évêque, au chancelier, au doyen, auxquels on joindra deux députés de la ville, deux du comité, et huit ecclésiastiques. Le terme déterminé pour l'exécution de cette dernière volonté, est expiré depuis le mois de mai (dit la Gazette en 1784). La somme existe, et elle monte actuellement, par la réunion du capital et des intérêts, à 74,000 liv. sterling (1,776,000 liv.).

Si ce testament est réel, il rentre dans le genre de celui de Fortuné Ricard, que M. Mathon de la Cour a imaginé pour prouver à quelle somme peuvent monter 100 fr. placés à l'intérêt de 5 p. o/o, en laissant accumuler les intérêts avec le capital, pendant cinq cents ans. Il se trouve qu'au bout de cent ans, le capital et les intérêts produisent............   13,136^l 17^s ^{d}

Au bout de 200 ans.   1,725,768   5 6

Au bout de 300 ans.   226,711,589 12 6

Au bout de 400 ans.   29,782,761,461 13

Au bout de 500 ans..3,912,516,739,074 15 7

M. Mathon de la Cour fixe l'emploi de cette dernière somme; et son imagination a de quoi tailler en plein drap, pour toutes sortes d'établis-

semens, d'acquisitions, etc. Ce testament ima-
ginaire, publié d'abord en 1785, in-8.°, a été
réimprimé dans les *Tablettes d'un curieux,* par
M. Sautreau de Marsy. *Bruxelles,* 1789, 2 *vol. in-*
12, t. I, pp. 94—134, et deux fois depuis.

Cette accumulation d'intérêts nous rappelle la
plaisanterie insérée dans nos *Amusemens philologi-*
ques, 1824, *in-*8.°, p. 270, sur un écu de 6 livres
prêté à la petite semaine, sous la condition qu'on
rendra 7 livres à la fin de la semaine : si on laisse
cet écu pendant un an, aux mêmes conditions,
c'est-à-dire que l'intérêt d'un sixième se cumule
avec le capital au bout de chaque semaine, il en
résultera qu'à la fin de l'année, l'honnête prêteur
aura une petite somme de 15,975 liv. 6 d., le
capital (de 6 livres) compris.

Nous parlerons sous l'année 1797, du fameux
testament de M. Thelusson, qui a beaucoup d'a-
nalogie avec celui du juge normand, si ce n'est
que la somme placée à intérêts cumulatoires est
beaucoup plus forte, et que sa destination hy-
pothétique est différente.

TESTAMENT DE PAUL DUHALDE.

(1725.)

CE testament n'offre aucune singularité, mais
une de ses clauses tient à un antécédent que
l'on peut mettre au rang de tout ce qu'on connaît
de plus original.

Paul Duhalde, né à Paris en 1691, et fils d'un
joaillier, perd son père à 16 ans et demi. Sa mère

l'envoie en Espagne pour s'y former au commerce; il n'y réussit point : on le place à Rouen chez un marchand ; il s'y ennuie : il passe en Amérique ; son humeur inquiète le ramène bientôt en France. On apprend, par un journal qu'il a rédigé de son voyage, qu'il promet aux pauvres le seizième du profit qu'il fera dans cette entreprise; comme elle a été infructueuse, cette promesse n'a pas de suite. Etant de retour à Paris, en 1717, il y reste sept mois et fait rendre compte à sa mère de sa tutelle. Il avait alors 26 ans. Il contracte une société avec deux marchands de pierreries, et part pour Madrid. Son voyage n'a pas plus de succès que les précédens; il revient à Paris au mois de février 1719.

Les réflexions mélancoliques auxquelles le livraient tous ses projets échoués, lui en font naître un fort singulier, c'est celui de contracter une société avec Dieu. Il rédige cet acte bizarre et le transcrit sur son livre-journal le 24 septembre 1719, dans les termes suivans :

« J'ai résolu de contracter une société avec » Dieu, promettant et faisant vœu d'en accomplir » tous les articles qui sont ci-après, et j'engage » mes héritiers, tels qu'ils soient, à la teneur de » tous ces articles, au cas que je meure avant de » l'avoir fait par moi-même. » Puis il déclare que cette société, qui a pour objet le commerce des pierreries, est pour cinq ans, à commencer du 2 octobre 1719. Il fixe son bien à 3,000 piastres d'Espagne (15,000 liv. de France): c'est le fonds qu'il met dans la société; c'est tout ce qui lui reste. Il s'interdit la faculté de contracter aucune autre société pendant cinq ans, si ce n'est avec une femme par le mariage. Aussitôt les cinq ans écoulés, il fera son bilan; il prélèvera sur la société, d'abord la mise de fonds de 3,000 piastres, secondement la dot qu'une femme pourra lui apporter, troisièmement les successions qui pourront lui écheoir pendant ladite société; après quoi, il ajoute : « Et l'excédant se partagera entre » Dieu et moi. »

Cette singulière société ainsi réglée, Duhalde part de nouveau pour l'Espagne. Les commencemens de cette entreprise ne sont pas heureux. Cependant, deux ans après, il est question dans le public d'un projet de double mariage entre les cours de France et d'Espagne (1). Duhalde se met en mouvement pour fournir les pierreries dont on doit faire l'achat à l'occasion de ces al-

---

(1) C'est le 24 septembre 1721, que l'on fit lecture, dans le conseil, d'une lettre du roi d'Espagne au roi de France, par laquelle ce prince consentait au mariage de sa fille avec le roi. Sa Majesté catholique demandait en même temps mademoiselle de Montpensier, fille du régent, pour le prince des Asturies, son fils aîné. L'année suivante (en 1722), on fit l'échange de l'infante d'Espagne accordée au roi et de mademoiselle de Montpensier accordée au prince des Asturies; cette cérémonie eut lieu dans l'île des Faisans, au pied des Pyrénées, par le prince de Rohan de la part du roi, et par le marquis de Sainte-Croix de la part de l'Espagne. Le mariage du prince des Asturies fut célébré à Lerma le 21 janvier; mais l'infante Marie-Anne-Victoire, accordée au roi, n'étant âgée que de 5 ans, son mariage fut différé. Cette princesse fut logée au Louvre dans le pavillon qu'on appelle encore pavillon de l'Infante. Le mariage n'eut pas lieu; l'infante

liances; il se réunit avec un joaillier espagnol pour cette affaire, reçoit les fonds, vient à Paris en octobre 1721, pour faire les achats. Il réussit enfin; le succès passe ses espérances, et il prend la résolution de ne plus quitter Paris.

Il se marie en janvier 1722, avec Marie-Anne de Hansy, fille d'un libraire (1), qui lui apporte en dot 30,000 liv.; il hérite de sa mère, en septembre 1722, et en a 70,226 liv. Il lui naît un fils le 20 mai 1723. Mais il ne perd pas de vue la société qu'il a contractée avec Dieu. Il prend sur les fonds qu'il regarde comme communs, différentes sommes qu'il donne aux pauvres, comme représentant Dieu. Il inscrit tout sur ses registres. Enfin la société expire le 1.ᵉʳ octobre 1724. Duhalde fait une liquidation de compte, et il se trouve, d'après le relevé de ses registres, qu'il a déjà donné aux pauvres 13,684 liv. Ce n'est pas tout : par le compte qu'il rend de la société, il distingue trois sortes de pierreries qui en composent le profit. Les unes sont à Amsterdam, les autres à Madrid, et les dernières à Paris. Il solde le compte des pauvres; mais comme leur part consiste en pierreries, il leur assigne la moitié de

---

retourna en Espagne en 1725, et épousa le prince de Brésil en 1729. Louis XV se maria avec Marie-Charlotte Leczinska, fille de Stanislas, le 4 septembre 1725. Elle avait six ans et demi de plus que le roi, étant née le 23 juin 1703, tandis que le roi était du 15 janvier 1710.

(1) Ce libraire doit être de Hansy (Claude II), fils de Hansy (Claude I.ᵉʳ), qui fut libraire en 1689, et qui mourut en 1715. Sa veuve, née Marie-Anne le Gras, est morte le 24 novembre 1760, à 89 ans et 9 mois.

celles qui sont à Amsterdam et à Madrid; puis met celles de Paris dans des paquets, sur lesquels il inscrit *moitié pour les pauvres;* et au bas du compte où ce qui revient aux pauvres est réglé, il écrit :

« Malheur et malédiction à mes héritiers, tels
» qu'ils soient, qui, sous tel prétexte que ce puisse
» être, ne donneraient point aux pauvres la moitié
» de tout ce qui proviendra des susdits articles
» de pierreries, si Dieu disposait de moi avant
» que j'eusse satisfait par moi-même, encore que
» mon bien se trouvât, par quelque événement
» extraordinaire, réduit à la seule somme qui
» serait due aux pauvres, puisqu'elle doit être
» considérée comme un dépôt qu'il faut indis-
» pensablement rendre. »

Outre cela, Duhalde, pour assurer en grande partie ce qu'il devait aux pauvres, fait au mois de janvier 1725, huit billets de mille livres chacun, payables à ordre d'année en année, depuis 1725 à 1732, et il remet ces billets entre les main du vicaire de St.-Germain-l'Auxerrois.

Le 14 du même mois de janvier 1725, il tombe malade, et fait son testament, dans lequel il déclare :

« Que sur les livres qui font mention de ses
» affaires, il y a plusieurs articles qui rappellent
» des choses qui intéressent les pauvres : il prie
» son exécuteur testamentaire d'examiner ces ar-
» ticles avec toute l'exactitude possible, et de les
» faire exécuter dans toute leur étendue. »

Duhalde meurt deux mois après, laissant une veuve mineure et un enfant âgé de trois ans. On

procède à l'inventaire de la succession. Les administrateurs de l'hôpital général y sont appelés ; on trouve, parmi les effets du défunt, des pierreries avec l'étiquette *moitié pour les pauvres*. Leur portion est estimée 18,188 liv. Les administrateurs la réclament et transigent pour une somme de 15,900 livres. La jeune veuve s'y oppose ; le tuteur traite d'extravagante la volonté du testateur, puisqu'elle est le résultat d'une société contractée avec Dieu, idée bizarre qui n'est jamais venue dans la tête de qui que ce soit. L'affaire est portée devant les tribunaux et très-débattue ; enfin un arrêt rendu le 3 avril 1726, sur les conclusions de d'Aguesseau, avocat général, ordonne que « le testament de Duhalde, et autres actes
» rappelés dans le testament, seront exécutés
» selon leur forme et teneur ; en conséquence,
» condamne le tuteur de la veuve et du fils, à
» remettre aux administrateurs de l'hôpital gé-
» néral, les pierreries provenant du legs fait aux
» pauvres ; si mieux n'aime le tuteur en payer la
» valeur, suivant l'estimation qui en a été faite,
» ou suivant une nouvelle estimation qui en sera
» faite par experts, dont les parties conviendront,
» sinon qui seront nommés d'office ; le tout si
» mieux n'aime le tuteur payer aux administra-
» teurs la somme de huit mille livres ; ce qu'il
» sera tenu d'opter dans quinzaine, sinon en de-
» meurera déchu, tous dépens compensés. »

TESTAMENS FAUX.

(1727, 1811, 1821, 1827.)

Tout le monde connaît la comédie, beaucoup plus plaisante que morale, de Regnard intitulée *le Légataire universel,* qui a été jouée pour la première fois en 1708. L'auteur a-t-il imaginé ce sujet, ou en a-t-il puisé le fonds dans quelque fait véritable qui se serait passé antérieurement? Les recherches que nous avons faites à cet égard ne nous ont rien procuré de certain. On a beaucoup parlé d'un testament supposé qui aurait été fait à Rome en 1626, par M. Antoine Gauthiot, seigneur d'Ancier (de Besançon), en faveur des RR. PP. Jésuites, et qui aurait, dit-on, donné à Regnard l'idée de son *Légataire;* mais après avoir lu attentivement l'histoire de ce testament publiée pour la première fois, par Fenouillot de Falbaire, en 1778, nous l'avons trouvée écrite d'une manière si comique, si maligne, si invraisemblante, qu'il nous a paru à peu près démontré que ce testament n'a point été l'origine du *Légataire,* mais qu'au contraire le *Légataire* a donné l'idée de la narration très-plaisante de Fenouillot. Ainsi nous nous abstenons de le rapporter. Mais nous avons découvert certains testamens réellement faux et supposés; et comme il nous semble aussi moral qu'utile de les faire connaître, nous allons les réunir dans un seul article. La pièce du *Légataire universel* peut fort bien amuser sur la scène; mais il est très-dangereux de la prendre pour modèle hors du théâtre, et d'en imiter les rôles dans la société : c'est ce que nous allons prouver par quatre exemples, dont la connaissance ne sera pas inutile à ceux qui seraient tentés d'acquérir une succession par de pareils moyens; assez plaisans en commençant, mais qui finissent ordinairement par des regrets bien amers, car la justice ne plaisante point dans le dénouement de ces pièces, où les nouveaux Crispins ne s'en tirent pas si gaiement que celui de Regnard.

PREMIER EXEMPLE. Une dame Françoise Fontaine, veuve d'André Forest, marchand à Bordeaux, s'était retirée à Paris; comme elle était presque octogénaire, elle ne tarda pas à être en proie à l'avide cupidité de quelques aventuriers.

Un nommé Lancelin, solliciteur, ce qu'on nomme maintenant agent d'affaires, fut le premier qui s'empara de son esprit et qui mit à profit la facilité qu'il y avait à la tromper. Il lui extorqua des donations qui furent déclarées nulles par arrêt. Deux hommes du même état et de la même trempe, les nommés Brac et la Gouache, succédèrent à Lancelin, et par suite de leur ascendant sur l'esprit de cette femme, ils lui surprirent différentes promesses qui furent sans effet, parce qu'elles étaient basées sur la violence qu'ils exerçaient à son égard. Enfin un quatrième fourbe, nommé Quiersac, enchérit sur les précédens; il enlève cette malheureuse femme de son logement rue de l'Estrapade, où elle demeure, et la conduit dans une chambre voisine de son appartement rue de Bourbon, où il ne lui permet de voir que ceux qui lui sont affidés. Il fait d'abord faire à sa dupe une donation de tous ses biens en faveur d'un Sampierre d'Arena, génois, moyennant une pension viagère de 1200 liv. : notez qu'elle avait 83 ans. La convention secrète était que d'Arena remettrait à Quiersac le tiers des biens donnés, et qu'il lui continuerait, et à une concubine qu'il entretient, la pension de 1200 liv. après la mort de la testatrice. Cette donation n'était qu'un essai de la part de Quiersac : il compte bien la faire détruire, et ensuite suggérer à son gré un testament à la veuve. En effet il lui fait prendre des lettres de rescision contre la donation; ces lettres sont entérinées et la donation est anéantie par une sentence du Châtelet. D'Arena en appelle, et il assure à Quiersac le tiers des biens donnés, ainsi que la continuation de la pension de 1200 liv. , à lui et à sa concubine, par billet du 3 mars 1727. Quiersac se contente de cela en attendant mieux et songeant toujours au testament. Mais par malheur la veuve tombe subitement malade le 9 mars suivant, et meurt le 13, sans avoir pu disposer de rien.

Quiersac n'est point déconcerté de cet accident : il songe sur-le-champ à remplacer la défunte, dont il cache la mort, par une fausse testatrice, et Guillemette Rainteau, femme d'un cocher, est destinée et consent à remplir ce rôle. Quiersac met dans ses intérêts un nommé Ranquinot, procureur sans cause et homme taré au barreau. Il avertit en même temps le sieur Vernon de Lisle, créancier légitime de la veuve Forêt pour 2,400 liv., dont il n'a pas de reconnaissance, et lui annonce qu'elle veut faire son testament dans lequel elle reconnaîtra cette dette, et qu'il faut avertir le notaire. Le sieur Vernon court chez M.ᵉ Mahau, suivi de Quiersac et de Ranquinot. M.ᵉ Mahau ne peut procéder au testament que le lendemain 15 mars. Il se rend avec son confrère M.ᵉ Gaudin dans l'appartement de la prétendue veuve Forest (c'était celui de Quiersac). Tout est disposé pour cette comédie, qui se joue en effet telle qu'elle avait été montée. La fausse testatrice (Guillemette Rainteau) fait d'abord des legs pieux ; ensuite elle donne 1200 liv. à Quiersac, se donne à elle-même 3000 liv., révoque la donation faite à d'Arena, reconnaît la dette du sieur Vernon, et finit en nommant Ranquinot son légataire universel et exécuteur testamentaire. Elle déclare d'une voix cassée et entre-coupée qu'elle ne peut signer, à cause de son tremblement de main. La farce ainsi jouée, les notaires, qui étaient de bonne foi, se retirent. La mort de la veuve Forest est annoncée le 16 mars 1727, quatrième jour de son décès ; elle est inhumée, et le 19, Ranquinot fait son billet à Quiersac, de la moitié du legs universel.

Tout allait bien jusques là ; mais un sieur Lurienne, héritier du sang et petit-neveu de la défunte, résidant à St.-Quentin en Bretagne, apprend la mort de sa tante, seulement en septembre. Ne pouvant venir à Paris, il y envoie sa mère, qui ne tarde pas à découvrir toutes les intrigues criminelles qu'on a fait jouer pour dépouiller son fils de la succession de la veuve Forest. Elle porte plainte, et bientôt Quiersac et sa concubine, Ranquinot, ainsi que la Rainteau, sont décrétés de prise de corps ; les deux notaires et d'Arena le sont d'ajournement personnel. La

procédure s'instruit et finit par une sentence
du lieutenant criminel, du 21 avril 1724, qui
« déclare le testament faux et supposé, et con-
» damne Ranquinot, Quiersac et sa femme, et
» la Rainteau, à faire amende honorable au parc
» civil du Châtelet, l'audience tenante, nu-
» pieds et en chemise, la corde au cou, ayant
» ladite Rainteau écriteaux devant et derrière,
» portant TESTATRICE SUPPOSÉE; tenant chacun entre
» leurs mains une torche ardente de cire jaune du
» poids de deux livres; ce fait, ladite Guillemette
» Rainteau et ladite femme Quiersac, bannies
» pour 9 ans de la ville, prévôté et vicomté de
» Paris; chacune en 20 liv. d'amende envers le
» roi; et lesdits Ranquinot et Quiersac, conduits
» et attachés à la chaîne, pour y servir comme
» forçats le temps et espace de 9 ans; préalable-
» ment flétris au-devant de la porte des prisons
» du Grand-Châtelet, d'un fer chaud en forme
» des lettres F. L. sur l'épaule droite; et lesdits
» Ranquinot, Quiersac, sa femme et G. Rainteau,
» condamnés solidairement en 2000 liv. de répa-
» rations civiles, dommages et intérêts, envers
» Cl.-And. Lurienne et aux dépens. Lesdits Ant.
» Mahau et Math. Gaudin, Ch. Vernon de Lisle
» et J.-Aug. Sampierre d'Arena, déchargés des
» plaintes portées contre eux par Lurienne, lequel
» est condamné aux dépens envers eux, etc. etc. »
Cette sentence a été confirmée par arrêt de la
cour du 11 mai 1728, sur l'appel formé par la
Rainteau, d'Arena, les deux notaires et Lurienne.
SECOND EXEMPLE. Un nommé Martin Cotel, marchand colporteur de bas, demeurant à Ognolles,

arrondissement de Compiègne, avait, étant encore
jeune, épousé une fille beaucoup plus âgée que
lui et qui possédait quelques petits fonds de terre.
Cotel, par contrat de mariage, s'était fait donner
l'usufruit des biens de sa femme; mais peu content de cet usufruit, il mit par la suite tout en
œuvre pour engager sa femme à lui transmettre
la propriété par donation ou par testament. Il
ne put rien obtenir. Sa femme, après quelques
années (c'était en 1809), tomba dangereusement
malade, et persista toujours dans ses refus. Cotel,
prévoyant qu'elle n'avait plus que peu de temps
à vivre, imagina un moyen de parvenir à ses fins
sans la participation de son opiniâtre moitié. Le
2 décembre, il part, à quatre heures du matin,
avec une femme à peu près de l'âge de la sienne,
et va à Herchu, à une demi-lieue d'Ognolles,
fait lever le notaire du lieu et lui dit que sa femme
et lui sont dans l'intention de se donner par testament l'universalité de leurs biens. Le notaire
répond qu'il faut des témoins. Cotel en va chercher dans le voisinage, et le notaire passe les deux
testamens. La femme prétendue de Cotel était
encapuchonnée et d'une taille moyenne, tandis
que la véritable était très-grande. On ne lui voyait
qu'une petite partie de la figure; elle avait soin
de se tenir dans l'ombre, de manière qu'on ne
pouvait presque pas la voir, et elle ne répondait
que par de simples *oui* aux questions du notaire.
Cotel donnait les explications nécessaires.

Peu de temps après la rédaction de l'acte, sur
lequel on eut soin de garder le silence, la véritable femme Cotel mourut. Son mari sans doute

voulut se donner comme héritier de la propriété des biens de sa femme. On parla du testament. Des bruits de substitution de personne circulèrent, parce que tout le monde savait que la femme Cotel, hors d'état de bouger de son lit le 2 décembre, n'avait pu se transporter à Herchu. Enfin, le dénouement de la comédie eut lieu en avril 1811, à la cour criminelle et spéciale de Beauvais : Cotel, reconnu coupable de supposition, fut condamné à huit ans de fers et à être marqué de la lettre F. Quant à sa complice, que l'on croyait être une femme nommée Lavoine, parce qu'il y avait dans le testament une clause en faveur de son mari, les preuves évidentes ayant manqué, ladite Lavoine fut absoute.

Le TROISIÈME EXEMPLE a eu lieu en mars 1821, dans la commune de Chenas, peu distante de Lyon. Une veuve sans enfans, qui y demeurait, avait promis de faire son testament en faveur d'une nièce. La tante tombe malade ; la nièce accourt, lui prodigue ses soins, mais on ne peut la sauver : la tante meurt sans avoir eu le temps de faire aucun acte de dernière volonté. Voilà la nièce au désespoir. Elle court, elle interroge, expose sa cruelle position, demande ce qu'elle veut faire. De perfides conseils la décident, vu les intentions bien connues de sa tante, à prendre le rôle de Crispin, c'est-à-dire à cacher la mort de la tante, à se mettre au lit à sa place, à faire appeler le notaire et des témoins, et à dicter le testament dont elle devait être l'objet. On joue la scène, tout se passe à merveilles dans une chambre dont on avait dérobé le jour. La jeune personne, en-

foncée dans un lit garni de rideaux à peine entre-
ouverts, prononce d'une voix faible et défaillante
les dernières volontés de sa tante. Le notaire écrit
et la victoire paraît remportée, lorsque l'un des
témoins, plus malin et mieux instruit que les
autres, déclare qu'il ne signera point un pareil
acte; que la prétendue testatrice est morte depuis
une demi-journée au moins, et qu'il ne veut point
être le complice d'une aussi criminelle supposition. Ici finit la comédie et commence la catastro-
phe tragique. La malheureuse nièce, confondue,
ne peut supporter l'idée de la honte qui l'attend
et des peines qu'elle a encourues; une révolution
s'opère en elle; elle expire, et son enterrement
a lieu en même temps que celui de sa tante.

QUATRIÈME EXEMPLE. Le 7 mai 1820, Jeanne
Barbé, femme de François Tarrière, demeurant
à Champéon (Mayenne), fait pardevant notaire,
un testament par lequel elle donne la jouissance
de ses biens à son mari, et en conserve la propriété
à ses héritiers légitimes. Dans les premiers jours de
septembre 1826, Tarrière se présente chez M.ᵉ
Godde, notaire au Ribay, dépositaire du testament, et lui annonce que l'intention de sa femme
est d'y ajouter une clause en donnant la propriété
de ses biens à Jean et à Michel Tarrière, neveux des
deux époux. Tarrière dit que sa femme est malade,
et il demande s'il est indispensable qu'elle vienne
elle-même indiquer les changemens projetés. Le
notaire offre de se transporter à Champéon. « Ne
» venez pas dans notre village, répond Tarrière,
» votre présence alarmerait les autres parens;
» je vous enverrai ma femme quand elle ira

» mieux. » Quelques jours après, le 21 septembre, Anne Gauthier, âgée de 51 ans, domestique des époux Tarrière, se présente chez M.ᵉ Godde et lui dit : « Mon mari vous a annoncé ma visite.» Elle rappelle alors toutes les dispositions de l'acte du 7 mai 1820, et dicte devant quatre témoins un nouveau testament, qui dépouille plusieurs héritiers au profit de Jean et de Michel Tarrière. M.ᵉ Godde admire la grande mémoire de la testatrice et lui en fait son compliment. Huit à dix jours après, Tarrière vient demander l'expédition du dernier testament de sa femme : « Elle n'a pas relevé, dit-il, depuis son voyage au Ribay; il faut que le voyage l'ait rendue plus malade.» La femme Tarrière était morte le 24. Le 2 janvier 1827, Tarrière paie les droits de mutation pour lui et pour ses neveux. Mais bientôt la fraude est découverte; les personnes déshéritées apprennent au notaire que la défunte avait 75 ans et qu'elle n'était pas sortie le 21 septembre. M.ᵉ Godde et le maire se transportent chez Tarrière qu'ils trouvent avec Anne Gauthier sa feinte testatrice. Elle nie d'abord les faits, déclare ensuite qu'elle a agi seule, à l'insu de son maître et sur l'invitation de sa maîtresse. L'un et l'autre sont arrêtés, traduits aux assises de la Mayenne à Laval, et, malgré le généreux dévouement d'Anne Gauthier et l'éloquence de leur défenseur, tous les deux ont été condamnés à cinq années de travaux forcés et à cent francs d'amende. (*Gazette des Tribunaux* du 13 avril 1827.)

TESTAMENT DE J. CERTAIN.
(1740.)

LE curé d'une petite commune de Bourgogne
(Maligny près d'Arnay-le-Duc, Côte-d'Or), nommé Jean Certain, fit, en 1740, son testament,
dans lequel il inséra la clause suivante :

« N'ayant apporté que ma soutane et mon bré-
» viaire en prenant possession de ma cure, je les
» laisse à mes héritiers; pour le reste, j'en dispose
» en faveur des pauvres de la paroisse, etc. »

La succession se monta à 1200 liv. Cet esprit
de charité dans un pasteur, et surtout exprimé
avec une telle simplicité, a quelque chose d'apostolique.

TESTAMENT D'ANTOINE LANCELOT.
(1740.)

LANCELOT est né le 14 octobre 1675, d'un fa-
bricant de chandelles, à Paris, rue Mazarine,
paroisse Saint-Sulpice. Il ne sut prononcer et
lire qu'à l'âge de six à sept ans. Ce retard ne nuisit
point à son ardeur innée pour l'étude, car étant
âgé de douze ans et demi, il prononça un discours
en grec dans l'église des Cordeliers; cette pièce
curieuse a été traduite en français et imprimée.
Le goût de Lancelot le porta vers la diplomatique;
ses progrès dans cette science lui attirèrent la
confiance du gouvernement, et lui valurent l'estime des savans. Après avoir voyagé en France,
en Italie, etc., de 1702 à 1710, il fut nommé

secrétaire des ducs et pairs en 1712; censeur royal en 1718; conseiller-secrétaire du roi, en 1719; membre de l'académie des inscriptions et belles-lettres (1), dans la même année 1719; inspecteur du collége de France, en novembre 1732; chargé de la rédaction et de l'inventaire du trésor des chartes de la couronne, en 1733; enfin envoyé en Lorraine, en mai 1737, pour l'examen des chartes et archives de cette province. Peu de temps après son retour à Paris, il y mourut le 8 novembre 1740, et fut inhumé dans l'église de Saint-Etienne-du-Mont.

Lancelot aimait les lettres et les cultivait au milieu des épines de la diplomatique. Il a laissé une bibliothèque nombreuse, bien choisie, et remarquable surtout en ouvrages précieux concernant l'histoire de France. On a imprimé le catalogue de cette bibliothèque, qui renfermait 6041 articles, et dont la vente a commencé au collége de France le lundi 29 mai et a fini le samedi 23 juillet 1741; elle a produit environ 21,000 liv., et en avait coûté près de 70,000; il est vrai que grand nombre de manuscrits et de portefeuilles ont été légués par le propriétaire à la bibliothèque du roi.

_____

(1) Vingt-cinq mémoires consignés dans le recueil précieux de cette académie, attestent la profonde érudition de Lancelot, et ses vastes connaissances surtout dans l'histoire et dans les antiquités de la France. Nous regrettons de ne pouvoir donner ici les titres et l'analyse de ces mémoires curieux; mais cela nous entraînerait trop loin.

Nous possédons un exemplaire précieux de ce catalogue, rédigé par G. Martin. *Paris,* 1741, fort in-8.° Cet exemplaire a appartenu à M. Jamet le cadet, qui, inscrivant son nom sur le frontispice, y a ajouté : « *Paris, 13 mai 1741, m'a été » donné par mademoiselle Lancelot sa sœur;* » et à côté : « *Y joint manuscrit le catologue des* 240 *vol. manuscrits et des* 528 *portefeuilles d'analectes qu'il a légués à la bibliothèque du roi.* » Cette addition manuscrite jointe à mon exemplaire et reliée avec le volume, ne renferme pas seulement le catalogue des manuscrits légués au roi par Lancelot ; mais il contient encore plusieurs pièces littéraires et biographiques sur ce savant, entre autres son testament. Comme toutes ces pièces nous ont paru inédites, nous ne faisons point difficulté d'enrichir notre article de celles qui nous paraissent dignes d'être mises sous les yeux des lecteurs. Passons au testament : il a été rédigé le 10 mai 1757, avant le départ de Lancelot pour la Lorraine.

« AU NOM DU PÈRE, DU FILS ET DU SAINT-ESPRIT. *Amen.*

» Ceci est mon testament et disposition de dernière volonté, que je souhaite être exécuté en tous ses points.

» Je recommande mon ame à Dieu ; et lorsqu'il lui aura plu de disposer de moi, je demande d'être enterré le plus simplement qu'il se pourra.

» Je laisse aux pauvres la somme de 200 liv., que mon exécuteur testamentaire distribuera selon qu'il le jugera à propos.

» Je donne à mon cousin André Fret, la somme de 200 liv., une fois payée.

» Je donne au sieur de Doit, fils de ma cousine Geneviève Lancelot, la somme de 200 liv.

» Je donne au sieur Pavy, demeurant actuellement à Toulouse, la somme de 200 liv.

» Je donne à Antoine-Henri Potet, mon filleul, la somme de 200 liv.

» Je donne à Henri Prestet, mon filleul, la même somme de 200 liv.

» Je donne au sieur Solter dit Soleure, la somme de 300 liv., et les deux tiers de mes habits.

» Je donne à Pierre Guyot, la somme de 300 liv., et l'autre tiers de mes habits.

» Je voudrais être en état de donner des marques de mon amitié à mes véritables amis Messieurs Gaudron, Habert, l'abbé Sallier, Sorbier, etc.; mais l'état de mes affaires ne le comportant pas, je les prie d'accepter ce faible témoignage de ma bonne volonté.

» Je souhaite que l'on remette les paquets ou livres dont je pourrais être dépositaire, à qui il appartiendra.

» Madame Guerin, ci-devant veuve Coustellier, m'a confié quelques ouvrages et recueils commencés par feu son mari, sur nos anciens poëtes français, etc. (1) : il faudra les lui restituer. On en trouvera l'état dans un petit registre enfermé dans un des tiroirs de mon bureau.

---

(1) « Entre autres, dit en note M. Jamet, un manuscrit très-curieux intitulé : *Dictionnaire de la langue romance,* Mss. en 3 *vol. in-fol.* »

» Je donne à la bibliothèque du roi les porte-feuilles qui se trouveront après ma mort et qui ne se trouveraient pas insérés dans le catalogue de mes livres (1).

» M. Desplaces, notaire et secrétaire du roi, m'a donné en dépôt un gros recueil d'édits, arrêts et autres pièces : il faudra les lui rendre. Ils sont tous ensemble dans une chambre, à côté de mon grand appartement.

» Je nomme et constitue mes légataires universels dans tous les biens que je laisserai au jour de mon décès, pour le fonds et propriété, les enfans nés et à naître en légitime mariage, du sieur Potet le jeune, marchand bonnetier à Paris, et d'Anne Boyer sa femme (2).

» L'usufruit de tous lesquels biens je donne et lègue à demoiselle Louise-Françoise Lancelot, ma sœur, pour en jouir pendant sa vie. Et à compter du jour de son décès, ledit usufruit appartiendra auxdits Potet et sa femme, et au survivant d'eux, auxquels j'en fais aussi don et legs après ma sœur ; lequel usufruit ne pourra être saisi, ni arrêté par aucun des créanciers desdits Potet et sa femme, voulant qu'il leur soit payé comme

(1) « Il avait donné ses manuscrits à la bibliothèque du roi, avant de faire ce testament. » (Note de M. Jamet.)

(2) « Cette Anne Boyer était ci-devant domestique ou *gouvernante* (sic) de M. Lancelot, âgée d'environ 30 ans, *fort jolie* (sic) ; elle demeurait encore chez lui lors de sa mort. Elle est parente du P. Boyer, théatin, ancien évêque de Mirepoix, précepteur de M. le Dauphin. » (Note de M. Jamet).

pension alimentaire. Et en cas qu'il y eût quelque difficulté de la part de leurs dits créanciers, je veux que dès cet instant ledit usufruit soit réuni au fonds et propriété desdits biens et appartienne à leurs dits enfans.

» Voulant qu'à cet effet le prix qui proviendra de la vente de mes livres et de mes meubles et de tout autre mobilier, soit remis entre les mains de mon exécuteur testamentaire ci-après nommé, pour en être fait emploi sous les charges et conditions ci-dessus. Et en cas de remboursement, les deniers en seront employés sous les mêmes conditions, de l'avis dudit sieur exécuteur testamentaire, jusqu'à la majorité d'un desdits enfans desdits Potet et sa femme.

» Je prie M. Desplaces, notaire et secrétaire du roi, de vouloir bien se charger de l'exécution du présent testament. Je me flatte qu'il ne me refusera pas ce service, et qu'il voudra bien accepter mon écritoire garnie d'argent, avec les estampes de Louis XIV et de Louis XV, montées dans leurs cadres dorés ; car telle est ma volonté et dernière disposition.

» Fait à Paris, ce 10 mai 1737. »

Signé LANCELOT.

Plus bas est écrit :

« En ajoutant à ce qui est ci-dessus, je donne et lègue au fils du sieur Solter, la somme de 200 livres.

» *Item*, je donne et lègue à Anne Boyer, femme du susdit Potet, la somme de 500 livres.

» Plus, je donne et lègue à ma sœur la somme de 3oo livres.

» Fait le même jour et an que dessus. »

Signé LANCELOT.

« Est l'original du présent testament déposé pour minute à M.ᵉ Sauvaige, l'un des notaires à Paris, soussigné, de l'ordre de M. le lieutenant civil au Châtelet; porté au procès-verbal d'ouverture d'icelui, de cejourd'hui 9 novembre 1740. *Copié sur l'original.* » (NOTE de M. Jamet.)

A la suite du testament se trouve la pièce suivante :

« Ordre du roi pour les papiers de Lorraine.

» DE PAR LE ROI.

» SA MAJESTÉ étant informée qu'il se trouve sous les scellés mis sur les effets du sieur Lancelot, ci-devant employé pour son service en Lorraine, et décédé au collége royal de Paris, plusieurs papiers concernant le service de S. M. ; son intention est que le sieur Le Dran, premier commis du dépôt des affaires étrangères, se transporte audit collége royal, pour être présent à la levée desdits scellés des effets dudit sieur Lancelot, et en retirer tous les papiers qu'il a apportés de Lorraine, pour lesdits effets être remis au dépôt des affaires étrangères au Louvre; S. M. autorisant à cet effet ledit sieur Le Dran, afin qu'au moyen de sa reconnaissance d'avoir retiré lesdits papiers de la part de S. M. pour le dépôt des affaires étrangères, mise au bas de la copie du présent ordre, les exécuteurs testamentaires dudit sieur Lancelot, en soient valablement déchargés. Fait à Fontainebleau, le 17 novembre 1740. *Signé* LOUIS; plus bas, AMELOT. »

M. Jamet fait suivre cet ordre du roi, de la note suivante :

« *Nota.* Il y eut de ma connaissance 121 portefeuilles ou cartons d'enlevés pour le roi. Ils appartenaient tous en propre à M. Lancelot, et quelques-uns lui avaient coûté très-cher. Pendant le temps que je suis resté en Lorraine, je lui procurai ou donnai en livres, en mémoires rares, manuscrits et imprimés, en estampes (des premières épreuves de Callot), en pièces fugitives, historiques sur la Lorraine et le Barrois, de quoi en former plus de vingt (portefeuilles) des plus curieux. Ces 121 portefeuilles sont indépendans d'une autre collection qu'il avait faite en Lorraine, consistant en 6 ou 700 portefeuilles, de titres, mémoires et autres enseignemens triés dans les archives de Nancy et apportés par ordre du cardinal Fleuri à la bibliothèque du roi, avec le *Nouvel inventaire du trésor des chartes de Lorraine, fait par M. Lancelot* (1). Pour quelques-uns de bons, il y a bien du fatras. Cette collection occupe deux chambres à la bibliothèque du roi. M. Le Dran me rendit, lors de la levée du scellé,

---

(1) « Cet inventaire forme 5 à 6 volumes *in-fol.* L'ancien inventaire est intitulé : *Inventaire des titres et papiers, actes et enseignemens des duchés de Lorraine et de Bar, commencé en février* 1697 *et fini en décembre* 1698 , par Honoré Caille Dufourny, commissaire du roi, auditeur en la chambre des comptes de Paris (rédigé à Metz, où les archives de Lorraine avaient été transférées); 12 tomes, rel. en 6 *vol. in-fol.*, marqués n.° 9597 *bibliothecæ regiæ.* » (NOTE de M. Jamet.)

le manuscrit du *Polium* (1) rapporté ci-devant (dans le catalogue manuscrit). » Nous devons ajouter à cet article que mademoiselle Lancelot a été dédommagée de l'enlèvement des portefeuilles dont nous venons de parler, par une somme de 6000 livres comptant et une rente viagère de 3oo livres que le roi lui a accordées.

La mort de Lancelot a excité beaucoup de regrets parmi ses amis et parmi les savans; plusieurs lettres copiées à la suite des pièces ci-dessus l'attestent. Nous n'en citerons que deux adressées à M. Jamet : la première est de M. Gallois, conseiller d'état de Lorraine, etc.

« *Nancy,* le 14 novembre 1740.

» J'ai été, Monsieur, aussi affligé que surpris de la triste nouvelle dont vous m'avez fait part, et on ne peut ressentir plus vivement la perte de notre ami commun qui mérite bien nos regrets. Je pense comme vous, que le mouvement du voyage et le chagrin de ne pas obtenir du cardinal la gratification (18,000 liv.) qu'il méritait, n'aura pas peu contribué à avancer sa carrière.

---

(1) Voici le titre de cet ouvrage : « *Le Polium*, ou table alphabétique de tous les noms de lieux des duchés de Lorraine et de Bar, fait en 1703, par ordre du duc de Lorraine, par le sieur Bugnon, géographe de ce prince ; avec des remarques, variantes et additions de M. J.... (Jamet) le cadet, et de moi, que nous y avons faites en 1739, prises du dénombrement général de la Lorraine et du Barrois, rédigé en 1739, par mondit sieur J. le C., *in-fol*. Mss. *de* 252 *pag.* » (Cette note est de Lancelot.)

» Vous m'avez mandé précédemment que M. Bonami, de l'académie des inscriptions, lui avait remis pour me l'adresser le grand plan de Paris, relié en livre, dont M. Turgot, prévôt des marchands, m'a fait présent. Je compte que la réclamation que je suis en droit d'en faire, n'éprouvera pas de difficulté, et je vous serai bien obligé de m'indiquer la façon dont je dois m'y prendre. Je compte que vous voudrez bien vous charger de le retirer et de me le faire tenir ici. Il est relié aux armes de la ville de Paris, etc. etc. »

La seconde lettre est de l'abbé Terrasson, de l'académie française, qui alors était âgé de 74 ans, et qui est mort à 84 ans, le 15 septembre 1750. Quoiqu'écrite avec une certaine négligence, elle est plus intéressante que la précédente.

« Ce 14 novembre 1740.

» La triste nouvelle de la mort de notre cher ami Lancelot m'a frappé, mon cher ami, comme un coup de foudre, et je n'en puis revenir. Quelle perte pour ses amis ! Quelle perte pour la littérature ! Quelle perte pour tout le monde ! Car c'était l'homme à tous ses amis, et le père des affligés et des pauvres. Je suis persuadé que le coup qui l'a altéré n'a point été une apoplexie, et que ce n'a été qu'une suite d'une longue indigestion journalière, malheur que je lui ai prédit, et qu'il ne pouvait se résoudre d'écouter sérieusement, se reposant trop sur les exactes et vigoureuses fonctions de son estomac, dont il abusait presque journellement, comme vous savez. O que j'en suis affligé ! Je sais qu'il avait acquis tous les cœurs à

27

Nancy, et il le méritait. Enfin il faut finir; mais il a manqué trop tôt, et 65 ans ne devaient pas être le terme de jours aussi précieux à ses amis et à la république des lettres. On voit des faquins pousser l'âge au dernier période, et un Lancelot et tant d'autres de sa trempe sont... Mais, comme dit notre docteur Rabelais, ne critiquons pas le ciel, etc. Je partage vivement la douleur que vous en ressentez, et je sais combien il vous était attaché. Nos regrets sont justes, ils seront durables. Je voudrais bien savoir les articles de son testament, et je suis bien jaloux de la succession de ses livres, cartes géographiques (collection unique) et estampes, qu'il laisse au *gouffre* (la bibliothèque du roi). Cela aurait été bien mieux partagé entre ses amis curieux, et je suis bien trompé s'il ne vous y aura pas intéressé pour quelque curiosité littéraire, s'il a eu le temps seulement de retoucher son testament. J'en doute, et vous connaissiez comme moi sa manie pour donner à la bibliothèque du roi, qu'il regardait comme l'unique dépôt où toute curiosité devait se gîter. C'était sa marote, et il aurait volé ses amis pour se satisfaire là dessus. Adieu, Monsieur, aimez-moi toujours, etc. Mille tendres complimens pour moi à M. votre frère (1). Que le pauvre

---

(1) Ce frère est Pierre-Charles Jamet l'aîné; il est l'auteur des *Essais métaphysiques*, qui ont été publiés en 1732, *in-12*. Il a encore publié plusieurs autres ouvrages. Le frère cadet, à qui les lettres que nous rapportons sont adressées, était François-Louis Jamet; il est mort en 1778.

mylord se délectait dans ses *Essais métaphysiques* ! Qu'en deviendra la copie si proprement écrite qu'il en avait fait faire sur la vôtre? La mienne n'est pas complète, dont bien me fâche, mais j'ai l'essentiel. »

A la suite de la lettre de M. Terrasson, se trouvent plusieurs lettres de Mlle Lancelot à M. Masson, premier commis de M. le contrôleur général, par lesquelles elle réclame le prix de ce qui avait été enlevé de la bibliothèque de son frère. Elle se plaint beaucoup dudit frère, qui n'a pas refondu son testament, qui avait fait *tant de folies* pour sa bibliothèque, et qui en assure le produit à son ancien domestique *qui avait tout crédit sur son esprit,* et qui en use on ne peut pas plus mal avec elle, etc.

On trouve après ces lettres un extrait du *Mercure* d'avril 1741, p. 771, portant : « Le mardi 11 avril, l'académie royale des inscriptions tint son assemblée publique d'après Pâques. M. le comte de Maurepas, ministre et secrétaire d'état, y présida. M. de Boze, secrétaire perpétuel, ouvrit la séance par l'éloge de feu M. Lancelot, académicien et inspecteur du trésor royal, lequel fut extrêmement goûté. »

L'abbé Lebœuf a remplacé Lancelot à cette académie.

Enfin, toutes ces pièces manuscrites sont terminées par le trait suivant : « Une anecdote peu connue, c'est que M. Lancelot est éditeur et presque auteur des *Mémoires pour servir à l'histoire du Dauphiné,* publiés à Paris en 1711, sous le nom de J. Pierre Moret du Bourgchenu, marquis de Valbonnais; réimprimés à Genève (Paris), 1722, 2 *vol. in-fol.* »

Nous avons déjà cité le catalogue de M. Lancelot, dans nos *Recherches sur les Danses des Morts,* Paris et Dijon, 1826, 1 *vol. in-8.°,* p. 262, à l'occasion du roman du *Renard,* par Jacquemars Gielée, dont deux manuscrits existaient dans la bibliothèque de M. Lancelot.

***

TESTAMENT DE PINEDO,
JUIF PORTUGAIS.
(Vers 1750.)

LE juif Pinedo ou Pinto, établi à Amsterdam, où il est mort vers le milieu du XVIII.ᵉ siècle, s'est fait un nom tant par l'importance et la multiplicité de ses entreprises, que par l'immensité de ses richesses, et par la manière noble et généreuse dont il en faisait usage, ou du moins dont il en a disposé par son testament. Cet acte n'offre d'autre singularité que la quantité et la quotité des legs qu'il renferme. Il est assez curieux sous ce rapport, et c'est ce qui nous le fait insérer dans notre Recueil, tel qu'on le trouve dans les *Memorabilia Judaica* publiés par Schutt, *lib.* IV, *cap.* 18.

« Je lègue à la ville d'Amsterdam, après ma mort, la somme de cinq tonnes d'or. (La tonne d'or vaut 100,000 florins.)

» Je prête à la même ville pour dix ans, et sans intérêts, la somme d'un million et demi.

» Je donne à chaque église chrétienne, à Amsterdam et à la Haye, la somme de 10,000 florins, et à l'église du sud, à Amsterdam, celle de 20,000 florins.

» Je donne à chaque maison chrétienne des orphelins, dans les deux villes, la somme de 10,000 écus.

» Je donne aux pauvres quarante vaisseaux chargés de tourbe.

» Je donne à l'orphelin qui quittera le premier la maison des orphelins, 1,000 florins, et à celui qui la quittera immédiatement après, 600 florins.

» Je donne à la synagogue d'Amsterdam deux tonnes d'or et demie.

» Je donne à la maison des orphelins portugais 30,000 écus.

» Je prête au gouvernement, à trois pour cent d'intérêts, dix tonnes d'or, à condition que ces intérêts seront payés aux juifs domiciliés à Jérusalem. Les fonds appartiendront toujours au gouvernement.

» Je donne à la synagogue allemande 5,000 florins.

» Je donne à mon neveu Ovis trente-une tonnes d'or, avec toutes mes maisons et appartenances.

» Je donne à ma veuve dix tonnes d'or.

» Je donne à mes autres parens 10,000 écus.

»' Je donne à chacun de mes voisins qui assistera à mon enterrement, 100 ducats.

» Je donne à toute personne non mariée des deux sexes, qui assistera à mon enterrement, 100 florins, et à chaque prêtre chrétien à Amsterdam et à la Haye, 100 écus, et à chaque sacristain 50 écus. »

Tel est le testament du bon juif Pinedo; on voit qu'il est marqué au coin de la tolérance et de la générosité. Ce testateur eût sans doute été plus coulant en affaires, qu'un autre israélite de Bristol, son confrère, qui, au XIII.ᵉ siècle, subit une épreuve assez douloureuse, pour avoir d'abord refusé d'ouvrir sa bourse dans une circonstance assez pressante. Le fait mérite d'être rapporté.

Le roi Jean Sans-Terre, ayant besoin d'argent, envoie demander 10,000 marcs à ce juif de Bristol, qu'il savait fort riche. Celui-ci répond qu'il n'a pas le sou. Le roi lui fait dire que s'il ne paie pas sur-le-champ la somme, il lui fera arracher une dent tous les jours, jusqu'à ce qu'elle soit acquittée. Le juif jette les hauts cris, fait toutes sortes de protestations; mais il a beau invoquer tous les patriarches de la vieille loi, jurer, prier, demander grâce : le dentiste fait son office, et une première dent est portée au roi. Le lendemain, nouvelles protestations, nouveaux cris, nouvelles prières; rien n'émeut le redoutable arracheur, qui, aussi dur que son davier, procède à une seconde opération; et le pauvre israélite, la bouche tout en sang, voit une seconde de ses dents partir pour la cour. Le troisième jour, même cérémonie, mêmes cris, mêmes douleurs, et même résultat; enfin, au bout de sept jours, le pauvre diable de juif, ayant sept dents de moins et voyant bien que les trente-deux y passeraient plutôt que de vaincre l'opiniâtreté du roi, se décide enfin à lui envoyer la somme; et Jean ne voulant pas être en reste de générosité avec cet hébreu, lui renvoie ses sept dents. C'est le cas de dire que ce juif était bien de sa race, et que Pinedo ne lui ressemblait pas *(A)*.

Nous venons de parler de la riche succession de ce dernier juif : nous permettra-t-on de mentionner ici deux successions plus considérables encore, qui proviennent aussi de deux circoncis, mais non pas de la même religion, car il est question de deux Turcs, parvenus au plus haut point de grandeur : ils ont été grands-visirs. S'il s'agissait de testament, cela rentrerait davantage dans notre sujet; mais il y a tant d'analogie entre succession et testament, qu'on nous passera ce petit épisode, dans un article relatif à une riche succession.

Le premier de ces deux grands-visirs est Rustem-Pacha, qui a été grand-visir sous Soliman II, d'abord de 1544 à 1552, puis de 1554 à 1562. L'inventaire de sa succession a été publié par Aly-Effendi, dans sa *Somme des notices.* En voici le détail :

I. Dix-sept cents esclaves achetés.

II. Deux mille neuf cents chevaux de bataille.

III. Onze cent six chameaux bridés.

IV. Huit mille turbans.

V. Sept cent quatre-vingts mille monnaies d'or.

VI. Cinq mille cafetans et habits tout faits.

VII. Onze cents bonnets garnis d'or.

VIII. Deux mille neuf cents cottes de mailles.

IX. Deux mille armures complètes.

X. Six cents selles garnies en argent.

XI. Cinq cents selles garnies en or et en pierreries.

XII. Quinze cents casques d'argent.

XIII. Cent vingt étriers d'or.

XIV. Sept cent soixante sabres garnis de pierreries.

XV. Mille sabres garnis en argent.

XVI. Argent comptant, tant en or et argent en barres qu'en argent fondu, mille lasts akdsché, évalués à la somme de cent millions.

XVII. Huit cent quinze terres cultivées dans la Romanie et la Natolie.

XVIII. Quatre cent soixante-seize moulins à eau.

XIX. Huit mille Corans manuscrits, de la plus belle écriture, dont cent trente garnis de pierreries. Le pacha les estimait beaucoup.

XX. Cinq mille volumes de livres de tout genre.

XXI. Trente-deux pierres précieuses de la première grandeur, dont la valeur a été estimée cent douze lasts akdsché.

XXII. Un grand nombre de tapis et d'autres objets précieux et rares, qui n'ont pu être estimés.

Aly-Effendi ajoute que parmi les ustenciles de cuisine, on a trouvé quarante mille chaudrons de cuivre.

Passons au second grand-visir, qui a aussi laissé une riche succession. Il se nommait Sinan-Pacha, et a été deux fois grand-visir à différentes époques, sous les règnes de Soliman II, Selim II et Amurat

III, qui est mort en 1595. L'inventaire de sa succession a été publié par Mustafa-Effendi, écrivain de la chancellerie. Voici en quoi il consiste :

I. Vingt caisses remplies de topazes.

II. Quinze chapelets de perles.

III. Trente diamans rosettes.

IV. Vingt miskals de poudre d'or.

V. Vingt cuvettes à laver, garnies de pierreries.

VI. Un jeu d'échecs.

VII. Douze tapis de table, garnis de pierreries.

VIII. Seize Corans, avec des couvertures garnies en pierres précieuses.

IX. Seize selles, garnies en pierreries.

X. Trente-quatre étriers, garnis de même.

XI. Trente-deux boucliers, garnis de même.

XII. Quinze cassettes, garnies de même.

XIII. Cent quarante casques, garnis de même.

XIV. Cent vingt ceintures, garnies de même.

XV. Cinquante bracelets, garnis de même.

XVI. Quinze plats, garnis de même.

XVII. Huit grandes cruches d'airain, chacune contenant cent mille pièces d'or, du poids de quatre ducats chacune.

XVIII. Trente-deux caisses contenant chacune quatre cent mille ducats.

XIX. Cinq bourses remplies chacune de soixante mille ducats.

XX. Vingt-six autres bourses de ducats, chacune de soixante mille pièces.

XXI. Soixante-douze bourses d'argent monnayé.

XXII. Seize bourses d'écus d'Autriche.

XXIII. Six cents pelisses de zibeline.

XXIV. Six cents pelisses de loup.

XXV. Trente pelisses de renard noir.

XXVI. Onze cent soixante-quinze habits en soie et en étoffe d'or.

XXVII. Neuf cents pelisses de petit-gris.

XXVIII. Six vases ou mesures remplies de perles.

XXIX. Deux bracelets montés en diamans.

XXX. Deux housses de cheval, garnies de pierres précieuses, et estimées cent soixante mille ducats.

XXXI. Trente selles garnies de perles.

Il est à remarquer que ceci n'est qu'un extrait de l'inventaire, où l'on n'a voulu indiquer que les objets les plus précieux. On y a passé sous silence les esclaves, les chevaux, les chameaux, les armures, etc. L'argent monnayé a été si considérable qu'on n'a pu en estimer la valeur, outre les articles ci-dessus de XVII à XXI. La majeure partie de ces trésors a été acquise pendant les guerres de la Porte contre l'Autriche, la Perse et Venise. Ne les a-t-on pas beaucoup exagérés?

Pour rentrer un peu dans notre sujet sans quitter l'Orient, disons un mot des dernières dispositions du célèbre Saladin, qui, né en 1136, est mort en 1193, après avoir rempli l'Asie et l'Europe de son nom. Sultan d'Egypte, il conquit la Syrie, l'Arabie, la Perse, la Mésopotamie, et s'empara de Jérusalem (en 1187). On peut juger par ses conquêtes de l'immensité de ses richesses; cependant en mourant il prouva que personne ne connaissait plus que lui la vanité des grandeurs et des biens de ce monde. Il ordonna d'abord, par son testament, que l'on distribuât des sommes considérables aux musulmans, aux juifs et aux chrétiens, pour que les prêtres des trois religions implorassent la miséricorde de Dieu pour lui; ensuite il prescrivit de porter au bout d'une pique la chemise ou la tunique qu'il aurait en mourant; qu'on la premenât dans tout le camp et à la tête de son armée, et que celui qui la porterait criât d'espace en espace : « Voici tout ce qui reste du » puissant empereur Saladin : de tous les états » qu'il a conquis, de toutes les provinces qu'il a » subjuguées, des trésors immenses, de toutes » les richesses qu'il a possédées, il ne lui est resté » en mourant que ce linceul. »

NOTE.

(A) Walter Scot, dans son roman d'*Ivanhoé*, a peint les juifs d'après nature dans le rôle d'Isaac d'York; et cet Isaac eût été homme à se faire traiter comme notre juif de Bristol. Un autre tableau des juifs se trouve dans un mémoire que le prince de Ligne a rédigé sur cette nation et dans lequel il indique les moyens de la tirer de l'état d'abjection où elle est. Ce tableau nous a paru assez piquant, et quoique la citation soit un peu longue, nous l'insérerons ici pour faire diversion à la monotonie de nos testamens singuliers. Voici le portrait que trace le prince de Ligne, des juifs qui tiennent le milieu entre les riches et les déguenillés de ce peuple tristement cosmopolite :

« Toujours suans à force de courir les places publiques, les cabarets pour y vendre; presque tous bossus, une barbe rousse ou noire et toujours crasseuse ; teint livide, brèche-dents, nez long et de travers, le regard craintif et incertain ; tête branlante ; cheveux crépus, épouvantables ; genoux picotés de rouge et découverts ; pieds longs et en dedans, les yeux caves ; menton long, effilé ; bas noirs troués et tombant sur leurs jambes desséchées ; chapeau jaune à Avignon, manche jaune à Prague, bonnets de grenadier en Pologne, ailleurs bonnets de poil sous un grand vieux feutre percé et rabattu, ou petit chapeau pointu, la pointe en l'air.... Voilà comme sont en Europe dix millions d'hébreux. Le degré d'avilissement où les gouvernemens les laissent, la pauvreté dont ils ne peuvent pas sortir, leur mauvaise nourriture, le mauvais air de leurs synagogues et de leurs rues, perpétuent ces figures et ce costume ; et on peut dire encore : *Jacob genuit Isaac* semblable à lui. Les enfans de Juda, qui ont plutôt l'air des enfans de Judas, ont certainement l'air réprouvé, et plein de foi pour les prophéties, je suis convaincu qu'ils doivent l'avoir ; mais ils l'auraient moins si, outre qu'ils sont réprouvés de Dieu, ils ne l'étaient pas des pays mêmes où ils sont soufferts. C'est ce qui les rend trompeurs, peureux, menteurs et bas. Ces quatre sentimens marqués sur leurs figures, ne les embellissent pas. Ils ne sont ni voleurs, ni assassins, ni méchans. Donnez-leur un état ou un bon asile, et ils cesseront d'être ce que j'ai dit qu'ils sont...... »

Plus loin, M. le prince de Ligne ajoute : « Les juifs ont des espèces de vertus ; jamais ivres, toujours obéissans, exacts et prévenant les ordonnances, sujets fidèles aux souverains au milieu des révoltes, et jamais en colère ; unis entre eux, quelquefois hospitaliers, et les riches aident leurs pauvres. Ils ne sont méchans qu'en Pologne, où, pour se venger des humiliations, ils abusent de l'autorité qu'on leur donne mal à propos dans les villages. Qu'ils soient heureux et considérés, ils seront bons. Comment peuvent-ils l'être avec leur habit et leur figure ? On changerait celle-ci en changeant celui-là. »

Voici encore un passage qui a rapport aux juifs et qui nous conduit au portrait de leurs femmes :

« C'est en qualité de persécutés qu'ils ont cet air pa-
resseux qui les fait baguenauder dans une rue pour chercher une commission à faire, ou gagner six kreuzers en
vendant quelque chose d'un paquet sâle qu'ils portent
sous le bras, encore après avoir fait cent révérences
inutiles.

» Voyez, malgré cela, la beauté de leurs femmes et
de leurs filles échappées à la misère ou couvertes de
haillons. On croit être bon chrétien en disant : elles ont
de beaux yeux, mais elles ont l'air juif. C'est le genre
de la beauté des Grecques, avec un peu plus de dureté
peut-être, et moins de cette charmante volupté moël-
leuse. Toutes ces figures orientales sont au-dessus de
celles de notre triste et vulgaire occident, qui est ce qu'il
y a de moins piquant. Cette dureté dans les yeux et les
traits, tient à celle de leurs principes. Elles sont extrêmement sages et décentes, même au milieu des nations
qui le sont le moins. Leur religion, leurs usages et la
triste vie qu'elles mènent, les éloignent de la galanterie;
de même que les préjugés sévères de leur législature,
et surtout la manière de se coiffer sans montrer leurs
cheveux, les préservent de la coquetterie. En a-t-on
jamais rencontrées dans les lieux de débauche? On en
voit, un carton à la main, avec des échantillons, entrer
quelquefois dans une maison où le libertinage, même à
prix d'argent, échoue devant leurs principes. Rendues
à la société par la classe des citoyennes où leurs talens les
placeraient, elles y seraient sans doute aussi agréables
qu'utiles, vêtues avec grâce, comme les anciennes filles
de Juda, que nous voyons dans les chœurs d'Athalie;
elles se feraient chrétiennes, s'il le fallait, pour plaire
aux chrétiens qui en seraient amoureux, et remonteraient
toutes les races, au lieu d'abrutir et d'enlaidir la leur. »

TESTAMENT
DE LA DUCHESSE D'OLONNE.

(1776.)

La chronique du temps prête à madame la duchesse d'Olonne une conduite assez singulière; il paraît que cette dame a voulu terminer sa carrière par un acte de dernière volonté non moins singulier. Voici quelques-unes des dispositions de son testament. Elle ordonne que son corps sera transporté dans sa principauté de Lux, qui, située dans la Basse-Navarre, est à 250 lieues de Paris; jusqu'ici rien d'extraordinaire. Mais ensuite elle veut que son convoi soit très-nombreux : il sera composé de six voitures de deuil drapées de noir (sans doute pour la famille et pour les ecclésiastiques), et de deux cents pauvres portant des torches, et payés à un écu par jour. Le cortége ne fera pas plus de cinq lieues par jour. Dans tous les endroits où il y aura séjour, de cinq lieues en cinq lieues, on célébrera un service funèbre avant de se remettre en marche; et chaque église où ce service aura lieu sera toute tendue de noir. Les seules voitures de deuil ont coûté 18,000 livres de loyer. Que l'on juge de ce qu'il en aura coûté pour les tentures des églises, pour les flambeaux, pour l'habillement des pauvres, etc. etc.

Par un autre article de son testament, qui est encore assez singulier, madame la duchesse d'Olonne traite fort bien ses domestiques, et leur laisse des rentes proportionnées à leurs services;

mais en même temps elle les exile, c'est-à-dire qu'elle leur assigne à chacun un domicile fixe à une certaine distance de Paris, de sorte qu'ils soient tous séparés les uns des autres; et elle spécifie bien qu'ils ne pourront toucher leur rente que dans le lieu qui leur est désigné et à condition qu'ils y resteront habituellement; ne voulant point, ajoute-t-elle, qu'ils puissent se réunir pour s'entretenir d'elle, et médire sur son compte.

En se servant du mot *médire*, la bonne duchesse semble se rendre justice et faire l'aveu qu'il y avait matière. Elle a nommé M. Falconnet, avocat, pour son exécuteur testamentaire, et lui a laissé pour présent une terre, qui, dit-on, n'était pas de grande valeur. Elle a légué 15,000 fr. au poëte Robbé, qu'elle logeait et soutenait à Paris: ce n'est sans doute pas pour certaine pièce qui ne fait honneur ni au goût ni au talent du poëte.

Ce testament de madame la duchesse d'Olonne me rappelle celui de madame la duchesse de Praslin, morte le 11 avril 1784. Celle-ci, par son testament, déshérita ses propres enfans, persuadée faussement que son mari avait substitué aux véritables ceux qu'il avait cus, disait-elle, d'une actrice. Elle fit ses légataires les petits-enfans du prince de Soubise, qu'elle ne connaissait même pas. Ce testament fut cassé. Il portait encore une clause bien singulière : la testatrice léguait à son mari le modèle du cheval de bronze (de la statue d'Henri IV sur le Pont-Neuf).

FIN DU PREMIER VOLUME.

www.ingramcontent.com/pod-product-compliance
Lightning Source LLC
Chambersburg PA
CBHW070755030726
47504CB00003B/570